教育部人文社会科学研究规划基金项目：
运河经济带建设与文化景观的整合研究(07JA790110)

江苏省社会科学基金项目：
江苏沿运河经济与文化景观研究(07EYC080)

江苏省社会科学基金项目：
江苏省沿运河经济带建设研究(06JSBYJ005)

安宇 沈山/著

运河文化景观与经济带建设

中国社会科学出版社

图书在版编目（CIP）数据

运河文化景观与经济带建设／安宇，沈山著．—北京：中国社会科学出版社，2014．4

ISBN 978－7－5161－2666－0

Ⅰ．①运…　Ⅱ．①安…　②沈…　Ⅲ．①运河—文化—景观—研究—华东地区　②运河—区域经济—经济建设—研究—华东地区
Ⅳ．①K928．42　②F127．5

中国版本图书馆 CIP 数据核字（2013）第 104216 号

出 版 人　赵剑英
责任编辑　李炳青
责任校对　韩天炜
责任印制　王　超

出　　版　中国社会科学出版社
社　　址　北京鼓楼西大街甲 158 号（邮编 100720）
网　　址　http://www.csspw.cn
　　　　　中文域名：中国社科网　　010－64070619
发 行 部　010－84083685
门 市 部　010－84029450
经　　销　新华书店及其他书店

印刷装订　三河市君旺印装厂
版　　次　2014 年 4 月第 1 版
印　　次　2014 年 4 月第 1 次印刷

开　　本　787×1092　1/16
印　　张　28
插　　页　2
字　　数　446 千字
定　　价　76.00 元

目　录

绪　论

一　保护大型线性文化遗产是文化遗产保护领域提出的新理念

京杭大运河是我国最具有历史文化价值的线性文化遗产。线性文化遗产（Lineal or Serial Cultural Heritages）是近年来国际文化遗产保护领域提出的新理念。线性文化遗产是由文化线路（Cultural Routes）衍生并拓展而来。从20世纪70年代末开始，以美国为首的西方国家开始注重对文化线路的保护，如20世纪80年代的伊利伊—密歇根运河（Illinois and Michigan Canal）国家遗产廊道等。自2003年以来，有关这一动向发生的一系列事件极为引人注目：一是世界遗产委员会在2003年3月17日至22日召开的会议上，委派国际古遗址理事会（ICOMOS）对《保护世界文化与自然遗产公约》的实施文件《行动指南》的新一轮修订作出计划，其目的就是加入有关文化线路的内容；二是又一条文化线路的重要部分——阿根廷的科布拉达·德·胡迈海卡（Quebrada de Humahuaca）山谷进入世界遗产名单。此前，继1993年桑地亚哥·德·卡姆波斯特拉朝圣路（Santiago de Compostela）的西班牙部分以后，已有多条文化线路被列入世界遗产名录。中国以大运河和丝绸之路为代表的文化线路遗产，在被联合国教科文组织（UNESCO）认为是文化线路研究基础性文献的一些研究文件，如产业遗产保护委员会TICCIH（The International Committee for the Conservation of the Industrial Heritage）的相关文献中，都具有重要地位。

大运河更是世界上价值最为突出的遗产运河。遗产运河（Heritage

Canal）是近十年来文化遗产领域兴起的一个遗产种类。联合国教科文组织关于《保护世界文化和自然遗产公约》的《行动指南》中，将遗存运河列入文化线路世界遗产种类，规定遗产运河“代表了人类的迁徙和流动，代表了多维度的商品、思想、知识和价值的互惠和持续不断的交流，并代表了因此产生的文化在时间和空间上的交流与相互滋养，这些滋养长期以来通过物质和非物质遗产不断得到体现”。大运河完全具备了“遗产运河”要求的基本要素，具有十分突出的普遍价值。古代中国在运河挖凿、航运、水利用等方面的技术和贡献早已为世界所瞩目，其中京杭大运河和灵渠更被认为是世界上价值最为突出的遗产运河中的两个重要代表（ICOMOS，1996，International Canal Monument List）。

二　中国南水北调东线工程唤醒对京杭运河文化遗产保护的关注

南水北调是缓解中国北方水资源严重短缺局面的重大战略性基础设施。南水北调工程东线、中线、西线三条调水线路，与长江、淮河、黄河、海河相互连接，构成我国水资源“四横三纵、南北调配、东西互济”的总体格局。南水北调东线工程的基本任务是从长江下游调水，向黄淮海平原东部和山东半岛补充水源，与南水北调中线、西线工程一起，共同解决我国北方地区水资源短缺问题。南水北调东线工程中有相当长的渠段是利用古代运河修整、疏浚、拓宽后输水的，工程沿线穿过江苏省、山东省历史文化遗存密集的区域，积淀着深厚的历史文化，保留着丰富的文物古迹。在南水北调工程实施的同时，大运河历史文化景观的保护与运河区域开发也迎来了难得的挑战和机遇。

南水北调东线工程建设对京杭大运河文化遗产的各个元素、环境风貌、生态系统都产生着重大的影响。一方面，大规模建设对遗产本体、环境和生态系统的现实威胁，城市化带来的沿河居民思想观念、文化传统、生活方式的急剧变化令许多人无法适应。另一方面，居民文化遗产保护意识在不断增强，经济发展带来了更多的资金投入，为大运河沿线的文化遗产保护提供了有利机遇。南水北调工程在给京杭大运河保护带来巨大挑战的同时，其大规模调水还可以激活古代遗产水系的功能，不

仅对断流和生态功能瘫痪区域进行系统的生态修复，而且对大运河线性文化遗产实施系统保护。

三　运河申遗需要重新整理与认知运河文化景观资源系统

2006年5月，京杭大运河运河整体申遗工作启动。沿线20个市、区（北京通州区，天津武清区，河北廊坊、沧州，山东德州、临清、聊城、济宁、枣庄，江苏徐州、宿迁、淮安、扬州、镇江、苏州、无锡、常州，浙江嘉兴、湖州、杭州）都开展了对各自运河沿线文化遗产的挖掘、整理、保护工作，但是各地对京杭大运河保护对象和范围的认知存在差异，直接影响到大运河及其相关文化遗产保护与申遗范围难以明确界定，也是目前制约大运河保护与申报世界文化遗产的主要因素之一。

“大运河申遗”唤起了更多的人关注运河、保护运河，大运河正面临着重新焕发生机的历史机遇。《中国文化遗产》2006年第1期提出“遗产廊道的保护难题”；《中国国家地理》2006年第5期特别策划“大运河凭什么申报世界遗产”，提出“三千里行程，两千年兴废，帝国的生命，流淌的智慧”。进一步认识大运河作为文化遗产的特性，明确大运河申报世界文化遗产的内涵与外延，重新整理与认知运河文化景观资源系统，更深入地评估运河文化景观资源的科学价值和经济价值，是一个值得探索的前沿课题。

四　新的时代需要重新审视运河文化景观资源的经济价值

在经济发展日新月异的今天，文化产业可持续发展已经成为人类对未来经济增长模式的普遍共识，因为文化的延续性和承接性是社会发展的基本动力之一。然而，一般人都习惯性地认为，文化景观资源是无穷无尽的，从不稀缺的，所以其“初始价格”是可以忽视的。在文化景观资源的开发利用方面，对文化景观资源价值的漠视，较自然景观资源有过之而无不及。不切实际的文化景观资源开发规划不仅达不到预期的目

的，而且还会给当地造成不可估量的经济或文化损失。这种例子在现实中比比皆是。

以文化景观为资源基础的产业，必须为文化景观资源的使用与消耗付费，把生产能力的增长建立在科学的资源观之上。既满足当代人的需求，又不对满足后代的需要产生危害，是文化资源的保护与开发必须遵循的原则。所以保护和开发运河文化景观资源，要以正确评估运河文化资源价值为前提，合理规划，统筹开发，确保运河文化的持久生命力和文化资源的永续利用。

五　经济带建设是保护和开发京杭运河文化遗产的价值导向

运河在铁路、高速公路的竞争下，逐渐失去了优势。如何实现京杭运河经济带的崛起，是全球化背景下区域经济发展和经济带研究的全新课题，这对完善区域经济发展理论以及区域带状文化遗产理论建设具有较为重要的理论意义。同时，京杭运河的经济带建设，对我国区域经济和社会发展、国家南水北调东线工程建设、运河文化遗产保护具有重要的现实意义。

经济带开发是区域开发的最佳组织方式，京杭运河经济带建设，有利于该区域经济的迅速高效崛起，实现区域人民生活水平的迅速提高。在土地、水资源、电力等资源紧张、劳动力成本上升等因素的推动下，京杭运河经济带建设，有利于苏南、山东半岛地区产业转型与有序转移，实现资源的优化配置。京杭运河是南水北调东线工程的输水通道，该经济带建设是保护水源水质的战略保障。

京杭大运河与长城并称为中国古代的两大工程奇迹，沿线既有古桥古塔、古闸古碑、古镇古街、古坊古窑、宗教建筑、名人祠庙等物质文化遗产，又有民风民俗、民间工艺、传统艺术等非物质文化遗产，被誉为“古代文化走廊”、“名胜博物馆”和“民俗陈列室”。京杭运河经济带建设更有利于保护与开发世界文化遗产，可以说运河经济带的建设是保护和开发京杭大运河这个世界文化遗产的价值导向。

第一章

千年审视：京杭大运河的价值体系

京杭大运河是世界上开凿最早、里程最长、工程最大的运河。北起北京（涿郡），南达杭州（余杭），流经北京、天津、河北、山东、江苏、浙江六省市，沟通了海河、黄河、淮河、长江和钱塘江五大水系，全长1794公里，相当于苏伊士运河的10倍多、巴拿马运河的22倍，是世界上最长的人工河流，也是最古老的运河之一。京杭大运河对中国南北之间的经济、文化发展与交流，特别是对沿线的工农业经济的发展和城镇的兴起均起了巨大作用。在其开凿和利用的漫长历史过程中，孕育产生了丰厚的文化元素，留下大量历史文化遗存，形成了丰富的运河文化景观。

在以"漕运"为主导功能的农业时代，河道、水利工程设施、航运工程设施以及管理与运行机构是保障大运河漕运功能的基本要素，也是构成京杭大运河的社会功能发挥和文化景观组织的基本体系。随着大运河漕运功能的通畅，运河沿岸地区城镇与乡村发展繁荣，大量商市街区、建筑园林、石刻墓葬以及戏曲歌舞、民俗传说等应运而生，从而形成了中华大地上极其独特的自然与文化景观。

第一节　京杭大运河的基本概况

京杭大运河从春秋时期吴王夫差开凿邗沟开始，到元代至元三十年（1293）杭州至北京全线贯通，历经1000多年。从始凿邗沟到明清历代，运河地域不断变迁，运河的开凿和维护工作从未间断，但其主体成型工程主要集中在三个时期。第一个时期是春秋时期。这个阶段各诸侯国出于战争和运输的需要竞相开凿运河，但都是以区间小运河为主，规模不大，时兴时废，没有形成统一体系。其中最著名的是邗沟的开挖，它沟通了淮河与长江两大水系，具有重要的交通作用和历史意义。邗沟是京杭大运河河道成型最早的一段，也是我国历史上第一条有明确记载的人工运河。第二个时期是隋朝。隋王朝结束了300多年的长期分裂局面，为了沟通国都与东南富庶地区的联系，便于从黄河下游和江淮地区转运漕粮，从584年到610年先后开凿了通济渠、永济渠，重修了江南运河，形成了以洛阳、开封为中心，北抵涿郡，南达浙江余杭（今杭

州）的大运河体系，是运河开凿的鼎盛时期，由此形成了现今运河系统的基本骨架。南北大运河开通于隋代，造福于唐宋。晚唐诗人皮日休评述："尽道隋亡为此河，至今千里赖通波。若无水殿龙舟事，共禹论功不较多。"唐宋以后，南北大运河的个别河段渐渐淤断湮废，无法完全通航。第三个时期是元明清时期。元代定都北京后，在隋代京杭运河之间运河的基础上"弃弓形走玄形"截弯取直。1281 年元世祖忽必烈派奥鲁赤主持开修济州河，1289 年进一步开凿会通河，1292 年郭守敬主持开凿通惠河，使大运河直接贯通南北，呈多支型分布的运河成为单线型的大运河，奠定了京杭大运河的基本走向与规模。明清两朝对京杭大运河进行了多次大规模的维护与修缮，对局部河道进行了改建。

西高东低是我国自然地理的一大特点，我国的大江大河基本上是东西走向，而大运河却是利用黄河、淮河、长江等河流的部分河段再修凿新渠连接而成，因此，运河各段水位高低不一、水量盈亏各异。加上沿途各段地貌与气候等自然条件差异，京杭大运河不同河段的水源、水流向、通航方式等也各不相同。根据这些差异，京杭大运河从北到南依次分为通惠河、北运河、南运河、会通河、梁济运河、南四湖段、不牢河段、中运河、里运河和江南运河十段①。按照目前运河基本运行态势，可以分为三大区段：京冀区段、山东区段、苏浙区段。

一　京冀区段

（一）通惠河

通惠河的干流西起北京东便门的大通桥，向东经过乐家花园八咀桥、通惠闸，在通州区卧龙桥接北运河，全长 20.34 公里。现在已经成为北京城外泄雨水、污水的渠道。

通惠河于元朝至元二十九年（1292）八月由都水监郭守敬主持开凿，至元三十年（1293）完工。此次开凿以积水潭为起点，向东通往通州。明初通惠河开始淤废。明永乐年间（1403—1425）改建北京皇城，通惠河城内故道被围入宫墙之内，通惠河改以大通桥为起点，又有"大通河"

① 俞孔坚等：《京杭大运河国家遗产与生态廊道》，北京大学出版社 2012 年版。

之称。清嘉庆十三年（1808）九月，通惠河与北运河交接处的张家湾镇泥沙淤积严重，运河改走康家沟。自民国时起，通惠河不再通漕运、商旅行船，河道犹存，但是缺水断航，船舶绝迹，严重淤荒。1949年新中国成立之后，先后对通惠河进行了多次治理和改造，逐渐变成北京城的排水河道。

（二）北运河

北运河，也称白河，约自汉末三国起开始通漕运。由通州至天津，全长186公里，是利用河北省东北部的潮白河下游水源，通州区东南到连接天津的天然河道，现在已经成为排洪和灌溉的输水河道。

元代时北运河属白河运道下游，即从通州境至天津静海县界的部分。明朝时北运河被称为白漕，当时政府主要通过不断地堵决修堤、挑浚淤浅来维持航运。清朝时，由于北运河常在河西务、南蔡村及杨村一带决口，故为防洪水泛滥冲毁运河，清政府于康熙四十三年（1704）在杨村以北筐儿港建坝，并开减河，又于康熙五十年（1711）在河西务东开新引河，次年开直河。新中国成立后，政府多次加强对这一地区的治理。1960年建成北运河拦河闸；1963年建成北关分洪闸；1963年开挖运潮减河，分泄从北运河上游温榆河来的洪水，以缓解北运河的洪水压力；1972年10月至1974年汛前，分两期对北运河进行了工程治理；1989年经北京市水利局批准，将北关至杨坨村3.1公里的左堤西移①。

（三）南运河

南运河，也称御河或卫河，是指京杭大运河临清至天津段，全长414公里，是利用发源于山西境内太行山东麓向东北流的卫河自临清到天津以南的一段天然河道。南运河从西南流向东北，在沧州进入河北境内，直抵天津。流经河北省临西、清河、故城、景县、阜城、南皮、泊头市、沧县、沧州市区、青县等县市和山东省的临清、夏津、武城、德州城区，在天津市与子牙河、北运河合流汇成海河。新中国成立后将四女寺水利枢纽以南河段称为卫运河，建有四女寺、祝官屯两个船闸；四女寺水利

① 北京市北运河管理处：《北运河水旱灾害》，中国水利水电出版社2003年版。

枢纽以北称为南运河，建有杨柳青、独流、北陈屯、安陵四座船闸。本书所言南运河仍指大运河临清至天津段，局部可通行100吨级船舶。

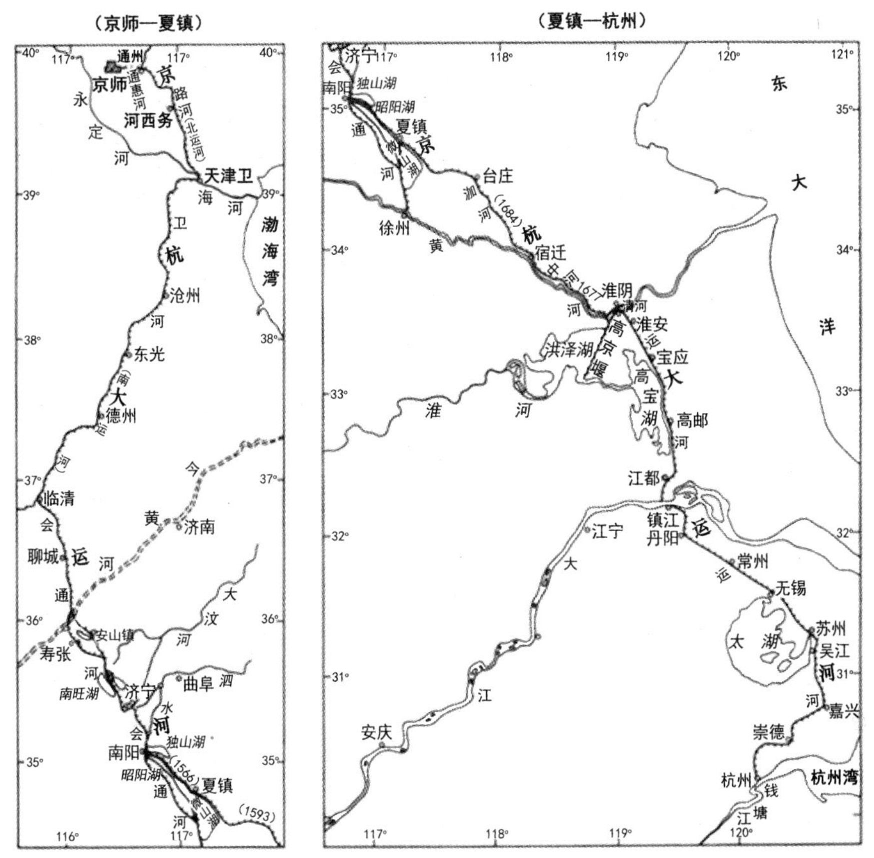

图1－1　明清时期的京杭大运河

南运河可追溯至东汉建安九年（204）曹操兴建的白沟水运工程。建安十八年，曹操凿利漕渠，引漳水入白沟，使白沟与清河以及河北诸水联成水运网。隋大业四年（608）开挖永济渠，引沁水南达于河，北通涿郡，长约1000公里。北宋后永济渠更名为御河（也称卫河），指临清到天津段运河，后形成目前的卫运河与南运河。宋元时期都曾以漳河济卫。明朝对卫河最重要的措施是开凿减水河，曾先后于德州城西北、德州西面四女寺、沧州城南捷地镇以及兴济县（今河北沧州北兴济镇）等处开

凿减水河以分流洪水。明后期至清初，卫河常常干涸，故清康熙（1662—1723）时又以漳河入卫，但由于河道淤塞而有决溢之苦。乾隆五年（1740），在吴桥县境开凿宣惠河，作为南运河泄水入海干流。由于南运河地势较高，且河道曲折，经常决溢，乾隆时，在大堤危险地段加固或修建月堤以缓解地面险情。光绪二十八年（1902）漕运停止后，南运河仍可通航。20世纪70年代，卫运河水源减少，航运功能渐失。1982年德州航运局撤销，南运河停止通航（《漳卫南运河志》，2003）。

二 山东区段

（一）会通河

大运河在聊城境内分为并行的两段，一段是元代开凿的临清至张秋的会通河；另一段是新中国成立后开挖的临清至位山的位临运河。目前，元代的会通河被称作小运河，而位临运河则是地图上标示的京杭大运河。

会通河始凿于元至元二十六年（1289），从山东梁山县安山西南至临清。后又将临清与徐州之间的运河，包括安山以北至临清的原会通河、安山与微山县西部鲁桥之间的原济州河以及鲁桥至徐州间的泗水，统称为会通河。元末会通河因水源不足而被废弃不用。明朝初年，由于国都北迁，漕运增加而重开会通河，在此过程中出现了修复堽城坝、筑戴村坝等著名的水利工程，并形成了南旺湖。清康熙（1662—1723）时，会通河较为繁荣，两岸的张秋、聊城、临清等均为运河名镇。至光绪（1875—1909）时，各湖区尚能间段通航，而会通河北段淤塞。民国二十三年（1934），曾重新疏浚黄河以北至临清的会通河，但由于抗战爆发，不仅工程未能实现，运河亦因长期无人管理而成为废河。新中国成立后，于1951年重新治理小运河，即黄河以北的会通河，治理工程于1952年11月底完成。1959年10月至1960年4月又新开挖了位临运河（位山至临清），但由于工程未能达到通航要求，后来作为灌溉和调水的河道（《聊城地区水利志》，1993）。20世纪70年代，为防止和减轻沿河地区的洪涝灾害、改造盐碱、发展灌溉，对小运河进行了分段治理。会通河聊城段（即黄河以北段）南段用于排涝，中段基本淤废，北段经治理后主要担负引黄灌溉任务。

（二）梁济运河

梁济运河主要是指山东省梁山县至济宁市之间的一段运河。此段运河曾有济州渠、济州河之称，其部分工程在隋初就开始修建；济州河为元代新开，但之前运道东有汶、洸之沟通，西有桓公沟及古济水之通航。元代称济州（今济宁）至须域（今东平县）安山镇一段为济州河、安山以北至临清为会通河，后来二河常混称会通河；明代二河成为一河之两段。济州渠于至元十三年（1276）正元兴工，二十年八月开成（姚汉源，1998）。它起于济宁，终于安山，长 150 余里，南接泗水，北通大清河。明永乐九年（1411），曾对北起临清、南至济宁的运河进行过全面疏浚和局部改线；清代对会通河的主要贡献是管理和维护，后来由于黄河决口的影响，于光绪二十七年（1901）停运（《山东省志·水利志》，1994）。济宁至安山间老运河连通北五湖和南四湖，1958 年以前尚可通行 30 吨以下的木船，在梁济运河修建后全部废弃（《济宁市水利志》，1997）。

今天所称梁济运河为开挖于 1959 年的新运河，北起梁山县路那里村东，南至济宁李集村西南入南阳湖与湖内运河相接，全长 87.8 公里。1967 年因航运需要按六级航道（100 吨驳船，一拖五驳）标准整治。1970 年梁山至济宁开始通航，但由于河道淤积和入黄船闸达不到黄河防汛要求等原因，1981 年封堵船闸停止航运。1989—1990 年对运河进行第四次治理，目前此段运河底宽 15 米，枯水期水深 0.5 米，季节性通行 4—6 个月，通航里程 27 公里左右。

（三）南四湖区段

南四湖由南阳湖、昭阳湖、独山湖和微山湖四个自然湖泊相连而成，湖形狭长，只有独山湖由运河隔开，其他三湖均无明显湖界。南四湖区京杭运河包括上级湖从梁济运河入湖到二级坝微山船闸的航道，下级湖二级坝以下分东西两支：两支由微山船闸沿湖西至蔺家坝，长 58 公里，下通不牢河；东支由微山船闸转向东股引河至韩庄，长 50 公里，下通韩庄运河。

南四湖是由于宋末黄河南徙，河水滞留今南叫湖一带而形成。南四湖最早出现于元初，方圆仅数里。明永乐（1403—1425）时，南阳以西、以南已积水，始称昭阳湖。嘉靖（1522—1567）以后，由于黄河溃决汇

入泗水运道，昭阳湖迅速扩大，南北连成一片。嘉靖四十五年，为避黄河对济宁以南运河的侵淤，开挖了自南阳镇至留城长140里的南阳新河。由于开河时两岸筑堤，使东部山区各河河水滞留而形成独山湖。此时，昭阳湖已能行船，今微山湖范围内也出现了多个互不相通的小湖。隆庆至万历年间（1567—1620），留城上下以及徐州黄河河床淤高，水位上升，各小湖遂连成一片，至万历末年大体形成现在的规模。乾隆初年，鱼台以下运道淤塞形成南阳湖。南四湖最终连成一个大湖，发挥“蓄水济运”和“避黄保运”的功能。清代主要对南四湖地区的运河进行河道疏浚与闸坝的整修和兴建。新中国成立后也屡有修建，1958—1959年，北起梁济运河入湖口，南至蔺家坝，结合修筑两大堤，新挖京杭运河130公里；1958—1961年，在湖腰建成二级坝枢纽工程，将南四湖分为上级湖和下级湖。目前，济宁至二级坝段长78公里，航道顺直，枯水期水深1米以上，底宽50米，可通航100吨级船舶。

三　苏浙区段

（一）不牢河段

不牢河自徐州蔺家坝经大王庙汇入中运河，建有蔺家坝、解台、刘山三座船闸。不牢河原名荆山河、荆山口河。以荆山河下游部分流经不老庄而称不老河，后谐音称不牢河，民国时期全河统称不牢河。荆山河流经徐州城北20里，上承微山湖，至班山分成两支，分别与诸山溪和苏家山引河相汇，现在属于苏北运河的一段。明清时期荆山河终岁通流，但因受黄河影响而屡次决塞和疏浚。清康熙年间（1662—1723）曾在此建闸坝以减黄济运。乾隆二十九年（1764）荆山河淤废，后改道东北流，又另开潘家河至河成闸下入运河。清咸丰五年（1855）黄河北徙，此段河道逐渐淤废。民国年间，不牢河主要用于承泄微山湖涨水和沿线山洪内涝。1935年黄河在董庄决口入微山湖，经蔺家坝无控制下泄，不牢河沿线堤防全部溃决。新中国成立之初，不牢河河床宽窄不一，极不规则，故于1958—1961年对不牢河进行治理，对原河取直而形成今天的格局（《沂沭泗河道志》，1996），现已达二级航道标准（《京杭运河志苏北段》，1998），航道一般底宽45—60米，水深3米以上，可通航500吨

级—700 吨级及以上吨级拖船，成为徐州煤炭南运的主要线路。

（二）中运河

中运河分中河和皂河两部分，原为发源于山东的泗水下游故河道。康熙十八年（1679），由于黄河北决，骆马湖水渐趋枯涸而在湖西皂河口另浚新河即皂河。皂河上接伽河，下通黄河，长 20 公里，于康熙十九年开成，康熙二十二年河堤工程告竣。此时中河尚未开通，清口至宿迁运口之间靠黄河行运。康熙二十五年开凿中河，自张庄运口起，至清河仲家庄，避开黄河运道 90 公里，形成独立于黄河的运河河道，至此，苏北运河基本定型。泇河部分，为避徐州河患和徐吕二洪之险，实现黄运分立，明朝自隆庆三年（1569）开泇河，至万历三十二年（1594）完工，起自夏镇，讫于直河口，长 130 公里，避黄河之险 150 公里有余。黄河运道湮没后，泇河成为沟通南北的唯一通道。1958—1961 年，国家对苏北运河进行扩建，中运河除窑湾至曹店子段新阡运河 9 公里以外，其余均利用老运河拓宽浚深。航道选线方面大王庙至龚渡口段、三岔河（运河镇北）至猫儿窝段利用老河拓宽浚深，窑湾至曹店子段为新开河道，曹店子至泗阳段基本利用老河，其中仅宿迁闸上游航道 900 米、刘老涧绕道 2800 米、仰化集裁弯 1822 米进行局部改线，泗阳到杨庄段亦利用老河疏浚而成（《京杭运河志苏北段》，1998）。1959 年，国家对中运河宿迁闸至杨庄运道进行疏浚、拓宽、加固。1984 年，国家重点整治淮阴至泗阳（泗阳闸下）段航道，达到二级航道标准，航道一般底宽 45—60 米，水深 3 米以上，可通航 500—700 吨级及以上吨级拖船。

（三）里运河

里运河自淮阴清江大闸起，至邗江瓜洲入长江，长 170 余公里，是大运河最早修凿的河段，古称邗沟。明代后期，运河在淮安城区（今淮安区）向北直通清江浦河，自此，南起扬州、北至淮阴（今淮安市码头镇）连接江淮的运河形成。清代改称淮阴（今淮安市）、扬州间运河为里运河（淮安市水利局，2001）。目前功能以航运、灌溉和区域排涝为主，是京杭大运河中能够长期保持航运通畅的两个河段之一。

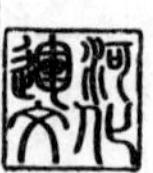

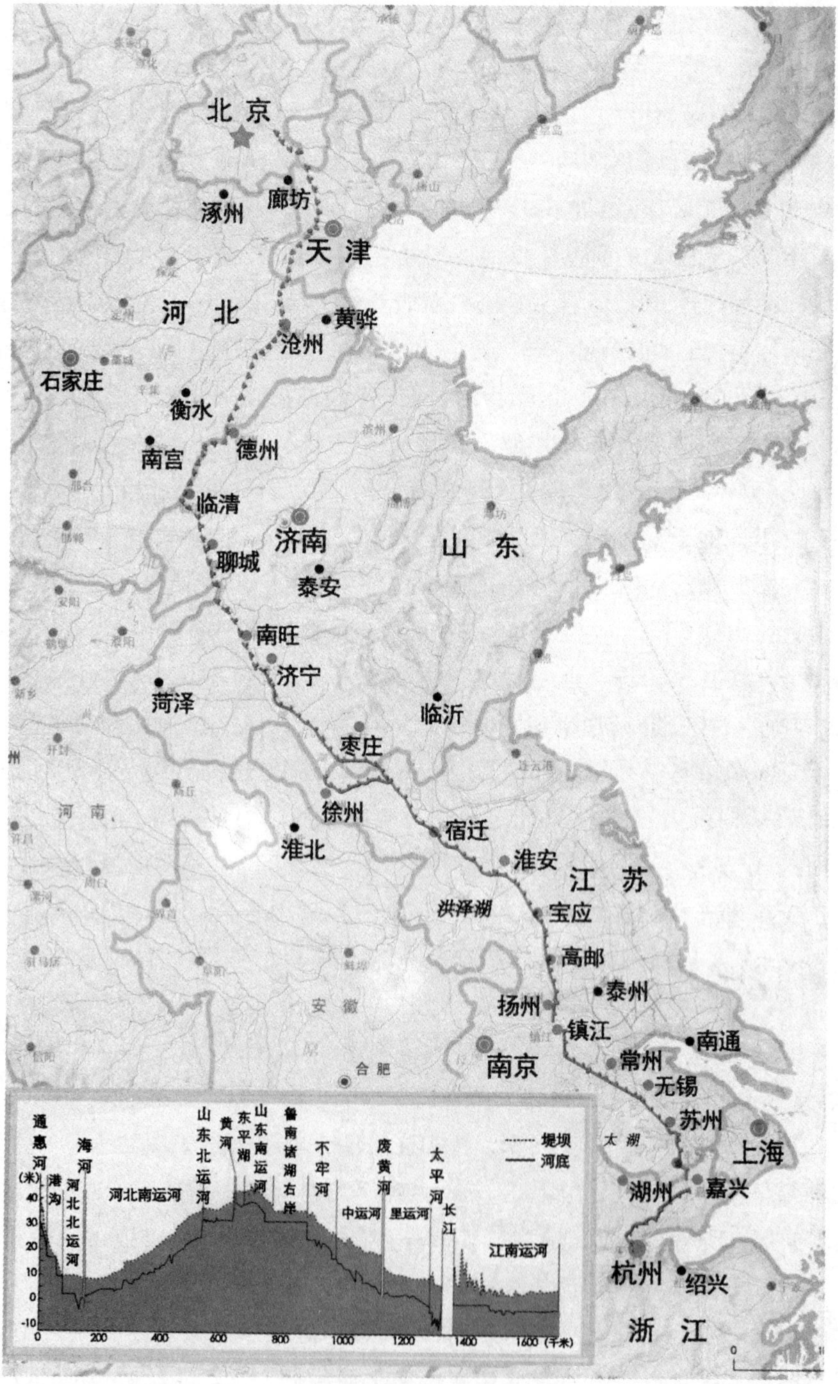
北京
廊坊
涿州
天津
河北
黄骅
沧州
石家庄
衡水
南宫
德州
临清
济南
山东
聊城
泰安
南旺
济宁
菏泽
临沂
枣庄
徐州
淮北
宿迁
淮安
江苏
洪泽湖
宝应
高邮
泰州
扬州
镇江
南京
南通
常州
无锡
苏州
上海
湖州
嘉兴
杭州
绍兴
浙江
安徽
合肥
河南
太湖
通惠河
港沟
海河
河北北运河
河北南运河
山东北运河
黄河
东平湖
山东南运河
鲁南诸湖右岸
不牢河
中运河
废黄河
里运河
太平河
长江
江南运河
堤坝
河底
(米)
(千米)

图 1－2　当代京杭大运河

周敬王三十四年（前 486），吴王夫差开凿了中国历史上有明确记载的第一条人工运河——邗沟，沟通长江与淮河，连接淮河支流泗水和沂水。西汉末年这段运河被称为“渠水”，已是东南地区重要运道。东汉形成从扬州经白马湖至黄浦，由黄浦溪入射阳湖至淮安末口（今淮安区占末口）的运河河道。此后，航道不再经过湖泊，黄浦至末口有了直接的航道源。隋炀帝在邗沟的基础上重新疏浚山阳渎，基本形成了后代运河的规模。唐元和（806—820）中，在黄浦、界首间邗沟东筑平津堰，向南延伸至邵伯，成为邗沟东堤。宋景德（1004—1007）中，筑邗沟西堤未成。元代江淮运河均以原有运河为主要运道。明永乐（1403—1425）时，为缓解运河负担而按照沙河线路开凿清江浦河，至明后期，形成了连接江淮的运河。明朝还曾多次开河筑堤，故此段运河东西堤在明末已初具规模。清代运河受黄河影响逐渐淤高，成为今天的地上河，里下河地区连年水灾。新中国成立以后，通过导淮工程和引江工程，淮河水的出路问题得以解决。20 世纪 50 年代，进行了扬州段运河的整体拓宽工程，运河水患基本得到控制（《扬州水利志》，1999）。20 世纪 60 年代初，另辟楚州到淮安间的大运河。1960 年 9 月开挖，同年 12 月竣工（《淮安市水利志》，2001）。

（四）江南运河

江南运河北起镇江市长江谏壁闸，南至杭州市钱塘江三堡船闸，跨越江苏和浙江两省，途经镇江市、常州市、无锡市、苏州市、嘉兴市和杭州市六市，主线全长 337 公里，大部分底宽 20 米，水深 2 米，一般可通航 40—100 吨级的船舶，年货运量达 2000 万吨以上。

江南运河最早的修建大致始于春秋后期，秦代亦有开凿，至东汉末三国初基本形成。隋代疏浚扩大江南运河，此段运河正式形成。江南运河总体水平岸阔、航道稳定，维护较中运河、北运河容易，因此直至明清，虽有修整，未有大改变。

北部镇江—常州段及南部杭州段因地势较高，存在水源问题，故或建堰闸以制水调节，或开湖塘蓄水，或开凿河道引江济运。如东晋初年（317）镇江的丁卯埭，西晋光熙元年（306）丹阳城北的练湖，以及唐元和八年（813）在常州西开凿孟渎的引江济运工程。宋末至元代，由于西湖水源不足，杭州至嘉兴崇福间运河被旁支水系所取代，元至元末（1294）改为今经塘栖入杭州的线路。

中部苏州—嘉兴段受太湖影响，水源充沛，问题较少，但因太湖风浪影响航运，故该水利建设主要是沿太湖堤塘修建，最早始于唐元和五年（810）修筑运河自苏州城南直通松陵（现吴江区）的塘路，此后历代均有修治（《苏州市志》，1995）。

第二节　京杭大运河的历史功能

京杭大运河是我国历史时期劳动人民创造的一项伟大工程，是历代劳动人民留给我们的珍贵物质和精神财富，是活着的、流动的重要人类文化遗产。它是我国东部大平原上开发湿地、利用湖泊的成功范例；是古代水网地区跨流域的内河航运的中央干线；是农耕文明时代国家级的标志性工程；是自隋唐以来保证中国南北统一的政治、经济、文化干线；是中国历史的大动脉；是3000年间代代中华儿女因势利导、因地制宜、河工逾千万、分段接力完成的伟大漕运系统；是中国伟大的生态文明工程。京杭大运河在中华民族的文明进程中发挥了重要的历史作用①。

京杭大运河的区间运河始凿于商末太伯渎，高潮是春秋战国，兴盛于秦汉和魏晋南北朝；京杭大运河全线贯通于隋代，繁荣于唐宋，取直于元代，疏通于明清时期。京杭大运河凸显了中国古代在水利、航运工程技术方面领先于世界的卓越成就，留下了异常丰富的历史文化遗产，凝聚了我国古代政治、经济、社会与文化等诸多领域的伟大成就。

一　史上杰出的生态文明工程

中国的主要河流全是东西走向，没有南北水道，这种横向封闭的自然水系严重地制约着南北的航运交通。自公元前11世纪太伯渎开凿始，

① 张金池、毛锋等：《京杭大运河沿线生态环境变迁》，科学出版社2012年版。

人们就为利用水资源而设法突破自然水系的阻隔。从北京到杭州之间的京杭大运河主干线和分支，自然环境背景条件各不相同，施工开凿有早有晚，后来的工程兴废和社会功能嬗变也有很大差别。元代以前，漕运主要西通长安、洛阳、开封，顺应淮水系上溯，开拓了鸿沟、汴渠。元代以后又借助卫河、子牙河沟通天津。这些都是借助黄河大冲积扇上的自然河流，疏浚出攀升至黄河大冲扇顶端（海拔 95 米）的漕运路线。此外，沿杭州湾南岸，自杭州延伸到宁波海港的浙东运河，是锦上添花的局部分支。京杭大运河是 3000 年间炎黄子孙经营利用自然河流、天然湖泊、湿地和冲积平原，因势利导，体现了人与自然的高度和谐，成功地实现了沟通南北、连接经济腹地与政治中心的历史功能。京杭大运河至今仍有 900 公里常年正常航道，每年货运量约 3 亿吨，依然是北煤南运、南水北调、沿线资源的物流干道和水资源平衡的南北干道。京杭大运河是世界人类工程史上的奇迹，也是中国伟大的生态文明工程。京杭大运河作为我国跨越海河、黄河、淮河、长江、钱塘江五大水系和沿线天然湖泊的人工运河，它的开通营造了新的自然环境、生态环境，为协调京杭区域的生态环境作出了历史贡献。

二　中国杰出的科技文明工程

大运河是人类历史上举世闻名的伟大工程，大运河的调水分水工程、水柜济运工程和控制水量、航深的船闸系列，在技术上是当时世界上最先进的，是中华民族智慧的结晶和创新精神的象征。在长约 1700 公里的大运河上分布了不同形式的各类工程枢纽，以保障运河穿越各自然河流，跨越分水岭。依据运河沿线的地势和水源，为了确保航道畅通，我国古代人民建立了完备的船闸体系，体现了当时人们丰富的地理、水利等科学知识和高超的施工技能。古运河的设计和施工，大量的驳岸、码头、斗门、闸坝、涵洞、桥梁、弯道等都具有很高的科技水平。从科技上说，大运河工程是集世界地理学、水利工程学、交通技术、枢纽管理于一体，综合改造自然的一项综合工程。其中一些重要工程，代表了 12—18 世纪水利规划、坝工技术和工程管理的世界最高水平，是中华乃至世界文明最重要的遗产。李约瑟（Needham，1971）认为大运河是“代表着中国科

技与文明的伟大的土木工程”。

三　奠定国家政治经济格局的基石

秦朝得以灭六国而实现全国统一，既得益于郑国渠的开凿成功使关中地区成为千里沃野，秦国变得更加富足而具备了灭六国的实力，也得益于利用区间运河运粮运兵，水陆并进运筹帷幄。秦汉时期，朝廷为漕运、灌溉、军需而开凿了灵渠、徒阳水道、茱萸沟、漕渠、褒斜道、龙首渠、六辅渠、白渠、漯河水道、阳渠运河、石臼和滹沱河运道、治河理汴、鉴湖工程、邗沟西道等区间运河。

隋朝是在经历300多年国破山河碎的动乱岁月后实现的国家统一，隋文帝、隋炀帝先后下令开凿了广济渠、山阳渎、通济渠、永济渠，疏浚了江南运河，大运河在隋时南北贯通。南北大运河为唐朝的政治稳定和国家统一作出了不可磨灭的贡献。元朝统治者利用运河运兵、运粮，水陆并进，先后消灭了金和南宋，在13世纪末又一次实现了国家的统一。随后利用当时水利科学家的智慧和技术，进行京杭大运河整体路线大调整，将京杭大运河前身——南北大运河路线东移并使京杭之间的航程缩短了1000多公里。

明清两代为维持国家漕运和政权运行，不断地对京杭大运河进行疏浚、维护和治理，明永乐和清康熙年间对京杭大运河最为重视，并贡献良多。在某种意义上，可以说京杭大运河沟通南北是各朝各代国家政权运营必不可少的基础设施，是维护国家政治稳定的保障。

大运河的贯通，将当时我国的经济重心——长江流域和政治军事中心——黄河流域以通畅便捷的水运联结起来，成为我国南北商品流通的主渠道和经济发展的命脉，从而对当时的政治、经济格局的奠定产生了重大的影响。千百年来的历史证明，国家兴，运河兴；国家衰，运河衰。甚至可以说，京杭大运河是国家统一的保证和象征。

四　历史上社会经济发展的主动脉

隋之前的区间运河开凿均发挥了农业灌溉、商业繁荣、原料与产品

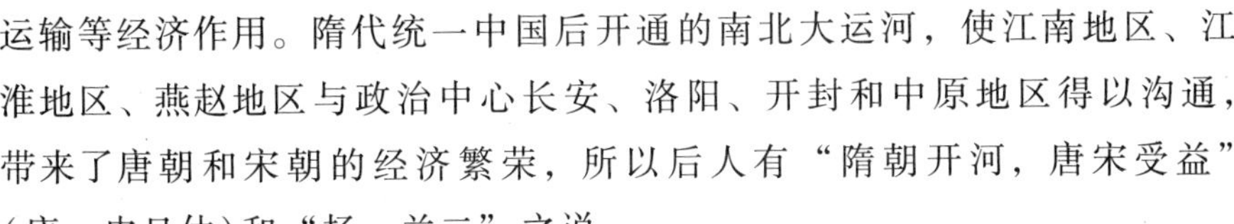

运输等经济作用。隋代统一中国后开通的南北大运河，使江南地区、江淮地区、燕赵地区与政治中心长安、洛阳、开封和中原地区得以沟通，带来了唐朝和宋朝的经济繁荣，所以后人有“隋朝开河，唐宋受益”(唐·皮日休)和“扬一益二”之说。

元代统一中国后，京杭大运河为明清的经济繁荣作出了不可磨灭的贡献。大运河对农田灌溉和防洪泄洪奠定了基础，为南北农作物品种的种植与栽培创造了条件，对南北方农业生产技术的交流提供了便利，使运河地区农产品的产量获得了显著提高，从而推动了京杭区域乃至全国范围内农业的稳定发展。

大运河也对京杭区域的商业发展作出了贡献。大运河使运河两岸百业俱兴，大量官营商业和私营商业如造船业、瓷器业、酿造业、纺织业、编织业、印刷业、造纸业、五金制造业及其他各种手工业等蓬勃兴起。运河沿岸商业店铺数以千万计，沿线从事商业的人口大量增加。大运河的开通实现了历史上空前的物资大交流，密切了运河沿线以及沿线地区与全国各地的市场联系，促进了全国统一市场的形成。京杭大运河成为京杭地区乃至全国社会经济发展的大动脉。

五　历史时期城市生成与繁荣的脐带

历史上沿运河两岸因其腹地经济比较发达以及水运的便捷，极大地促进了沿线地区商业贸易的发展，一些通都大邑也由此兴旺起来。沿运河地区是中国历史上工商业经济最早发育的地区，自隋代运河开凿以来，沿运河两岸初步形成了等级分明、规模迥异、联系密切的城镇体系，我国城镇空间发展历史上第一条真正意义上纵贯我国南北的城镇发展轴线由此肇始。在运河发展最鼎盛的明清期间，沿岸的楚州（淮安）、扬州、苏州、杭州在当时并称为“四大都市”；历史时期的汴州（开封）、宋州（商丘）、泗州（盱眙北，今沉入洪泽湖底）、润州（镇江）等州县也渐次发展为较大的城市。依托运河沿线便利的水陆交通条件，凭借着运河承担的漕粮运输、淮盐集散、茶叶和其他物资的流通等功能，在沿河水陆要道或津渡之地还兴起了一大批以工商业为主的县城和难以计数的重要集镇。大运河是孕育、生成沿线城市和历史文化名城的“脐带”。

由运河开发、畅通而兴起的商业城市，从今日的北京南下，经天津、沧州、德州、临清、聊城、济宁、徐州、淮安、扬州、镇江、常州、无锡、苏州、嘉兴、杭州、绍兴，直到宁波，宛如一串镶嵌在运河上的明珠，璀璨辉映。其共同特点都是工商繁荣、客商云集、物质丰富、交易繁盛，成为运河上一个个重要的商品集散地。尤其是隋唐的长安、洛阳，北宋的开封，南宋的杭州，元、明、清的北京，更是运河区域乃至全中国的政治、经济、文化中心。明清漕运经济兴盛时期，杭州、苏州、扬州和淮安四大名都，有“南有苏杭，北有淮扬”之说。

北京：起源于无定河渡口的燕京，充分利用冲积扇古河道及其侧面洼地，引玉泉山水，建成颐和园、圆明园。在颐和园内营造昆明湖，仿建江南谐趣园；在内城疏浚出中南海瀛洲和北海。不惜工本，把江南水文化景观移植到北京来。

天津：由河渠城市发展为海港城市。引滦河水源补给海河。城区两侧各修排污渠道，宣泄城市污水，另辟海港新区，沿渤海两岸分建秦皇岛、黄骅两港，分担山西煤运，正在打造我国最大人工海港。

淮安：明清时期确立了以内河为主的漕粮运输制度，设立统管全国漕运的理漕长官驻节淮安，同时，负责督运漕运的总兵也驻节于此，与漕运总督并称文武二院，加上漕运总督兼任巡抚，实际上淮安已成为苏北和皖北的地区政治中心。淮安还在明代时建立了中国规模最大的漕船制造厂，仅1490—1544年的50余年间，在此营建的漕船就达3万多艘。淮安的常盈仓有800间仓房，可容纳150万石漕粮，其交通枢纽地位之凸显促使了商旅辐辏的城市繁荣。有学者认为淮安是“运河之都”，历史上发挥着五大中心的重要作用，即：京杭大运河沿线的漕运指挥中心、河道治理中心、漕船制造中心、粮食储备中心、淮北食盐集散中心。淮安是一座典型的因运河之兴而兴，因运河之衰而衰的城市。

扬州：千里运河，万里长江，唯一的交汇点就在扬州，同时它也是整个大运河的发端，历经汉代的富足，唐代的鼎盛，清代的辉煌，史称“扬一益二”。河兴城旺，“十里长街市井连”、“夜市千灯照碧天”、“腰缠十万贯，骑鹤上扬州”等诗句，都生动地反映了这座古城的繁华胜景。隋唐盛世，扬州原为长江河口海港城市。鉴真和尚出访日本，郑和下西洋，都是从扬州出发的；日本留学生也从扬州登岸，转上长安、洛阳。

到了宋元时代，普哈丁和马可·波罗等外国人由运河来扬州，从事商业、旅游和宗教活动，东西方文化在这里交融。在清代，扬州成为中国盐运和漕运的中枢，商贾云集、群贤毕至，扬州成为当时全世界人口超过五十万的十大城市之一。瘦西湖水文景观，脍炙人口；郑板桥等诗画名家，尤负盛名。大运河船闸、渡槽等枢纽工程的变迁，令人叹为观止。

苏州：京杭大运河苏州段始凿于春秋末年。在苏州建城（公元前514年）后的公元前495年，吴王夫差开凿了苏州至无锡、常州入长江的运河。隋唐以后，苏州因大运河而成为万商云集的繁华之地，至明清而一跃成为东南的一大都会和政治、经济、文化中心，商业达到了空前繁荣的程度。依靠大运河而生，商市从“吴阊到枫桥，列市二十里”。阊胥两门是“百货堆积，店铺毗连”，成了“万商云集，客货到埠，均投出售”的商贸中心。沿运河往西，繁华一如苏州城。枫桥一带是米豆交易中心，每年贸易量达百万石。及至浒关，亦成“十四省货物辐辏场所，商船往来，日以千计”。“五更市贾何曾绝，四远方言总不同”的诗句是对当时苏州繁华景象的极好写照。苏、锡、常城市群为苏南地区经济高速发展的典型代表。城市沿运河展布，水网交织，水乡泽国，舟楫云集。尤其苏州古城区，水巷相通，桥梁不可胜计，“平江图”记载翔实，有“东方威尼斯水城”的美誉，至今仍以“水榭”著称于世。

杭州：杭州，有着八千年文明史，是京杭大运河的南端起点，“杭州”之名也是因河而生，独特地理位置使其占尽了优势。隋时，由于江南运河的开通，杭州城因河而兴。在唐代，杭州依借通江达海的大运河与广州、扬州并列为中国的三大通商口岸。城址位于钱塘江口北岸的天然堤上。由凤凰山向北延伸，夹持西侧潟湖。西湖经苏东坡修建的苏堤、白堤，改沼泽为湖泊，修闸蓄水，成为运河水源，运河穿城而过，在凤凰山下建闸门出杭州湾。南宋时期，江南漕运进入鼎盛期，手工业和商业空前繁荣，杭州市人口达100多万，跻身世界十大城市行列。到了明清两朝，运河两岸官办粮仓集聚，被誉为“天下粮仓”。唐宋至明清，长江文化的核心均在杭州。中国著名历史地理学家陈桥驿曾说：可以上溯到1000余年前，核心地点就是杭州。南宋以后，继承它的元朝是蒙古人建立的，他们将大都即北京城定为都城。不过元统治者并不能真正让汉人心悦诚服，在当时汉人的心目中，都城依旧是杭州。随着现代城市的扩张，宝傲塔透迤北松木场湿地已全部疏干变为城区；近年西溪下游又变成了西溪湿地公园。另外，钱塘江怒潮非常壮观，高达3—5米，“宁海观潮”已成为我国中秋节的一绝。

开封：古称东京。北倚黄河大堤，黄河河床高出平地5—10米，超出古铁塔高度基座一半。龙亭考古挖掘证实，开封古城多次被黄河掩埋，城区不断萎缩。当年运河通道繁荣的空前盛况，只能从“清明上河图”上看到了。岳飞朱仙镇战役，力挽狂澜，匡扶宋王朝，出师未捷身先死。开封沦陷，几经掳掠屠杀，遗址破坏殆尽。日寇入侵，花园口决堤，黄河夺淮，泛滥10余年之久。开封城外黄泛区流沙广袤。焦裕禄倡导种植的沧桐，成为保水治沙模范。

洛阳：东汉、魏晋古都，城区位于洛河北岸。当年漕运的仓库，遗址尚存，规模宏大；洛河龙门的龙门石窟，是在洛河红色粉砂岩层的峭壁上，开凿大小石窟16余间，其中保存了魏晋以来、唐宋盛世的佛像3400余尊，充分展示出当年洛阳的繁荣和富庶。洛河南岸的白马寺，供奉着唐玄奘印度取来的经卷和佛祖舍利。对研究“丝绸之路”、佛学东传，都非常有价值[①]。

六　纵贯中国南北的文化滋生地和发展轴

中华民族的文化是多元一体的文化。中国地域广大，各区域的地理环境、经济发展水平、自然条件和生活条件、生活习俗各不相同，数千年的历史发展、断断续续的封建割据形成了政治、经济文化上的相互隔绝，是造成文化多元化的主要原因。

大运河的贯通一方面使运河沿线社会经济达到空前繁荣；另一方面也为运河区域文化事业的发展提供了物质基础和广泛的交流环境。

中国的传统文化发源于齐鲁地区和中原地区，大运河的贯通为传统文化向江淮地区、江南地区的传播提供了便利条件。汉、隋、唐的长安、洛阳，两宋的开封、杭州以及金、元、明、清的北京，各个时期的文化

① 张金池、毛锋等：《京杭大运河沿线生态环境变迁》，科学出版社2012年版，第7—10页。

中心都通过大运河连为一体，从而使各个区域的文化实现大融合形成了多元一体的中华文化。

除在京杭大运河区域形成了多元一体的文化之外，京杭大运河作为交通主干也起到了在全国范围内促进文化大交融，甚至通过大运河与中国邻近国家和地区进行文化交流的作用，如日本、东南亚、西亚、欧洲、东非等国家或地区通过商业贸易、外国使者、留学生、宗教人士，使先进的中国文化得以由此传播到全世界。例如，元代的马可·波罗和菲律宾的苏禄王都是中国文化的著名传播者。因此，京杭大运河不仅是地域文化的滋生地和一体文化形成的大本营，还是中华文明的传播大通道。

第三节　京杭大运河的现代价值

历史上的运河除了其核心功能——运输功能外，还发挥了诸如军事、水利、巡游、兴市、文化、生态和环境等众多功能。运河所具备的多元化在不同历史时期，其作用和影响力的大小亦不相同。回顾运河多元化功能的变迁轨迹，大致可以分为三类：基本消亡的功能、基本稳定的功能、逐渐增强的功能。基本消亡的功能包括军事功能、对外交流功能等；基本稳定的功能包括水利功能、兴市功能、交通运输功能等；逐渐增强的功能包括文化承载功能、旅游休闲功能、生态环境功能等①。如今，随着外部发展环境的变化，运河的众多功能也在相应地发生转变，呈现出越来越复杂和综合的趋势。京杭大运河是中国东部地区沟通南北的重要水系，作为该区域自然、社会、文化生态系统的重要组成部分，其主要具有五大价值。

一　整体价值：独具价值的世界文化线路遗产

作为历史上最重要的南北漕运通道，在2000多年的漫长岁月里，京杭大运河两岸留下了无数令后人感慨不已的文化遗迹。运河沿线独有的

① 张京祥、刘雨平：《沿京杭大运河地区的空间发展》，《经济地理》2008年第1期。

自然景观和历史文化遗迹，是中华文化的重要组成部分，也是全人类的宝贵文化遗产。如《南巡盛典》、《京杭运河全图》等绘画，就展现了运河沿岸的古墩、古庙、古塔、古桥、老街、老店、老厂、老窑以及街市的繁华景象、市民的生活习俗，为人们展示了一幅丰富多彩的生产、生活画卷。

大运河本身是一个整体性的文物，它凭借其深厚的历史文化内涵被人们誉为“古代文化长廊”、“古代科技库”、“名胜博物馆”、“民俗陈列室”，它对研究我国古代的水利史、漕运史、经济史、工程技术史、交通史等都具有重要的意义。国家文物局已决定将古运河申报为国家级文物保护单位，并准备在适当的时候申报世界文化线路遗产。2012 年 9 月，国家文物局将“大运河”再次列入《中国世界文化遗产预备名单》。

二　生态价值：联系南北、资源丰富的绿色生态廊道

多样性的景观廊道。沿运河地区纵贯中国南北，具有不同的地形和气候条件，总体上日照充足、气候温和、雨量丰沛、河湖密布，温、光、水三要素配置协调，森林覆盖率在 16% 左右。从区域尺度上来看，以大运河为走廊，运河支流为廊道，运河毗邻的湖泊、湿地及城镇为板块，流域农田为基质形成了较为完整的区域景观生态系统。总之，大运河将中国东、中部多类景观区串联起来，构成了一条纵贯中国南北的生态廊道。

半自然的生态系统。运河途经大量的城镇，古往今来，通过长期的能量、物质以及信息的循环，运河与流域内各城镇间形成了复杂且相对稳定的生态系统，具备了一定的生态调节能力，构成了一个独特的半自然生态系统。尤其是湿地作为京杭运河最富有的“自然资产”，运河河道经过长期的生态变迁后，其流域内保留了大量的湖泊、沼泽和湿地，至今仍发挥着重要的湿地生态功能。

南水北调工程的东线走廊。南水北调东线工程将利用京杭大运河作为江水北送的主要渠道，大运河担负着南水北调输水主干线的重任，因此也对沿（运）河地区水资源的保护提出了更高的要求。

三　交通价值：贯通南北、水陆联动的现代运输脊梁

大运河是中国境内至今唯一的一条真正意义上南北走向的主干河流，其水运功能对其流域的经济发展起着重要的推动作用，一直较好地连接着中国南方和北方两个需要互补的市场。

在运河现阶段通航的区段中，除长江至徐州的404公里河段已提升为二级航道之外，其余大体上仍是六级航道，可以通航100吨拖驳船队。在与铁路、公路以及航空等运输方式的竞争中，水运具有其难以替代的作用。大运河沟通了微山湖、骆马湖、洪泽湖、高邮湖等水系，通过河道的不断整治，航道等级不断提高，常年可行驶2000吨级的船舶。2005年，大运河过闸货物量66025万吨，其中大部分为煤炭，另外主要为各种建材、粮棉和工农业生产资料。其中江南段货运量已接近亿吨，苏北段2700万吨、山东段700万吨。目前国家北煤南运的压力越来越大，仅江苏、上海、浙江和福建三省一市每年就有2.5亿吨的运输任务，而仅就煤运而言，一条大运河就相当于三条铁路的运力。现今的大运河正在由历史上的"南粮北运"通道向"北煤南运"的通道转变。每年仅经古运河江苏北段的货物运输量就近1亿吨，其中产自中国北方的煤炭每年约有4000万吨是通过大运河南运到华东地区的。

目前，大运河的航道整治工程正在全面推进。工程竣工，将极大地提升运河的航运能力，营造"便捷、通畅、高效、安全"的通航环境，最大限度地发挥运河在国家综合交通运输体系中的重要作用，带动流域沿线城镇产业空间的拓展与资源合理利用。在未来相当长时期内，大运河作为中国南北交通廊道仍将发挥着重要的作用，并将与其他交通方式一起构筑成疏通南北、水陆联动的网络体系。

四　文化价值：灵秀文润、多元交汇的历史遗产之河

黄河和长江流域集中了中国历史上最璀璨、最深厚的文明。大运河恰恰在这两大水系之间架设了一条南北通道，成为沟通与整合两大流域文化的一座桥梁。

流动的世界文化遗产。京杭大运河是多种世界遗产类型叠加的有机体，是2000多年来人地关系在大地上的文化烙印，至今沿河两岸依然生活着众多的人口，部分河段仍然是繁忙的运输通道。大运河不是死的历史文物，而是活的文化景观。大运河可以被划为一种历史文化线路，反映了多种文化和观念的交流、迁徙及演进；它又是一条近现代工业遗产廊道，对中国民族工业的发展起到过重要的推动作用；如今，它还是中国东部最重要水运通道的自然生态廊道。因而，大运河是世界自然和文化的双重遗产，是祖先留给我们的宝贵物质和精神财富。

柔性的文化丝绸之路。如果说丝绸之路曾经是历史上东西方文明的传输纽带；那么，京杭大运河以其特有的水一般的柔性将北方的粗犷豪放与南方的清雅婉约连为一体，可称得上是一条“文化丝绸之路”。在2000多年漫长岁月里，运河两岸留下了无数精美的文学艺术遗产，其中，古老的传说、歌舞、曲艺、民俗等非物质文化遗产，与运河沿岸的古庙、古塔、古桥、老街、老店、老厂、老窑以及街市的繁华交织一起，构成了精彩纷呈的文化景观。沿河两岸还孕育了众多文化名人，如沈括、龚自珍、徐志摩、沈雁冰、王国维、丰子恺、戴望舒、梁实秋、金庸、任伯年、潘天寿等，大运河蕴藏着中华民族珍贵的文化“基因”，成为中国文学艺术的摇篮。《红楼梦》中有一段对京杭运河的描述：寻得桃源好避秦，桃红又见一年春；花飞莫遣随流水，怕有渔郎来问津[①]。

治水通河的博物馆。千百年来，我国劳动人民在治理运河的过程中摸索出一整套先进的水利和航运技术，创造了多项世界之最，如开凿时间最早、流程最长、最早采用渠化船闸技术等，一些工程设施和技术至今尚在使用。可以说，大运河上现存的大小上百个古代船闸和诸多水利设施，组成了我国古代治水方略的“博物馆”。

五　经济价值：通达南北、联动东西的经济增长轴线

历史上，大运河促进了江南地区农业和手工业的飞速发展；保障了都城的繁华，带动了沿河城镇的经济发展。在沿河商品经济的推动下，

① 张京祥、刘雨平：《沿京杭大运河地区的空间发展》，《经济地理》2008年第1期。

本是黄泛、涝洼落后的地区（如山东省西部地区）经济曾得到了快速发展，南货从这里转运至晋、冀、鲁、豫，还远销陕西、西疆和关外。直到清末，大运河沿线仍然是中国经济最富庶的地区，也是中国最繁华城市的集中地带。到了近代，随着现代化交通方式的兴起，沿运河城镇开始迅速衰退。

如果今天将大运河置于国家总体发展的战略格局中，我们将不难发现其作为贯通南北、联动东西增长轴线的巨大作用，历史的发展需要大运河再次承担起时代赋予它的重要使命。长达 1800 公里的京杭大运河穿越了中国东部与中部的核心地带，同时也见证了由于地域差异带来的沿线城镇经济发展的不平衡。从国家战略格局看，大运河联系了中国两个最有活力的经济带（沿海经济带、长江经济带），两大经济圈（长江三角洲经济圈、环渤海湾经济圈），在中国“开”字形区域发展战略格局中占据着十分重要的地位，承担着沟通中国南北发展、向中西部地区传承东部地区发展能量的重要职能。可以说，没有大运河沿线城镇的再次崛起，就没有中国南北的联动发展，也就没有中西部地区的腾飞。

第二章

学术传承：运河文化景观与运河经济带

第一节　京杭大运河的学术研究简述

一　京杭大运河的史学研究

京杭大运河作为中华民族重要的交通渠道，发挥着政治、经济、文化等功能，滋润着沿线众多的城镇。时至今日，运河的功能在演变，运河史及相关的课题研究逐渐成为显学。

（一）运河变迁史研究

学界主要集中在运河开凿、变迁、管理等方面。《中国的运河》① 全面系统地讨论了中国历史上人工运河的沿革，论述了运河与社会政治经济及地理环境的关系，运河漕运及沿岸经济都会的兴衰。《京杭运河史》②系统地论述了京杭运河兴建、发展直至衰败的历史过程，史料丰富，论证精审。该书在治河技术方面着墨颇多，兼述运河工程和漕运管理机制、治河人物及历史文献。《中国运河史料选辑》③、《中国运河史》④ 等著作以翔实的史料论述了历代运河的沿革，交通漕运及沿河经济发展，并对许多重要问题提出了独到的观点。《中国运河变迁的基本特点》⑤ 对古代运河的开挖、扩展、改造的情况进行了说明。《隋运河通济渠段的变迁》⑥、《略论唐宋时期的运河管理》⑦、《明代京杭运河的工程管理》⑧ 等分别介绍了隋、唐、宋、明等不同历史时期运河变迁管理状况，认为运河的变迁对沿岸历史文化景观的形成和消亡有着重要的影响，其对运河变迁的梳理有助于我们厘清两者之间的联系。

---

① 史念海：《中国的运河》，陕西人民出版社 1988 年版。

② 姚汉源：《京杭运河史》，中国水利电力出版社 1998 年版。

③ 朱契：《中国运河史料选辑》，中华书局 1962 年版。

④ 陈壁显主编：《中国运河史》，中华书局 2001 年版。

⑤ 马正林：《中国运河变迁的基本特点》，《陕西师范大学学报》1978 年第 2 期。

⑥ 潘镛：《隋运河通济渠段的变迁》，《云南师范大学学报》1985 年第 1 期。

⑦ 赵冕：《略论唐宋时期的运河管理》，《华北水利水电学院学报》2003 年第 4 期。

⑧ 封越健：《明代京杭运河的工程管理》，《中国史研究》1993 年第 1 期。

（二）运河经济史研究

学界主要从以下视点进行切入：漕运经济、运河城镇经济、运河工商业经济等。傅崇兰的《中国运河城市发展史》①，考察了运河沿岸的通州、天津、德州、临清、济宁、淮安、扬州、苏州等重要城市，从历史时期运河城市的地理位置、城市环境、人口数量和结构、手工业、商业的发展、城市文化等诸多方面探讨了运河沿岸重要城市发展历史。认为沿河城市的发展与运河的畅通与否相互依存，二者已经深深地融在一起。冷东的《从临清的衰落看清代漕运经济影响的终结》，② 分析了临清地区的兴盛衰落与漕运密切相关，受政府政策和运河畅通影响较大。运河的畅通带动了沿线城镇的发展，留下了大批的建筑景观，历史遗存对运河物质文化景观的形成起了促进作用，值得去深入了解。张照东的《清代漕运与南北物资交流》③，从漕运政策、管理、功能等方面，探究了漕运与南北物资交流的关联。

二　京杭大运河的文化研究

运河文化作为中华文化的珍宝，兼容燕赵文化、齐鲁文化、荆楚文化、吴越文化等，历经千年的演变，底蕴深厚，形成具有运河特色的区域文化。作为历史之河、文化之河，时代的变迁，京杭大运河的文化功能日渐凸显。2006 年，京杭大运河被纳入中国申遗目录，运河文化研究引起学界的广泛关注。

（一）运河文化发展演变研究

反映运河文化发展演变的综合性、区域性论著有：《中国运河文化史》④ 为研究中国运河文化的通史之作，上起东周下迄民国，其中对运河与社会政治、社会组织、经济文化、风俗民情、对外交流进行了系统的

① 傅崇兰：《中国运河城市发展史》，四川人民出版社 1985 年版。

② 冷东：《从临清的衰落看清代漕运经济影响的终结》，《汕头大学学报》1987 年第 2 期。

③ 张照东：《清代漕运与南北物资交流》，《清史研究》1992 年第 3 期。

④ 安作璋主编：《中国运河文化史》，山东教育出版社 2001 年版。

叙述和研究，探讨了运河文化的全貌和变迁轨迹。《山东运河文化研究》[1]以山东区域的运河文化为研究个案，探讨山东运河变迁、运河城镇兴衰以及运河对齐鲁文化的影响。《济宁运河文化》[2] 较科学地界定了运河文化的概念，多层面地展现了济宁运河文化的丰富内涵，指出运河文化是作为历史上由运河的开凿和运营而形成的物质财富的总和，是融会了包括齐鲁文化、江浙文化、荆楚文化、秦晋文化、燕赵文化等多种文化成分在内的兼容性文化，具有深厚的底蕴。

《运河文化论纲》[3] 认为京杭运河的畅通及沿岸经济的繁荣，使这个区域吸纳了古今中外文化精华，融合南北各地风情民俗、宗教信仰，礼仪等形成独特的运河文化。《中国运河文化的形成及其演进》[4] 认为中国运河文化呈现南北地域跨度大、时间积累长、内容丰富多彩等特征。运河交通带来的异地文化与本土源文化的融会碰撞使运河区域与周边区域产生了文化上的差异，由此形成运河区域文化。漕运的发达、商业的繁荣、区域内外广泛深入的文化交流、人口的迁移流动等，更使这个区域逐渐融会积累了丰厚的物质文化、精神文化、制度文化。

（二）运河文化与经济的互动研究

《运河文化与运河经济的发展》[5] 指出运河文化是运河开挖和通航过程中，在运河区域经过长期积淀形成的全部物质财富和精神财富的总和，包括文化教育、科学技术、文学艺术、建筑艺术、工艺作品、民俗风情、饮食文化、遗迹遗物等方面，为我国重要的人文遗产资源，运河文化是南北文化交流、经济发展的产物。《运河文化的特质及其对当前经济社会发展的启示》[6] 认为，运河文化属于带状型地域文化，其物质属商业文化。运河贯通带动商贸发展，增加官府税收，促进城镇经济的发展，打破封闭的农业自然经济，孕育资本主义的萌芽，推动中外经济和文化交

---

① 李泉、王云：《山东运河文化研究》，齐鲁书社 2006 年版。

② 山东省济宁市政协文史资料委员会编：《济宁运河文化》，山东友谊出版社 2002 年版。

③ 《运河文化研究》课题组：《运河文化论纲》，《山东大学学报》1997 年第 1 期。

④ 李泉：《中国运河文化的形成及其演进》，《东岳论坛》2008 年第 3 期。

⑤ 于德普：《运河文化与运河经济的发展》，《人文与自然》2001 年第 2 期。

⑥ 张盛忠：《运河文化的特质及其对当前经济社会发展的启示》，《聊城大学学报》（哲学社会科学版）2002 年第 1 期。

流。《运河民俗的文化蕴义及其对当代的影响》[①] 认为，大运河民俗作为运河沟通和漕运过程中由民众创造的传承文化，是一个容纳百川的文化体系，其脊梁是工商业文化，它对流经地旧民俗不断冲击，渐而呈现一种互补会融的状态，最终达到相互交会共处的结果。《漕运文化与中国城市发展》[②] 以漕运制度为切入点，分析了漕运文化与都城及商业城镇发展之间的关系，探讨了城市滨河地区及建筑在漕运文化影响下的兴衰和变迁，对理解我国城市的发展沿革和当前的城市更新具有积极和创新的意义。

运河文化是中华传统文化的重要组成部分，同时经过数千年的历史变迁，形成了一种极富特色的区域文化。学者们从地域文化、商业文化、漕运文化等角度对运河文化经济进行了诠释，丰富了运河文化的内涵，厘清纷繁文化现象背后的成因。运河文化的产生离不开运河区域经济的支撑，探索运河文化经济的关系，还须深入细致研究。

（三）运河民俗文化研究

运河流经中国六省市，沿线人文荟萃，风俗迥异，民俗资源丰富。《中国戏曲与运河文化》[③] 分析了运河交通对戏曲传播的作用，认为运河文化具有交融性、市民性、超前性等特征。《明清时期山东运河区域的金龙四大王崇拜》[④] 指出，明清漕运兴盛，民间产生金龙四大王的崇拜。运河民俗文化博大精深，上述论著对运河文化进行阐释，学者从多方面探究运河文化的精髓，其中不乏精彩之笔，但是对运河区域文化变迁以及社会变迁、民俗宗教信仰涉及得比较少，还有待充实。

三 京杭大运河的功能研究

（一）运河漕运功能的研究

漕运作为封建社会的重要经济制度被历代政府视为国家大计。近十

---

① 高建军：《运河民俗的文化蕴义及其对当代的影响》，《济宁师范专科校学报》2001 年第 2 期。

② 莫修权：《漕运文化与中国城市发展》，《华中建筑》2003 年第 1 期。

③ 王沂：《中国戏曲与运河文化》，《艺术百家》1995 年第 2 期。

④ 王云：《明清时期山东运河区域的金龙四大王崇拜》，《民俗研究》2005 年第 2 期。

多年，有关漕运的研究出现了热潮。《大运河漕运与中国封建社会的长期的延续》[①]，对隋唐以来的大运河漕运做了宏观的审视，从政治结构、生态环境、社会经济、生产关系诸方面进行探索，揭示了其对封建社会发展的凝化与延缓作用。《隋唐时期的运河和漕运》[②]，通过对文献和实地资料的考察，对运河和漕运状况进行了全面系统的研究。《北宋漕运与商品经济的发展》[③] 着重研究了北宋时期的漕运状况。北宋时期，漕运获得了长足发展。漕运网四通八达，管理体系不断健全，漕运方式更加完善，使漕运进入了一个新的阶段。《论漕运对中国古代社会的影响》[④]、《清代漕运与南北物资交流》[⑤]、《康熙治漕述略》[⑥] 等不少论文分别从不同的方面对漕运的政策、漕粮征收、漕运管理、漕运的功能、漕仓管理等进行了深入的研究。

（二）运河政治功能的研究

中国古代政治中心的变迁大体经历了两个阶段，北宋以前政治中心主要在关中地区，其变动的轨迹是大致沿着今西安、洛阳、开封这一轴线做由西向东的运动，政治格局主要表现为东西关系。南宋以来政治中心主要在华北平原北部的北京，其变动的轨迹大致是由今杭州、南京、北京这一纵线做南北向的运动，政治格局主要表现为南北关系这种空间转移过程和国力国运的发展态势大体上保持一致。《运河与中国政治中心的变迁》认为，运河与政治中心的区域转移及国运盛衰之间有密切的关系。运河通过漕运将国都与经济中心连接起来，可以保证源源不断地供应其各种物资需求，并保障其经济安全，使中央政府无后顾之忧，从而有效地发挥其对内对外的各种职能。《北宋运河走向与政治经济中心转移》认为，古代开挖大运河的主要目的之一，是为了政治中心

---

① 郭孟良、孔祥君：《大运河漕运与中国封建社会的长期的延续》，《黄淮学刊》（社会科学版）1992 年第 3 期。

② 潘镛：《隋唐时期的运河和漕运》，三秦出版社 1987 年版。

③ 王兴文：《北宋漕运与商品经济的发展》，《学术交流》2004 年第 7 期。

④ 陈峰：《论漕运对中国古代社会的影响》，《陕西师范大学学报》1992 年第 4 期。

⑤ 张照东：《清代漕运与南北物资交流》，《清史研究》1992 年第 3 期。

⑥ 彭云鹤：《康熙治漕述略》，《首都师范大学学报》（社会科学版）1990 年第 4 期。

与经济中心的沟通，这也在无形中影响了运河的走向。北宋运河走向的变化，与当时政治中心与经济中心的日渐分离，政治、经济中心向东、向南的转移有关。

（三）运河对区域经济发展影响研究

《古代运河与临清经济》①，着重论述了古代运河与临清的历史关系及对临清经济发展的影响。《论运河经济对商业繁荣的促进作用》②、《京杭运河与明代经济》③ 以京杭运河给山东东昌府带来的经济繁荣为例，说明京杭运河的贯通对经济发展具有巨大的带动作用。《明清山东运河地区经济作物种植发展述论》④，以棉花、烟草、果木的经营为例，说明了山东西部运河流域的经济作物的种植已呈现出专业化经营的特征，促进了社会经济的发展与变化，其历史意义是不可低估的。《试论明清时期嘉兴湖州运河沿岸市镇经济的发展及其性质》⑤，通过分析嘉湖地区运河与沿岸市镇经济发展的关系，论述明清时期嘉湖地区运河沿岸市镇经济的性质及其特点。《试论明清时期山东运河沿岸城市经济》⑥、《运河和中国古代城市的发展》⑦ 等一系列论文则着重从城市和运河的关系出发进行了有益的探讨和研究。

四　京杭大运河的区域研究

（一）京杭大运河江苏段的研究

京杭大运河江苏段的研究目前集中于江苏段河道变迁、运河与城镇经济、运河遗产廊道构建、运河景观资源整合等方面。

---

① 邢淑芳：《古代运河与临清经济》，《聊城师范学院学报》（哲学社会科学版）1994 年第 2 期。

② 刘长源：《论运河经济对商业繁荣的促进作用》，《江苏商论》1997 年第 11 期。

③ 孙秋燕：《京杭运河与明代经济》，《菏泽学院学报》2006 年第 1 期。

④ 陈冬生：《明清山东运河地区经济作物种植发展述论》，《东岳论丛》1998 年第 1 期。

⑤ 钱建国、钟永山：《试论明清时期嘉兴湖州运河沿岸市镇经济的发展及其性质》，《浙江财经学院学报》1991 年第 1 期。

⑥ 魏梦太：《试论明清时期山东运河沿岸城市经济》，《济宁师范专科学校学报》2004 年第 21 期。

⑦ 王瑞成：《运河和中国古代城市的发展》，《西南交通大学学报》2003 年第 1 期。

《京杭运河（江苏）史料选编》[①]、《京杭运河志（苏北段）》[②] 对京杭运河江苏段史料、河道变迁进行了收集整理。《由唐至明运河与扬州城的变迁》[③]、《历史文化名镇淮安河下》[④]、《无锡古运河街区历史文化与建筑形态布局》[⑤] 等分别研究运河对沿运城镇的兴衰、建筑布局、宗教状况等。《运河的变迁——论扬州古运河功能变迁与综合开发》[⑥] 运用城市形态学和城市地理学的分析方法，以扬州古运河功能变迁的过程及古运河与扬州城市之间的互动关系，发掘其新变化、新特征，指出古运河综合开发的策略以及开发过程中的一些问题与不足，为当前古运河的进一步开发提供相应的理论支持。《大运河兴衰与清代淮安的会馆建设》[⑦] 以清代淮安的会馆为研究对象，结合阅读历史文献及实地调研等手段，从城市的角度探讨淮安会馆的建设与发展和城市空间形态及功能布局的互动关系，并为传统城市在改造中如何合理利用和保护会馆提供理论参考和依据。

张楷的《淮安市"里运河文化长廊"景观概念规划》[⑧] 分别从用地调整、景观优化、游线组织等方面进行概念规划，并制定开发实施规划，使淮安市里运河文化长廊实现生态经济、社会和技术的可持续发展。《京杭大运河江南段工业遗产廊道构建》[⑨]，通过调查展示大运河现状，从工业遗产的角度剖析了运河文化景观。《江苏省运河文化遗产保护与展望》[⑩] 认为，江苏拥有大运河的最早航段，为运河流程最长的省份，运河文化遗产十分丰富，以"申遗"为契机，认真做好江苏境内的运河文化遗产的保护显得尤为重要。《常州古运河经济带保护开

① 张纪成主编：《京杭运河（江苏）史料选编》，人民交通出版社 1997 年版。

② 徐从法主编：《京杭运河志（苏北段）》，上海社会科学院出版社 1998 年版。

③ 刘捷：《由唐至明运河与扬州城的变迁》，《华中建筑》2005 年第 5 期。

④ 荀德麟：《历史文化名镇淮安河下》，《江苏地方志》2002 年第 6 期。

⑤ 董立惠、过伟敏、顾天城：《无锡古运河街区历史文化与建筑形态布局》，《大众科学》2007 年第 11 期。

⑥ 曹宁毅：《运河的变迁——论扬州古运河功能变迁与综合开发》，同济大学硕士学位论文，2006 年。

⑦ 沈旸：《大运河兴衰与清代淮安的会馆建设》，《南方建筑》2006 年第 9 期。

⑧ 张楷：《淮安市"里运河文化长廊"景观概念规划》，《泰州职业技术学院学报》2006 年第 4 期。

⑨ 朱强：《京杭大运河江南段工业遗产廊道构建》，北京大学博士学位论文，2007 年。

⑩ 束有春：《江苏省运河文化遗产保护与展望》，《东南文化》2006 年第 6 期。

发研究》[①] 分析了运河在保护开发的总体规划、产业结构、环保、土地、交通、文化、旅游、社区经济八大方面的现状和存在问题；阐述了古运河经济带保护开发的重大价值、经济社会发展意义和七项可行性条件，并提出了八项对策建议。《扬州运河旅游资源整合开发刍议》[②] 提出要对扬州运河旅游资源进行整合，以提高其品牌知名度，并提出了一些有参考价值的建议。

（二）江苏区段运河文化景观的研究

文化景观的理论研究主要有：《文化景观的内涵及其研究进展》[③]，从景观和文化景观的内涵出发，从文化景观起源和变迁、文化景观感知和解释、文化景观组成、文化景观类型、景观生态、景观保护和规划六个方面，深入探讨了文化景观研究的新进展。一些经典性著作主要有《当下文化景观研究》[④]、《景观标志》[⑤]、《中原文化景观》[⑥]、《景观文化生态与感知》[⑦] 等。

江苏区段运河文化景观的研究主要有以下几篇文章：《里运河地域景观特征的发掘与整合研究》[⑧] 认为，里运河作为淮安城市历史的重要载体，其地域性景观特征的发掘与整合有利于阻止淮安地域特色的消逝、城市文化的没落以及历史文脉的断裂。将不完整的现有资源加以整合，彰显里运河流域的景观特色，可以强化公众对淮安城市特色的认知。《京杭运河江苏段文化景观规划研究》在对京杭运河江苏段进行实地调查的基础上，参考了大量国内外的典型案例，运用地域文化理论、历史文化遗产理论、滨水区规划理论及其他相关景观规划理论，对相关城市的运河景观规划建设进行了深

---

① 金明德、李永达：《常州古运河经济带保护开发研究》，《常州工学院学报》2007 年第 5 期。

② 潘宝明：《扬州运河旅游资源整合开发刍议》，《扬州大学学报》2003 年第 4 期。

③ 汤茂林：《文化景观的内涵及其研究进展》，《地理科学进展》2000 年第 1 期。

④ 于文秀：《当下文化景观研究》，人民出版社 2007 年版。

⑤ ［日］太田幸夫：《景观标志》，大连理工大学出版社 2001 年版。

⑥ 杨作龙、邹文生：《中原文化景观》，中国三峡出版社 2000 年版。

⑦ 俞孔坚：《景观文化生态与感知》，科学出版社 1998 年版。

⑧ 李雯婷：《里运河地域景观特征的发掘与整合研究》，东南大学硕士学位论文，2006 年。

入剖析，在此基础上对运河景观规划中的文化表达手法进行了探讨和建构。另外，还有《淮安市“里运河文化长廊”景观概念规划》①、《关于常州古运河历史文化保护开发利用的调研报告》②、《常州的希望：从“运河文化”走向“长江文化”》③、《让运河文化为镇江旅游添彩》④ 等论著。

第二节　运河文化景观的学术研究简述

一　文化景观与历史文化景观

（一）文化景观

景观一词来源于德语，是德国地理学家拉采尔最早使用的术语，指风景或景物。景观按其属性可分为自然景观和人文景观两大类。20 世纪 20 年代，美国人文地理学伯克利“文化景观”学派创始人 C. O. 索尔在其《文化地理学的新近发展》一文中给文化景观下了定义：“附加在自然景观上的人类活动形态。”⑤ 第二次世界大战后，法国地理学家 J. 戈特芒提出要通过一个区域的景象来辨识区域，而这种景象除了有形的文化景观外，还应包括无形的文化景观。⑥ 20 世纪 80 年代，H. J. 德伯里认为，文化景观是由各种文化特征集合在一起构成的，它是对某一地区文化的各种印象感觉的集合；基于文化的可见的、有形的、自然的特

① 张楷：《淮安市“里运河文化长廊”景观概念规划》，《泰州职业技术学院学报》2006 年第 4 期。

② 常州市政协：《关于常州古运河历史文化保护开发利用的调研报告》，《常州工学院学报》（社会科学版）2005 年第 4 期。

③ 张晓平：《常州的希望：从“运河文化”走向“长江文化”》，《江南论坛》2005 年第 11 期。

④ 蔡晓伟：《让运河文化为镇江旅游添彩》，《华人时刊》2004 年第 2 期。

⑤ 李旭旦主编：《中国大百科全书·地理学·人文地理学》，中国大百科全书出版社 1984 年版。

⑥ 单霁翔：《文化景观遗产的提出与国际共识》，《建筑创作》2009 年第 6 期。

征分为物质文化景观和非物质文化景观[①]。自从1992年12月，联合国教科文组织（UNESCO）世界遗产委员会在美国的圣菲召开了第16届会议，正式将文化景观纳入《世界遗产名录》，成为继自然遗产、文化遗产、自然与文化双遗产之后的第四种遗产类型，1996年庐山获得国内首个“世界文化景观”称号。联合国教科文组织规定，“自然与人类的共同作品，它表现出人化的自然所显示出来的一种文化性，也指人类为某种实践的需要有意识地用自然所创造的景象”，并提出文化景观的三种类型：(1) 明显由人类有意设计和建造的景观；(2) 有机进化的景观；(3) 关联性景观以与自然因素、强烈的宗教、艺术或文化相联系为特征。美国国家公园管理局将文化景观定义为：“一个联系着历史事件、人物、活动或显示了传统的美学和文化价值，包含着文化和自然资源的地段或区域”；划分为以下四种类型：(1) 文化人类学景观；(2) 历史的设计景观；(3) 历史乡土景观；(4) 历史遗址。

国内学者对文化景观进行了阐释，赵荣提出文化景观的主要组成要素、判识因子以及文化景观的特点，归纳文化景观判识原则和研究方法[②]。王恩涌认为：“文化景观是居住于该地的某文化集团为满足其需要，利用自然界所提供的材料，在自然景观的基础上，叠加上自己所创造的文化产品。”[③] 汤茂林认为：构成文化景观的人文要素分为物质要素和非物质要素；物质要素指具有色彩和形态，可以被人们肉眼感觉到的有形的人文因素，包括聚落、人物、服饰、街道等；非物质因素主要包括思想意识、生活方式、风俗习惯、宗教信仰等[④]。

（二）历史文化景观

“历史文化景观是产生于过去某一特定历史阶段的文化景观，作为人类的创造物，它具有超自然的‘人为’特性。”[⑤] 它对历史上遗存下来的

---

① H. J. 德伯里：《人文地理——文化社会与空间》，王民等译，北京师范大学出版社1988年版。

② 赵荣：《论文化景观的判识及其研究》，《西北大学学报》1995年第6期。

③ 王恩涌：《人文地理学》，高等教育出版社2000年版。

④ 汤茂林：《文化景观的内涵及其研究进展》，《地理科学进展》2000年第1期。

⑤ 刘玉平、周晓琳：《历史文化景观与李白效应》，《当代文坛》2007年第1期。

文化景观以一种历史的眼光和深度，突出文化景观在历史中的变迁。“中国历史文化是中国境内各民族的祖先所共同创造的有史以来的、以往一切文化的总称。”① 文化景观的地域差异虽然是一种空间现象，但它是历史发展的结果。如若仅从空间角度研究文化景观，而不从时间上探讨它的形成和发展，就很难对它的空间分布作出确切说明。文化景观具有继承性，任何文化景观都是人类文化长期演变的结果，从历史发展的角度研究文化在一定时间、空间的继续，才能更好地反映出文化在各种层面的形态。

综上所述：文化景观由自然因素和人文因素两大基本要素构成，为人与自然结合的产物，展现的是人类塑造自然的风采。文化景观基于可视性可分为物质文化景观，能为人的视觉直接观察到的具体事物形态；非物质文化景观，隐形的、不能被直接感知的人文因素，可以借助其他方式表现出来的技艺风俗。

二　运河文化景观的分类体系

运河文化是人类在特定的社会历史条件下，通过跨自然水系的通航、漕运，促进运河流域不同文化区在思想意识、价值形态、社会理念、生产方式、文化艺术、风俗民情等领域的深层次交流融合，推动沿运河流域的社会政治、经济、科技、文化的全面发展形成的一种跨水系、跨领域的网带状区域文化集合体。“每一个社会都处在特定的地理环境之中，地理环境为人类文化提供物质基础，人类只能在顺应自然规律的情况下创造着文化。地理环境无时不在直接或间接地影响着文化。”②“中国运河文化是运河区域人们在长期社会实践中创造的物质和精神财富的总和，是中华民族文化大系中的南北地域跨度大、时间积累长、内容丰富多彩的区域文化。”③

---

① 蔡宗德、李文芬：《中国历史文化》，旅游教育出版社 2001 年版，第 1 页。

② 马敏：《中国文化教程》，高等教育出版社 2005 年版，第 21 页。

③ 李泉：《中国运河文化的形成及其演进》，《东岳论丛》2008 年第 3 期。

运河文化景观是指居住在运河区域的人们在特定的社会历史条件下，借助人工挖掘的方式沟通自然水系以达到航行、运输、贸易的功效，促进运河流域不同区域在价值观念、文学艺术、建筑技艺、民俗风情、文化传承等领域的广角度，深层次交流融会形成的文化现象复合体。可分为运河物质文化景观，可以直接观察到的与运河相关联的具体事物形态；运河非物质文化景观，隐形的、不能被直接感知的，其产生具有浓厚运河人文背景的风俗、技艺、宗教信仰等。文化景观作为文化遗产的重要组成部分，文化遗产的分层体系同样适用于文化景观的划分。文化景观因其具有叠加性、传承性、时代性等特征，须融入大历史范畴加以探讨。《大运河文化遗产的分层保护与发展》将文化景观分为三个圈层：核心层、重心层和辐射层①。

表 2－1　　运河文化景观分类体系

	运河物质文化景观	运河非物质文化景观
第一圈层：核心区	运河河道及漕运、水利等直接相关的文化景观，如航道、桥梁、船闸、堰埭、驳岸、纤道、水柜、码头、仓库、船厂、航标灯塔、碑刻、漕运、盐运、河道管理机构、榷关、皇帝行宫、御码头等	名人事迹、运河诗文字画、航运及治河技术、说唱舞蹈、运河神祇信仰、船民号子、水上习俗、运河规章制度、建造技艺
第二圈层：重心区	运河沿岸与运河密切相关的历史文化景观，如古城镇、历史街区、古树、民居、名宅、碑刻、庙宇、古墓、会馆、书院、博物馆等	宗教、戏曲、民俗、传说、典故、老字号、烹饪技艺
第三圈层：辐射区	运河沿岸居民的服饰、饮食、私家园林	民间工艺

① 王健：《大运河文化遗产的分层保护与发展》，《淮阴工学院学报》2008 年第 2 期。

第三节　运河经济带的学术研究简述

一　经济带形成机理与演化模式

经济带是工业化和运输化不断发展的产物，是工业化中后期产业、城市布局的典型形式①。作为一种新型区域经济组织现象②，国内外学者先后运用产业带、产业密集带、交通经济带、经济带、经济走廊等概念，内涵基本一致。21 世纪初，张文尝对经济带进行了全面系统的总结："交通经济带是以交通干线或综合运输通道作为发展主轴，以轴上或其吸引范围内的大中城市为依托，以发达的产业，特别是二、三产业为主体的发达带状经济区域。"③ 交通干线或综合运输通道，以工业、商贸业为主的第二、第三产业，沿线分布的经济中心和大中城市是交通经济带的三大构成要素。根据发展轴的线状基础设施种类不同，经济带可划分为陆路交通经济带、沿江河交通经济带、沿海交通经济带、复合交通经济带；按地域大小可分为跨省区交通经济带、省区内交通经济带、城市内部交通经济带；按形成机制划分可分为资源开发促进型经济带、产业集聚扩散型经济带、区位网络引导型经济带。

（一）经济带的形成机理

产业、城镇与基础设施是经济带的三要素。产业是经济带发展的基础，城镇是经济带发展的依托，而基础设施通过与产业、城镇之间的关联，成为经济带发展的保障，三者在循环机制中促使经济带的形成。

一方面，交通基础设施是经济带形成和发展的前提条件。基础设施沿线低廉的运输费用、方便舒适的服务、高效及时的信息交流、充足的能源保证等，极大地促进了沿线资源的开发、城镇的形成及各种经济联

① 张文尝、金凤君、樊杰：《交通经济带》，科学出版社 2002 年版。

② 韩增林、杨荫凯、张文尝等：《交通经济带的基础理论及其生命周期模式研究》，《地理科学》2000 年第 4 期，第 295—300 页。

③ 张文尝、金凤君、樊杰：《交通经济带》，科学出版社 2002 年版。

系的加强，触发并刺激人口和主要经济活动向沿线集聚，沿线区域经济在新的水平上快速发展。另一方面，城镇和城市的不断扩大，经济的发展产生了更多的交通流、经济流和信息流，从而又进一步促进基础设施的加强[①]。发展到一定程度后，这种基础设施成为具备进一步集聚和扩散功能的发展“轴”。这种模式再进一步发展，在一些次要点之间形成较低等级的基础设施束，这些新的较低级别基础设施束沿线又逐渐成为发展条件好、效益水平高、人口和经济技术集中的发展轴线。在最初的基础设施上形成更大程度的集聚，大量的人口和经济单位往沿线集中，成为一个大的密集产业带。如此发展下去，将形成第三级、第四级发展轴线。相应的，生产力地域组织进一步完善，形成以“点轴”为标志的空间结构系统[②]。当经济带具有以下五个特征时，就标志着经济带的形成。其一，综合经济中心的形成与推移，或形成主副中心格局；其二，沿线各区段的产业发展、工业基地或专业化城市形成，地区经济中心形成；其三，内部的产业集聚与扩散，产业带的延伸；其四，沿线城市体系的建立；其五，在全省和全国占有重要地位。

（二）经济带的演化阶段

经济带在时空上，经历启动期、雏形期、形成期、成熟期及扩展期、连接期以及网络扩散期五个阶段[③]。

第一阶段：启动期——在交通区位优越地点出现增长极。在此建立工业，一般为轻纺工业，对周围产生了巨大的集聚力，吸引大量的资金、劳动力和工业原料，而其产品迅速销往广大内地。这些地点逐渐成为地区经济中心，原有的城市、人口和生产力分布格局被打破，区域发展不平衡规律开始发挥作用。从区域开发的角度观察，这个阶段属于据点开发时期。

第二阶段：雏形期——由增长极带动，沿着交通主干线向外扩散。作为增长极的经济中心，由于新兴产业部门具有很强的联动效应，发展

---

① 张文尝、金凤君、樊杰：《交通经济带》，科学出版社 2002 年版。

② 陆大道等：《中国区域发展的理论与实践》，科学出版社 2003 年版，第 135 页。

③ 张文尝、金凤君、樊杰：《交通经济带》，科学出版社 2002 年版，第 55 页。

带动前向、后向和旁侧部门，形成很长的产业链，并沿着交通干线向外围扩散（主要表现为接触扩散）；随交通干线条件的改善出现等级扩散。经济中心的经济实力进一步增强。这一过程的顺利推进依赖于交通干线的加强或改善，这个阶段属于从据点开发向轴线开发的过渡时期。

第三阶段：形成期——通过大规模扩散形成沿交通轴线分布的产业带。一方面经济中心已具有强大的实力；另一方面交通轴线发展成为由多种方式组成的综合运输通道，为加速产业扩散提供了便利条件。经济中心进行等级扩散，扩散进程大为加快，工业沿着交通线向较远的城镇扩散。中心城市对外交通进一步改善，城市内部职能分化加强，城市规模迅速扩大。郊区扩大，卫星城涌现，城市边缘区成为变化迅速的地区，郊区并入城区，附近农业区成为新的郊区。人口逾百万的特大城市或大都市连绵地带出现，城市间专业化分工逐渐明朗，沿主要交通干线的点轴状产业系统逐步形成，经济带日益明显地显露出来。它对经济发展的影响进一步增强。一般经济带达到400—500千米，大约百年的历程。这个阶段属于轴线开发时期。

第四阶段：成熟期及扩展期——交通轴线继续改善，不仅发展成为复合式的运输通道，而且建设了高速交通线，交通轴线的能力巨大、便捷快速。经济带发展趋于成熟，不仅具有强大的经济实力，而且产业结构和经济的系统性也大为提高。在内部，经济带内各城市之间的产业分工和联系更加紧密，经济带作为贸易、金融、信息中心的职能和高科技产品孵化器的职能日益重要。对外部的影响力加强，沿海、沿江、沿主要交通干线，两条以上平行的复合式点轴系统构成的具有一定纵深配置的经济带发展成熟。同时，从交通轴线向两侧区域的工业扩散也大为加快。这个阶段属于轴线开发延伸，并与网络开发同时推进的时期。

第五阶段：连接期以及网络扩散期。以已经形成的发达经济带为基础，产业分工进一步强化，产业结构升级加速，新兴工业部门进一步增加，产品种类进一步增多。经济带沿着交通干线进一步扩散。各大经济带间呈现相互衔接、归并、融合的趋势，城市界限逐渐消失，城市带连绵逶迤，可达数百、上千千米。在发达轴线地带的带动下，其吸引的区域整体经济实力和水平大为提高，区内经济差距大为缩小，甚至消除了差异。这个阶段属于轴线开发大跨度延伸与连接，并与网络开发同时推

进的时期。

运河经济带作为经济带的一种类型，也遵循经济带时空演化的一般模式。京杭运河苏鲁段经济带，德州—扬州段处于经济带的雏形期，经济中心的产业开始向外扩散。而苏州—无锡—常州—镇江段复合式点轴系统构成的具有一定纵深配置的经济带发展相对成熟，城市之间对产业分工与联系更加紧密，城市对外的影响力加强，处于经济带成熟扩散阶段。随着人类社会由工业社会进入后工业社会，由科技革命掀起的新一轮产业革命正在展开，信息高速公路的迅速发展，电子商务的迅速崛起，正从根本上改变着生产力布局的指向。运河经济带的演化也可能跳跃经济带一般演化模式的某个阶段，直接进入更高的发展阶段。

二　经济带理论判别与开发实践

（一）经济带划分原则、轴线选择与边界界定

经济带的划分原则。经济带作为经济区的一种类型[①]，其划分要考虑到地区经济发展条件的差异，经济活动的地域联系并且兼顾到行政区划[②]。概括起来，经济带的划分要考虑客观性、统一性、前瞻性、并列性四个一般原则和区内相似性与区际差异性、中心城市与腹地相结合、经济区与行政区相一致、经济发展与社会稳定相统一四个具体原则[③]。

点、轴的选择。经济带上作为经济中心的城市，应具有一定的人口规模和经济规模，具有先进的城市经济和服务、管理体系，具有完善的城市基础设施[④]。经济带“点”的选择，多依据城市竞争力状况，结合其在区域开发中的战略地位、资源条件、现有的职能分工和未来的发展前

---

① 陆大道：《我国区域开发的宏观战略》，《地理学报》1987 年第 2 期，第 97—105 页。

② 代学珍、杨吾扬：《河北省区域开发的空间模式研究》，《国土开发与整治》1997 年第 2 期，第 18—21 页。

③ 代学珍：《河北省区域开发增长极系统的确定》，《北京大学学报》（自然科学版）1999 年第 42 期，第 558—563 页。

④ 戴晔、丁文锋：《试论陇海—兰新线在我国生产力布局中的主轴线地位》，《开发研究》1988 年第 2 期，第 26—29 页。

景进行选择[①②③]。轴线的选择应考虑发展目标、经济发展阶段、国家财力状况、线状基础设施的等级、沿线的经济地理位置、资源、经济基础、经济联系、发展潜力等因素。从费用角度而言，最佳线路是建设费用和通过的运输费用之和最小的线路，尽量避免建设费和交通费用高的地段[④]。

经济的边界界定。关于经济带边界的界定，国内外系统研究较少。费洪平从企业联系入手，以企业总体联系形成的运营空间为主要划分依据，并综合考虑运输网络、行政区划以及未来的重大变化等因素，对产业带划分的理论与方法进行了探讨[⑤]。近年来高速公路经济带发展迅速，学者们通过建立基于时间和运费的边界模型[⑥⑦]、电磁场模型[⑧]，运用 GIS 专题地图叠加、缓冲区等空间分析功能[⑨]，对高速公路经济带吸引区域进行测算。

（二）经济带开发实践与建设路径

点轴开发是最有效的区域开发模式，确定区域发展和国土开发的重点就是要确定国家或区域的各级重点发展轴线。自 20 世纪 80 年代以来，各级政府都把经济带的开发和建设作为区域发展的重要战略。

---

① 费洪平：《产业带边界划分的理论与方法——胶济沿线产业带实例分析》，《地理学报》1994 年第 3 期，第 214—225 页。

② 吴慈生、汪敏：《高速公路经济带吸引区域与开发模式研究》，《系统工程》2000 年第 2 期，第 17—21 页。

③ 夏飞、陈修谦：《高速公路经济带边界模型的构建及实证分析》，《系统工程》2004 年第 12 期，第 101—104 页。

④ 张文尝、金凤君、樊杰：《交通经济带》，科学出版社 2002 年版。

⑤ 费洪平：《产业带边界划分的理论与方法——胶济沿线产业带实例分析》，《地理学报》1994 年第 3 期，第 214—225 页。

⑥ 吴慈生、汪敏：《高速公路经济带吸引区域与开发模式研究》，《系统工程》2000 年第 2 期，第 17—21 页。

⑦ 夏飞、陈修谦：《高速公路经济带边界模型的构建及实证分析》，《系统工程》2004 年第 12 期，第 101—104 页。

⑧ 王守恒、章锡俏、孟祥海：《高速公路经济产业带计算模型研究》，《公路》2006 年第 7 期，第 110—113 页。

⑨ 周淼、徐建刚：《基于 GIS 的交通经济带空间边界界定方法研究》，《世界地理研究》2003 年第 2 期，第 79—85 页。

国家层面。改革开放后，面对自然、经济的严重不平衡和党中央提出的宏伟目标，如何从宏观上进行空间开发是当时的重大战略问题。从宏观上确定地区开发战略，其核心就是根据社会经济具体发展阶段和水平，正确处理平衡和不平衡、经济增长与平衡发展之间的关系①。1984年，陆大道在其论文中提出点轴渐进扩散模式②，并根据我国国土开发和经济发展水平的地域差异，提出“T”形宏观战略③。在此基础上，另一些学者提出了“Π”字形战略、“开”字形战略、“弗”字形战略。之后，沿海地区、长江沿岸地区、新亚欧大陆桥经济带纳入国家经济发展的战略方针。1999年我国实施西部大开发战略，提出“以线串点、以点带面”及建设经济带的开发模式④。随着区域协调发展和“五个统筹”战略的提出，珠江经济带、长江经济带、陇海—兰新经济带和京津—呼包银经济带，四条连接东西部的经济增长轴线将构成中国区域经济增长的新格局⑤。

大区层面。为振兴区域经济、提高区域竞争力、发挥区域带动作用与示范作用，或为扩大开放、缩小区域差距等，各省市加强合作，把经济带建设作为区域开发的战略。哈大经济带、京津冀经济带、呼包银经济带、沪宁杭经济带、宁西经济带、成渝经济带、西江经济带、南昆沿线经济带等，已成为我国区域开发的重要轴线。

省域层面。点轴系统是区域开发的最佳结构，截至20世纪90年代初，全国已有23个省区（市）的国土开发规划采用了点轴开发模式⑥。辽宁沿海经济带、胶济经济带、东陇海产业带、福厦经济带、

---

① 国务院：《国务院关于实施西部大开发若干政策措施的通知》，《人民日报》2000年12月28日。

② 陆大道：《我国区域开发的宏观战略》，《地理学报》1987年第2期，第97—105页。

③ 陆大道：《2000年我国工业生产力布局总图的科学基础》，《地理科学》1986年第2期，第110—118页。

④ 国务院：《国务院关于实施西部大开发若干政策措施的通知》，《人民日报》2000年12月28日。

⑤ 国务院发展研究中心课题组：《四条横贯东西经济带形成的战略思考》，《经济学动态》2003年第7期，第11—14页。

⑥ 陆大道：《论区域的最佳结构与最佳发展》，《地理学报》2001年第2期，第127—135页。

关中经济带、天山北坡经济带等都成为所在省（区）的重要开发轴线。

无论是陆路经济带、沿江河经济带、沿海经济带、复合经济带，还是跨省区经济带、省区内经济带、城市交通经济带，其建设大多围绕着产业发展、城镇组织和基础设施建设三个方面展开。

产业发展。产业是经济带的主体，产业结构升级和扩散是经济带发展壮大的主要动力。产业的发展要树立可持续发展的理念①，注重发挥各地区的优势和特色②；通过上、中、下游多领域的相互合作③，建立分工明确、联系紧密的产业体系④；通过产业结构优化⑤和升级⑥，不断提高经济带的等级。此外，还要加强自然资源的节约与有效开发利用、加强生态环境的治理与保护等⑦，这是经济带可持续发展的关键。

城镇空间组织。大中城市是经济带发展的依托。经济带建设中加强增长极对区域生产要素的聚集、辐射和转化作用⑧，通过空间结构优化⑨，建立分工协作、有机统一、协调发展模式⑩⑪。

---

① 胡序威、毛汉英、陆大道等：《中国沿海地区持续发展问题与对策》，《地理学报》1995年第1期，第1—12页。

② 钟功甫：《我国东部沿海开放带形成条件、地域分异和发展方向》，《地理学报》1988年第2期，第134—140页。

③ 李靖、谷人旭：《长江经济带合作发展探讨》，《地理与地理信息科学》2003年第1期，第74—77页。

④ 余丹林、毛汉英：《中国沿海地区经济发展态势及发展对策》，《经济地理》1999年第4期，第25—30页。

⑤ 方一平：《成渝带产业结构及其优化研究》，《中国人口资源与环境》2001年第11期，第54—56页。

⑥ 马延吉、佟连军：《哈大产业带产业空间构建与产业布局》，《地理科学》2003年第4期，第422—426页。

⑦ 李同升：《迈向21世纪的新亚欧大陆桥——96北京新亚欧大陆桥区域经济发展国际研讨会综述》，《经济地理》1997年第2期。

⑧ 徐国弟：《21世纪长江经济带综合开发》，中国计划出版社1999年版。

⑨ 陈修颖、陆林：《长江经济带空间结构形成基础及优化研究》，《经济地理》2004年第3期，第326—329页。

⑩ 黄炳康、李忆春、吴敏：《成渝产业带主要城市空间关系研究》，《地理科学》2000年第20期，第5页，第411—415页。

⑪ 钟华：《胶济带状城市群体的形成及作用》，《城市问题》1987年第3期，第30—34页。

基础设施建设。基础设施是经济带形成和发展的前提，也是区域间相互联系与合作得以实现的基础。建设多端束状基础设施，促进交通设施的网络化是经济带建设的重要内容[①②]。同时，推动基础设施的技术进步，实现“时间—空间收敛”效益和“成本收敛—流量扩张”效益，推进经济带空间形态演变。

（三）经济带开发与建设的绩效评价

经济发展影响评价。一方面，经济带建设催化了城市的建设，有利于充分发挥各级中心城市的作用[③]；有利于生产布局与线状基础设施之间的最佳空间组合，促进资金的有效利用和经济的高速增长[④⑤⑥⑦]；有利于城市之间、区域之间、城乡之间便捷的联系和优化互补，从空间、时间上增强区域的开发开放合力[⑧⑨]，发挥区域整体联动发展效应[⑩]。另一方面，现阶段经济带建设在促进经济高效发展的同时，也拉大了区域之间的差距[⑪]。

人地关系影响评价。由于能源消费结构不合理、产业结构的缺陷、污染治理和环境管理不力、缺乏科学的城市规划和工业布局等原因，经

---

① 李靖、谷人旭：《长江经济带合作发展探讨》，《地理与地理信息科学》2003 年第 1 期，第 74—77 页。

② 冯贵盛：《哈大经济带合作开发的战略构想与措施》，《社会科学战线》2003 年第 1 期，第 77—82 页。

③ 陆大道：《2000 年我国工业生产力布局总图的科学基础》，《地理科学》1986 年 6 月第 2 期，第 110—118 页。

④ 陆大道、刘毅、樊杰：《我国区域政策实施效果与区域发展的基本态势》，《地理学报》1999 年第 6 期，第 496—508 页。

⑤ 王梦奎：《中国经济发展的回顾与前瞻》，中国财政经济出版社 1999 年版。

⑥ 陈栋生：《跨世纪的中国区域发展》，经济管理出版社 1999 年版。

⑦ 张敦富：《区域经济开发研究》，中国轻工业出版社 1998 年版，第 45—47 页。

⑧ 郎一环、张福林：《南昆铁路沿线地区的资源优化配置研究》，《资源科学》1998 年第 4 期，第 8—13 页。

⑨ 潘海啸、刘冰等：《沿海大通道建成对上海市经济发展的影响》，《城市规划汇刊》2002 年第 1 期，第 22—27 页。

⑩ 陆大道、刘毅、樊杰：《我国区域政策实施效果与区域发展的基本态势》，《地理学报》1999 年第 6 期，第 496—508 页。

⑪ 同上。

济带开发中环境状况和水土资源利用状况令人担忧[①②③]。特别是在西部生态环境脆弱地区，资源开发和原材料工业大规模扩张，加剧了生态系统的恶化[④]，而且由于人类的不合理开发，也正在导致经济地理、社会地理和政治地理的变化[⑤]，可持续发展问题严峻。

三 京杭运河经济带研究回顾与展望

目前，学术界对京杭运河经济带的研究尚处于起步阶段。对“运河经济带”的研究成果散见于运河文化的探讨[⑥⑦⑧]、运河旅游资源结构与开发[⑨⑩⑪]、运河经济带建设的初步设想[⑫]、北京通州运河城市的建设、镇江扬州城市运河风光带的开发建设[⑬]、苏州运河整治开发[⑭]以及山东运河

---

① 陆大道：《关于地理学“人—地系统”理论研究》，《地理研究》2002 年第 2 期，第 135—144 页。

② 陆大道：《中国区域发展的新因素与新格局》，《地理研究》2003 年第 3 期，第 261—271 页。

③ 张雷、刘毅：《中国东部沿海地带人地关系状态分析》，《地理学报》2004 年第 2 期，第 311—319 页。

④ 陆大道、刘毅、樊杰：《我国区域政策实施效果与区域发展的基本态势》，《地理学报》1999 年第 6 期，第 496—508 页。

⑤ 陆大道：《关于“点—轴”空间结构系统的形成机理分析》，《地理科学》2002 年第 1 期，第 1—6 页。

⑥ 俞孔坚、李迪华、李伟：《京杭大运河的完全价值观》，《地理科学进展》2008 年第 2 期，第 1—8 页。

⑦ 李伟、俞孔坚、李迪华：《遗产廊道与大运河整体保护的理论框架》，《城市问题》2004 年第 1 期，第 28—31 页。

⑧ 王永波：《运河文化的运动规律及其启示》，《东南文化》2002 年第 3 期，第 64—69 页。

⑨ 沈山、沈正平、孙旭芳等：《主题性旅游协作联盟及其构建》，《地理研究》2008 年第 6 期，第 1444—1454 页。

⑩ 黄震方、李芸、王勋：《京杭大运河旅游产品体系的构建及其旅游开发》，《地理研究与开发》2000 年第 1 期，第 70—72 页。

⑪ 金平斌、沈红心：《京杭运河（杭州段）旅游资源及其旅游功能开发研究》，《浙江大学学报》（理学版）2002 年第 1 期，第 115—120 页。

⑫ 封雪：《江苏省运河经济带开发的理论探讨》，《徐州工程学院学报》2006 年第 10 期，第 15—19 页。

⑬ 张京祥、刘雨平：《沿京杭大运河地区的空间发展——以京杭大运河扬州段为例》，《经济地理》2008 年第 1 期，第 1—5 页。

⑭ 叶文尧：《京杭运河苏州段整治效益及港口调整设想》，《江苏交通》2000 年第 10 期，第 9—10 页。

城市（聊城、济宁）建设等论文，研究成果尚不系统，也缺乏一定的深度。对“运河经济”、“运河产业带”、“运河经济带”等问题的全面探讨极少涉及；运河经济的研究成果与“沿铁路经济带、沿长江经济带和沿江经济带”的研究成果差距甚远。

随着区域协调发展战略的实施、国家南水北调东线工程的建设以及“大运河申遗”等，如何实现运河的再开发、如何实现运河沿线区域的经济崛起、如何保护运河文化景观等逐渐成为人们的关注热点。

第三章

运河文化景观资源分类与构成

第一节 文化与运河文化

一 文化及其要素

关于文化的定义与概念，以英国的“人类学之父”泰勒和美国的克罗伯与克鲁克洪给出的概念比较流行和权威。1871 年，英国学者爱德华·泰勒在其出版的《原始文化》中“关于文化的科学”一章，开宗明义地指出：文化或文明，就其广泛的民族学意义来讲，是一个复合整体，包括全部的知识、信仰、艺术、道德、法律、风俗，以及作为社会成员的人所掌握和接受的任何其他才能和习惯的复合体。其定义侧重文化中的软件，强调文化的多样性的统一，即知识、习俗、才能的复合体①。从泰勒提出文化概念引起有关学者注意以后，“文化”概念甚多。据统计，1920 年以前不多，到 1951 年却增至 160 多个，目前可能超过 250 多个，甚至有的学者认为，关于文化的概念已有 1000 余条。英国社会人类学大师、功能学派的缔造者马林诺斯基（1884—1942）感叹说：“文化，文化，言之固易，要正确地加以定义及完备地加以叙述，则并不是容易的事。”他在泰勒的基础上给文化增加了物质部分的内容，认为文化既包含着像器物、房屋、船只、工具以及武器等这样的最易明白、最易捉摸的物质设备，又包括种种知识，道德上、精神上及经济上的价值体系，社会组织的方式，语言等这些可以总称作精神层面的文化。

1952 年，美国的克罗伯（A. L. Kroeber）与克鲁克洪（Clyd Kluckhohn）在《文化：关于概念和定义的探讨》列举了他搜集的文化的概念161 个，以其重点把其分为六类：一是描述性定义，把文化当作包罗万象的整体，并列举文化每一方面的内容。二是历史性定义，强调文化的社会遗留性和传统性，认为整个社会的遗传就是文化。如果把文化作为一个普通名词时，其意指人类的全部社会历史遗传；如果把文化作为一个专有名词时，其意指社会历史遗传中的某一特殊部分。三是规范性定义，

① ［英］爱德华·泰勒：《原始文化》，连树声译，上海文艺出版社 1992 年版。

强调文化是一种具有特色的生活方式，或者具有动力规范性观念以及它们的影响。四是心理性定义，把文化说成是人调适、学习和选择的过程，认为文化基本上是满足欲求、解决问题、调适环境及人际关系的制度。五是结构性定义，把文化作为一个价值系统来界定，认为文化是一种抽象的、建立于概念模型之上的，用以解释行为而本身却又不属于行为的东西。六是遗传性定义，所注重的问题大致为文化是如何来的？文化存在及延续的因素是什么？这类定义虽也涉及文化的其他本质，但其重点放在遗传方面，如认为团体中过去行为的累积与传授的结果就是文化。克罗伯和克鲁克洪认为文化定义包括三个层次：（1）文化是行为模型，是显性的外在形象与行为模型、隐性的内在思维与心理模型的统一。这一层次强调文化动的、活的一面和特性，强调其现实意义。如表达爱、友好、亲热动作的拥抱和握手。文化作为行为模型，使得我们对文化的理解更具体、更容易。行为的发生尤其对抽象的道德伦理、价值观念等有着很好的表现作用。只有行为发生时，我们才对道德这个抽象的、捉摸不定的，甚至可以随意解释和歪曲的东西有了非常具体的信念和认识。同时，文化是行为模型，文化既是行为的产物，又会制约进一步的行为。文化可谓源于生活，又高于生活。（2）文化符号是文化载体，是文化群体交流思想、感情、意图的工具、中介。强调文化的稳定性、静的一面和文化的标志烙印作用，如文字、书籍、红绿灯、手势、服装（民族服装、职业服装）等。（3）文化是历史发展的产物，是选择的结果，其中价值是核心①。其定义侧重文化的形成机制及作用功能特点。他们给出的文化的综合性定义是："文化存在于各种内隐的和外显的模式之中，借助复合的运用得以学习与传播，并构成人类群体的特殊成就，这些成就包括他们制造物品的各种具体式样，文化的基本要素是传统（通过历史衍生和由选择得到的）思想观念和价值，其中尤以价值观最为重要。"这个文化定义为现代西方学者普遍接受。

在广义的文化界定中，文化有四种要素，即符号、价值观、规范和物质文化。符号是某一群体认可的具有象征意义的任何东西。价值观是社会成员共同认同的行为观念，价值观既决定着人类行为，也可以为人

① 王恩涌等：《人文地理学》，高等教育出版社2000年版，第22页。

类行为所塑造。规范是一种确定人们在特定情景下如何行动、思想和感受的准则和标准。规范比价值观更具体，更受条件限制。约束力较弱的是民俗，是指不被认为具有道德重要性且不具有严格约束力的社会习惯。约束力较强、要求必须严格遵守、反映一个社会系统核心道德观的规范叫民德。法律也是一种规范，是国家颁布的行为规范①。一个社会普遍存在的物质形态——机器、工具、书籍、衣服等称为物质文化。一个社会的物质文化反映了其技术发展水平、自然资源的可得性及其社会需求，同一种物质的意义在不同的文化间是不一样的②。

二　运河文化及其特征

京杭运河全长1794千米，流经北京市通州区，天津市武清区，河北省沧州市，山东省德州市、聊城市、济宁市、枣庄市，江苏省徐州市、宿迁市、淮安市、扬州市、镇江市、常州市、无锡市、苏州市，浙江省嘉兴市、湖州市、杭州市18个地级以上城市，穿越了由古代燕赵文化区演变而来的京津文化区、受齐鲁文化浸润颇深的山东文化区、在古代吴越文化影响下成长起来的江浙文化区，经过数千年辐射与融合，由此形成了一个东西不过数十公里、十分狭长的运河文化景观区。由于京杭运河各河段原文化的差异及各河段自然地理环境、河道设施（闸坝码头等）、管理方式、社会结构等方面不尽相同，所以在运河文化区域中，不同河段的区域文化又呈现出不同的特点。

运河文化属于一种跨水系、跨领域的区域性广义文化系统，是包括运河设计、开凿、管理、运营在内的，沿运河流域政治、军事、经济、文化、科学等社会活动的总和，同样包含着理念（哲学观念、价值形态和政治、军事、文化、经济需求等）、制度（技术保证、管理、运作模式以及由跨流域通航导致的原流域文化表现形式的改变等）和物相（具体的河道、设施、运载工具以及由原流域文化表现形式改变而产生的各种

① 潘允康主编：《城市社会学新论》，天津社会科学院出版社2004年版，第167页。

② ［美］戴维·波普诺：《社会学》，李强等译，中国人民大学出版社2002年版，第66—72页。

物质存在形态等）三个不同的层次。运河的开凿时机、走向、名称、管理模式及其社会功能——除受技术水平和自然条件的限制外——都是由当时社会的哲学理念、政治观念、价值观念和社会综合条件决定的。反过来，运河的开凿和通航、航运的兴旺和商业的发展，又作用于人们的精神文化、社会结构，导致运河流域各地文化通过广泛的交流接触，逐步实现深层次、广角度的融合发展。

刘保良①总结运河文化的特征如下：

一是开放性。大运河全长1794公里，辐射区域超过100万平方公里，且都是中国人口最稠密、经济最发达的区域，成为一条沿河各城市对外开放和交流的大动脉。特别是明清时期，山东境内运河段进入极为繁荣的时期，沿河的许多城市都成为经济重镇。交通和经济的大开放，必然带来思想和文化的大交流。南北许多新的思想和观念、许多新的生产工艺和生活方式的不断引进，极大地促进了当地经济的发展和人民生活方式的丰富。

二是包容性。大运河被称为“古代文化长廊”，纵贯四省二市、五大河流，将义利并举、工商皆本的“永嘉文化”，经学致用、忧民报国的“古吴文化”，敦厚诚信、义薄云天的“齐鲁文化”，侠义慷慨、秉直忠诚的“燕赵文化”，高贵儒雅、精致奢华的“皇城文化”以及各大宗教文化、异域文化等均包罗其中。

三是正统性。大运河作为世界上最长的人工河，不仅显示了中华民族改造自然的智慧，也显示了历代统治阶级掌控天下的雄心。大运河从诞生之日起，就具有十分浓重的“官河”色彩，成为统治阶级强化自身统治的工具。在这种政治背景下，整个运河文化的形成无时不承受着统治阶级正统思想的主导，沿河主要城市建有多处活跃的宗教、文化场所，用以教化域内广大百姓。可以说，正是统治阶级的“一统”思想和“强统”措施，使整个运河千百年来能够平稳运行，越来越繁荣，使各类文化的交流和传播获得一个相对稳定的环境。

四是重商性。这是运河文化得以繁荣的根本。大运河从本质功能上讲，是一条经济大动脉，经长年累月的发展，其重商色彩已成为运河文

① 刘保良：《挖掘运河文化资源》，人文自然网 http://www.rwzr.cn/。

化的主旋律。运河沿岸的主要城市，全部是商业重镇。

概言之，运河文化乃是人类在特定的社会历史条件下，通过跨自然水系的通航、漕运，促进运河流域不同文化区在思想意识、价值形态、社会理念、社会制度、生产力形式、文化艺术、风俗民情等领域的广角度、深层次交流融合，推动沿运河流域的社会政治、经济、科技、文化的全面发展而形成的一种跨水系、跨领域的网带状区域文化集合体。

第二节　文化资源与运河文化资源

一　文化资源的含义与分类

《辞海》对资源的解释是："资财的来源，一般指天然的财源。"联合国环境规划署对资源的定义是："所谓资源，特别是自然资源是指在一定时期、地点条件下能够产生经济价值，以提高人类当前和将来福利的自然因素和条件。"上述两种定义只限于对自然资源的解释。马克思在《资本论》中说："劳动和土地，是财富两个原始的形成要素。"恩格斯的定义是："其实，劳动和自然界在一起它才是一切财富的源泉，自然界为劳动提供材料，劳动把材料转变为财富。"[①] 马克思、恩格斯的定义，既指出了自然资源的客观存在，又把人（包括劳动力和技术）的因素视为财富的另一不可或缺的来源。可见，资源的来源及组成，不仅是自然资源，而且还包括人类劳动的社会、经济、技术等因素，还包括人力、人才、智力（信息、知识）等资源。据此，所谓资源指的是一切可被人类开发和利用的物质、能量和信息的总称，它广泛地存在于自然界和人类社会中，是一种自然存在物或能够给人类带来财富的财富。或者说，资源就是指自然界和人类社会中一种可以用以创造物质财富和精神财富的具有一定量的积累的客观存在形态。资源是人类生存和发展的基础。大资源观将文化资源与自然资源、经济资源、人力资源、政治资源、制度资源

---

① 《马克思恩格斯选集》第四卷，人民出版社1995年版，第373页。

一起，构成了支撑社会发展的价值性要素[①]。

美国学者 Donald L. Hardesty 给出的文化资源的定义是：文化资源是指人类社会群体及环境中文化的各种物质与非物质性的表达。T. J. Green[②] 认为：广义上来讲，文化资源包括历史建筑及遗产、博物馆、建筑公园、沉船遗址（shipwrecks）、宗教场所和文化要素（cultural significance）。维基自由百科网对文化资源给出的范围是：文化资源既包括有形资产，如考古、建筑、绘画和雕塑，也包括无形的文化，如民间传说和解释性艺术，如说书和戏剧。程恩富[③]指出，文化资源是人们从事文化生产或文化活动所利用的各种资源总和。高毓秀、曹娟[④]在《对文化资源的认识和思考》中提到：文化资源就是人们从事文化生产或文化活动所利用或可资利用的各种资源，包括着一切有文化价值的自然资源和社会资源。吴圣刚[⑤]提出，文化资源是人类生存发展需要的、以一切文化产品和精神现象为指向的精神要素。李东红、杨利美[⑥]认为，文化资源是人类所创造的物质文化、制度文化和精神文化遗产的总和。

米子川在《文化资源的时间价值评价》中提到：文化资源是指凝结了人类无差别的、劳动成果的精华和丰富的、思维活动的、物质的、精神的产品或者活动。文化资源包括历史人物、文物古迹、民俗、建筑、工艺、宗教信仰、语言文字、戏曲等。广义的文化资源是难以给出具体的界定的，只要是体现人类精神追求和满足人类精神需求的产品或活动，均属文化资源的范畴。这样一来，社会生活的方方面面就大量地体现了文化的痕迹，政治、经济、社会生活以及世界范围内的比较，都蕴含了丰富的文化特征。吕庆华[⑦]认为：文化资源是人类劳动创造的物质成果及

① 覃明兴：《大资源观的历史考察》，《社会科学》2002 年第 2 期，第 20—23 页。

② T. J. Green. Cultural Resource Management（CRM）：Conservation of Cultural Heritage. International Encyclopedia of the Social & Behavioral Sciences, 2004, pp. 3113 - 3116.

③ 程恩富：《文化生产力与文化资源的开发》，《生产力研究》1994 年第 5 期，第 14—18 页。

④ 高毓秀、曹娟：《对文化资源的认识和思考》，《发展研究》1999 年第 3 期，第 46—47 页。

⑤ 吴圣刚：《文化资源及其利用》，《山西师范大学学报》（社会科学版）2005 年第 6 期，第 128—130 页。

⑥ 李东红、杨利美：《文化资源的价值评估、成本核算与经济补偿》，《思想战线》2004 年第 3 期，第 97—111 页。

⑦ 吕庆华：《文化资源的产业开发的文化资本理论基础》，《生产力研究》2006 年第 9 期，第 183—185 页。

其转化。华春雷[①]认为，档案资源也属于文化资源，马奇志[②]将个人文化方式也纳入文化资源的范畴。沈山[③]认为，文化资源的内容包括可供人们进行文化生产的物质条件，如纸张、生产音像制品的材料等原材料、进行演出活动的设备等生产工具、广播电视网络、文化场馆、剧院等传播载体等；历史文化资源，即在漫长的社会历史发展过程中积淀下来的历史文化、人文景观、民俗风情等具有地方特色及文化传统的物质及精神资源；以及从事创造性的精神劳动的人才资源。

上述学者从不同的角度对文化资源的概念作出了不同的描述，为文化资源的科学界定做了积极的探索，对文化资源的内涵及外延的认识逐步加深、扩大，由此可看出，文化资源是一个不断发展的概念。我们认为文化资源是指具有文化属性的、可供开发利用的一切物质、活动、信息及要素。具有文化属性是文化资源的区别于其他资源的根本特征；可供开发利用是从文化资源的功能上说的，意味着文化资源是一种可支配的资源，可以对拥有它的主体产生影响并制约其活动方式及活动的深度和广度；“物质、活动、信息及要素”界定了文化资源的内容，包括了有形的、无形的、现实的以及历史的各种资源。

总之，文化资源的特点可以归纳如下：（1）文化资源主要以精神文化为载体。文化资源既有物质的存在形式，又有精神形态的存在形式，但物质的形态最终还是服务于精神形态的。对文化资源的深层次开发和利用，不是仅仅看其外在物质形态，而主要是看它满足人们精神需求的程度。所以人们在发掘利用文化资源时，往往注重发现和利用其深层次的文化内涵，用以体现人的观念、理论、情感和美的感受。（2）文化资源的地域性。不同的国家、民族、地区之间，由于不同的科技水平、经济状况以及人们的生产方式、价值观念、传统、风俗、习惯、宗教信仰等的不同，因此人们的文化观念不同，对文化资源的认识就会存在着很大差异。如一项文化资源，在某些国家认为是珍贵的，但在某些国家却

---

① 华春雷：《档案文化资源开发的新思路——文化产业发展背景下档案文化资源开发探析之一》，《云南档案》2003 年第 5 期。

② 马奇志：《个人文化方式是一种文化资源》，《西北民族学院学报》（哲学社会科学版）2002 年第 1 期，第 65—68 页。

③ 沈山：《和谐社会的城市文化战略》，中国社会科学出版社 2009 年版，第 146—149 页。

不能被重视。(3) 文化资源的时间性和发展性。这主要取决于科学技术和生产水平的进步及人们文化观念的转变，所以人们对文化资源的认识和利用是随着时间的推移而不断发展变化。例如最近20年，世界信息业的兴起，就是生动的例证。(4) 文化资源的有限性和无限性。这主要是从微观和宏观的角度来看待。文化资源自然的方面，无论是自然资源还是经过加工的文化产品，在一定时期内受人类的认识和科学技术发展程度的限制，能够开发和利用的文化自然资源是有限的。但从宏观的角度分析，随着人和社会的不断发展，可供开发和利用的文化资源不断被发现和创造，因此文化资源又是无限的。

关于文化资源的分类，学术界有着不同的见解，但是可以归结为二分法和三分法两大类。

二分法可以从资源属性、物质属性、统计评价、持续发展、历史时期来划分：

(1) 从资源属性角度，可分为文化自然资源和文化社会资源。文化资源包括一切有文化价值的自然资源和社会资源。文化自然资源是指自然界存在的，可作为文化生产的原材料和物质文化生产必需的环境条件。例如，我们进行文化产品生产时需要的原材料，像印刷用的纸张、雕刻用的寿山石、玉和木头、竹子，等等，此外诸如旅游景点的自然景观及自然条件等，也都是文化自然资源。文化社会资源主要指人类在社会上通过种种劳动所获得的种种能力和习惯等，它包括社会、经济、技术诸因素中可用于文化生产和文化生活的各个方面，主要显现在教育、科学、文艺、道德、法律、风俗、信仰等层面。所以有人说，文化是人类独有的，是人类社会实践的产物。文化资源上述的自然和社会的两个方面是相互依存的①。

(2) 按照物质属性，可分成物质文化资源和精神文化资源。物质文化资源是指自然界中可供人们用于文化生产的各种物质条件，它是文化产品的物质载体和文化生产的物质手段。精神文化资源存在于人类社会中，是在人类社会发展的历史过程中形成和产生的。物质文化资源按其

① 高毓秀、曹娟：《对文化资源的认识和思考》，《发展研究》1999年第3期，第46—47页。

在文化生产中的作用不同又可分为两部分：一部分是经过开发利用可直接成为文化产品的物质资源，通常称为文化载体。如制作工艺品的陶瓷、贝类，印制书刊的纸张，制造音像产品的材料等。随着科学技术的发展，其范围和种类将不断拓展。另一部分是指经过人们的生产和建设而作为文化生产的物质手段的各种资源，称为文化生产手段，如摄影摄像设备、舞台灯光设备、音响设备、书画用具、影院、剧场、文化宫、博物馆，等等。这部分文化生产手段也将随着科技水平和生产能力的提高而日益丰富起来。精神文化资源是在人类社会发展的历史过程中形成的，如文学艺术流派、科学理沦、宗教观等。它通过人类的文化劳动得到发掘和利用。借助于一定的物质文化手段，成为向人们提供的文化产品的主要内容。对这种文化资源的开发利用程度，基本取决于人的素质提高，以及从事文化生产的劳动者的数量和质量[①]。

（3）从统计评价的角度，可以把文化资源分为可度量的文化资源和不可度量的文化资源两类。可度量的文化资源是指可以建立相应的评价体系来具体估计和测量其瞬间价值的资源种类，如历史文物、建筑、工艺品等；不可度量的文化资源是指不可用现实价值来体现的资源类型，如民俗、戏曲等[②]。可度量的文化资源在文化产业的发展过程中，具有非常重要的现实意义。首先，文化资源是文化产业发展的基础，但不是所有文化资源都可以进行产业化经营。发展文化产业要从资源禀赋和市场潜力两个方面对文化资源进行评估。一般来说，可以度量的文化资源更易于进入市场和进行市场开发。如果考虑其禀赋和市场潜力，至少可度量是文化资源参与产业化经营的必要条件之一。其次，可度量的文化资源体现了人类对这些资源产品属性的认可，是发展文化产业的前提。不同文化资源的品相和评价，才能够得出不同资源种类的比较差异，也才有利于资源之间的交流和融合。最后，可度量文化资源在某种程度上解决了文化资源进入市场的“身份”问题，进一步明确了资源的瞬间价值和可持续开发的永久价值。

---

① 程恩富：《文化生产力与文化资源的开发》，《生产力研究》1994 年第 5 期，第 14—18 页。

② 米子川：《文化资源的时间价值评价》，《开发研究》2004 年第 5 期，第 25—28 页。

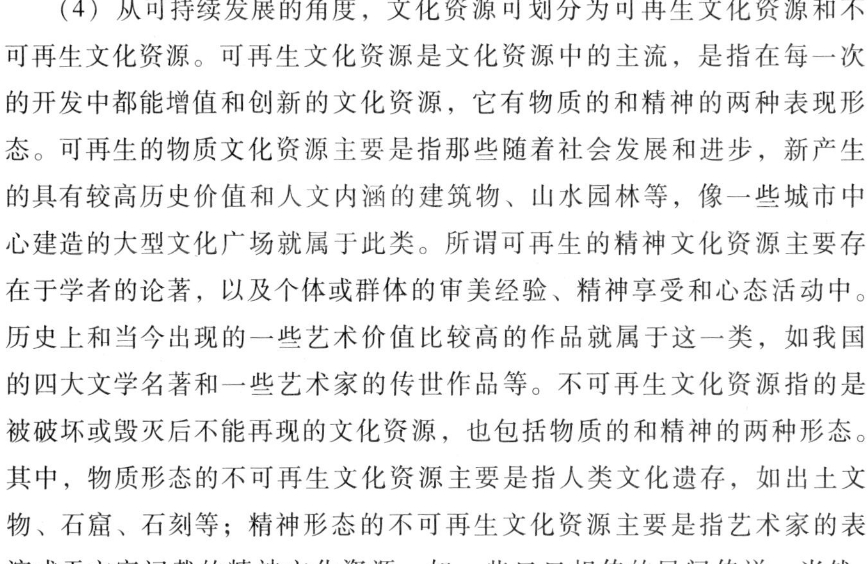

（4）从可持续发展的角度，文化资源可划分为可再生文化资源和不可再生文化资源。可再生文化资源是文化资源中的主流，是指在每一次的开发中都能增值和创新的文化资源，它有物质的和精神的两种表现形态。可再生的物质文化资源主要是指那些随着社会发展和进步，新产生的具有较高历史价值和人文内涵的建筑物、山水园林等，像一些城市中心建造的大型文化广场就属于此类。所谓可再生的精神文化资源主要存在于学者的论著，以及个体或群体的审美经验、精神享受和心态活动中。历史上和当今出现的一些艺术价值比较高的作品就属于这一类，如我国的四大文学名著和一些艺术家的传世作品等。不可再生文化资源指的是被破坏或毁灭后不能再现的文化资源，也包括物质的和精神的两种形态。其中，物质形态的不可再生文化资源主要是指人类文化遗存，如出土文物、石窟、石刻等；精神形态的不可再生文化资源主要是指艺术家的表演或无文字记载的精神文化资源，如一些口口相传的民间传说。当然，一些有文字记载的精神文化资源也存在不可再生问题，如历史上的一些因天灾或人祸而导致的大量优秀书籍的失传即属于此种情况[①]。

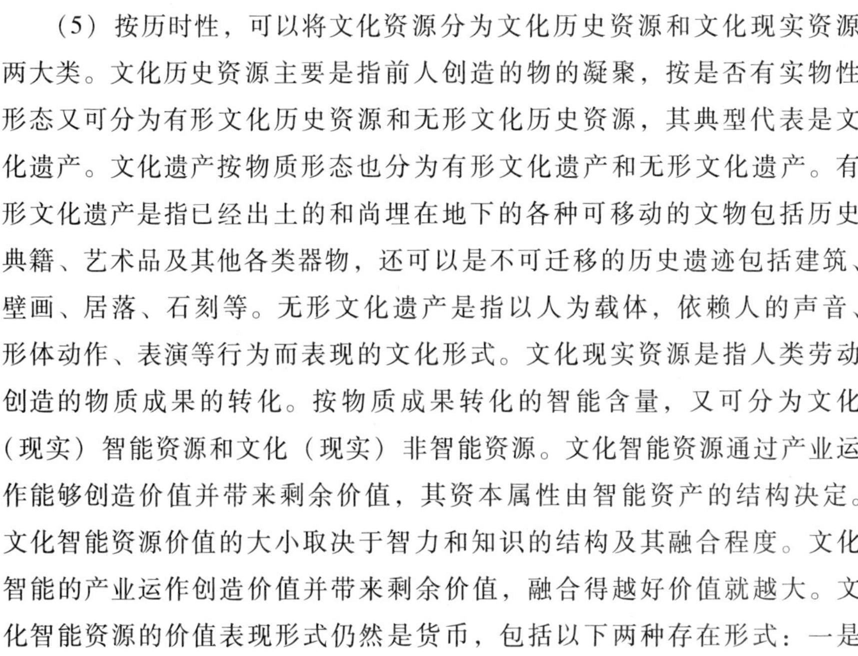

（5）按历时性，可以将文化资源分为文化历史资源和文化现实资源两大类。文化历史资源主要是指前人创造的物的凝聚，按是否有实物性形态又可分为有形文化历史资源和无形文化历史资源，其典型代表是文化遗产。文化遗产按物质形态也分为有形文化遗产和无形文化遗产。有形文化遗产是指已经出土的和尚埋在地下的各种可移动的文物包括历史典籍、艺术品及其他各类器物，还可以是不可迁移的历史遗迹包括建筑、壁画、居落、石刻等。无形文化遗产是指以人为载体，依赖人的声音、形体动作、表演等行为而表现的文化形式。文化现实资源是指人类劳动创造的物质成果的转化。按物质成果转化的智能含量，又可分为文化（现实）智能资源和文化（现实）非智能资源。文化智能资源通过产业运作能够创造价值并带来剩余价值，其资本属性由智能资产的结构决定。文化智能资源价值的大小取决于智力和知识的结构及其融合程度。文化智能的产业运作创造价值并带来剩余价值，融合得越好价值就越大。文化智能资源的价值表现形式仍然是货币，包括以下两种存在形式：一是

① 唐月民：《论文化资源的开发和利用》，《齐鲁艺苑》2005 年第 4 期，第 84—86 页。

外显文化智能资源，是指一切可以带来价值或效用的智力成果，包括创意、发明、专利、著作、作品、商标、声誉、有价信息等，智力成果的核心要素是知识；二是内隐文化智能资源，是指人力资本减去体力劳动的那部分——脑力资产，脑力资产的核心要素是智力。总之，脑力资产和智力成果共同构成文化智能资源，文化智能资源的两个核心要素是知识和智力①。

三分法可以从文化内涵、客体属性等视角来划分：

（1）从文化内涵角度，将文化资源分为文化观念、文化活动、文化产品三个层次②。一是社会心理和精神气质的层次，即观念层次，主要体现为哲学、宗教和道德的层面；二是文化生产的层次，体现为各类文化活动，大致包括文化艺术和自然科学技术的生产两大类；三是文化产品的层次，包括各种器物和成品，文化产品是可以直接供各主体消费的对象。第一层次比较抽象，通常是在长期的社会发展和文化发展中形成的独具特色的认知传统（包括知识、道德和宗教）、思维方式、风俗习惯和精神风貌等。它是无形的，但作用非常巨大。第二个层次，即文化生产的层次。主要强调主体的文化生产能量。文化不是单纯的既定存在，表现在现实的层面上，它同时是一种生产活动，与物质生产相对应。正是从这一意义上讲，文化是生产力的一部分。就社会现实而言，按照一定的要求为实现某种目标而进行的各类文化活动，都属于对文化进行保护、复制和创造的范畴，因而可以笼统地归于文化活动。第三个层次，即文化产品的层次。文化产品既包括历史遗留下来的文化器物（如文物古迹），也包括新近生产的成品（如书籍、音像、报纸、广播电视、信息等制造品）。这是比较低的文化层次，却最具确定性和可量化的特点。

（2）按照客体属性还可将文化资源分为物质文化资源、制度文化资源和精神文化资源。物质文化资源是人类为求生存，为适应和改造自然界所创造的物质文明。人类创造的物质文化，当时过境迁，变为“不可

① 吕庆华：《文化资源的产业开发的文化资本理论基础》，《生产力研究》2006年第9期，第183—185页。

② 刘伟：《简论加入WTO对我国地方政府文化资源的冲击》，《学术论坛》2003年第2期，第142—147页。

再生”的文化资源时，就具有了历史价值、科学价值和艺术价值。文化资源是历史上形成的，是不同时期、不同地区、不同民族政治、经济、文化活动的物质载体。制度文化资源是人类用以规范个人与个人、个人与群体、群体与群体之间的关系和权利义务等形成的一整套约束人们行为的社会规范。人是社会的人，要生存就必然与“他者”接触。为维持正常的社会关系和社会生活，就必须约束人们的行为。法律、规章制度、伦理道德是制度文化的主要内涵。精神文化资源是维护社会稳定团结、协调人际关系、规范人们的行为、调整人们的情绪、寄托人们的希望的无形的精神力量。精神文化的内涵十分丰富，科学技术、文学艺术、宗教信仰、民情风俗、思想观念、思维方式、心理特征，等等，都是精神文化的重要内容[①]。

表 3-1　　文化资源的不同分类方法

研究者及时间	分类视角	分类
程恩富（1994）	性质	物质文化资源、精神文化资源
高毓秀（1999）	资源属性	文化自然资源、文化社会资源
唐月明（2005）	可持续发展	可再生文化资源、不可再生文化资源
刘伟（2003）	文化内涵	文化观念，文化生产、文化产品
米子川（2004）	统计评价	可度量文化资源、不可度量文化资源
吕庆华（2004）	历时性	文化历史资源、文化现实资源
沈山（2009）	文化内容	建筑文化资源、民俗文化资源、节庆文化资源、生态文化资源
	社会组织	机关文化资源、企业文化资源、校园文化资源、社区文化资源

此外，按地域不同，文化资源又可划分为世界文化资源、民族文化资源、地方文化资源等。按照形成时间的不同，文化资源又可划分为古

① 张腾飞：《我国西部地区文化资源开发问题研究》，大连海事大学硕士学位论文，2006 年。

代文化资源、近代文化资源和现代文化资源；按文化内容将文化资源分为建筑文化资源、民俗文化资源、节庆文化资源、生态文化资源；按社会组织将文化资源分为机关文化资源、企业文化资源、校园文化资源、社区文化资源[①]。

二　运河文化景观资源分类

运河文化景观的形成是一个在特定空间内生产和发展的历史过程，是一个综合性的、相互联系的、影响和变化的整体，其形成有两个最重要的因素。一个是地理环境，也就是具有凝聚性、开放性且相对稳定的京杭大运河，这是空间概念；另一个是历史演进，也就是运河这一地理区域内的历史文化的逐步积淀，这是时间概念。首先，运河本身是运河文化资源的基础，人类是借助运河这一人工运输河流为载体而进行的迁徙和流动；其次，在迁徙和流动过程中进行的物质和文化交流的多维交流活动；再次，由于这些交流活动产生的独特文化在运河这一特定历史和空间上的发展和互动；最后，这种交流活动遗留的物质和非物质文化遗产[②]。

根据对文化资源含义的理解，可确定运河文化景观资源的概念为：具有运河文化属性的、可供开发利用的一切物质、活动、信息及要素。但是在实践过程中，哪些文化资源才属于运河文化景观资源，如何来鉴别运河文化景观资源，我们通过整理分析，归纳了以下几个鉴别条件，只要满足其中条件之一的文化景观资源，均可归入运河文化景观资源的范围。(1) 因运河而产生和发展；(2) 分布在运河沿线且与运河密切相关；(3) 反映了历史上运河沿岸民众的生产生活、娱乐休闲。运河文化景观资源具有如下特征：(1) 文化要素和自然要素共同构成；(2) 静态与动态共同构成；(3) 由点、线、面共同构成；(4) 古代遗址、近代史迹与当代遗产共同构成；(5) 反映了普通民众生产生活的工业遗产、乡

---

① 沈山：《和谐社会的城市文化战略》，中国社会科学出版社 2009 年版，第 146—149 页。

② 王健：《大运河文化遗产的分层保护与发展》，《淮阴工学院学报》2008 年第 2 期，第 1—6 页。

土建筑等遗产；（6）物质与非物质要素共同构成的文化空间。

（一）分类目的与原则

运河文化景观资源是发展运河文化产业最基本、最重要的条件，如同各种产业部门对相应资源条件的依赖一样，发展文化产业必须具备一定的文化资源。随着“大运河申遗”工作的逐步推进，运河文化遗产已成为非常重要的研究对象之一。对运河文化景观资源进行科学分类是一项重要的基础性研究工作。

分类目的。首先，分类可以使众多繁杂的资源条理化、系统化，为进一步开发利用、科学研究提供方便。其次，运河文化资源的分类过程，实际上是人们加深对运河文化资源的认识过程。分类总是通过对大量资源属性的共性或特性进行研究，分出不同级别的从属关系。通过不同地区、不同要求的文化资源分类，可以从不同侧面加深对运河文化资源属性的认识，甚至发现、总结出某些新的规律和认识，从而促进有关文化资源管理理论水平的提高。

分类原则。以评估为目的的运河文化景观资源分类，应该遵循两个基本的分类原则：一是相互对立原则，即划分出的类型相互之间是独立的，不会出现互相包容或重叠的情况；二是简明原则，即分类体系应该尽量简单明了，不易繁多。分类系统分为三个层次：主类、亚类、基本类。其细分的原则为：（1）共轭性与排他性原则。划分出的同一级同一类型运河文化资源必须具有共同属性，不同类型之间应具有一定的差异；（2）标准的统一性原则。划分类型所采用的原则必须用同一标准，区分类型才能合理；（3）严格系统原则。运河文化资源是一个复杂的系统，它可以分为不同级别、不同层次的亚系统。分类时应逐级进行分类，避免出现越级划分的逻辑性错误；（4）有利于景观资源评估的原则。在进行运河文化资源属性分类时，既要考虑到文化景观资源结构单体的评估，也应考虑到文化景观资源集合区的评估。

（二）分类依据与借鉴

运河文化资源的构成种类纷繁复杂，级别参差不齐，既有令世人瞩目世界级遗产、人满为患的著名景区，也有不起眼的小型遗址、濒临消

失的非物质文化遗产，所以已有的国际相关资源分类标准及方案，对运河文化资源的分类有着十分重要的借鉴意义。

1.《世界遗产公约》

联合国教科文组织于 1972 年 11 月在法国巴黎举行的第十七次会议通过《保护世界文化和自然遗产公约》，该公约将世界遗产分为两大类，即世界文化遗产和世界自然遗产。但是，在具体的世界遗产保护与申报的过程中，世界遗产分类又几经修改。按照目前联合国教科文组织的划分方法，世界遗产共有五大类：世界文化遗产、世界自然遗产、世界文化景观遗产、世界自然与文化双重遗产、人类非物质文化遗产。实际上，由于世界文化遗产已经被细分为物质遗产与非物质遗产两大类，按照不同层次上的区别，建立一个分类表如下表：

表 3－2　　世界遗产分类表

世界遗产	文化遗产	物质文化遗产（即原“世界文化遗产”）
		文化景观遗产
		人类非物质文化遗产
	自然遗产	
	自然与文化双重遗产	

2.《中国旅游资源普查分类表》

表 3－3　　中国人文旅游资源分类表

主类	亚类	基本类型
E 遗址遗迹	EA 史前人类活动场所	EAA 人类活动遗址；EAB 文化层；EAC 文物散落地；EAD 原始聚落
	EB 社会经济文化活动遗址遗迹	EBA 历史事件发生地；EBB 军事遗址与古战场；EBC 废弃寺庙；EBD 废弃生产地；EBE 交通遗迹；EBF 废城与聚落遗迹；EBG 长城遗迹；EBH 烽燧

续表

主类	亚类	基本类型
F 建筑与设施	FA 综合人文旅游地	FAA 教学科研实验场所；FAB 康体游乐休闲度假地；FAC 宗教与祭祀活动场所；FAD 园林游憩区域；FAE 文化活动场所；FAF 建设工程与生产地；FAG 社会与商贸活动场所；FAH 动物与植物展示地；FAI 军事观光地；FAJ 边境口岸；FAK 景物观赏点
	FB 单体活动场馆	FBA 聚会接待厅堂（室）；FBB 祭拜场馆；FBC 展示演示场馆；FBD 体育健身馆场；FBE 歌舞游乐场馆
	FC 景观建筑与附属型建筑	FCA 佛塔；FCB 塔形建筑物；FCC 楼阁；FCD 石窟；FCE 长城段落；FCF 城（堡）；FCG 摩崖字画；FCH 碑碣（林）田；FCI 广场；FCJ 人工洞穴；FCK 建筑小品
	FD 居住地与社区	FDA 传统与乡土建筑；FDB 特色街巷；FDC 特色社区；FDD 名人故居与历史纪念建筑；FDE 书院；FDF 会馆；FDG 特色店铺；FDH 特色市场
	FE 归葬地	FEA 陵区陵园；FEB 墓（群）；FEC 悬棺
	FF 交通建筑	FFA 桥；FFB 车站；FFC 港口渡口与码头；FFD 航空港；FFE 栈道
	FG 水工建筑	FGA 水库观光游憩区段；FGB 水井；FGC 运河与渠道段落；FGD 堤坝段落；FGE 灌区；FGF 提水设施
G 旅游商品	GA 地方旅游商品	GAA 菜品饮食；GAB 农林畜产品与制品；GAC 水产品与制品；GAD 中草药材及制品；GAE 传统手工产品与工艺品；GAF 日用工业品；GAG 其他物品
H 人文活动	HA 人事记录	HAA 人物；HAB 事件
	HB 艺术	HBA 文艺团体；HBB 文学艺术作品
	HC 民间习俗	HCA 地方风俗与民间礼仪；HCB 民间节庆；HCC 民间演艺；HCD 民间健身活动与赛事；HCE 宗教活动；HCF 庙会与民间集会；HCG 饮食习俗；HCH 特色服饰
	HD 现代节庆	HDA 旅游节；HDB 文化节；HDC 商贸农事节；HDD 体育节
数量统计		
4 主类	14 亚类	84 基本类型

［注］如果发现本分类没有包括的基本类型时，使用者可自行增加。增加的基本类型可归入相应亚类，置于最后，最多可增加 2 个。编号方式为：增加第 1 个基本类型时，该亚类 2 位汉语拼音字母 + Z、增加第 2 个基本类型时，该亚类 2 位汉语拼音字母 + Y。

3.《保护非物质文化遗产公约》

联合国教科文组织有关非物质文化遗产的国际文件中，最具代表性、权威性和法律意义的文件，无疑是联合国教科文组织2003年第三十二届会议正式通过的《保护非物质文化遗产公约》。按照公约，非物质文化遗产的范围包括：（1）口头传统，包括作为文化载体的语言；（2）传统表演艺术；（3）民俗活动、礼仪、节庆；（4）有关自然界和宇宙的民间传统知识和实践；（5）传统手工艺技能；（6）与上述表现形式相关的文化空间。

4. 文化景观资源的成因和性状

文化景观资源的成因和性状是分类的基本依据。成因：文化资源形成的基本原因与过程。属性：文化资源的性质、特点、存在形式和状态等。功能：能够满足开展文化产业或文化活动需求的作用。时间：文化资源形成至今的时间的不同，据此可以将文化资源区分为不同的类别。其他：如开发利用状况、管理级别、文化资源质量高低等，均可作为不同目的和要求的分类依据。

（三）运河文化景观资源分类系统

运河文化资源分类系统分为三个层次：主类、亚类、基本类。

主类——按照历时性可将运河文化资源分为运河历史文化资源和运河现实文化资源；两者之间的界线会随着时间的推移而推移，而原来的现实文化资源也会随着历史的变迁成为历史遗产。

亚类——按照客体资源的规模、存在形态进行分类，将运河历史文化资源分为历史文化城镇及历史性街区、遗址古迹、建筑设施、可移动文物、人文活动、传统科学和艺术6个亚类；将运河现实文化资源分为现代文化活动场馆、人文建筑及设施、可移动性文化品、文化衍生物、有价信息5个亚类。

基本类——对于亚类中物质文化资源可按照相对规模等级、存在形态、成因、功能的进行分类，详见表3－4。

表 3－4　　运河文化景观资源分类体系

主类	亚类	基本类
运河历史文化资源	历史文化城镇、历史街区	国家级历史文化名城、国家级历史文化名镇、省级历史文化名城、省级历史文化名镇、历史街区等
	遗址古迹	历史事件发生地、军事遗址、商贸遗址、水工遗址等
	建筑与设施	宗教与礼制场所、园林、名人故居、艺术建筑与附属景观建筑、归葬地、传统乡土建筑等
	可移动性文物	文物、名人作品、档案遗产
	人文活动	传统表演艺术、民俗活动、水上习俗、宗教礼仪、节庆、地方方言、名人事迹、曲艺、漕运传说、船工号子、故事、说唱、地名等
	传统科学、艺术	传统医术、民间工艺等
运河现实文化资源	现代文化活动场馆	运河主题公园、博物馆、展览馆、文化社等
	人文建筑及设施	人造建筑景观、附属建筑、辅助设施等
	可移动性文化品	艺术作品、文学作品、影视作品等
	文化衍生物	文化标识、商标、形象标的物、纪念品等
	有价信息	创意、声誉、新闻、网络信息、个人文化方式等

运河文化资源系统最显著的特点就是其兼容性、开放性、动态发展性，这对全面统计运河文化资源带来了很大的困难。深刻理解运河文化资源系统内各级文化资源、同一级别文化资源之间的关系，对了解运河文化资源的分类具有重要的意义。

1. 物质文化资源与非物质文化资源

运河文化资源系统的二级分类是在按照文化资源的存在形态进行归类为物质文化资源和非物质文化资源两大类的基础上进一步分类的，详见表 3－5。物质文化资源也称为有形的文化资源，如一座历史建筑，有具体的形状和大小，是显性的。非物质文化资源也称为无形的文化资源，如地方戏曲，没有显性的形态，二者都可借助于一定的手段，成为向人们提供的文化产品的主要内容。其中，非物质文化资源可以通过物

化的形式来体现，物质文化资源中也可以反映出活态的无形的非物质文化资源。比如将传统的表演艺术场景、人物等体现在雕刻、印刷品上，便实现了由非物质文化资源到物质文化资源的转化，这种转化过程也是文化资源的开发利用过程，开发的程度取决于人的素质高低，以及从事文化生产的劳动者的数量和质量。反过来，一些物质文化资源中也可以体现出非物质文化资源，如传统的手工艺品：年画、雕版印刷品、蓝印花布、桃符、雕画、惠山泥人等，同时，这些物质文化资源也是传统手工艺非物质文化资源的载体。

表 3－5　　运河文化资源系统

运河文化资源	物质文化资源	非物质文化资源
运河历史文化资源	历史文化城镇、历史街区；遗址古迹；建筑与设施；可移动性文物	人文活动；传统科学、艺术
运河现实文化资源	现代文化活动场馆；人文建筑及设施；可移动性文化品；文化衍生物（部分）	文化衍生物（部分）；有价信息

2. 历史文化资源与现实文化资源

运河文化资源系统是一种动态的系统，在不同的历史时段，它的范畴不尽相同。在近 2500 年的运河历史中，其沿岸遗留下来的运河历史文化资源数以千万，都是今天我们人类的文化生产和文化活动的宝贵资源。随着科学技术的不断发展，文化的不断演进，新的文化现象开始出现，新的运河文化资源会在原有的资源基础上不断地衍生，或成为运河新的现实的文化资源。在这个过程中，运河文化资源的范围也将不断地延伸与扩展，种类更加丰富多彩。所以，运河文化现实资源是在历史资源的基础上衍生或被创造出来的（见图 3－1），同时，人类的知识和智慧也将极大地丰富和扩大运河文化资源的范畴。

（1）运河历史文化景观资源

运河文化历史资源主要是指前人创造并保留下来的运河文化遗产，按客体资源属性又可分为物质文化历史遗产和非物质文化历史遗产。国家文物局长单霁翔在全国政协十届五次会议中指出，大运河文化遗产的

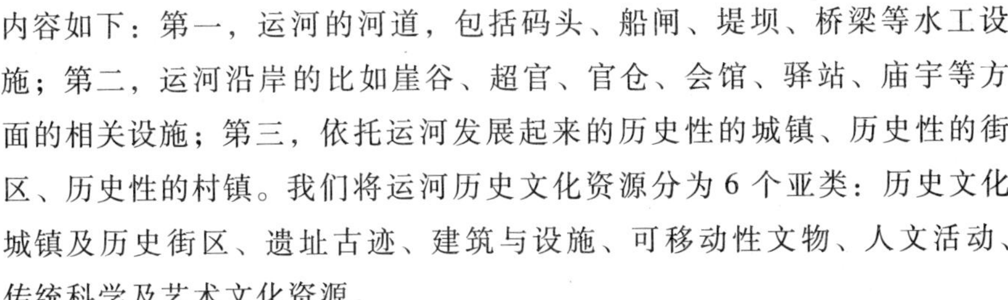

内容如下：第一，运河的河道，包括码头、船闸、堤坝、桥梁等水工设施；第二，运河沿岸的比如崖谷、超官、官仓、会馆、驿站、庙宇等方面的相关设施；第三，依托运河发展起来的历史性的城镇、历史性的街区、历史性的村镇。我们将运河历史文化资源分为6个亚类：历史文化城镇及历史街区、遗址古迹、建筑与设施、可移动性文物、人文活动、传统科学及艺术文化资源。

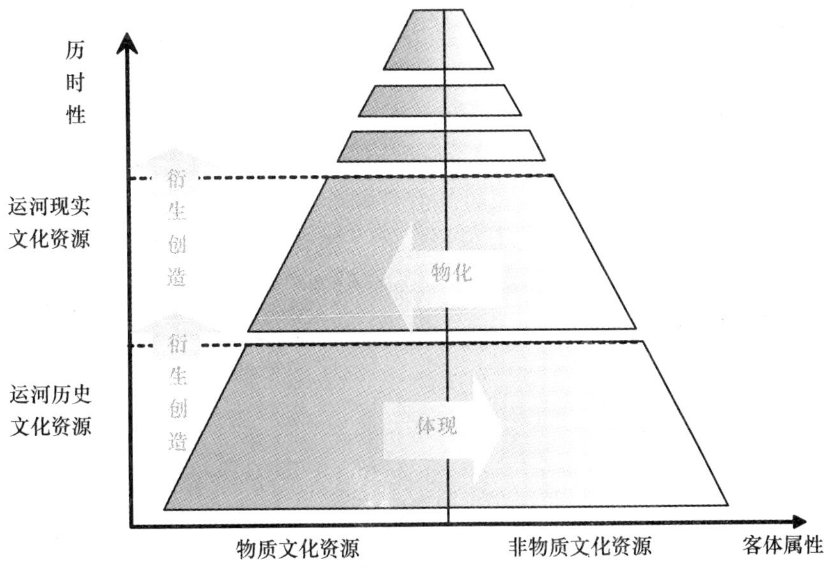

图3－1　运河文化资源景观系统结构

历史文化城镇及历史街区。包括国家级历史文化名城、国家级历史文化名镇、省级历史文化名城、省级历史文化名镇、历史街区。历史文化名城镇是指分布在运河沿岸，因运河的开发或漕运的发展而兴起，在我国古代政治、经济、文化、军事等方面具有独特地位和较大影响，保存有丰富的运河历史文化遗存和文化传统内容，并且是长期以来一直在使用和发展的城镇。历史文化名城作为历史性的人文旅游资源，强调的不仅是一座城市作为整体性文物的价值，更强调其极具特性的整体历史传统风格，因而对旅游者具有强烈的吸引力。它们是我国城市古代历史文化遗产的最为集中、价值最高的代表。历史街区是指运河沿岸保存文

物特别丰富并且具有重大历史价值的城镇、街道、村庄①。例如杭州市拱宸桥桥西历史街区、无锡“水弄堂”历史文化街区。

遗址古迹。是指自运河开挖以来，运河沿线人们从事经济、文化、科学、教育、艺术等活动场所的遗址。这类遗址往往文化色彩浓厚，给现代人提供了遥想古代社会发展进程和各地历史兴衰的空间。包括历史事件发生地、军事遗址、商贸遗址、水工遗址，如古遗址、废弃庙宇、古航道、古纤道、桥梁、船闸、堤坝、圩堰、驳岸、纤道、水柜、码头、仓库、船厂、航标灯塔、碑刻、船舶及漕运（盐运、治运）管理机构、关榷、皇帝行宫、御码头等。

建筑与设施。是指用于运河沿线居民生产生活、社会管理、宗教信仰、审美娱乐的建筑及附属设施，包括的内容有：宗教与礼制场所、园林、名人故居、艺术建筑与附属景观建筑、归葬地、传统乡土建筑，如临清运河畔由徽商捐资的临清舍利宝塔、著名的聊城清代河道总督杨以增的私人藏书楼——海源阁等，均属此类遗产。

可移动性文物。可移动文物是指可以随意移动摆放位置的文物，根据其历史、艺术、科学价值，分为珍贵文物和一般文物两大等级；珍贵文物又可以根据其历史、艺术、科学价值分为一级文物、二级文物、三级文物。内容包括文物古玩、名人字画、名人作品、档案遗产等。

文化活动。包括口头传承的非物质文化遗产：地方方言、名人事迹、曲艺、漕运传说、船工号子、故事、说唱、地名等；通过表演、说唱等行为来体现的文化遗产：传统表演艺术、民俗活动、水上习俗、宗教礼仪、节庆等，如苏州评弹、昆曲等就是典型的文化活动类文化资源。

传统科学、艺术。凝聚了历代人的经验流传下来的系统性知识和艺术。包括传统医学、传统建筑知识以及凝聚了个人创新因素的艺术类非物质文化资源，如书法、绘画、泥塑、雕刻、剪纸等诸多传统民间工艺。

（2）运河现实文化景观资源

运河现实文化资源是指由现代人创造，体现出运河文化属性的物质成果及其转化。按照资源的规模、形态，可分为现代文化活动场馆、人

① 2002年10月修订后的《中华人民共和国文物保护法》。

文建筑及设施、可移动性文化品、文化衍生物、有价信息五个亚类。

现代文化活动场馆。社会的进步、旅游业的发展使人们对文化的需求与日俱增。现代文化活动场馆是以满足人们的文化需求为目的，具有完整的结构和功能的大型建筑及场地。包括运河主题公园、博物馆、展览馆、文化社等。

人文建筑及设施。自运河旅游开始发展，许多运河沿岸城市通过修建了一些体现运河历史事件、人文情怀的标识性建筑以及附属设施作为旅游产品的组成部分，例如通州标志性建筑——运河起点北关闸及附属广场。

可移动性文化品。是融合了当代人的智力与体力的非物质文化遗产转化物，包括现代艺术作品、影视作品和文学作品等。

文化衍生物。在市场经济下，具有浓烈商品性质的文化显性载体，如商标、形象标识、文化标志等。这类文化资源的核心要素是知识和智力，知识和智力与文化融合得越好，文化资源的价值就越大。

有价信息。是指脱离文化载体的人类劳动成果，如人的创意、企业的声誉、个人的文化方式等。这类文化资源因其内隐性，一般很难用货币去衡量其价值。

第三节　运河文化景观资源的构成

一　运河文化景观等级构成

世界遗产：最高级别当属世界遗产，到2012年10月为止，我国有世界文化、自然遗产43项，其中京杭大运河沿线4省2市中的北京拥有6项、河北2项（含扩1项）、山东2项、江苏2项（含扩1项）、浙江1项，一共13项，不算扩展项目，11项，占26%，其中直接在运河沿岸城市的为山东曲阜孔庙、孔府、孔林、苏州古典园林和西湖文化景观3项。“人类口头和非物质遗产代表作”2项：昆曲和古琴，前者在苏州，后者与苏州、扬州等地有关。

中国世界文化遗产预备名单：国家文物局2006年底公布的《中国世

界文化遗产预备名单》共35项，京杭大运河沿线省市有13项（包括多省市共有），占37%，其中直接与京杭运河文化相关的有6项。2012年9月更新的《中国世界文化遗产预备名单》共45项。直接与运河文化相关的景观有：大运河（2市6省共有）、扬州瘦西湖及盐商园林文化景观、无锡惠山祠堂群、江南水乡古镇、灵渠等。

全国重点文物单位：国务院分别于1961年、1982年、1988年、1996年、2001年和2006年公布了6批，共2348处全国重点文物保护单位，京杭大运河沿线省市有北京98处、天津15处、河北168处、山东97处、江苏119处、浙江129处，合计626处，占总数的26.7%。其中江苏省的运河城市重点文物占70%以上。

国家级非物质文化遗产：国务院2006年公布了第一批国家级非物质文化遗产名录，分为民间文学、民间音乐、民间舞蹈、传统戏剧、曲艺、杂技与竞技、民间美术、传统手工艺、传统医药、民俗10大类、518项，由于这其中有属于国家、省或市，或共有的，分布较难统计，包括共有在内，北京13项、天津7项、河北39项、山东27项、江苏36项、浙江39项，共计161项，占总数的31%，涵盖所有非物质文化遗产的类型。其中，京杭大运河沿岸城市有60余项。

七大古都和国家级历史文化名城：它们是我国城市古代历史文化遗产的最为集中、价值最高的代表。在我国七大古都中，运河城市北京、杭州名列其中；1982年、1986年、1994年，我国分三批公布了99座国家历史文化名城，其中属于京杭大运河沿线的一共9座，即北京、天津、聊城、徐州、淮安、扬州、镇江、苏州、杭州，加上苏州的常熟，占全国的1/10。

国家级历史文化名镇：2005年公布的中国第一批10个中国历史文化名镇中，属于京杭大运河沿线城市有5个，即运河沿岸的江苏省昆山市周庄镇、江苏省吴江市同里镇、江苏省苏州市吴中区角直镇、浙江省嘉善县西塘镇、浙江省桐乡市乌镇，占全国的50%。2012年更新的《中国世界文化遗产预备名单》中江南水乡古镇，在上述五镇的基础上更是增加了千灯、锦溪、沙溪、南浔和新市。

表 3－6　　京杭大运河沿线古镇

省（市）	市	古镇
北京市		朝阳区东坝镇（金狮古镇）；通州区张家湾镇
天津市		西青区杨柳青镇；武清区河西务镇；武清区杨村镇；北辰区北仓镇；静海县独流镇；静海县静海镇；静海县唐官屯镇
河北省	沧州市	沧县张官屯镇；沧县兴济镇；沧县捷地镇；青县马厂镇；泊头市泊头镇；东光县东光镇；东光县连镇；景县安陵镇；吴桥县桑园镇
	衡水市	故城县故城镇；故城县郑家口镇；故城县建国镇
	邢台市	清河县油坊镇
山东省	德州市	武城县四女寺；武城县大官营；武城县甲马营；夏津县渡口驿；武城县魏庄镇
	聊城市	阳谷县张秋古镇；阳谷县七级镇；阳谷县阿城镇；阳谷县张秋镇；东阿县周店镇（现为周店村）；临清镇（现为临清市）
	济宁市	梁山县靳口镇（现已改成村）；梁山县袁口镇（现已改成村）；汶上县南旺镇；任城区长沟镇；微山县仲浅镇（现为仲浅村）；微山县鲁桥镇；鱼台县南阳镇
	泰安市	东平县州城镇
	枣庄市	台儿庄区台儿庄镇
江苏省	徐州市	邳州市土山镇；新沂市窑湾镇
	宿迁市	宿豫区皂河镇
	淮安市	淮安区板闸镇（现已并入淮城镇）；淮安区河下古镇；淮阴区码头镇；洪泽县蒋坝镇
	扬州市	邗江区瓜洲镇；江都区邵伯镇；江都区湾头镇；宝应县安宜古镇；高邮市车逻镇；高邮市界首古镇；高邮市高邮古镇；高邮市清水潭
	无锡市	锡山区荡口镇；惠山区惠山镇；无锡新区梅村镇
	苏州市	吴江区同里镇；吴江区震泽镇；吴中区角直镇；吴中区东山镇；吴中区西山镇；吴中区光福镇；吴中区木渎镇；太仓市沙溪古镇；昆山市周庄镇；昆山市锦溪镇；昆山市千灯镇；常熟市沙家浜镇
浙江省	湖州市	南浔区南浔镇；德清县新市古镇
	嘉兴市	桐乡市乌镇；嘉善县西塘镇

注：古镇按目前所在行政区域列表。

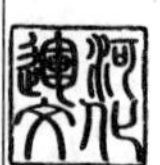

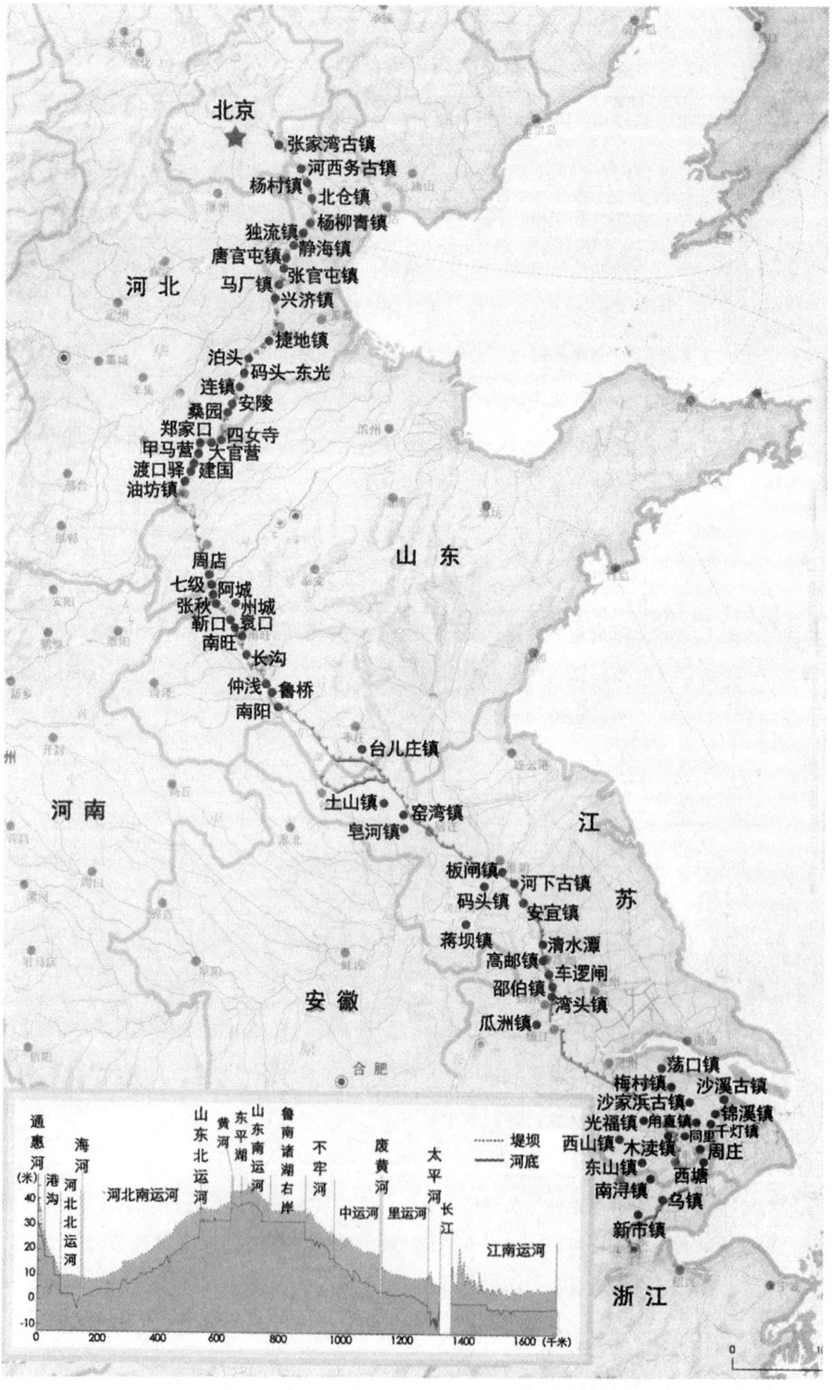
北京
张家湾古镇
河西务古镇
杨村镇
北仓镇
杨柳青镇
独流镇
静海镇
唐官屯镇
张官屯镇
马厂镇
兴济镇
河 北
捷地镇
泊头
码头-东光
连镇
安陵
桑园
郑家口
四女寺
甲马营
大官营
渡口驿
建国
油坊镇
山 东
周店
七级
阿城
张秋
州城
靳口
袁口
南旺
长沟
仲浅
鲁桥
南阳
台儿庄镇
河 南
土山镇
窑湾镇
皂河镇
江
板闸镇
河下古镇
码头镇
苏
安宜镇
蒋坝镇
清水潭
高邮镇
车逻闸
邵伯镇
湾头镇
安 徽
瓜洲镇
合肥
荡口镇
梅村镇
沙溪古镇
沙家浜古镇
锦溪镇
光福镇
甪直镇
千灯镇
同里
西山镇
木渎镇
周庄
东山镇
西塘
南浔镇
乌镇
新市镇
浙 江
通惠河
港沟
海河
河北北运河
河北南运河
山东北运河
黄河
东平湖
山东南运河
鲁南诸湖右岸
不牢河
中运河
废黄河
里运河
太平河
长江
江南运河
堤坝
河底
(米)
40
30
20
10
0
-10
0
200
400
600
800
1000
1200
1400
1600 (千米)

图 3－2 运河古镇分布图

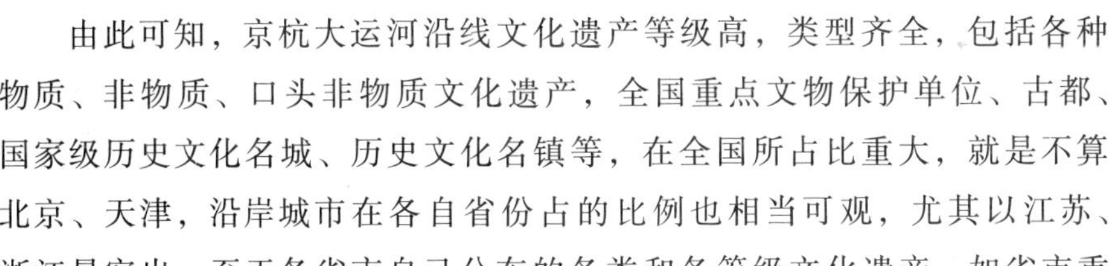

由此可知，京杭大运河沿线文化遗产等级高，类型齐全，包括各种物质、非物质、口头非物质文化遗产，全国重点文物保护单位、古都、国家级历史文化名城、历史文化名镇等，在全国所占比重大，就是不算北京、天津，沿岸城市在各自省份占的比例也相当可观，尤其以江苏、浙江最突出。至于各省市自己公布的各类和各等级文化遗产，如省市重点文物保护单位、历史文化名城名镇等，更是不胜枚举。

二　文化景观资源结构组成

按文化资源和运河的关系亲疏，将运河文化遗产的空间分布划分为核心区、重心区和影响辐射区三个层次，各类遗产根据所处位置划分为核心遗产、关联遗产和影响遗产，以进行分层认定。

第一层次，核心区——核心资源：大运河自身及与河道、航运（漕运）、水利等直接相关的历史文化遗产，物质的遗址遗迹有航道、水道网络、桥梁、船闸、堤坝、圩堰、驳岸、纤道、水柜、码头、仓库、船厂、航标灯塔、碑刻、船舶及漕运、盐运、治运管理机构、关榷、皇帝行宫、御码头等。非物质的有名人事迹、诗文字画、航运及河工治水技术、漕运传说、故事、说唱、戏曲、船工号子、水上习俗、地名等。这类遗产的空间范围应是紧贴运河沿岸，即运河岸线周围，与运河“零距离”。

第二层次，重心区——关联资源：大运河沿岸城乡与运河密切相关的历史文化遗产，如古城、镇、村落、桥梁、古树、园林、民居、名宅、碑刻、庙宇、古墓、会馆、商行、市场、工厂。非物质文化遗产包括各种口述文化资料、实物文化资料等。这类遗产的空间范围应是运河特别是古运河沿岸城乡范围之内。

第三层次，影响辐射区——连带资源：大运河沿线城市范围内的文化遗产，如名胜古迹、历史文物、考古遗址等。非物质文化遗产，如戏剧、小说、传说、工艺、民俗等。这类遗产的空间范围应主要在现代行政区划包括的运河城市市域范围内。

第一层次是大运河文化资源的核心区，第二层次是运河文化资源的重心区，第三层次是运河文化资源的影响层。相应的遗产也可分为核心资源，如漕运总督部院遗址、洪泽湖大堤、淮清大闸、河道总督府遗址、

镇淮楼、水上立交、瓜洲古渡、御码头、行宫等都属于核心遗产；关联资源，如沿岸的跨河民居、桥梁、商铺等都属于这一范围；影响资源，运河城市的文化资源大多可以涵盖在内①。

三　俞孔坚文化遗产数据库景观分类

为详细分析运河文化景观，俞孔坚及其学术团队建立了运河文化遗产地理信息数据库②。该数据库包含文化景观总数1562个，其中562个为已经实地考察的文化景观遗产，1000个未进行实地考察。该信息数据库依据遗产点的类型、保护等级、保存现状、与运河的关系等逐一对其进行了分类整理。其中类型划分和与运河的关系划分具有科学意义；保护等级划分与保存现状划分具有实践意义。

1. 类型划分

运河沿线遗产类型众多，分为7大类：（1）运河水利工程遗址：包括码头、闸坝、桥梁等与运河直接关联的遗产；（2）古建筑：包括运河沿线的寺庙、教堂、会馆、故居、书院、古塔、城楼等建筑类遗产；（3）古墓葬：主要指名人墓葬、墓群；（4）古遗址：指各类古代遗址，包括城池遗址、炮台遗址、码头遗址、寺庙遗址等；（5）石刻：指运河沿线遗存的各类碑刻，包括墓碑、摩崖石刻、纪念碑、石牌坊、砖刻等；（6）近现代重要史迹：指近现代的各种纪念物，包括各种旧址、革命纪念碑、近代名人故居、近现代工业遗产等；（7）其他。

表3-7　俞孔坚运河文化遗产数据库中文化景观类型表

类型	运河水利工程遗址	古建筑	古墓葬	古遗址	石刻	近现代重要史迹	其他	总计
数量（项）	143	819	100	100	143	247	10	1562

① 王健：《大运河文化遗产的分层保护与发展》，《淮阴工学院学报》2008年第2期，第1—6页。

② 俞孔坚等：《京杭大运河国家遗产与生态廊道》，北京大学出版社2012年版，第36—44、45—48页。

2. 与运河关系

以遗产点与运河的关系为出发点，将大运河沿线遗产大致分为：与运河功能相关遗产、与运河历史相关遗产、与运河空间相关遗产三大类。(1) 功能相关，指运河沿线分布的大量与运河的运转直接相关的遗产，包括运河上的闸、坝、桥、码头、渡口、钞关等；(2) 历史相关，指某些虽然与运河的日常运转没有直接关系，却是由于运河漕运、商贸等功能发展衍生而成的，包括各地商贸会馆、驿馆、寺庙、清真寺、陵墓、碑刻等与运河有历史发生学上的关系的遗产；(3) 空间相关，指单体遗产与运河没有明显的功能和历史联系，但其空间位置靠近运河的遗产，是广义的运河遗产不可分割的一部分。

按照遗产与运河关系而区分的功能相关、历史相关、空间相关三大类遗产数目见表3-8。

表3-8 俞孔坚运河文化遗产数据库中文化景观与运河关系类型表

类型	功能相关	历史相关	空间相关	总计
个数	228	279	1055	1562

表3-9 分区段分类型运河物质文化景观名录

区域	遗产类型	遗产名称
通惠河段	运河水利工程遗址	广源闸；西城闸；朝宗闸；澄清闸（又名海子闸）；文明闸；魏林闸；后门桥；庆丰闸遗址（又名籍东闸）；平津闸（又名郊亭闸）；普济闸（又名杨尹闸）；通州闸（又名通流闸）；永通桥
	古建筑	北新仓；东岳庙；日坛；十方诸佛宝塔；山东会馆；南下坡清真寺；常营清真寺
	古墓葬	肃慎亲王敬敏墓；那桐墓；马骏墓
	古遗址	—
	石刻	石道碑
	近现代重要史迹	—

续表

区域	遗产类型	遗产名称
北运河段	运河水利工程遗址	石坝遗址；河门闸（又名广利闸）；通运桥；秦营古码头遗址；三角坝沉船；东西仓沉船；聂官屯沉船；筐儿港坝；清世祖顺治帝手植槐；五街沉船；耳闸；炮台渡口旧址
	古建筑	都闸署；大运西仓；司空分署遗址；总督仓场署遗址；燃灯塔及佑胜教寺；通州城墙遗址；通州清真寺；三义庙；紫清宫；大成殿；静安寺；张家湾运河码头遗址；张家湾清真寺；三士庙；香河县文庙；河西务清真寺；杨村清真寺；天穆清真北寺；天穆清真南寺；大悲禅寺
	古墓葬	李卓吾墓；定福庄辽墓
	古遗址	北齐土长城遗址；十四仓遗址；河西务城址；小河遗址；蒙村遗址；辛庄遗址；仓上遗址；杨村遗址
	石刻	元代管河公判署（又名通永道署铁狮）；御制重修马驹桥碑记；日军侵华罪证碑；石像生群；宝光寺铜钟；土桥镇水兽；孙松林墓碑；杨村公署碑；凤河桥碑；重修募安寺碑
	近现代重要史迹	富育女校土楼；百友楼旧址；万字会院；潞河中学原教学楼；王之祥故居；通州起义指挥部旧址；协和书院教士楼；博唐亭；杨村义和团战斗旧址；杨连第故居；北洋大学堂旧址；恒源纺织股份有限公司旧址；刘春霖旧居；李公祠旧址；金刚桥；望海楼教堂；大红桥；同义庄清真寺；利和毛巾厂；福兴机器厂旧址；曾公祠
南运河段	运河水利工程遗址	九宣闸；捷地闸
	古建筑	天后宫；天津文庙；天穆清真北寺；天穆清真南寺；广东会馆；石家大院；文昌阁；西钓台古城址；唐官屯清真寺；盘古祠；杜林石桥；清真北大寺；沧州市文庙；捷地清真寺；泊头清真寺；东光铁佛寺；二郎冈永清观；景州塔
	古墓葬	赵兵部墓；大邵庄汉墓群；刘涛墓；封氏墓群；苏禄王墓
	古遗址	望海楼教堂遗址；红灯照黄莲圣母停船场遗址；天津鼓楼；马厂营房；马厂炮台；东空城遗址；沧州旧城；古皮城；范丹居；东光码头遗址；安陵古城遗址；窑厂店古砖窑遗址；苦井甘泉；吴桥唐槐；三里井卧槐

续表

区域	遗产类型	遗产名称
南运河段	石刻	靳官屯闸碑；沧州铁狮子；捷地乾隆碑；捷地石姥姆坐像；南皮石金刚；孙膑石牛
	近现代重要史迹	吕祖堂；泊头火柴厂；六合武馆；澜阳书院
聊城段	运河水利工程遗址	同津桥；月径桥；永济桥（天桥）；会通闸；通济桥（工农桥）；头闸；二闸；戴闸；魏湾闸；土闸；梁家乡闸；辛闸；小码头；大码头；通济闸；李海务闸；周店闸；七级闸；刘楼闸；阿城闸；张秋下闸；张秋上闸；金堤闸；张秋古桥
	古建筑	临清清真北寺；临清清真东寺；临清大宁寺；临清钞关；鳌头矶；临清歇马亭古岱庙；临清魏湾钞关；山陕会馆；光岳楼；小礼拜寺（聊城清真寺）；海源阁；七级镇古街；海会寺；张秋镇；清真东寺；清真南寺；陈家老宅；张秋山陕会馆
聊城段	古墓葬	傅以渐墓及傅氏先茔
	古遗址	景阳冈遗址
	石刻	张秋五体十三碑
	近现代重要史迹	基督教堂
梁济运河段	运河水利工程遗址	安山闸遗址；安山运河堤；靳口古闸遗址；袁口古闸遗址；开河古闸遗址；柳林闸遗址；十里闸遗址；长沟古桥遗址；大石桥
	古建筑	南旺分水龙王庙；东大寺；太白楼；竹竿巷；黄家街教堂；济阳会馆；吕家宅院；潘家大楼；慈孝兼完坊；智照禅师塔；礼拜堂教士楼；铁塔；声远楼；僧王四合院
	古墓葬	—
	古遗址	党堌堆遗址；济州城墙
	石刻	开河石碑；运河石碑；佛庙石碑；济宁桥亭记碑
	近现代重要史迹	—

续表

区域	遗产类型	遗产名称
南四湖区段	运河水利工程遗址	南阳闸；闸口桥；圣母池泉群；古码头；台儿庄船闸
	古建筑	清真寺；东西古街；新河神庙；吕公堂春秋阁；仲子庙；伏羲庙；台儿庄清真寺；清真南寺；太和号及旁边商号；山西会馆
	古墓葬	微子墓；张良墓；目夷墓；独山岛汉墓群；两城汉墓群；火山汉墓群；桥上村古墓/王坟；西兰成墓群；单庄墓群
	古遗址	沙沟五村遗址；钓鱼台窑址
	石刻	两城山汉画像石；朱贵夫妇造像碑；伯兴妻碑；明崇祯碑
	近现代重要史迹	
不牢河段	运河水利工程遗址	
	古建筑	黄楼；牌楼；乾隆行宫；山西会馆；兴化寺大雄宝殿；戏马台；华祖庙；快哉亭；道台衙门；文庙大成殿；彭祖祠；九里山平山寺；李蟠状元故居；权瑾牌坊；石佛井；燕子楼；铁路员工抗战烈士纪念亭；吴亚鲁革命活动遗址
	古墓葬	北洞山西汉楚王陵；白集汉画像石墓；茅村汉画像石墓；狮子山楚王陵兵马俑；北洞山西汉楚王陵；土山汉墓；楚王山汉墓群；桓山墓；东洞山汉墓；卧牛山汉墓；刘注墓（小龟山汉墓）；万年少墓；王陵母墓
	古遗址	荆山桥；彭城广场地下城遗址；万字会旧址；古城墙遗址；黄河故河道河堤
	石刻	寨山摩崖石刻；文征明书碑（疏吕梁洪记）；黄楼牌赋；云龙石碑；兴化寺摩崖造像；东坡石床；云龙山碑；代笔亭摩崖石刻；大士岩
	近现代重要史迹	王杰烈士陵园；天主教耶稣圣心大教堂；花园饭店；钟鼓楼；淮海战役烈士纪念塔

续表

区域	遗产类型	遗产名称
中运河段	运河水利工程遗址	通汇桥
	古建筑	古刹石屋寺；圯桥；窦氏门楼；困凤堂；韩愈亭；三雄两帝衙；窑湾古镇中宁街（古建筑群）；窑湾山西会馆；龙王庙行宫；马陵公园；极乐律院；大王庙；关坝台遗址；孔庙大成殿；仁济医院；显佑伯行宫；寿圣禅寺；天后宫
	古墓葬	炬山古墓群；杨泗洪墓；贾家墩汉墓群；宋太尉刘世勋墓
	运河水利工程遗址	通汇桥
	古遗址	井儿头遗址；三皇庙遗址；下相城遗址；六尺魔古井；宗墩遗址；穿城古井；老泗阳城遗址
	石刻	三皇庙碑刻
	近现代重要史迹	道生咸店；耶稣堂；韩公祠遗址；爱国；魏其虎烈士墓；淮海战役碾庄战斗革命烈士纪念碑
里运河段	运河水利工程遗址	清江大闸（若飞桥）；文渠；龙光闸；平津堰；高邮段古运河；御码头；清水潭；韶关坝；子婴闸；车逻闸；高邮船闸；东关古渡
	古建筑	清江浦楼；慈云禅寺；清江文庙；东西大街（古建筑群）；清宴园；关帝庙大殿；都天庙；范冕与三范故居；丰济仓；青龙庵；观音庵；文会庵；桂花庵；名泉浴室；周恩来故居；淮安东岳庙；梁红玉祠；韩信钓鱼；韩侯祠；胯下桥牌坊；裴荫森故居；刘鹗故居和墓；秦焕故居；罗振玉故居；兴文桥；许孝节祠；蝴蝶厅；吴承恩故居；江宁会馆；古枚里；河下古镇石板街（古建筑群）；润州会馆；文通塔；总督漕运公署遗址；镇淮楼；淮安古城墙遗址；盂城驿；镇国寺塔；文游台；当铺；高邮奎楼及城墙；高邮州署头门；高邮王氏故居；百岁巷纱帽厅；人民路民居；北门街明清民居；中二街民居；陈家巷民居；县府街清代民居；秦家大院民居；百岁巷民居；

续表

区域	遗产类型	遗产名称
里运河段	古建筑	三层楼巷民居；南门大街民居；当典巷民居；前河路民居；引江西路民居；常住院；界首镇护国寺大殿；柳荫禅林；高邮极乐庵；千佛庵巷清真寺；菱塘清真寺；南斗坛；净土寺塔；高邮四贤祠；明伦堂；张氏宗祠；高邮公园礼堂；铁汉庐；孙云铸故居；汪曾祺故居；张仙庙桥；广慧桥；忠祐桥；宁国寺蝴蝶厅；宝应学宫；朱氏家祠；小纪真武庙大殿；童氏住宅；史宅厅房；侍卫府；团结街楠木厅；费密故居；于氏姊妹楼；依绿园客厅；三娘井；广福庵；圣容寺大殿；邵伯清真寺大殿；嘶马镇关帝庙大殿；茱萸湾古闸区；小园；何园；扬州城遗址；普哈丁墓；莲花桥；小盘谷；仙鹤寺；重宁寺；天宁寺；大明寺及鉴真纪念堂；西方寺；阮家祠墓；小宛；汪姓盐商住宅；吴道台宅第；刘庄；东荣园；匏庐；八咏园；蔚圃；平园；珍园；二分明月楼；小圃；容膝园；辛园；沧州别墅；朱氏园；贾氏庭园；邱氏园；刘氏园；逸圃；怡庐；刘氏庭园；壶园；西式楼；杨氏小筑；长生寺阁；盐运使司衙署门厅；南河下杉木大厅；萃园；冶春园；莲性寺白塔；木兰院石塔；文峰塔；四望亭；廿四桥；大虹桥；文昌阁；朱草诗林；卢姓盐商住宅；小金山；棣园；武当行宫；梅花书院；岭南会馆；愿生寺；南来观音庵楠木厅；大东门楠木厅；粮食局楠木厅；四岸公所楠木厅；湖北会馆楠木厅；人民银行楠木厅；徐宅楠木厅；汶河路楠木厅；琼花观；旌忠寺；宝轮寺；准提寺；万寿寺；兴教寺大殿；紫竹观音庵；观音禅寺；城隍庙；片石山房；双忠祠；曾公祠；徐家祠堂；董子祠；文公祠；永宁宫古戏台；铁佛寺；龙衣庵；刘文淇故居；甘泉县衙署门厅；赵氏庭园；廖姓盐商住宅；诸姓盐商住宅；丁家湾 1 号楠木厅；楠木厅；东关街楠木厅；周姓盐商住宅；丁姓盐商住宅；马氏住宅；包世臣故居；胡笔江故居；高旻寺；鼓楼；天宁塔

续表

区域	遗产类型	遗产名称
里运河段	古墓葬	天山汉墓；毛惜惜墓；“九里一千墩”汉墓群；仲兰家族墓；刘师恕墓；宝应北宋墓群遗址；刘宝楠墓遗址；柏庄汉墓；李祠汉墓；隋炀帝陵；史可法祠、墓；天山汉墓；阮家祠墓；顾成墓；叶相墓；汪中墓；黄金坝墓葬群；莲溪墓；焦循墓；老山汉墓；老虎墩汉墓；宝女墩汉墓；双墩汉墓；牵牛山汉墓；庙山汉墓区；周太古墓；圩城汉墓
	古遗址	甘罗城遗址；韩信故里遗址；韩信城遗址；古末口；淮安府儒学泮池；龙虬庄遗址；禹王庙遗址；周邶墩遗址；耿庙石柱；马棚湾铁牛；水泗潘舍遗址；射阳故城遗址；抗倭战场遗址；八宝亭遗址；汜水汉墓；苏中公学旧址；中州会馆石狮；江都东岳庙石狮；徐氏家茔石羊石马；江都铁牛；章台旅社；堤坝；古邺沟遗迹；仪征神墩遗址；虎山遗址
	石刻	古淮阴市碑；康熙乾隆碑；秦邮碑帖；高邮州公天记碑；重修潼口寺碑记；泰山殿石狮；定善寺石狮；罗君生祠记碑；谢公祠碑；张声墓碑；捐修码头记事碑；宝镇寺碑；王氏祠堂碑刻；四眼井；砖刻门楼；禅堂四禁碑；陀罗尼经幢；青龙泉；石造像；莲花桥巷宋井；东关古渡；新庵记碑；吴惟华天中塔碑；王羲之心经碑；乾隆清碑；忠义坟碑；状元井；真州古井；六朝古井栏
	近现代重要史迹	苏皖边区政府旧址；周恩来童年读书处；李更生故居；王叔相故居；中共淮盐特委旧址；朱慕萍烈士墓；淮阴政府阵亡将士纪念亭；新安旅行团发祥地；关天培寺；中共中央华中分局遗址；左宝贵墓；周恩来祖茔；谈荔孙故居；周山、李健等烈士墓；抗日烈士墓；胡曾钰烈士墓；陈特平纪念墓；张云祥纪念墓；三垛河伏击战烈士墓；夏德华烈士墓；高邮县人民英雄纪念碑；高邮县烈士纪念馆；方钰烈士纪念塔；左卿、秦梅青纪念塔；周山纪念塔；张轩纪念碑；周恩来少年读书处；纵棹园；

续表

区域	遗产类型	遗产名称
里运河段	近现代重要史迹	刘宝楠故居；草甸革命烈士墓；宝应县烈士陵园；郭村战斗指挥部旧址；邵伯保卫战遗址；许晓轩故居；杨庄革命烈士墓园；武坚革命烈士墓园；三江营战斗烈士墓；天主教堂；朱自清故居；绿杨旅社；王少堂故居；树人堂；曹起晋故居；扬州教案旧址；扬州烈士墓园；熊成基墓；朱良钧墓；房淑亭烈士墓；朱秀清烈士墓
江南运河段	运河水利工程遗址	通阜桥；大京口闸；小京口闸；北水关石闸；虎踞桥；千秋桥；南水关石闸；练湖闸；五洞桥；文亨桥；广济桥；新坊桥；飞虹桥；毗陵驿；万安桥；惠济桥；清名桥及沿河建筑；耕读桥；伯渎桥；枫桥；江村桥；彩云桥；越城桥；行春桥；宝带桥；三里桥；垂虹桥遗址；运河古纤道；安民桥；安德桥；白龙桥；升明桥；泰安桥；中和桥；长虹桥；长生桥；西山庙桥；万点桥；绿水桥；青山桥；普济桥；星桥；通贵桥；白姆桥；龙华寺桥；引善桥；同善桥；下津桥；上津桥；长善浜桥；普安桥；鸭蛋桥；南濠（浩）桥；吉水桥；程桥；吴门桥；水关桥；兴龙桥；寿星桥；官太尉桥；永丰仓船埠；觅渡桥；三堡船闸；德胜坝；武林门；龙门闸；浙江闸；圣塘闸；钱塘闸；艮山门；东河滚水坝
	古建筑	观音洞一条街（包括西津渡、待渡亭）；超岸寺；慈寿塔；新河街一条街；泾太公所；米业公所；太平天国新城与清军水师标统署旧址；广肇公所；福音堂；古定福禅寺；老存仁堂药店；五柳堂；梦溪园；鹤林寺大殿；杜鹃寺；城隍庙戏台；清真寺；招隐寺；火星庙戏台；唐老一正斋药店旧址；育婴堂旧址；通吴门；西瀛门城墙；文笔塔；袈裟塔；保合堂碑寺；藤花旧馆；胡荧故居；转胪第；庄存与故居；赵翼故居；管干贞故居；黄景仁故居；盛宣怀故居；护王府（纪念馆）；瞿秋白故居（天香楼）、纪念馆；张太雷故居；革命烈士陵墓；约园；近园；意园；未园；天宁寺；清凉寺；县文庙大成殿；

续表

区域	遗产类型	遗产名称
江南运河段	古建筑	崇法寺大殿；季子祠；阳湖县城隍庙戏楼；屠寄故居；吕公、吕星垣故居；唐氏宗祠楠木厅；关帝庙大殿；王伯与祠；青果巷历史文化保护街区；前北岸、后北岸；天宁寺——舣舟亭历史风貌保护区；王恩绶祠；寄畅园；龙光塔；愚公谷旧址；张中丞庙；忍草庵；清祠堂建筑；碧山吟社旧址；惠山祠庙园林；开原寺；天主堂；东林书院；文渊坊（亲古柳故居）；谈氏宗祠；秦毓鎏故居及佚园；侯桐少宰第；陆定一故居；顾毓琇故居；缪公馆；秦氏旧宅；西水仙庙；妙光塔；南禅寺；南水仙庙；上海蚕业学堂；三里亭；十里亭；杨家桥天主堂；铁铃关；寒山寺；横塘驿站；楞枷寺塔；渔庄；范成大祠、诗碑；孔庙；小九华寺；先蚕祠（蚕花殿）；济东会馆；石塔；问松桥；云岩寺塔；李鸿章祠；李氏祇遹义庄；鲍传德庄祠；观音阁；吴廷琛故居；汪氏义庄；郁家祠堂；陆润痒故居；庄宅；余宅花园；惇裕堂王宅；许宅；王涵堂；顾家花园；新民桥雕花厅；玉涵堂；陶贞孝祠；敕建报恩禅寺；岭南会馆头门；山东会馆门墙；天和药铺；潮州会馆；安徽会馆；戒幢律寺；留园；汀洲会馆；叶天士故居；梨园公所；刘家花园；金门；胥门；盘门；全晋会馆；拙政园；太平天国忠王府；环秀山庄；玄妙观三清殿；耦园；罗汉院双塔及正殿遗址；苏州文庙及宋代石刻；网师园；瑞光寺塔；报恩寺塔；五峰园；狮子林；艺圃；王鏊祠；城隍庙工字殿；怡园；俞樾故居；东吴大学旧址；天香小筑；瑞云峰；织造署旧址；开元寺无梁殿；沧浪亭；苏州美术专科学校旧址；桃坞中学旧址；朴园；唐寅祠；唐寅故居遗址；外五泾弄近代住宅；泰伯庙；文山寺；残粒园；王氏惇裕义庄；北半园；北张家巷雕花楼；武安会馆；春晖堂杨宅；太平天国军械所遗址；蒲林巷近代住宅；范义庄；吴梅故居；冯桂芬祠；洪钧故居及庄祠；钱宅；惠荫园；顾颉刚故居；东花桥巷汪宅；卫道观前潘宅；卫道观；梵门桥弄吴宅；荫庐；听枫园；过云楼；铁瓶巷任宅；鹤园；乐群社会堂；

续表

区域	遗产类型	遗产名称
江南运河段	古建筑	文起堂；钮家巷潘宅；长洲县学大成殿；庙堂巷近代住宅；畅园；使徒堂；大石头巷吴宅；南半园；况公祠；章太炎故居；信孚里；金城新村；万寿宫；定慧寺；砖塔；文星阁；巡抚衙门旧址；柴园；叶圣陶故居；可园；李根源故居；沈德潜故居；费仲深故居；谢家福故居；张宅；吴宅；钱大钧故居；尚志堂吴宅；关帝庙；瑞莲庵；思绩堂潘宅；佛惠庵；张氏义庄；亲仁堂张宅；灵迹司庙；敬彝堂严宅；许乃钊故居；曹沧洲故居；余宅花园；福济观；庄宅；陆润庠故居；吴廷琛故居；洪宅；温宅；潘奕藻故居；蒋侯庙；徐宅；吴钟骏故居；丰备义仓旧址；德裕堂张宅；惇裕堂王宅；王氏太原义庄；华宅；谦益堂潘宅；尤先甲故居；申宅；潘宅；玉器公所；织造局旧址；王明銮故居；春申君庙；蔼庆堂；张宅；沈宅；诵芬堂雷宅；盘曾玮故居；金宅；许宅；张宅；王宅；季宅；周宅；顾宅；火神庙；石宅；吴大澂祖居；五路财神殿戏楼；长洲县城隍庙；程宅；詹宅；杭宅；轩辕宫；陆宅；范烟桥故居；潘遵祁故居；王氏怀新义庄；吴氏垂裕义庄；潘氏宅园；梓义公所；玄妙观方丈殿；天宫寺；陈宅；潘氏松麟义庄；丁氏济阳义庄；德邻堂吴宅；查宅；端善堂潘宅；丁宅；韩崇故居；昭庆寺；郑宅；宋宅；怀德堂凌宅；杭氏义庄；朱宅；徐氏春晖义庄；潘祖荫故居；韩宅；清慎堂王宅；邓氏宗祠；笃佑堂袁宅；庞宅；郭绍虞故居；蒋氏义庄；唐纳故居；杨宅；吴宅；汪氏诵芬义庄；嘉寿堂陆宅；裘业公所；怡老园后楼；某鸳鸯厅；毛宅；顾家花园；海宏寺；郑氏祠堂；吴云故居；潘奕隽故居；宣州会馆；；庞氏居思义庄；言子祠；让王庙；慕园；宝积寺；庞莱臣故居；赵宅；王宅；孝友堂张宅；董氏义庄；方宅；真觉庵；元和县城隍庙；艾步蟾故居；洪钧祖宅；清徽道观；陶氏宅园；按察使署旧址；曹沧洲祠；忠仁祠；范式宅园；沈瓞民故居；秦宅；承谙安故居；丁宅；马宅；报国寺；元和县署旧址；吴大徵故居；张家瑞故居；顾宅；

续表

区域	遗产类型	遗产名称
江南运河段	古建筑	袁学澜故居；周瘦鹃故居；苏宅；朱宅；圣约翰堂；程小青故居；李宅；王氏太原家祠；吴氏继志义庄；红豆山庄遗址；吴宅花园；陆宅；驸马府庙；怀厚堂王宅；慎思堂王宅；蒋纬国故居；圆通寺；赤阑项王庙；彭定求故居；嘉应会馆；韩王庙；秀城桥；秋泾桥；国界桥；文星桥；塔塘桥；三步两爿桥；北丽桥；子城；觉海寺；严助墓；瓶山及相家祠堂井；明伦堂；烟雨楼；仓圣祠；揽秀园；血印柱及禅院；落帆亭；冷仙亭；清真寺；西驿亭；穆家洋房；嘉兴三塔；文生修道院；侵华日军炮楼；听王府旧址；双魁巷；沈曾植故居；朱生豪故居；秀州中学行政楼、校史馆；嘉兴军政分府旧址；嘉兴七烈士革命纪念塔；金九避难处；韩国临时政府要员住所；汪胡桢故居；唐兰故居；司马高桥；乌镇“双桥”；语儿桥；大积桥；大德桥；大有桥；栖凤桥；定泉桥；升平桥；众安桥；大通新桥；浮澜桥；福兴桥；丰子恺故居——缘缘堂；茅盾故居；修真观戏台；明建六朝遗胜牌坊；孔庙大成殿；崇福寺金刚殿；张玙功德坊；文壁巽塔；长安虹桥；画像石墓；仰山书院；广济长桥；塘栖镇；古通济桥；拱宸桥；欢喜永宁桥；祥符桥；桂芳桥；东新桥；上塘桥；广济桥；赤岸桥；半山发电厂龙官桥；衣锦桥；隆兴桥；汇芳园；化度寺；昭化寺；接待寺；大中祥符律寺；潮王庙；金祝庙；金刚寺；文昌阁；天仙戏院；丹桂茶园；香积寺石塔；高家花园；富义仓；拱宸桥桥西历史街区；小河直街历史街区；卖鱼桥旧址；风山水城门；福德桥；嵇接骨桥；六部桥；老南星桥；海月桥；化仙桥；男星古泉；小诸桥；美政桥；洋泮桥；庆余桥；仙林桥；丰乐桥；西斜桥；西桥；望仙桥；通江桥；上仓桥；凤山桥；水澄桥；复兴桥；洋桥；梁家桥；新宫桥；三圣桥；铁佛寺桥；府桥；柴垛桥；荐桥；回回新桥；邮局桥；盐桥；登云桥；平安桥；梅东高桥；胡庆余堂；梵天寺经幢；龙兴寺经幢；浙江图书馆旧址；求是书院；基督教青年会所旧址；浙江兴业银行旧址；

续表

区域	遗产类型	遗产名称
江南运河段	古建筑	相国井；钱塘第一井；岳官巷吴宅；于谦故居；天主教堂；小米园；胡雪岩旧居；丁鹤年墓石亭；东岳庙；明宅；方回春堂；圣果寺遗址；老虎洞窑址；王文韶大学士府；张同泰药店；海潮寺旧址；源丰祥茶号旧址；太平天国听王府；鼓楼城楼；韩蕲王花园；六和塔；闸口白塔；凤凰寺；清河坊街历史街区；小营巷旧城风貌保护区；鼓楼传统建筑街巷群落保护区；中山中路、中山南路传统商业街保护区；思鑫坊近代民居保护区；兴安里历史街区；恰丰里留华巷历史街区；国货路历史街区；平远里近代建筑群；惠兴路近代建筑群；五柳巷；龙翔里近代建筑；元福巷历史地段；湖边村近代典型民居保护区；万安桥；解放桥；淳佑桥；健民桥；安乐桥；斗富二桥；斗富三桥；章家桥；菜市桥；太平桥；新桥；东河第一桥（凤凰亭、坝子桥）；宝善桥；凤起桥
	古墓葬	太史慈墓；荆王刘贾墓；米芾墓；宗泽墓；四角墩土墩墓群；华彦钧墓；黄埠墩；真山吴楚贵族墓葬；魏了翁墓；章焕墓；申时行墓；顾野王墓；钱处士墓；陈去病墓；葛成墓；五人墓；韩母墓；郑文英墓；普墩汉墓群；潘埙墓；唐寅墓；吴昌硕墓；龚佳育墓；吴汉月墓；秦观墓
	古遗址	三国铁瓮城古城墙遗址；东晋花山湾古城墙遗址；定波门瓮城遗址；戴家山遗址；圩墩遗址；北塘米市旧址；小娄巷；高子止水；日晖巷传统街区；薛汇东故居；大窑路窑群遗址；文昌阁太平军营垒遗址；茶店头遗址；星火村遗址；吴城遗址；治平寺遗址；越城遗址；金鸡墩遗址；阊门遗址；奇门水门遗址；临安城遗址；吴越钱氏海塘；万松书院遗址；南宋郊坛下官窑窑址；八卦田遗址

续表

区域	遗产类型	遗产名称
江南运河段	石刻	焦山碑林；韶关石塔；“天下第一江山”石刻；天下第一泉；紫金泉；古泮泉；清真寺石刻；节孝祠堂牌坊及碑刻；南朝陵墓石刻；明清医学祠碑；乾隆御碑；重修常州府学庙记；测日景石表、平面日晷；五百罗汉画像石刻；胡宗愈墓志；惠山寺石经幢；“天下第二泉”庭院及石刻；二泉书院（点易台铭四面碑）；竹炉山房石刻；听松石床；惠山石门摩崖石刻；无锡县学古碑刻；观山摩崖石刻；寒山摩崖石刻；吴江公园宋蟠送碑；钱涤根烈士纪念碑；白公堤石幢；石牌坊；杨孝子坊；吕袁氏节孝坊；陈张氏节孝坊；唐孝子坊；萧烈妇坊；潘陈氏节孝坊；千古义风坊；虎丘摩崖石刻；张士诚记功碑；海云洞；乾隆御碑；杭州碑林；通玄观造像；浙江体育会摩崖题记；天龙寺造像；石佛院造像；石龙洞造像；感花岩刻诗；浙江中山纪念林碑；排衙石诗刻
	近现代重要史迹	镇江英国领事馆旧址；焦山炮台遗址；“五卅”演讲厅；焦山顶快炮台；美孚火油公司旧址；亚细亚火油公司旧址；德士古火油公司旧址；瓦木公所旧址；伯先公园；税务司公馆旧址；伯先路近代建筑群；镇江市老邮电局；红十字会江苏分会旧址；镇江商会旧址；绍宗国学藏书楼；王宗培烈士墓；老气象台旧址；中山纪念林塔；张云鹏故居；镇江近代江防工事遗址；赵伯先墓；赛珍珠故居；基督医院；太平天国堑壕遗址；真道堂旧址；“五卅”运动镇江外交后援会旧址；柳诒徽墓；崇实女中旧址；原镇江“五三”图书馆；箴庐；江苏省立镇江图书馆；省庐；私立京江中学旧址；新丰车站抗战旧址；王家花园；总前委、三野司令部驻地旧址；庄蕴宽故居；吕思勉故居；赵元任故居；刘国钧故居；史良故居；中山纪念塔；李公朴故居；言叶公所旧址；山货公所旧址；要货公所旧址；无锡市革命烈士墓；至德祠；纸业公会旧址；惠元面粉厂旧址；中国银行无锡分行旧址；锡金钱丝两业公所旧址；茂新面粉厂；县学古建筑；薛福成故居；秦邦宪故居；钱钟书故居；华彦均故居；荣德生

续表

区域	遗产类型	遗产名称
江南运河段	近现代重要史迹	旧居；王禹卿故居；圣公会十字堂；张效垦故居；无锡县商会旧址；薛汇东故居；城中公园（锡金公园旧址）；无锡县图书馆旧址；鼎昌丝厂旧址；南长邮电局；海宁救熄会；永泰丝厂；王元吉锅场；烈士陵园；鸿生火柴厂旧址；日本领事馆旧址；日商瑞丰丝厂旧址；苏纶纱厂旧址；刘王庙；日军碉堡群；苏州海关旧址；太和面粉厂旧址；美孚石油公司油库；沈钧儒故居；高家洋房；宏文馆；天主教堂；嘉兴南湖中共“一大”会址；圣女水德勒撒教堂；洋关；浙江省第一师范旧址；郁达夫旧居；马寅初旧居；潘天寿旧居；紫薇园坐标原点；司徒雷登故居；湖州会馆；夏衍故居

资料来源：俞孔坚等：《京杭大运河国家遗产与生态廊道》，北京大学出版社 2012 年版。

第四章 运河文化景观演进历史与类型

第一节　扬州运河文化景观

一　扬州运河历史与变迁

扬州地域包括广陵区、淮扬区、邗江区、江都市、高邮市、宝应县、仪征市，京杭大运河扬州段北起淮安沿宝应、高邮、江都、淮扬、邗江南止长江瓜洲，全长124.52公里，扬州城区段又分为古运河和大运河（新中国成立后新扩建的京杭大运河）两条运河，一条斜穿城区，从瓜洲古渡入江；一条擦城而过，经施桥船闸入江。

运河的通江达海及联络境内众多河流使扬州能够吸纳燕赵、齐鲁、荆楚、吴越等文化圈的精髓。运河哺育了扬州，奠定了扬州城址，成就了扬州运河第一城的辉煌。扬州逐河而城，历代叠加，运河的变迁折射出扬州城市的兴衰沉浮。运河是扬州城的灵魂，运河沿岸会聚了众多的文化景观，是扬州的文脉。理清扬州运河变迁的脉络，有助于理解运河与扬州之间的特殊情缘。“中国宏工有二：曰长城，曰运河。而扬州之运河，实有古今之分。古之运河，借湖以济运；今之运河，绝湖以济运。”① 扬州运河古道从春秋时期延续到唐代，宋至明清为运河今道。扬州运河从借湖济运逐步过渡到人工渠化，整个过程凝聚着中华民族的心血和智慧。沧桑古悠的扬州运河书写了一部波澜壮阔的历史。以下为邗沟历次开凿示意图②：

① 徐谦芳：《扬州风土记略·卷之中》，江苏古籍出版社2002年版，第35页。

② 陈慕：《邗沟与京杭运河》，《江苏地方志》2004年第3期。

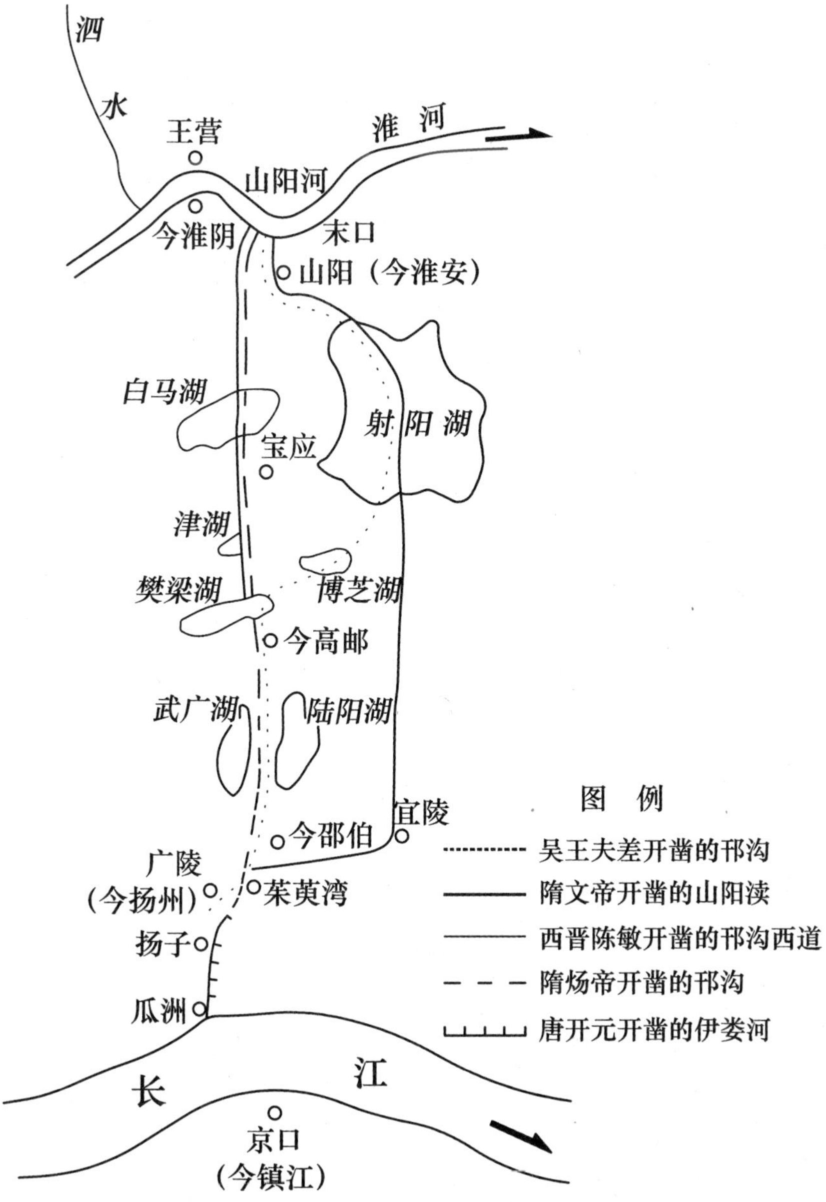

泗水
王营
淮河
山阳河
今淮阴
末口
山阳（今淮安）
白马湖
射阳湖
宝应
津湖
樊梁湖
博芝湖
今高邮
武广湖
陆阳湖
宜陵
今邵伯
广陵（今扬州）
茱萸湾
扬子
瓜洲
长江
京口（今镇江）

图　例

吴王夫差开凿的邗沟
隋文帝开凿的山阳渎
西晋陈敏开凿的邗沟西道
隋炀帝开凿的邗沟
唐开元开凿的伊娄河

图 4－1　邗沟历次开凿示意图

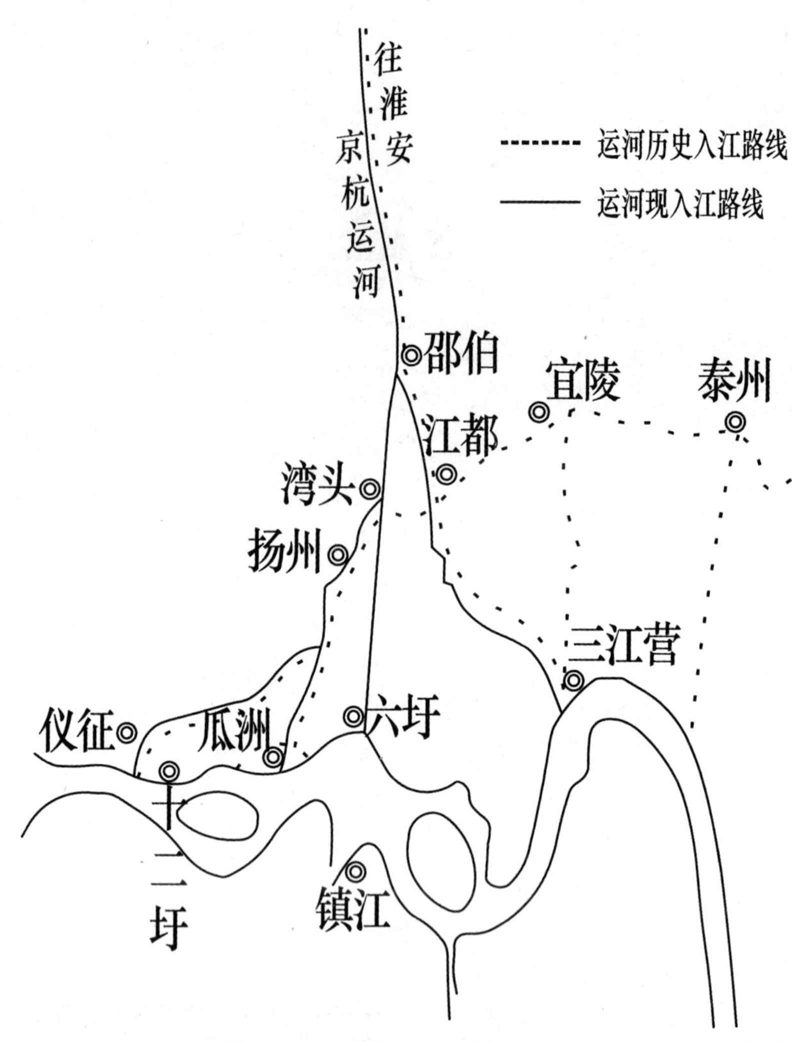

图 4－2　扬州运河入江口

（一）扬州运河的肇始

扬州运河的前身为邗沟，据《左传》记载：“（鲁哀公）九年（前486）秋，吴城邗，沟通江、淮。”[①] 吴王夫差凿邗沟筑邗城，目的是为北上争霸。夫差借鉴伍子胥挖运河直达楚国的办法，利用江淮之间的天然湖泊，向北穿行于武广湖（今武安湖）和陆阳湖（今洋湖）之间，向东

① 杨伯峻：《春秋左传注》，中华书局 1990 年版，第 1652 页。

北流入博芝湖（今宝应东南）射阳湖，最后由射阳湖又西北流经末口（今淮安东北五里的北神堰）汇入淮河，全程大约380公里。西汉时期，吴王刘濞对邗沟进行二次疏通，凿河运海盐，自茱萸湾通海陵仓及如皋蟠溪。刘濞对邗沟的疏浚，目的是利用邗沟的水运为自己封地的经济服务，“专以运盐，非南北通行之路”①。历史上称吴王夫差所开凿的邗沟为邗沟故道；东汉建安五年（200），广陵太守陈登对邗沟进行了一次截弯取直的改造，在白马、津湖之间，凿濑穿沟，从此沟通津湖与白马湖，时称中渎水，又称邗沟西道。“纵观春秋末期至汉末、三国时期的邗沟，其作用都不外是军事方面的。”② 东晋时，针对“邗沟西道”航运不甚便利进行了几次较大规模的疏浚，航道改造。东晋永和年间（345—356），长江岸线南移造成城西欧阳埭引江水取代原从江都城南取水，在广陵和邗沟之间开河60里。“至永和中患湖道多风，陈敏因穿樊梁湖北口，下注津湖，迳渡，渡十二里方达北口，直至夹耶。”③ 据考证“此处的永和当是西晋永宁之误”④。陈敏在樊梁湖东侧开渠，引入津湖，从而避开风浪较大的樊梁湖航道。邗沟经过东晋政府的几次整修之后，航道开始趋直，航行条件大为改善。东晋在治理邗沟的过程中，兴修堰埭调节水量，先后修建了邵伯埭、秦梁埭、三枚埭、镜梁埭等水利设施。南北朝时期，中国局势比较混乱，邗沟运河基本维持着前代的状况，没有进行大规模的疏浚和整修。

（二）扬州运河的成型

隋朝的统一，结束了中国长达200多年的战乱割据状态，邗沟的发展面临新的历史机遇。隋文帝开皇七年（587），“庚戌，于扬州开山阳渎，以通运漕”⑤。隋文帝这次对邗沟进行了简单的疏浚，路线“盖由茱萸湾至宜陵镇，达樊汊，入高邮宝应山阳河，以达于射阳湖”⑥。隋炀帝迁都

---

① （清）刘文淇：《扬州水道记》卷1，江西抚署1845年版，第14页。
② 傅崇兰：《中国运河城市发展史》，四川人民出版社1985年版，第60页。
③ （北魏）郦道元：《水经注》卷30《淮水》，上海古籍出版社1990年版，第589页。
④ 陈桥驿主编：《中国运河开发史》，中华书局2008年版，第219页。
⑤ （唐）魏征：《隋书》卷1，《高祖纪》，中华书局1973年版，第25页。
⑥ （清）刘文淇：《扬州水道记》卷1，江西抚署1845年版，第13页。

洛阳，以洛阳为中心相继开凿了通济渠、永济渠、山阳渎、江南运河。隋文帝开凿整治的重点在邗沟北口入淮处，隋炀帝重点则解决邗沟的南端入江问题。隋炀帝大业元年（605），“发淮南民十余万开邗沟，自山阳至扬子入江。渠广四十步，渠旁皆筑御道，树以柳，自长安至江都，置离宫四十余所”[①]。隋炀帝此次对邗沟大规模整修疏浚，使邗沟成为沟通江淮地区与中原地区联系的重要交通渠道。

唐代全国的经济重心渐趋南移，仰仗江淮及江南的漕粮，唐王朝建立了从江南到长安的漕运线借此解决衣食之需。荆湖、两浙、江南的漕粮必须经江淮运河才能经汴渠西溯黄河最终转输长安。唐代山阳渎改称扬楚运河，运河南端与长江交汇处时常为长江岸线的迁移所困，运河入江口的扬子为泥沙淤积，并与瓜洲北岸相连，漕船驶入运河受阻，不得不绕道，江中迂回难免发生漂溺。润州刺史齐澣在唐玄宗开元二十六年（738）“于京口埭下直渡江二十里，又开伊娄河二十五里，即达扬子县。自是免漂损之灾，岁减脚钱数十万”[②]。伊娄河的开凿使瓜洲成为运河的入江口，为此还在伊娄河口修筑堰埭设置斗门以待船只通过，缩短了船只江中航行的时间，规避了风涛之险。李白赞赏齐澣，“齐公凿新河，万古流不绝。丰功利生人，天地同朽灭”[③]。唐德宗兴元初年（784），杜亚就任淮南节度使，“至则治漕渠，引湖陂，筑防庸，入之渠中，以通大舟，夹堤高卬，田因得溉灌。疏启道衢，彻壅通堙，人皆悦赖”[④]。杜亚对扬楚运河的改造，使得运河能够行驶大船，田地得以灌溉。唐宪宗元和三年（808），淮南节度使李吉甫筑平津堰，节制运河水位，“罢江淮私堰埭二十二”[⑤]，以利通航。唐敬宗宝历二年（826），盐铁使王播针对“时扬州城内官河水浅，遇旱即滞漕船，乃奏自城南阊门西七里港开河向东，屈曲取禅智寺桥通旧官河，开凿稍深，舟航易济，所开长一十九里，其工役料度，不破省钱，当使方圆自备，而漕运不阻”[⑥]。王播的此番改

---

① （宋）司马光：《资治通鉴·隋纪四》卷180，改革出版社1993年版，第3765页。

② （后晋）刘昫：《旧唐书》卷190，《齐澣传》，中华书局1975年版，第5038页。

③ 高文主编：《全唐诗简编》，上海古籍出版社1993年版，第442页。

④ （宋）欧阳修：《新唐书》卷172，《杜亚传》，中华书局1975年版，第5027页。

⑤ （后晋）刘昫：《旧唐书》卷14，《宪宗纪》，第426页。

⑥ （后晋）刘昫：《旧唐书》卷164，《王播传》，第4277页。

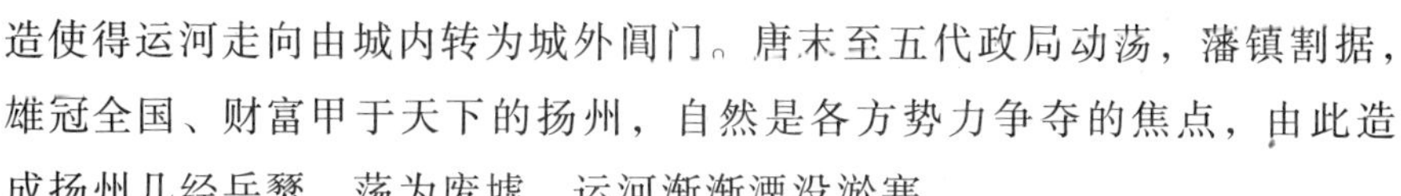

造使得运河走向由城内转为城外闾门。唐末至五代政局动荡，藩镇割据，雄冠全国、财富甲于天下的扬州，自然是各方势力争夺的焦点，由此造成扬州几经兵燹，荡为废墟，运河渐渐湮没淤塞。

北宋政府结束了政治纷争的五代十国，中国重新进入比较稳定繁荣的局面。北宋政权定都汴水岸边的开封，利用汴水、淮扬运河源源不断地将江淮、两浙以及江南、荆楚的物资运送到京城。江淮运河是否畅通无阻直接关系到宋王朝的统治安危，宋王朝为此制定了一系列的水利工程并计划着付诸实施。宋代对江淮运河继续采取渠化，北宋景德三年（1006），江淮转运使李溥因高邮至宝应间湖泊众多，虑风涛之险，令漕船空返时装载石块投入沿路湖泊积为长堤，抵御风浪对船只的危害。真宗天禧年间，转运使张纶又增筑运河堤两百里，“旁锢巨石为十澾，以泄横流”[①] 于高邮城北。天禧二年（1018），江淮转运使贾宗鉴于汴水至扬州段运河堰埭过多阻滞船只航行，便建议朝廷重新开凿扬州古河。“议开扬州古河，缭城南接运渠，毁龙舟、新兴、茱萸三堰”[②]，此项计划的实施使漕船无阻，人员往返便利；天禧四年（1020），扬州段运河进行了全面疏浚，通行能力大为提高。仁宗和徽宗年间为了进一步解决运河堰埭阻滞船舶航行及毁坏漕船问题，进行了较大规模的废堰置闸，据统计，“真扬楚泗、高邮运河堤岸，旧有斗门水闸等七十九座”[③]。斗门船闸及蓄水澳的运用，方便行船的同时，还可以调节船闸水量。北宋末年至南宋时，淮扬一线处于宋金对峙争夺区域，战争对运河的破坏比较频繁。“绍兴初，以金兵蹂践淮南，犹未退师，四年（1134），诏烧毁扬州湾头港口闸，泰州姜堰、通州白莆堰，其余诸堰，并令守臣开决焚毁，务要不通敌船；又诏宣抚司毁拆真、扬堰闸及真州陈公塘，无令走入运河，以资敌用。”[④] 时隔不久，绍兴五年（1135），金兵退师，宋军收复淮南，“诏淮南宣抚司募民开浚瓜洲至淮口运河浅涩之处”[⑤]。绍熙五年（1194），黄河夺淮入海，淮水改道运河入江，增加了运河的洪涝风险，于是陈损之

① （元）脱脱：《宋史》卷426，《张纶传》，第12695页。

② （元）脱脱：《宋史》卷96，《河渠志六》，第2380页。

③ 同上书，第2387页。

④ （元）脱脱：《宋史》卷97，《河渠志七》，第2393页。

⑤ 同上。

在扬州到淮阴段修筑了360里的运堤。此后的扬州段运河随着南宋偏安江南和金兵的不时南下侵扰，日渐湮废。

蒙元的兴起，定鼎大都，迫于对漕粮的需求实施了重凿京杭大运河的宏伟计划。扬州段运河的疏浚和开凿也提上了日程，故元世祖至元二十一年（1284）朝廷征调役夫疏浚扬州段运河。元成宗大德四年（1300）正月再次疏浚淮东运河；大德十年（1306）重新疏浚真州、扬州等地的漕河，使运河漕运得以畅通。仁宗延祐元年（1314）十二月，又派遣官员奔赴扬州督导扬州、淮安运河的疏浚工作；延祐四年（1317）再次疏浚扬州运河。元至正二十七年（1367）开江都以北上、下雷塘和江都以西勾城塘。综观元代，扬州段运河还是得到朝廷的重视，不断得到疏浚和维护，但运输成效远低于宋代。

（三）扬州运河的盛况

明代淮扬运河称为湖漕，因沿途地势低洼，自然湖泊星罗棋布，“沿途有山阳管家湖，宝应白马、清水、氾光、洒火、津湖，高邮新开、甓社、七里、张良、塘下、石臼、姜里、五湖、珠湖、武安，邵伯湖，扬州五塘等湖塘”[①]，漕运依托湖水以通，运道多借湖筑堤，大约长370公里。明初定都南京，北上供应军需，须经扬州段运河。“洪武九年（1376），令扬州府所属州县烧砖灰，包砌高邮、宝应湖堤岸60余里以御风涛。”[②] 明洪武十三年至十七年（1380—1384）派员疏浚瓜洲、仪征运道，同时修建仪征闸及江都深港坝。洪武二十八年（1395），从宝应老人柏丛桂之言，开宝应氾光湖槐楼至高邮界首直渠四十里，使湖渠分隔，船只无漂溺之险。永乐时，漕运总兵陈瑄在白马、宝应、氾光、界首、高邮等湖泊旁修筑起一道长堤，将运道和湖水隔离，以躲避风浪，其中长堤中还设有涵洞以调节运河水量，“湖水溢则泄以利堤，水落则闭以利漕”[③]；同时他还疏浚了仪征、瓜洲等处的河道。明代前期，治河规划多出自陈瑄之手，宣德年间，他在扬州开凿了白塔河南接长江斜对岸常州

① 陈璧显主编：《中国大运河史》，中华书局2001年版，第423页。

② 姚汉源：《京杭运河史》，中国水利水电出版社1998年版，第273页。

③ （清）张廷玉：《明史》卷85，《河渠志三》，第2091页。

盂渎河过来的漕船。成化年间扬州运河得到了几次较大规模的整治，航行正常。弘治年间户部侍郎白昂主持开凿了康济河，西距高邮湖数里，大约长40里。康济河的通航成功使得漕船航行避开高邮湖风浪的侵袭，安全系数得到极大提升。万历十三年（1585）与二十八年（1600）分别开凿了宝应湖东的弘济月河、邵伯湖东邵伯月河、界首湖东界首月河。扬州运河经过明代一系列整治工程，基本纳入人工渠化管理之下，脱离了自然湖泊的风浪之险。明代中后期，黄河对淮扬运河的侵害逐渐加大，淮扬运河水情复杂，政府采取加高筑堤，束水冲沙保运的策略，加之后期河政废弛，扬州段运河勉强维持通航。

清王朝的崛起，在漕运方面继承明朝的各项成果的同时又不断创新。清代，康熙大帝定下了治国三大要政，便是漕运、盐务、河务，三要都与扬州相关，扬州可以说是当时国家重点开发的地区之一。扬州运河是否畅通直接关系到清王朝江山的稳固，清政府多次兴工疏浚河道，堵塞决口，保持航道畅通。康熙十六年（1677），靳辅任河道总督针对淮扬运河水患严重，运河淤塞，挑浚清河、山阳、宝应、高邮、江都等州县运河，及时疏导堵塞决口；同时兴建一些配套水利设施如修建宝应婴沟、高邮永平港、南关、八里铺、柏家墩、江都鳅鱼口6座减坝；随后因河工需要改建高邮五里铺、车逻港两座减水坝。雍正二年（1724）河督齐书勒“筑运河西岸地洞口堤身五百十丈，高、宝、江东西岸堤工五千二十四丈，宝应西堤七里闸迤南至柳园头埽工五百七十丈”[①]。乾隆二年（1737）“大挑淮、扬运河，自运口至瓜洲三百余里”[②]。乾隆时期，政府对运河采取加高堤岸和定期疏浚河道修建归海五坝，即南关坝、新坝、中坝、车逻坝、昭关坝，使漕运基本保持顺畅。

（四）扬州运河的衰况

嘉庆、道光以后内忧外患，河漕管理腐败，河患频繁，淮扬运河部分河段“向来河面宽三四十丈者，今只宽十丈至五六丈不等，河底深丈五六尺者，今只存水三四尺，并有深不及五寸者。舟只在在胶浅，进退

① （清）赵尔巽：《清史稿》卷127，《河渠志二》，第3778页。

② 同上书，第3780页。

俱难”①，废漕运兴海运已成为大势所趋。“道光初试行海运，二十八年复因节省帮费，续运一次，迨咸丰朝，黄河北徙中原多故，运道中梗，终清之世，海运遂以为常。”② 光绪时，清政府财政因支付战争赔款和内政开支早已入不敷出，遂于光绪二十七年（1901）颁布诏书停漕改折，三年后正式裁撤漕督及其下属机构，运河失去政府的眷顾，扬州运河渐渐失去往日的繁华，沦为地区性航道。

扬州段运河所处里下河地区，水网密集，湖泊众多，虽受运河年久失修影响，但是还可以通行吃水较浅的轮船。1915 年，国民政府在淮扬运河上安排了四艘挖泥船对河道进行清淤。1933 年，国民政府对江都段、高宝段运河进行了修理，分段采取砌石护坡。1934 年，国民政府在扬州段运河上修建了现代化的邵伯船闸，第二年在高邮兴建了高邮船闸。这两所新式船闸的兴建在一定程度上维持了运河的基本通行能力。扬州段运河在民国时期还维持基本的通航能力，若不遇到严重干旱，常年可以通航小轮船。

（五）扬州运河的复兴

新中国成立以来，扬州运河得到了新生，政府下大力气治理水患和疏浚航道。1951—1956 年，国家设立治淮委员会，对淮河和淮扬段里运河进行了全面修复，如全面复堤、加固险段、修建涵闸等。1956 年，京杭运河扬州段主要航道上设置了助航标志，此举便利了船只的安全航行。扬州段运河在 1958—1961 年整修期间，改建了邵伯、施桥船闸，提高运河的通航和运输能力。此次航道设计为“2 ×2000 吨级顶推船组或 2000 吨级机动货驳为主，航道底宽不小于 70 米，最低通航水位水深不小于 4 米，边坡一般为 1 比 3，两岸堆土各留肩道 10 米”③。改革开放以后，国家加大对徐州至扬州段运河的治理力度，配合北煤南输，工程涵盖“航道、补水、船闸、港口、铁路、桥梁、通信及船厂等 8 类，计 30 个单项”④，这次升级改造使京杭运河徐扬段千吨级的船舶畅通无阻，同时新开辟湾头至六圩都天庙入江航道。20 世纪 80 年代，扬州成立京杭运

---

① （清）赵尔巽：《清史稿》卷 127，《河渠志二》，第 3786 页。

② 同上书，第 3769—3770 页。

③ 徐从法主编：《京杭运河志（苏北段）》，上海社会科学院出版社 1998 年版，第 108 页。

④ 陈璧显主编：《中国大运河史》，中华书局 2001 年版，第 643 页。

河续建工程小组对扬州段运河进行扩建，此次包括7项工程分别为宝应至淮安段中埂切除、高邮临城段航道拓宽、高邮运西船闸、邵伯复线船闸、施桥复线船闸、宝应运河公路桥、界首至六圩浅窄段疏浚等。21世纪以来，扬州运河实施“三改二”，即将三级航道提升为二级航道，整治河段包括高邮至邵伯段31.63公里、槐泗至邵伯船闸13.08公里、壁虎河口3.13公里，使扬州运河焕发了青春，成为一条黄金水道。扬州运河经过新中国成立以来不断的整治，已形成集航运、旅游、水利、休闲为一体的综合性航道。

二　扬州运河文化景观类型与构成

扬州运河文化景观，可分为运河物质文化景观和非物质文化景观。“物质文化景观有可视性及与自然景观的融合性，较非物质文化景观有易变等特征。”[①] 王健提出：“按文化遗产和运河的关系亲疏，将运河文化遗产的空间分布划分为核心区、重心区和影响辐射区三个层次，各类遗产根据所处在位置划分为核心遗产、关联遗产和影响遗产，以进行分层认定。”[②] 借鉴上述观点，我们将扬州运河物质文化景观进一步分为：核心区（运河水利文化景观、运河漕运文化景观、运河名人文化景观）、重心区（运河聚落文化景观、运河商业文化景观、运河工业文化景观）、辐射区（园林文化景观、服饰文化景观、饮食文化景观）。运河非物质文化景观：核心区（运河神祇传说文化景观、运河水上习俗文化景观、运河建造技艺文化景观）、重心区（运河宗教文化景观、运河民俗文化景观、运河戏曲文化景观）、辐射区（玉雕技艺文化景观、剪纸技艺文化景观、漆器制作技艺文化景观、雕版印刷技艺文化景观）。

（一）物质文化景观

物质文化景观以其具体的物质形态，如建筑风格、聚落形态、服饰等，给人以视觉的冲击，成为展现区域历史文化和社会发展的见证。

---

① 翟幼龙、李传永主编：《人文地理学新论》，西南交通大学出版社2004年版，第158页。
② 王健：《大运河文化遗产的分层保护与发展》，《淮阴工学院学报》2008年第2期。

1. 核心区文化景观

(1) 运河水利文化景观

运河水利文化景观直接展示运河的变迁历程，成为展示运河历史的一面窗口。历史上运河的调整大多是从河道开凿、水利设施的修建开始的，透过水利景观览运河的沧桑。

古邗沟遗址。邗沟成就了扬州运河第一城的美誉。公元前486年，吴王夫差下令从蜀岗下挖沟引江水以沟通淮河。邗沟也因此成为京杭运河江淮段的重要组成部分，随着“大运河申遗”步伐的加快，邗沟以其完好的遗址保存状况再次成为人们关注的热点。邗沟将向世人展现中国运河发展变迁史，运道的变迁使古河道逐渐变成一段水利遗址，其运输功能逐渐让位于观光休闲。古邗沟遗址位于扬州市区东北郊，沟旁立有“古邗沟”石碑，河道从螺丝湾桥至黄金坝，大约长1450米，宽50—60米，两侧淤积层20—25米，中间河床仅有10米左右。明清时修建的邗沟桥横跨在邗沟中段，为两头门石桥，两边山花墩上刻有“邗沟桥”字样。2002年，邗沟被列为调水北上的线路，古老的邗沟获得了新生。

瓜洲古渡、东关古渡。瓜洲原为扬子江中的一个冲击沙碛，因其形状似瓜，便被形象地称为瓜洲。唐代中期因瓜洲不断淤积直至于长江北岸相连，润州刺史齐澣开凿伊娄河使瓜洲成为运河入江的重要通道。此后的瓜洲商旅云集，文人骚客对其不乏溢美之词，如张祜《金陵渡》：“潮落夜江斜月里，两三星火是瓜洲”[①]；陆游《书愤》：“楼船夜雪瓜洲渡，铁马秋风大散关。”[②] 张祜的诗描绘了夜色下的江景及瓜洲的远景，赋予其点点愁思；陆游的诗则给瓜洲带来了金戈铁马的意境。瓜洲古渡曾是鉴真大师东渡日本传播盛唐文化的起点，冯梦龙的小说《警世通言》描写的杜十娘怒沉百宝箱的故事的发生地也是瓜洲古渡。瓜洲古渡旁还建有大观楼，为明万历年间江防同知邱如嵩所建，后来毁坏，清康熙元年（1662）江防同知刘藻重建，后因晚清时期政局动荡战火不断以及江岸坍塌，大观楼不幸沉入江中。大观楼因《红楼梦》而声明远播，曹雪芹笔下的风雪大观楼描绘的场景就是以瓜洲大观楼为蓝本的。瓜洲古渡

① （清）彭定求等编：《全唐诗》，上海古籍出版社1986年版，第1298页。

② 游国恩、李易选注：《陆游诗选》，人民文学出版社1997年版，第108页。

作为运河入江之要津，乾隆每次南巡都要驻足巡视一番，设行宫于锦春园。锦春园毁于咸丰年间的太平天国战争，现今遗址无存，仅存有锦春园图。如今瓜洲古渡已成为国家水利风景区，依据历史典故先后修复和兴建了银岭塔、锦春园、映影池、园中园、“瓜洲古渡”碑、牌楼、沉箱亭、观潮亭等景点。东关古渡为扬州市区古运河上的一座渡口，旧称利津古渡，得名于利津门（后改称东关门），商旅过客由此登岸进入扬州繁华的东关街。东关古渡经过重新整修，现已成为扬州运河旅游北起瘦西湖南达瓜洲航线的重要一环，也是市民游客的休闲观光之所。

御码头。乾隆十八年（1753），乾隆南巡至扬州，扬州盐商献媚邀宠建造天宁寺西园行宫，宫前靠近运河处专门修建御码头以供乾隆龙舟停泊。御码头用青石所砌，39 级，石阶宽 6 米，虽经 200 百余年的风吹雨打，尽显斑驳沧桑仍完好如初。1989 年，扬州市修缮了御码头及其配套设施，建有风亭一座，内立有“御码头”石碑，御码头周围景物与建筑交相辉映，再现古城扬州的深厚历史底蕴，如今御码头已开辟为著名的乾隆水上游览线。

运河桥。清末至民国扬州古运河上没有固定的桥梁，出行多靠船只和浮桥。扬州古运河上比较有特色的运河桥当属渡江桥，渡江桥得名于 1949 年 4 月 21 日，奔赴渡江战役东线的人民解放军从大荣桥上经过，后大荣桥拆除改建为渡江桥。渡江桥栏杆上绘有解放军渡江战役的浮雕，图案依据《我送亲人过大江》珍贵历史照片雕刻而成。2005 年，政府拆除了被撞裂的旧桥新建渡江桥，为左右对称的六孔石拱桥，桥上设有古朴的木结构的亭廊，运河流水、两岸绿景共谱和谐乐章。

江都水利枢纽。兴建于 1961 年，所处京杭运河、通扬运河、淮河入江水道的交汇之所，同时作为南水北调东线的起点，是一项集灌溉、泄洪、排涝、通航、发电、旅游观光等多项功能于一体的综合性水利工程。该工程涵盖 4 座大型电力抽水站、5 座大型水闸、7 座中型水闸、3 座船闸、2 个涵洞、2 条鱼道以及输变电工程、引排河道等。江都水利枢纽集各项水利工程技术于一身，实现了治水先驱挹江控淮的梦想。2001 年，被国家水利部评为国家级水利风景区。

图 4－3　扬州盂城驿

图 4－4　扬州邵伯船闸

图 4－5　江都水利枢纽

（2）运河官署文化景观

两淮盐运使衙署。是明清时期设置在扬州管辖两淮盐业生产运销的政府机构，下辖淮南分司、淮北分司、通州分司，主管官员为正三品的盐运使。衙署南北建有牌楼、照壁、门厅、苏亭、题襟馆、景贤楼、库房、内宅等建筑。受晚清至民国时期的战乱影响，“现存门厅，悬山结构，顶盖筒瓦，面阔三间，进深五檩，两旁有八字墙”①。1982 年，两淮盐运使衙署被扬州列为市级文物保护单位。

盂城驿。建于明洪武年间，作为政府传递公文和来往官员休息的场所。功能类似于今天邮局和政府的招待所。嘉靖时期已建成厅房 10 间、廊房 14 间、库房 3 间、马房 20 间、神祠 1 间、鼓楼 1 座等，满足邮驿的各项需求。“盂城驿有马夫、水夫、旱夫 200 多人，马骡 100 多匹。还有车船，并供膳食，给传递文书的人员及过境人员使用。”② 嘉靖三十六年（1557）被倭寇付之一炬，沦为废墟。倭乱平定后，当地政府官员按原规格重新修建了盂城驿。直到清末，由于邮递方式的革新，电报取代邮驿，盂城驿完成了其历史使命。1985 年，盂城驿经过修葺，成为研究中国古代邮驿文化的重要见证。1996 年，被列为第四批全国重点文物保护单位之一。

（3）运河名人文化景观

皇帝行宫。高旻寺，位于扬州三汊河，始建于隋代，清顺治八年（1651）重建，寺内建有镇水患导航向的中天塔。扬州高旻寺、镇江金山寺、宁波天童寺、常州天宁寺并称中国佛教禅宗四大丛林，拥有“香海”之称的全国第一大香炉。康熙三十八年（1699），康熙南巡到达扬州，巡盐都御使曹寅召集两淮盐商在寺内增扩殿宇，营造行宫。行宫建成之后，康熙赐名“高旻寺”。塔湾行宫作为康熙、乾隆南巡驻跸之所，留有大量皇帝的诗文和御赐匾额，后均毁于太平天国战火。1978 年，高旻寺经德林法师修复，先后建成山门殿、大雄宝殿、天王殿、延寿堂、天中塔、天王殿、禅堂、讲经堂等宗教景观。

陵墓。隋炀帝陵，位于扬州城北的雷塘。大业十四年（618），隋炀

---

① 韦明铧：《风雨豪门》，广陵书社 2003 年版，第 65 页。

② 曹永森主编：《扬州特色文化》，苏州大学出版社 2006 年版，第 48 页。

帝南游至江都，国内陷入动荡，各地起义不断，大势已去的隋炀帝被下属宇文化及缢死。隋炀帝被草葬于吴公台下，唐高祖武德五年（622），陈棱任江都总管，将隋炀帝改葬于雷塘。唐代诗人罗隐为此写了《炀帝陵》一诗："入郭登桥出郭传，红楼日日柳年年。君王忍把平陈业，只换雷塘数亩田。"① 清代嘉庆十二年（1807），学者阮元发现隋炀帝陵寝后简单加以修葺，为之立碑以便辨认，碑身所刻"隋炀帝陵"由时任扬州知府的书法大家伊秉绶手书。修整后的墓台高 1.45 米，东西长约 46.8 米，南北宽约 32.5 米。1956 年，被定为省级文物保护单位。2000 年 10 月，隋炀帝陵墓公园建成，其中由石牌坊陵门、雷塘、石桥、祭台、神道、城垣、石阙、侧殿、墓冢等部分组成，同时辅以陈列馆展示隋唐文化。

2. 重心区文化景观

（1）运河聚落文化景观

运河聚落是指在运河区域范围内生活居住的场所，它随着时空的变化形成极具地域文化特色的农业、商业、工业、服务业集聚区。运河沿岸之所以形成大量的古镇、街区，源于运河交通的便利，运河沿线农业灌溉的便利，也吸引大量人口定居。出于衣、食、住、娱、商、教育、信仰等方面的需求，运河区域相继建造大量宅院、私家园林、店铺、客栈、餐馆酒楼、会馆、书院、寺庙道观等，形成古镇、历史街区、盐商聚居群落等基本格局。扬州是与运河同龄的名城，沿运河形成了大量极具江淮传统文化特色的古镇和历史街区。例如：宝应之安宜镇；高邮之高邮镇；江都之邵伯镇；广陵之湾头镇、双东历史街区、仁丰里历史街区、邗江之瓜洲镇、南河下盐商聚居群落等。扬州有"新中国建立前老街巷 506 条"② 之说。现以双东历史街区、湾头古镇、邵伯古镇、南河下盐商聚居群落为代表来阐述历史街区、古镇、盐商聚落的兴衰变迁。

双东历史街区。双东历史街区由东关街及东圈门历史街区两部分组成，最早成型于唐代，鼎盛于明清时期，建筑风格以明清为主，兼有民国建筑。双东历史街区范围东至泰州路、西至国庆路、南至文昌中路，北至盐阜路。双东历史街区充分体现了扬州运河古城的建筑历史风貌，

① 章石承、夏云壁选注：《扬州诗词》，上海古籍出版社 1985 年版，第 162 页。

② 扬州市地方志编纂委员会编：《扬州市志》，中国大百科全书出版社 1997 年版，第 3131 页。

以巷多称奇、店铺林立、盐商住宅及私家园林、书院、宗寺等著称。双东历史街区街巷路面采取长条石板铺设，紧邻东关运河古渡成就了扬州作为水陆交通要冲，集商业、手工业和宗教文化于一体的格局。繁华的市井街面、幽深的古巷、青砖小瓦民居、精致的私家园林展示着双东历史街区不同层面的生活风貌。晚清前后至民国期间落户双东历史街区的扬州老字号如：创业于1817年的四美酱园（东关街140号）、1830年的谢馥春香粉店（东关街243号）、1862年的潘广和五金店（东关街53号）、1909年的陈同兴鞋店（东关街218号）、1912年的乾大昌纸店（东关街224号）、1923年的震泰昌香粉店（东关街18号）、1927年的张恒兴洗染店（东关街239号）、1932年的周广兴帽店（东关街69号）、1935年鼎和酱品店（东关街19号）、1936年的福泰宏酒店（东关街44号）、1937年的顺泰店（东关街35号）、1940年的四流春茶社（东关街36号）、1941年的永记酱品店和恒记酱品店（东关街23号）、协丰南货店（东关街157号）、1948年的恒昌油麻号（东关街97号）等。双东历史街区会集扬州手工业、商业店铺，临街为店，店后为作坊和住宅，如孙铸臣漆器作坊、孙记玉器作坊、董厚和袜厂等。双东历史街区繁盛、交通便利，同时，紧邻两淮盐运使司衙门，自然吸引不少盐商官宦在此筑园居住，如个园、逸圃、汪氏小苑、壶园。商业、手工业的兴盛，为教育提供了物质基础，富裕起来的盐商将目光投向科举，创办了誉满淮扬的广陵书院、安定书院、仪董学堂。授业于安定书院的杭世骏、赵翼、蒋士铨、吴锡麟等人均是当时的学界鸿儒。文教昌盛又吸引了大批名人聚居于此，如刘文淇故居（东圈门14号）、江上青故居（东圈门16号）、何廉舫故居（东圈门22号）、金农故居（三祝庵）、洪兰友故居（地官第10号）、张丙炎故居（地官第12号）、汪伯屏故居（地官第14号）、熊成基故居（韦家井6号）、曹起溍故居（东关街338号）等。扬州运河通江达海，北至燕京、南极岭南、西至荆楚四方之民云集，出于风俗信仰的不同，建有武当行宫、准提寺、清真寺、财神庙等。东关街东街口先后发现了宋大城东门双瓮城遗址，出土了太平天国时期的铁炮。盐业鼎盛时东关街号称“盛世盐关”。

湾头古镇。湾头古镇位于扬州市东郊，隶属广陵区，此处成为运河由北向南驶入扬州的第一个转弯之处，故有湾头之说。北宋时期湾头设

镇，古镇现有唐山光寺遗迹、宋井、清古镇圈门与石板街、古避风塘、纤柱、太平天国后期遵王赖文光的拴马石、镇水之物“九牛二虎一只鸡”的遗存石壁虎以及茱萸湾公园等。

邵伯古镇。邵伯古镇亦名甘棠，因东晋太傅谢安在此筑邵伯埭而得名，距今已有1600多年的历史，运河哺育了古镇的发展。古镇位于运河东岸，人文荟萃，历史文化古迹众多。今存甘棠庙（谢太傅祠）、树龄约700多年的古甘棠、清户部尚书董恂故居、乾隆御笔亲题的“大马（码）头”、民国年间建造的第一座新式船闸遗存、斗野亭、镇水铁牛、大王庙、石板街、法华寺旧址、梵行寺旧迹等。

南河下盐商住宅群落。盐商群体作为扬州城市发展的推动者，盐业繁盛时盐商选择濒临运河的南河下居住，南河下街东接康山，西至龙首关，“郁郁几千户，不许贫士邻”①。以致惺庵居士发出“扬州好，侨寓半官场。购买园亭宾亦主，经营盐典仕而商。富贵不还乡”② 的感叹。江春、黄晟、鲍志道、巴慰祖等均在此筑园，如今保存较好的盐商住宅有廖氏宅院、汪氏宅院、卢氏盐商宅院等。

汪氏宅院，位于南河下170号，规模居现存盐商宅院之首，有3440平方米。宅主汪鲁门，安徽歙县人，随父游历江苏，迅速在商界崭露头角，积累了巨额财富，在扬州置地建宅。汪宅建于光绪年间，住宅群由门楼、照厅、大厅、二厅、住宅楼组成，整体风格为徽派式样，饰以精美雕刻。“大部分建筑的结构为上楼下厅式样，楼上每个房间之间均相通，形成串楼”③。抗战期间，扬州沦陷，宅院被日本人占用，在此开设台湾银行。新中国成立后作为扬州医药公司仓库，2007年扬州市政府对其进行了修复，现已被列为省级文物保护单位。

（2）运河商业文化景观

扬州繁华以盐盛，特殊的地理优势使扬州兼含漕、盐、河三大利。明清时期四方商贾云集，百货骈阗，如北方的棉花、麦豆、干鲜果品等农产品，南方的棉布、丝绸、铁器、瓷器、纸张、竹木等手工

---

① （清）吴嘉纪：《陋轩诗续》卷13，《河下》，第373页。

② （清）黄鼎铭：《望江南百调》，夏友兰等编：《扬州竹枝词》，江苏金陵古籍刻印社1992年版，第173页。

③ 杨欣：《扬州盐商住宅园林旅游资源可持续开发研究》，扬州大学硕士学位论文，2008年。

业产品沿着运河进入扬州市场，贸易的繁盛使扬州成为江淮第一大都会。扬州从事盐业及相关产业的以徽州新安商人居多，兼有山陕、两湖、浙赣、粤等地商人。各地商人在扬州从事商业活动，为了互相扶持、联络乡谊、壮大声势纷纷成立带有区域色彩的商业会馆。众多会馆的创立①，促进了扬州文化的多元化、兼容性，同时也展示了运河商业的繁荣。

表 4－1　　晚清至民国时期扬州会馆分布

会馆名称	地点	会馆名称	地点
片石山房（粤）	花园巷	岭南会馆	旗杆巷
湖南会馆	南河下街	浙绍会馆	达士巷
江西会馆	南河下街	嘉兴会馆	仓巷
湖北会馆	南河下街	京江会馆	达士巷
安徽会馆	花园巷	四岸公所	丁家湾
山陕会馆	东关街	旌德会馆	愿生寺

时代的变迁、商业方式的变化，使得往日扬州运河上络绎不绝的商旅瞬间失去了往日的喧嚣，唯有运河旁残存的商业会馆诉说着运河商业昔日的辉煌。目前，扬州现存的商业会馆有湖南会馆、岭南会馆、湖北会馆、浙绍会馆、安徽会馆、四岸公所等。

（3）运河工业文化景观

运河近代工业文化景观作为工业时代的运河新景观，它的产生和发展紧密联系着运河这条主线。"运河工业景观应该是与运河线路具有某种联系的相关要素的集合，是具有共同历史主题，见证沿运工业发展历程的有机整体。具体可以从利用运河运输或作为水源（功能相关）、空间位置毗邻运河（空间相关）以及与运河工业史中重要的人或事相关（历史相关）三个方面来理解工业景观要素与运河之间的关系。"② 作为工业遗产和工业景观，单霁翔认为它们"具有重要的历史价值，它们见证了工

① （清）刘寿曾：光绪《江都县续志》卷 12《建置考》第 2 下，江苏古籍出版社 1991 年版，第 193 页；扬州文史委员会编《扬州文史资料第十辑》，内部刊行，1991 年版，第 198 页。

② 朱强：《京杭大运河江南段工业遗产廊道构建》，北京大学博士学位论文，2007 年。

业活动对历史和今天所产生的深刻影响；具有重要的社会价值，它们见证了人类巨大变革时期社会的日常生活；具有重要的科技价值，它们见证了科学技术对于工业发展所作出的突出贡献；具有重要的经济价值，它们见证了工业发展对社会经济的带动作用；具有重要的审美价值，它们见证了工业景观所形成的无法替代的城市特色”①。扬州近代工业发展缓慢，有“两爿半工厂”之说，即兴记面粉厂、振扬电厂、汉兴祥蛋厂。兴记面粉厂位于扬州运河畔便益门，采用机器磨制面粉，1931 年因高邮遭洪灾搬迁至扬州。2005 年，兴记面粉厂一座旧厂房被改造为扬州工业历史博物馆，以此展示扬州由手工作坊到机器化生产的历史转变。振扬电厂建于 1913 年，由祝大椿创办。1960 年，振扬电厂与湾头电厂合并，改为扬州发电厂。目前，工厂已被拆毁，开发建成了生活小区。汉兴祥蛋厂因属于季节性生产有“半爿厂”之称，1948 年由兴化迁入。汉兴祥的发展史见证了中国近代民族企业发展的艰难历程。

3. 辐射区文化景观

(1) 服饰文化景观

服饰文化景观作为反映社会风貌的一种文化现象，受社会诸要素影响。“服饰是物化的精神产品，反映了人们的审美观念与审美情趣。服饰象征着人们的身份与地位，服饰质料的好坏，服饰式样的美丑，主要依托于人们的经济状况。”② 引领扬州服饰潮流的还是坐拥千万资产的盐商，服饰装束，趋异竞新，衣裘仆马，饰以金玉珠翠。扬州城市盐业兴盛，漕运畅通之时，商贩工匠等平民阶层依附盐商富户的同时，得以富家润身，许多市井平民的生活标准也算达到小康了。生活的无忧，使得扬州一般市民得以追求服饰的美观，衣服以棉布、麻布为主，式样男子有长袍、短褂、坎肩、背心、布衫、棉夹袄、单褂裤等；女子有旗袍、裙裤、绸裤、短袄等。更有甚者“雅好饰观，往往家无升斗之储，外披宴粲之服”③。扬州服饰经过不断发展形成富于维扬特色的服饰，如藕花衫子、荷叶领衣、五台袖、百褶裙、罗汉褡、黄草布褂、花喜鹊、

① 单霁翔：《关注新型文化遗产：工业遗产的保护》，《北京规划建设》2007 年第 2 期。

② 王美英：《明清长江中游地区的日常生活习俗》，武汉大学出版社 2007 年版，第 17 页。

③ （清）桂超方：《宦游纪略》卷 5，文海出版社 1972 年版。

蝴蝶履等。

（2）饮食文化景观

饮食文化景观“主要是指以菜肴、用餐器具和餐馆等物质形态为载体，并结合了饮食习惯、饮食观念和饮食习俗等非物质文化所体现的景观”①。饮食文化的形成离不开所在区域的自然环境、物产、经济文化、宗教信仰等因素的综合影响。地处江运交汇之地的扬州，是淮扬菜的发源地，擅制江鲜和家禽，形成咸甜适中、清淡中和的口味。淮扬菜经过扬州和淮安的共同推陈出新与川菜、粤菜、鲁菜并称中国四大菜系。扬州淮扬菜的发展离不开运河的推动，运河使扬州便于聚集南北饮食要素，如大量的食客、原料、烹饪技艺等。扬州盐商除饮食精致豪侈外，对器具要求也颇为严格，“惟是宜碗者碗，宜盘者盘，宜大者大，宜小者小，参错其间，方觉生色”②。清同治七年（1868），洪姓盐商举办过一次宴会，为追求视觉和味觉上的双重享受，不仅菜肴精致，“常供之雪燕、永参以外，驼峰、鹿脔、熊蟠、象白、珍错毕陈”③；所盛器皿“皆铁底哥窑，沉静古穆”④，盐商的豪侈生活，寻常百姓是无法比拟的，但对饮食的追求可以超越社会地位。“扬城土著，多依鹾务为生，习于浮华，精于肴馔，故扬州筵席，各地驰名；而点心制法极精，汤包、油糕，尤擅名一时。”⑤ 扬州饮食文化的特色在于食必求精致，宴饮伎乐助兴，菜肴中和新奇，食文一体。扬州的餐馆小吃也别具一格，“扬州好，面馆数名园。浇别三鲜随客点，肴烹四簋及时陈……茶设客堪邀。加料干丝堆细缕，熟铜烟袋卧长苗。烧酒水晶肴……蜜饯溅牙桃杏脯，酥糖到口桂兰香。风味最难忘”⑥。新中国成立后，共和国的开国第一宴便选取了淮扬菜，足见淮扬菜的魅力。扬州近年举办的淮扬美食文化节，更是对淮扬菜的继承。“目前扬州有国内贸易局授予的中国名菜 3 个（蟹粉狮子头、

① 蔡晓梅等：《广州饮食文化景观的空间特征及其形成机理分析》，《社会科学家》2004 年第 2 期。

② （清）袁枚：《随园食单》，云南人民出版社 2004 年版，第 12—13 页。

③ 王瑜、朱正海主编《盐商与扬州》，江苏古籍出版社 2001 年版，第 159 页。

④ 章仪明：《中国淮扬饮食文化史》，青岛出版社 1995 年版，第 29 页。

⑤ 徐谦芳：《扬州风土记略·卷之中》，江苏古籍出版社 2002 年版，第 48 页。

⑥ （清）黄鼎铭：《望江南百调》，夏友兰等编：《扬州竹枝词》，江苏金陵古籍刻印社 1992 年版，第 172—173 页。

拆烩鲢鱼头、大煮干丝），中国名点两个（三丁包、千层油糕）。江苏名菜45个，江苏名点17个，江苏名小吃3个。"①

（3）园林文化景观

"扬州居江淮之间，擅盐筴之富，在昔盛时鹾商多好风雅园林"②；扬州盐商以淮盐发家致富，腰缠万贯、夸侈斗靡，于是建造私家园林之风渐盛。清代中期"扬州园林之胜，甲于天下"。扬州园林融北方皇家园林的雄伟和江南园林的隽秀于一体，开创了扬州园林的独特风格③。清代康熙、乾隆的南巡将扬州园林的发展推向了巅峰。扬州现存的园林大多是清代盐商官宦私家园林，兼有部分民国时期的私家园林，明代以前的园林多毁于战火。

表4－2　　扬州现有园林分布

园名	园址	始建年代	园名	园址	始建年代
寄啸山庄	徐凝门街西刁家巷	清光绪年间	庚园	南河下江西会馆对门	清代
棣园	南河下街北	明代	平园	花园巷西首	民国
片石山房	花园巷东首	清乾隆年间	卢氏意园	康山街22号住宅后身	清光绪年间
魏氏逸园	康山街24号宅内	清光绪年间	八咏园	大流芳巷29号	不详
补园	大流芳巷8号咏园后	不详	退园	广陵路8号之西	清代
刘庄	广陵路64号宅内	清代	二分明月楼	广陵路91号宅内	清代中叶
邱园	广陵路82号宅西	民国初年	贾氏庭园	大武城巷1号	清光绪年间
小盘谷	大树巷58号	清代	田氏小筑	居士巷31号宅内	民国
容膝园	金鱼巷5号	民国	梅氏逸园	引市街46号	清光绪年间
祗陀精舍	引市街84号住宅东	民国初年	蔚圃	风箱巷6号宅内	清末
杨氏小筑	风箱巷22号宅内	民国	小圃	夹剪桥10号住宅西南隅	清同治年间
魏园	永胜街40号住宅西	清代	徐氏园	南河下街84号	民国
毛氏园	江都路107号	清代	约园	富春花局花圃	清代
个园	东关街318号宅后	清嘉庆年间	沧州别墅	紫气东来巷	不详

① 安宇、沈山：《和谐社会的区域文化战略》，中国社会科学出版社2005年版，第248页。

② （清）刘寿曾：《江都县续志》，《中国地方志集成江苏府县志辑67》，第567页。

③ 周武忠：《扬州园林旅游资源可持续发展研究》，周武忠主编《旅游学研究》，东南大学出版社2004年版，第270页。

续表

园名	园址	始建年代	园名	园址	始建年代
小苑	地官第 14 号宅后	民国年间	李氏园	双忠祠巷 1 号	不详
壶园	东圈门 22 号宅内	清代	逸圃	东关街 353 号宅内	清末
冬荣园	东关街 98 号宅后	清代	芸圃	大草巷 30 号住宅之东	不详
蛰园	彩衣街 34 号宅内	不详	朱草诗林	弥陀巷内小花园东首 44 号宅内	清代
瓢隐园	运司工廨 43 号宅内	清光绪年间	芸园	太平巷 30 号	不详
桥西花墅	府东街	不详	萃园	旧城 7 号宅内	清代
息园	旧城小方巷	民国七年	怡庐	嵇家湾 2 号宅内	民国初年
辛园	仁丰里 89 号宅内	不详	珍园	九巷 22 号住宅东	清末
倦巢	正谊路 20 号宅东	清光绪年间	半亩园	三元巷 20 号	不详
刘氏小筑	粉庄巷 19 号宅北	清代	刘氏庭园	甘泉路 4 号	不详
匏庐	甘泉路 81 号宅内	民国初年	天宁寺西园	天宁寺西	清代
香影廊	丰乐下街	清代	冶春花社	香影廊西	近代
卷石洞天	今扬州盆景园内	现代	西园曲水	今扬州盆景园内	清代
白塔晴云	今瘦西湖公园内	清代	长堤春柳	今扬州瘦西湖公园内	清代
桃花坞	今瘦西湖公园内	清代	徐园	今扬州瘦西湖公园内	民国
梅岭春深	今瘦西湖公园内	清乾隆年间	凫庄	今扬州瘦西湖公园内	民国
莲性寺林园	今瘦西湖公园内	元代重建	平山堂	今大明寺内	宋庆历八年
大明寺西园	今大明寺内	清乾隆年间	平远楼	今大明寺内	清代
剪纸艺术馆	今瘦西湖公园内	新中国成立	琼花楼	石塔路西首	现代
茱萸湾公园	城东湾头镇	新中国成立			

“杭州以湖山胜，苏州以市肆胜，扬州以亭园胜，三者鼎峙，不可轩轾”①，这是对扬州园林的极高赞誉。扬州的园林在清代中期达到巅峰，笑傲以园林而著名的苏杭。随着晚清纲盐改革的实施，广陵盐商失去了傲视群商的财力之源，扬州的园林随之盛极而衰。

① （清）李斗：《扬州画舫录》卷 6，《城北录》，中华书局 1960 年版，第 175 页。

（二）非物质文化景观

1. 核心区文化景观

（1）运河神祇传说文化景观

明清时期，运河在国家经济中扮演着重要的角色。国家对运河的维修可谓是倾尽全力，由于科技的限制和认识的局限，运河依然溃堤、断流、水灾不断，上自朝廷下至民间便产生对超自然神灵的崇拜，运河“九牛二虎一只鸡”的传说便是顺应治水产生的。“邵伯更楼康熙三十八年六月冲决，长五十六丈五尺，水深四丈，难堵塞。三十九年，张鹏翮恭奉圣谟，下埽堵塞，克日成功。四十年，置铁犀一座镇之。”① 民间认为，运河水患不断是水中蛟龙所为，依据五行相克的理论，淮扬运河沿线险段相继安放了九头镇水铁牛、二只石壁虎、一只汉白玉雄鸡以求运河安澜。扬州运河高邮马棚湾留有镇水铁牛，邵伯段安放着镇水铁牛、汉白玉雄鸡，湾头段安置着石壁虎。董恂为邵伯铁牛撰写铭文：“淮水北来何泱泱，长堤如虹固金汤。冶铁作犀镇甘棠，以坤制坎柔克刚。容民畜众保无疆，亿万千年颂平康。”② 铁牛还具有测定水位的功能，依据水位到达铁牛脚、牛身、牛颈的位置可以判断水情。

露筋娘娘传说。露筋由最初的贞女形象逐渐演变为明清时期漕运的庇护神灵。露筋祠，位于江都和高邮分界处运河河堤旁。有关露筋的传说有以下版本：一是，唐代，盛夏时节，高邮萧氏姑嫂二人躲避战乱行至露筋，天色已晚准备找人家投宿，无奈运河旁仅有一户人家茅屋一间，主人为单身男子，但为人坦诚和善。嫂子入内投宿，小姑宥于“男女授受不亲”的封建礼教思想，屡劝不为所动，坚持宿于屋外，黑夜之中竟然被蚊子将血吸干，露筋而亡。二是，相传为醉酒之人横倒在运河河堤边，遭运河上的白鸟啄尽血液，露筋而亡。三是，相传为五代占据江淮地区吴国的将领路金，露筋系讹误。第一种传说逐渐占据上风，宋代为其立祠，书法家米芾特意为此创作《露筋碑记》，露筋女的事迹经米芾赞

① （清）董恂：《甘棠小志》卷1，《建置》，《中国地方志集成乡镇志专辑16》，第11页。

② 同上书，第12页。

叹而声名远播。

（2）运河水上习俗文化景观

运河是南北经济文化交流的媒介，航行于烟波浩渺的运河之上，自然要用船作为交通工具。扬州作为运河区域的重要城市，过往船只众多，形成了独具扬州地域色彩的行船风俗禁忌。“在语言上，船主不称老板而称老大、盛饭要叫装饭、翻身要叫转身；在行为上，煮鱼或煎饼都不能掉面、筷子不许架在碗上、碗不许倒扣在桌上、小便不许立于船头、拎肉要藏在篮子底下、产妇不许上船、卖船不卖跳板等。”“凡过江的船启航，冬天不走午前（因冬天露水一干就起风），夏天不走午后（因夏天午后易变天起暴风雨）。船上多养猫以防水老鼠侵害，养狗以帮看船。”① “船行时要烧香敬神”；“船上的孩子挂葫芦，一图吉祥，二起救生作用”②。船只迎着庙门、巷口、大路尽头，有……三不靠……习俗。在缺乏先进科技和现代灾害预报的前提下，运河行船的风俗是船民和过往商旅对出行经验的总结，主要是教人怎样躲避自然灾害，久而久之，便形成行船的众多禁忌。

（3）运河建造技艺文化景观

运河在开凿过程中，由于地形和水文情况的不同，各段水位差不同，就需要采用技术手段来解决运河的航行难题。扬州运河作为中国最早的运河，也同样为历代统治者和治运水利专家所青睐，大量的治运技术以及建造技艺叠加在扬州运河上，如堰埭技术、斗门技术、船闸技术等。

堰埭技术。吴王夫差在开凿沟通长江与淮河的邗沟时，面临的一个最大难题就是邗沟水位高于淮河的正常水位，如果不采取措施的话，邗沟的水很快就会下泄入淮。夫差采取修筑“北神堰”的办法，在邗沟入淮处建一拦水大坝，即堰埭技术。东晋时期，扬州运河上先后修建了邵伯埭、秦梁埭、三枚埭、镜梁埭，对扬州运河各段水位进行调控以保持水位。宋元时期，“筑堰技术上已区分为硬堰与软堰两类。硬堰以石砌建，软堰用草和泥土砌建”③。堰埭的频繁建造使得水位得以维持，

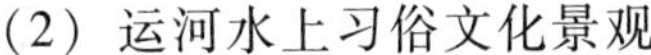

① 扬州市地方志编纂委员会编：《扬州市志》，中国大百科全书出版社1997年版，第3136页。

② 安作璋主编《中国运河文化史》，山东教育出版社2001年版，第2374页。

③ 同上书，第700页。

但又引发船只航行不便的难题。每次船只过堰埭都需要花费大量的人力物力，需要将货物卸下再通过绞关牵引船只过埭。绞关牵引船只过坝时“起若凌空，投若坠井”[①]，对船只来说危害性比较大，稍有差池便造成船只损毁。为了解决上述技术难题，唐代起开始探索将斗门技术并运用于运河，但是堰埭的作用并没有完全丧失，在以后的治运过程中还同其他新技术交互使用。

斗门技术。唐代中期，政府对江淮漕粮需求增到400万石，江淮运河上过多的堰埭阻碍漕粮的转运效率。唐玄宗开元二十六年（738），润州刺史齐澣开凿瓜洲运口伊娄河时尝试了斗门技术，他先筑堰埭然后设置二斗门船闸，利用江潮调控水位和船只过闸。这一技术改进，使船只免受过坝之困。北宋雍熙年间，乔维岳担任淮南转运使，同样出于漕粮转运快速安全的目的，在仪征“创二斗门于西河第三堰，二门相距逾五十步，覆以厦屋，设县门积水，俟潮平乃泄之”[②]。斗门技术是应对漕船过堰埭的难题诞生的，为以后船闸的投入使用奠定了技术基础。

闸技术。闸作为运河水利建筑设施，“以结构分，有单闸、复闸、澳闸；以作用分，有跨河闸（节制闸）、减水闸（分水闸）、平水闸等；以物料分，有石闸、木闸、草土闸等”[③]。闸的运用是适应运河繁忙的运输而创设的，它的革新降低了船只通过的周期，提升了运输效率，同时又调节了运河的水量。闸是由斗门逐渐演变而成的，是对斗门技术的改进。北宋时期是我国古代科技发展的黄金时期，仁宗天圣四年（1026），掌管真州（仪征）水利的陶鉴使用通江复闸取代原有堰埭，使具有现代意义的船闸使用处于当时世界的领先地位。明清两代，扬州运河上大量运用船闸、滚水坝及涵洞技术，特别是清代康熙至道光年间修建的归江十坝，工程复杂，采用闸坝相结合，有效地泄掉过剩的洪水。1934年，国民政府利用减免的庚子赔款在扬州运河上兴建了新式邵伯船闸，船闸使用了当时比较先进的技术，为此，蒋介石手书“邵伯船闸”四字。新中国成立以后，人民政府加大对运河的治理，20世

① 曹永森主编《扬州特色文化》，苏州大学出版社2006年版，第40页。
② （元）脱脱：《宋史》卷370，《乔维岳传》，中华书局1985年版，第10118页。
③ 姚汉源：《京杭运河史》，中国水利水电出版社1998年版，第22页。

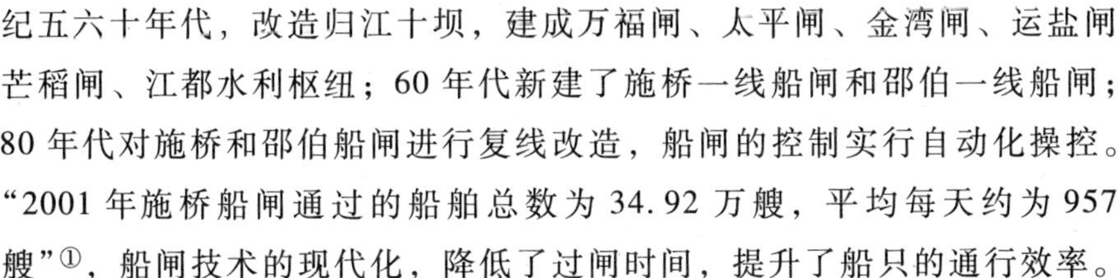

纪五六十年代，改造归江十坝，建成万福闸、太平闸、金湾闸、运盐闸芒稻闸、江都水利枢纽；60 年代新建了施桥一线船闸和邵伯一线船闸；80 年代对施桥和邵伯船闸进行复线改造，船闸的控制实行自动化操控。“2001 年施桥船闸通过的船舶总数为 34.92 万艘，平均每天约为 957 艘”①，船闸技术的现代化，降低了过闸时间，提升了船只的通行效率。

2. 重心区文化景观

（1）运河宗教文化景观

运河宗教文化景观是指在运河区域内兴盛发展起来的，传播宗教文化；包含宗教庙宇、宗教仪式、宗教绘画雕塑、宗教音乐与风俗等要素。扬州的宗教文化景观包含佛教、道教、伊斯兰教、基督教、天主教等。

佛教类：扬州在清代盐业鼎盛时，佛教有“八大名刹”、“二十四丛林”之说，属县高邮也有“八大名寺之说”，规模和知名度稍小的寺庙则不计其数。

表 4－3　扬州现存部分著名佛教文化景观状况汇表②

寺庙名称	始建年代	地址	资源现状
大明寺	457—464 年，同治重建，现代修缮	蜀岗中峰	保存完好，省级文保单位
旌忠寺	569—582 年，1984—1991 年重修	仁丰里旌忠寺巷	房屋 70 余间，僧众 20 余人，市级
莲性寺	隋，1996 年重修	瘦西湖凫庄西南	房 30 余间，尼姑约 10 人
天宁寺	东晋，同治四年（1865）重修，清代扬州八大名刹之首	北郊外城河边	有殿无佛，省级
重宁寺	乾隆四十九年（1784），光绪十七年（1891）重建，清代扬州八大名刹之一	长征路北侧，天宁寺北	建筑完整，另作他用
铁佛寺	隋，宋先后重修	唐衙城遗址东南	存三间楠木大殿，5 间配房，省级

① 张玮：《施桥船闸到船特性分析》，《水利水运工程学报》2004 年第 1 期。

② 东南大学旅游系等编著：《扬州市旅游发展总体规划（2002—2020）》，东南大学出版社 2006 年版，第 302—309 页。

续表

寺庙名称	始建年代	地址	资源现状
西方寺	唐移建	驼岭巷西段	存明大殿1座，古银杏树1棵，省级
观音山	元代，1985年重修	蜀岗东峰、大明寺东首	保存完好，集四大菩萨于一寺
长生寺	清	古运河东岸，跃进桥北侧	有房37间，破旧不堪，市级
愿生寺	民国十九年（1930）	埂子街146号	有房90余间，破旧但完好，被占用
紫竹观音庵	1936年	槐树脚小井巷5号	庵房46间，全为民居，市级
高旻寺	清顺治八年（1651），清代扬州八大名刹之一	邗江三汊河	僧众120人
宁国寺	唐，1990年后重修	宝应城大新桥东	重建中，为宝应最大佛寺
护国寺	北宋初，1986年起修复，清代高邮八大名寺之一	高邮界首镇石桥街	修复完好，有僧八九人
开元寺	唐，1983年起重修	江都中闸乡三丰村	有寺房50间
祇陀林	1919年	引市街84号	有房37间，尼姑24人

现以大明寺为例，阐述扬州佛教文化景观兴衰的历史过程。大明寺之名，因其始建于南北朝时期刘宋孝武帝大明年间（457—464），遂称大明寺。隋仁寿元年（601），大明寺奉文帝的诏令兴建一座九层舍利塔供奉佛骨，命名为“栖灵塔”。因栖灵塔，大明寺亦名栖灵塔寺。栖灵塔在唐会昌三年（843）遭火焚毁，宋代重建，然而命运多舛，直到“20世纪80年代末，大明寺众僧在有关部门支持下，多方筹集资金，开始重建栖灵塔。于1993年动工，1995年建成”[①]。栖灵塔采取唐代木构楼阁风格，塔高70米，共9层。塔身四面，每面四柱三间，辅以一门二窗，平座腰檐，斗拱支撑平座和屋檐，檐大而平，柱呈腰鼓形，窗形直棂。宋代大明寺有“淮东第一观”之美誉。清乾隆三十年（1765），乾隆皇帝南巡至扬州，游览至大明寺，因不满意寺名将其易名为法净寺。大明寺之

① 王金祥：《扬州城老街巷》，广陵书社2007年版，第486页。

名直至1980年才正式复名。大明寺宗教文化景观由牌楼、山门殿、大雄宝殿、藏经楼、平远楼、栖灵塔、鉴真纪念堂等组成。其中鉴真纪念堂建于1973年，为纪念促进中日文化交流的唐僧鉴真；藏经楼建于1985年，内供释迦牟尼的汉白玉坐像和白玉卧佛。

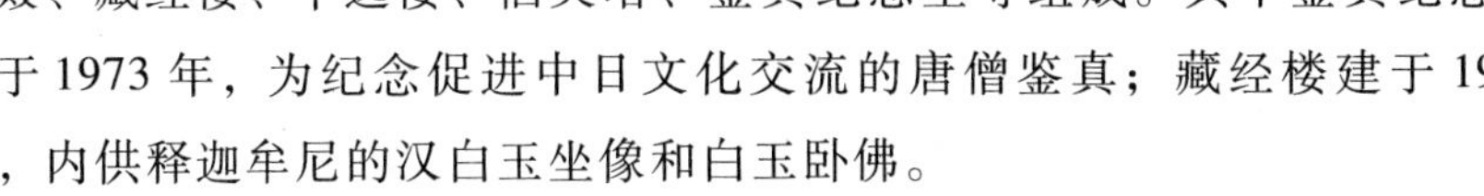

表4-4　　扬州区域著名道教活动场所①

道观名称	年代	地址	近况
琼花观（蕃釐观）	西汉	文昌中路	1990—1996年重修，保存完好，大殿无神像
槐古道院	唐	驼岭巷10号	东院为民居，西院存一古槐
永宁宫	清乾隆	永宁巷23号	残留庙房18间，均为民居
东岳庙	清同治重修	湾子街224号	留有山门殿大殿普唵等
武当行宫	清光绪重修	东关街300号	山门真武殿大殿完好
都天庙	清	宛虹桥24号	已拆
赞化宫	清	赞花巷14号	基本毁坏
小纪真武庙	唐	江都小纪镇	大殿尚存

道教类：道教作为中国本土宗教，扬州宽松的宗教气氛和文化氛围，以及络绎不绝的商人、船民、水手为道教的传播提供了有利条件。其中保存完好的当属琼花观和武当行宫，“琼花观的前身是西汉元延二年（公元前11）所建的后土祠”②，扬州还流传汉代琼花的传说，道号蕃釐的道姑来扬，将白玉埋地，白玉化为开满洁白花朵的仙树。扬州民众为纪念道姑，特修建道观一座以示怀念，命名为蕃釐观，白玉转化的花朵，称之为琼花。传奇的神话故事，表明扬州人对琼花的敬仰之情。20世纪90年代，扬州政府为促进文物保护和发展旅游对琼花观进行了复建，逐步恢复被拆除的历史文化景观，建成三清殿、石牌坊、山门殿、花园、无双亭、芍药台、玉钩洞天等景观。

伊斯兰教类：仙鹤寺、普哈丁墓园。扬州是伊斯兰教发展的重要区域之一，江运交汇，通江达海，会聚了大量的穆斯林，创办了众多的清

① 东南大学旅游系等编著：《扬州市旅游发展总体规划（2002—2020）》，东南大学出版社2006年版，第305—306页。

② 王金祥：《扬州城老街巷》，广陵书社2007年版，第284页。

真寺，如仙鹤寺、南门外礼拜寺、卸甲桥礼拜寺、钞关外礼拜寺、马监巷礼拜寺、回回堂、宝应清真寺、高邮菱塘清真寺、仪征清真寺等。由于战乱、自然灾害、人为破坏等因素，扬州清真寺大部分损毁较严重，今保存完好的清真寺仅存仙鹤寺、回回堂、菱塘清真寺等。

基督教类：天主教、基督教。天主教于明代中期传入中国，随着明清两代中央政府时禁时驰的政策，天主教在内地缓慢发展。鸦片战争以后，晚清政府各项权利逐渐拱手让与列强，教权自然旁落。《中法黄埔条约》、《中法北京条约》的签订，天主教和基督教在江运交汇的扬州迅速发展，扬州由天主教堂口逐步升格为总铎区（1900）、宗座监牧区（1949）。“同治五年（1866）前后，扬州只有一个会口，教徒95人……光绪二十六年（1900）起，扬州府自成一个总铎区……下辖会口19处，有教徒929人……抗日战争期间，扬州总铎区计有教徒2161人，另有兴化堂口705人，泰兴堂口575人。”① 扬州现有天主堂为法籍天主教神甫刘德跃在同治十二年（1873）购地建造，教堂于光绪二十六年完工。礼拜堂采取哥特式风格，堂外水磨砖门楼嵌有“天主堂”三字，独具扬州建筑特色。清同治五年（1866），英籍内地会传教士戴德生在扬州创立基督教内会教派，同时在皮市街27号设立教堂。基督教其他教派在扬州的发展也如雨后春笋，有浸礼会、圣公会、基督复临安息日会、神的教会、长老会、地方教会聚会处，等等②。

表4-5　晚清至民国时期扬州地区规模稍大的基督教会派别及其所建教堂状况

教堂名称	年代	所属教派	创办人	今况
卸甲桥教堂	光绪十八年	美国南浸礼会	毕尔士	伊斯兰幼儿园
圣三一堂	光绪三十三年	圣公会	韩忭明	出租房
神在堂	光绪三十四年	圣公会	韩忭明	现存
真道堂	民国二十二年	神的教会	董子监	职工宿舍
地方教会聚会处	民国三十六年	基督徒聚会处（小群教派）	吴维	居民住宅
福音堂	民国三十七年	基督复临安息日会	丁长源	居民住宅

① 王金祥：《扬州城老街巷》，广陵书社2007年版，第3051—3052页。

② 扬州市地方志编纂委员会编：《扬州市志》，中国大百科全书出版社上海分社1997年版，第3060页。

（2）运河民俗文化景观

民俗作为一个民族文化在时空上的延续，民俗文化表现的是“古代民俗事象对当代的传承，又是当代社会对古代的追寻”①。民俗通过言传身教、艺术表演、传统节庆等方式传播，保存了大量有民族特色的传统文化。运河民俗文化在继承运河区域历史纵向传承的同时，还融合沿线城镇不同民族的风俗，形成特色鲜明的运河民俗文化景观。

岁时节庆。扬州地方民间岁时节庆有：春节、人胜节、元宵、二月二、二月十二（花朝节）、清明（寒食节）、端午、六月六、七夕、七月半（中元节）、中秋、重阳、冬至、腊八、送灶、除夕。每个节庆的风俗都不尽相同，从扬州的儿歌《一抹金，二抹银》中便可知道一年的节日活动特征：“一抹金，二抹银，三抹四抹打手心。巴巴掌，打到正月正，家家人家玩龙灯。巴巴掌，打到二月二，家家人家接女儿。巴巴掌，打到三月三，荠菜花儿赛牡丹。巴巴掌，打到四月四，皂角叶子赛茉莉。巴巴掌，打到五月五，买条黄鱼过端午。巴巴掌，打到六月六，红绳百索撩上屋。巴巴掌，打到七月七，牛郎织女会七夕。巴巴掌，打到八月八，八个瘌子抬宝塔。巴巴掌，打到九月九，大家都吃重阳酒。巴巴掌，打到十月十，收拾棉衣过冬日。巴巴掌，打到冬月冬，包个汤圆子过大冬。巴巴掌，打到腊月腊，青菜萝卜煮腊八。”② 春节和元宵对扬州人来说特别重要，春节、元宵期间各种民俗表演层出不穷。“扬州好，灯节庆元宵。绛蜡满堂家宴集，金龙逐队市声嚣。花鼓又高跷。”③ 扬州的舞龙分为常见的“乡村里的布龙、里下河的荷叶龙、西山草龙、沿江香火龙、江都板凳龙、竹龙、百脚龙等”④。传统岁时节庆寓百姓的自娱自乐，追求的是节日的喜庆祥和。现代节庆则是在传统节庆和文化的基础上融入现代元素，集游、娱、住、食、购、经贸洽谈、招商引资于一体的产品展示和城市推介型节庆。目前，扬州充分发挥历史文化的深厚底蕴，相继举办了中国扬州烟花三月旅游节、中国扬州二分明月文化节、维扬美

---

① 仲富兰：《中国民俗文化学导论》，浙江人民出版社 1998 年版，第 100 页。

② 蒋静芬：《传统儿歌中的扬州民俗》，《扬州师范学院学报》1987 年第 3 期。

③ （清）黄鼎铭：《望江南百调》，夏友兰等编：《扬州竹枝词》，江苏金陵古籍刻印社 1992 年版，第 169 页。

④ 曹永森主编：《扬州风俗》，苏州大学出版社 2001 年版，第 232—233 页。

食文化节、琼花艺术节等现代节庆、取得了良好的经济效益，提升了城市的知名度和影响力。

民间庙会。庙会源于民间信仰作为祭祀菩萨神祇等而定期举行的集会，随着参与群众的增多及各种行会的加入，庙会开始含有娱乐、祭神、贸易等要素。庙会期间，还有群众自发或各个行会组织的娱乐节目，如唱大戏、跳判官、踩高跷、跑旱船等。扬州人将这些民俗节庆表演的歌舞杂技与迎神相结合的酬神祈福活动称为社火戏。社火戏和庙会相互结合，很难严格区分，通常社火戏往往作为庙会出游的一种方式。扬州影响较大的庙会有“城隍、都天、东岳，是为三大会，为最严肃者。每神前，牌锣伞扇，及百执事，亦如官府巡于道……又有花棚锣鼓十番于下，凡此皆所谓花会有力之家，制以酬神者”①。扬州城隍庙会定于每年的七月半。都天庙会于每年农历五月十八举行，据说是纪念解救全城百姓避免感染瘟疫舍身投井的唐代秀才汪华相，还有一说是为纪念唐代抵抗安史叛乱的御史张巡。扬州民众将都天尊为“都土地”，借以得到都天神带来的祥福以祛除灾异。东岳庙会会期定在每年的农历三月二十八，扬州的东岳庙会以东郊的杭集镇规模最为宏大，民众的参与程度较高。届时，扬州全城官民恭迎东岳神舆出巡全城，借以得到神灵的庇佑，带来平安财富。东岳大帝出巡的气势相当壮观，钟鼓喧嚣，鞭炮齐鸣，东岳大帝由 16 人抬轿隆重登场。“前有金瓜钺开道，羊角纱灯引导，香烛和乐队伴随；左右有文武判官和四值功曹扶持护卫；后有各方抬来彩亭，集结金珠绮彩，内置花卉盆景、工艺佳作，最后是荡湖船、河歪精、舞龙灯、耍狮子、踩高跷之类表演。”② 东岳庙会上商贩和手工艺人云集，他们或兜售自己带来的产品，或展示自己的绝活。以上三大庙会由于其中充斥着迷信的色彩，新中国成立之后，逐渐消亡，而其中的舞龙、耍狮、高跷等民俗表演则被延续下来。

民间艺术。民间艺术是劳动人民在长期的生活中创造的富有生活气息和情趣的各类艺术。“广义的民间艺术既包括民间美术，也包括民间

① （清）厉惕斋：《真州竹枝词引》，曹永森：《扬州风俗》，苏州大学出版社 2001 年版，第 235 页。

② 扬州市地方志编纂委员会编：《扬州市志》，中国大百科全书出版社上海分社 1997 年版，第 3164 页。

音乐、舞蹈、戏曲、曲艺、杂技以及口承文学等。但狭义的民间艺术则主要为造型艺术，即以美术和手工艺为主。”[①] 运河带动了扬州的经济繁荣和文化昌盛，同时也使各种民间艺术，深深扎根于扬州这片文艺沃土，如评书、民歌、舞蹈、皮影戏、木偶戏、捏像、剪纸等。扬州评书历史悠久，历史上出现了一批久负盛名的说书大家，如晚明时期柳敬亭；清乾嘉时期吴天绪、曹天衡、薛家洪等；清咸同时期李国辉、宋承章、张敬轩等；清末民国时期的王少堂等人；当代李信堂等艺术大师。2006 年，扬州评话因其独特的语言艺术风格被选入首批国家级非物质文化遗产名录。扬州民歌由扬州区域的民间小调、号子、风俗歌曲等组成，融会南北、刚柔兼济。其中《茉莉花》、《纱囊子撩在外》、《拔根芦柴花》等民歌更是芳馨四溢，唱响大江南北，并走出国门（《纱囊子撩在外》，1980 年被联合国教科文组织列为亚洲民歌；《茉莉花》被意大利著名作曲家契普尼定为《图兰朵》歌剧的主题音乐）。扬州民歌经过传承形成以下几点艺术特色：“鲜明的地方色彩、强烈的时代烙印、丰厚的文化背景和优美的音乐旋律。”[②] 木偶戏俗称傀儡戏或窟儡戏，扬州地区的木偶戏分为布袋木偶、悬丝木偶和杖头木偶三类。木偶戏由民间流传，经过演变，制作上逐渐转为精致、舞台造型加入特技和灯光等元素。20 世纪 70 年代，“扬州木偶戏在实现第三次飞跃的过程中，已经形成了具有多种因素构成的综合性艺术，总体上形成了以戏曲化为主，话剧、歌舞剧等成分兼而有之的风格，同时还具有扬州木偶戏特有的人物形象戏曲化，操纵表演个性化，灯光舞美现代化，音乐唱腔优美化的艺术特色”[③]。2006 年，扬州木偶戏被江苏省列为省级非物质文化遗产。捏像分为捏泥人、捏面人、吹糖人三种，前两者采取纯手工捏塑，后者吹塑为主，辅以捏塑。捏像以惟妙惟肖、逼真传神的风格赢得艺术爱好者的赞誉。扬州剪纸作为民间艺术，深受广大群众的喜爱，题材涵盖花卉、鸟兽、人物、吉祥图案等。扬州剪纸作为刺绣的样本，经过艺人的想象创作形成“婉转流畅、柔美有力、玲珑剔透、清新秀丽的南方风格”[④]。张

① 郑巨欣主编：《民俗艺术研究》，中国美术学院出版社 2008 年版，第 2 页。
② 张美林：《扬州民歌的文化地位及其艺术特色》，《中国音乐》2005 年第 2 期。
③ 封保义：《木偶艺术创新的思考》，《中国戏曲》2003 年第 5 期。
④ 顾浩、周军：《扬州民间剪纸在当下社会的命运》，《装饰》2006 年第 7 期。

永寿作为民国和新中国时期扬州剪纸艺术大师，将剪纸技艺发挥得淋漓尽致，形成三部作品集《百花齐放》、《百菊图》、《百蝶恋画图》。扬州剪纸形成以下特征："线条清秀流畅；构图精巧雅致；形象夸张简洁；技法求变求新。"[①] 扬州剪纸以其独具特色的艺术风格，入选2006年国家非物质文化遗产名录。

（3）运河戏曲歌舞文化景观

明清时期，扬州是两淮盐业的中枢、漕运的重镇，南来北往的漕帮、客商、旅人为扬州戏曲的发展提供了大量戏迷；同时也带来外地的戏曲文化，如苏州昆曲、弋阳腔、海盐腔等。运河为扬州北与燕赵齐鲁，南与吴越的艺术交流架起桥梁。扬州本土曲艺逐渐融合外来戏曲的优长，形成独具维扬特色的戏曲文化景观。

扬剧。扬剧是在花鼓戏和香火戏的基础上发展起来的，同时吸收和借鉴清曲和小调的唱法和曲牌。扬剧唱腔既有花鼓戏的细腻轻绵，又有香火戏的粗犷刚劲，并融有清曲的委婉多变。2006年被国家选为国家级非物质文化遗产。

扬州清曲。扬州清曲是在元代散曲的基础上融合江淮运河流域的小调、俗曲形成的独具维扬特色的曲目。清曲与昆曲相比，曲词源于生活，通俗易懂、唱腔委婉、节奏爽朗，又称小曲。扬州清曲经过历代的传承和改良形成以下艺术特色："曲调多达116支、曲目丰富约500种、表演特色采用坐唱形式一二至八九人不等，唱奏者每人操一种乐器。"[②] 清曲的题材来源于社会生活、历史传说、民间故事、神话传说、爱情故事、颂景咏物六类。2006年，清曲被列为国家非物质文化遗产名录。

弹词。扬州弹词作为评书的支流，有弦词、对白、小书之称。它的表演方式由单人弹唱逐渐发展为双人合奏，说表为主，辅以弹唱。弦词演艺特色概括为："表即讲究说表、肖即惟妙惟肖、巧即别致巧妙、袅即余音袅娜。"[③] 2006年，弹词被列为江苏省级非物质文化遗产名录。

---

① 曹永森主编：《扬州特色文化》，苏州大学出版社2006年版，第264页。

② 陈澄：《浅论扬州清曲》，《江苏教育学院学报》2005年第4期。

③ 曹永森主编：《扬州特色文化》，苏州大学出版社2006年版，第368—370页。

3. 辐射区文化景观

（1）玉雕技艺文化景观

历史上扬州作为消费休闲型都市，明清时期官僚盐商多侈靡奢华，声色犬马，争奇斗妍，玉雕技艺的发展便是顺应盐商的这种诉求。扬州玉雕技艺在汉唐时期已开始崭露头角，明清时期达到鼎盛，历来有“和田玉，扬州工”之说。扬州玉雕经过历代的改良，形成玲珑剔透、典雅秀美的艺术特色，融南秀北雄于一体。清代扬州玉器作为宫廷的贡品，其中《秋山行旅图》、《大禹治水图》、《会昌九老图》等大型清代玉雕被故宫博物院珍藏。扬州玉雕由于其技艺的出神入化，在2006年被选为首批国家级非物质文化遗产代表作。

（2）漆器制作技艺文化景观

扬州漆器源于战国，目前大量出土的战国漆器，珍藏于扬州博物馆和国家博物馆。“扬州汉代漆器造型清劲洗练、质色庾润滑美。绕梁的绿竹，流泻的清泉，显出清、精、雅、健的风格。”[①] 隋唐时期，扬州漆器精致华美，隋炀帝在江都的迷宫大量使用漆绘艺术；唐代则作为贡品进贡给皇室贵胄。宋元时期，漆器技艺得到提升，雕漆艺术在唐代剔红的基础上创造出剔黄、剔绿、剔彩等技艺。明清两代扬州漆器工艺形成以下工艺品种：螺钿镶嵌、骨石镶嵌、百宝镶嵌、剔红、点螺、漆砂砚、紫檀周制、红雕漆嵌玉等。扬州漆器品种涵盖屏风、书架、桌椅、扇、砚盒、花盆等。扬州漆器经过发展在近代形成了以梁福盛作坊为首的十二作坊，将漆器发展为扬州特色产品。2006年，扬州漆器技艺被选入国家级非物质文化遗产名录。

（3）雕版印刷技艺文化景观

雕版印刷技艺诞生于隋唐时期，明清时期取得空前发展，形成官刻、坊刻、家刻、寺院刻经等种类。清代扬州已经跻身江南三大刻书中心，与南京、苏州一起为中国雕版印刷技术的发展作出了不可磨灭的贡献。清代扬州官刻有扬州诗局（1705）、扬州书局（1800）、淮南书局（1869）。2005年，扬州建设“中国雕版印刷博物馆”，全面展示雕版印刷的古老历史和再现雕版印刷技艺。2006年雕版印刷技艺入选国家

① 曹永森主编：《扬州特色文化》，苏州大学出版社2006年版，第239页。

非物质文化遗产名录。

第二节 淮安运河文化景观

一 淮安运河历史与变迁

淮安市位于江苏省北部，东与盐城接壤，西邻安徽省，南接扬州市，北与连云港市、宿迁市毗邻，总面积1.01万平方公里。辖四区四县，即青浦区、清河区、楚州区（淮安区、原为淮安市）、淮阴区（原淮阴县）、盱眙县、涟水县、金湖县和洪泽县。

淮安市无高山峻岭，地势西高东低，以平原为主。淮安市境内河川交错，水网密布，内河航运的主干线京杭大运河流经于此，淮沭新河、苏北灌溉总渠、淮河入江水道、淮河干流、古黄河等9条河流在境内纵横交错。境内有全国“五大淡水湖”之一的洪泽湖以及白马湖、宝应湖、高邮湖。

（一）先秦两汉时期：邗沟的开凿和淮安的兴起

淮安位于淮河下游，离黄河和长江尾间很近，邗沟开凿之前，南船北上，是由长江入黄海，由云梯关溯淮而上，至淮阴古城，向北达齐鲁，向西达皖豫而入中原。所以，在以自然河道作为交通主要动脉的上古时代，控扼淮水、泗水咽喉的淮阴城最早兴起并繁荣起来。

吴王夫差开凿邗沟，沟通江、淮，又有陆上干道—善道通达南北。江、淮、河、济古代的四大水系就可以通过邗沟、淮河、泗水、汴水和鸿沟连接起来，成为一个完整的水陆运输系统。古淮安地区不仅扼交通要道，而且具有灌溉优势，农业发达，所以成为春秋战国时期列强争夺的重要地区。淮河流域、长江流域、黄河流域这三大富庶的流域通过邗沟贯串起来，对古代淮安的兴起和发展起了关键性作用。

秦统一六国后，推行郡县制。淮安市设置的县邑有淮阴、盱眙、东阳等。西汉年间，又增置淮浦、射阳、富陵等县。秦汉时期，境内农业生产条件特别是灌溉条件得到显著改善。“汉献帝建安初年，广陵太守陈

登筑高家堰30里，遏淮河洪水，以保护农田，名捍淮堰。”① 同时修破釜塘灌溉农田，铁制农具和牛耕也得到推广，所以虽然战乱频繁，农业生产仍有较大发展。东汉陈登则筑邗沟西道，使江淮交通更便捷。由此，承平之年，境内手工业和商业比较繁荣，文化也发展到较高水平。

魏晋南北朝时期，“南入长江必经邗沟，北伐中原必由泗水，加之原淮河两岸地区土壤肥沃，水利条件好，宜种植水稻和小麦，有垦殖之利。因此淮阴更是‘南必得而后进取有资，北必得而后饷运无阻’的要塞之地”。魏晋南北朝时期淮安长期处于战争和对峙的前沿，长年战乱带来的是凄惨景象，经济和文化遭到严重破坏。

（二）隋唐五代宋元时期：京杭运河的开凿和淮安兴衰

隋唐五代时期境内长期处于安定的环境，“经过三国、两晋、南北朝的纷争扰攘而衰败下来的淮安地区，由于南北漕运的兴起和发展，又重新恢复起来，再度发展为运河沿线的重要商业都会”②。这时期大运河的开凿和淮北盐场的建设对淮安的繁荣产生了巨大的作用。隋时京杭大运河贯通，位于淮扬运河入淮处末口的楚州（今淮安区），位于通济渠入淮处汴口的泗州（今盱眙县城对岸），是漕运重要通道。唐代，淮北海盐生产逐渐发展，涟水成为全国的四大盐场之一。为了运销淮盐，唐垂拱四年（688）开运盐河，淮安盐运又兴。隋唐时期，运河上的漕船、盐船和其他商船不断，与泗水并行的陆上干道也商旅频繁，从而促进了沿线的楚州、泗州及淮阴、泗口、涟水、盱眙等城镇的繁荣，其中楚州被白居易誉为“淮水东南第一州”。

北宋年间，境内较为太平。沿淮河的沙河、洪泽渠和龟山运河的开凿，使漕运、盐运得到进一步发展。政府鼓励垦殖，修复和增建水利灌溉设施，引进并推广“占城稻”，农业得到恢复发展。

在南宋之前，黄河下游河道绝大部分时间都是流经河北平原由渤海湾入海。南宋建炎二年（1128）冬，南宋东京留守杜充妄图以水为兵，抵御金兵南下，人为决河。1128—1193年，黄河决溢入泗、入淮计有8

① 荀德麟：《淮阴市志》，上海社会科学院出版社1995年版，第5页。
② 王颖：《淮安市的空间结构与区域发展》，南京师范大学硕士学位论文，2003年。

次。黄河水患，危及淮安。南宋和金、元对峙时期，淮安市境再度成为前线，遭受兵火的长期荼毒。经历长期战乱，市内一片凄凉。而由黄河夺淮带来的频繁水灾，又使其雪上加霜，益加萧条。

明太祖朱元璋置淮安府，领海、泗、安东三州，山阳、清河、沭阳、盐城、桃源、赣榆、天长、盱眙8县，当时淮安府共辖二州九县。明永乐年间，淮安漕运又兴。明陈瑄总理漕运时，开清江浦河，在河上建移风、清江、福兴、新庄四道节制闸。接着又在清江闸附近建立淮安漕粮中转仓。"此后，这里又创办了全国最大的内河漕船厂——清江督造船厂。"[①] 清江浦便因此繁华起来。"清江浦以北的京杭运河，由于黄河夺淮等原因，不仅迂缓难行，而且危险很大，断缆沉舟的事经常发生。故商旅凡由南而北，一般都到清江浦舍舟登陆，至王家营换承车马；由北而南，则至王家营弃车马渡黄河，至清江浦石马头登舟。清江浦遂为'南船北马'的交汇点，并一度被称为'九省通衢'。"[②] 明清两朝都委派大员驻淮治河。淮安驻有漕运、盐运、河工、榷关、邮驿等机关，进入鼎盛时期，与扬州、苏州、杭州并称运河线上的"四大都市"。

黄河全流夺淮以后，境内水患愈演愈烈。淮河干流及原有支流泗、沂、沭诸水，均无法回归故道，成为徐淮平原及里下河平原的灾害根源。农业衰落，鱼米之乡的盛景不再。淮安周围地区原先有垦殖之利的沃野，变成为落后的贫瘠地区，淮安失去了经济发展所必需的基本腹地支撑。1855年，黄河于铜瓦厢决口，回归渤海湾入海后，废黄河的下游河道淤高。同时，随着海运兴起，河运的废除，津浦铁路通车，近代轮船的投入使用，境内漕、盐、河、榷之利丧失，淮安进一步衰微。

民国时期淮安府撤销，市境大部始属淮扬道，后属淮阴行政督察区。而常年战乱又给刚刚兴起的近代交通运输业和工矿业以沉重打击。

（三）改革开放以来：运河进入复兴时代

新中国成立后，国家政局稳定，淮安抓住历史机遇，迅速发展，成就斐然。但是纵观历史，新中国成立以来，淮安的历史地位已经不及历

① 荀德麟：《淮阴市志》，上海社会科学院出版社1995年版，第12页。

② 同上书，第16页。

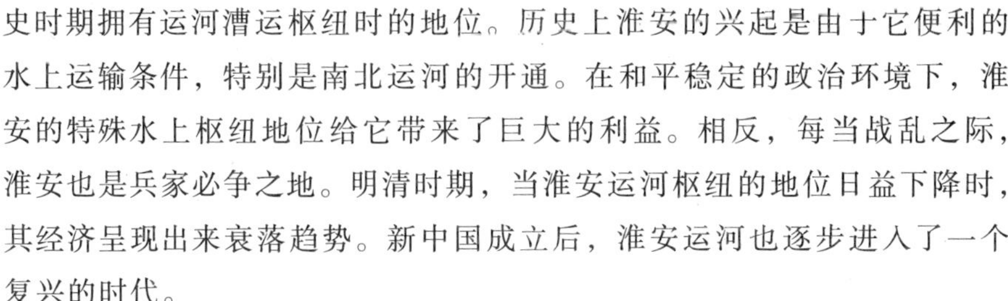

史时期拥有运河漕运枢纽时的地位。历史上淮安的兴起是由十它便利的水上运输条件，特别是南北运河的开通。在和平稳定的政治环境下，淮安的特殊水上枢纽地位给它带来了巨大的利益。相反，每当战乱之际，淮安也是兵家必争之地。明清时期，当淮安运河枢纽的地位日益下降时，其经济呈现出来衰落趋势。新中国成立后，淮安运河也逐步进入了一个复兴的时代。

二　淮安运河文化景观类型与构成

（一）物质文化景观

1. 园林文化景观

由于淮安在历史上的特殊地位，特别是隋代后成为江淮的政治、文化、经济、军事重镇，官宦及商人热衷于园林建设。清初时园、亭、山庄很多，如蔡四如的蔡园、探花夏曰瑚的恢台园、张鸿烈父子的曲江园、进士黄宣泰的止园、盐商程镜斋的荻庄、程莼仁的晚甘园、刘仞庵的一簣园和思园、田园诗人吴进的带柳园、杜首昌的绾秀园、驸马巷的墨庄萧碧亭、程吾庐的寓园、沈氏的遂园、曲江楼侧柳衣园、阎若璩的眷西堂、汪廷珍的道甯堂、边寿民的苇间书屋、靳壁星的茶坡草堂、勺湖内的勺湖草堂等，形成了淮安造园史上的高峰。现存有楚秀园、清晏园、淮城三湖胜景等。

楚秀园。位于淮安市清浦区，水陆面积 48 公顷，1989 年建成开放，历史上俗称南园。明代，曾设常盈仓和大造船厂于此。明武宗来巡，曾经泛舟渔于积水池，其溺水处被称为“跃龙池”。明崇祯年间，巡按御史王燮（字雷臣）曾在此训练水师，所以园内水面又有“雷湖”之称。旧有“雷湖八景”：松楸积雪、桃柳环春、别业书声、画船歌板、渔区断浦、牧笛斜阳、片月涵川、千帆板望。1958 年改建为公园，称人民公园。后因其水域宽阔，地形变化有致，景色清幽明丽，更由于淮安古时属楚，故 1989 年改其名为“楚秀园”。

清晏园。位于淮安市清浦区人民南路西侧，有“江淮第一园”的美称，清晏园是一座古典园林，原为清代河道总督府第的后花园，是唯一一座保存完好的古典园林，也是中国漕运史上唯一遗留下来的官宦园林。

靳辅驻节清江浦，于康熙十七年（1687）“凿池种树，以为行馆”，清晏园由此诞生。历经时代变迁，1989年，经过市政府精心修建成为古典园林之后，并定名为清晏园，取“河清海晏”之意。

淮城三湖胜景。勺湖园与萧湖、月湖并称为淮安府“三湖”胜景，是淮安的著名景点。勺湖园，位于淮安老城西北隅，濒临古运河，因其水面弯曲如勺而得名。勺湖园是因构筑淮安城墙取土逐渐形成的。园内建于唐中宗景龙二年的文通塔，是淮安作为历史文化名城的标志物之一，距今已有1290余年；勺湖园内古迹甚多，现尚存有“文通塔”、“碑园”、“勺湖草堂”等。1986年3月，勺湖园被列为原淮安县文物保护单位。萧湖，又名珠湖。明以前，运道经由（旧）城东，萧湖与城西之管家湖、城北之屯船坞（后即联城之所在）“溪港交通”。自“联城东建，运堤西筑，中间洼下之地，乃悉潴而为湖”，成一方之胜。

图4-6　淮安清晏园

图4-7　淮安清晏园船坊

图4-8　淮安勺湖书院

图4-9　淮安勺湖园钟亭

2. 古迹遗址景观

总督漕运部院。曾是中国历史上主管全国漕运的机构（明朝全称：总督漕运兼提督军务巡抚凤阳等处兼管河道）。位于淮安老城中心，占地约3万平方米，与淮安标志性建筑镇淮楼、淮安府衙在府城同一条中轴线上，它是中国封建社会经济兴衰的历史见证。总督漕运部院，建筑规模宏伟，有房213间、牌坊3座，中曰“重臣经理”，东西分别曰：“总共上国”、“专制中原”。中轴线上分设大门、二门、大堂、二堂、大观堂、淮河节楼。东侧有官厅、书吏办公处、东林书屋、正值堂、水土祠及一览亭等。西侧有官厅、百录堂、师竹斋、来鹤轩等。大门前有照壁，东西两侧各有一座牌坊。自隋起，朝廷在淮安设漕运专署，宋设江淮转运使，东南六路的粮食皆由淮入汴而至京师，明清在这里设总督漕运部院衙门，以督察、催促漕运事宜，主管南粮北调、北盐南运等筹运工作。总督漕运部院衙门是朝廷的派出机构，总督一般由勋爵大臣担任。明景泰二年（1451）始设漕运总督于淮安，与总兵参将同理漕事。明陈王宣、李肱、李三才、史可法；清施世纶、琦善、穆彰阿、思铭、杨殿邦等人都先后在这里任过漕运总督之职，漕运总督地位显赫，不但管理漕运，而且还兼巡抚，因此又称漕抚。部院机构庞大，文官武将及各种官兵达270多人；下辖储仓、造船厂、卫漕兵厂等，共2万多人。部院衙门始建于宋乾道六年（1170），由录事陈敏兴修。明洪武元年（1368），淮安知府范中政建淮安府署，后改为淮安卫指挥使司等。1988年，淮安市政府为漕运衙门重建门厅9间，门楣置“总督漕运部院”匾额。

淮安关署。位于淮安府城城北板闸。明清两朝设的钞关，系中央没在地方的税务机构，民国年间裁撤。明代禁海，京杭大运河是全国商品流通的主干，全国八大钞关有七个设在运河沿线，从北至南依次为：崇文门（北京）、河西务（清代移往天津）、临清、淮安、扬州、浒墅（苏州城北）、北新（杭州）。淮安关组织机构庞大，辖区范围较广。当时共有三关十八口（“口”即分卡）。“三关”就是本关和宿迁、海州（今连云港市）两个分关：“十八口”计有上一铺（今本市河下）、下一铺（今本市南角楼）、清江闸（今淮安清河区清浦区交界处）、码头、高良涧、顺河集、东沟、益林、流均沟、车桥、老堤头、蒋坝等处。以上关卡，包含钞户及其头目、巡查人员、卫队。更夫筹有近千人之众。淮安关监

督官阶很高，相当于“道台”。

清江大闸。淮安的古船闸众多，其中清江闸、惠济闸、福兴闸、通济闸四闸及其越闸均位于清口上下不到10里的范围内，其中清江闸在市区水门桥东数百米，其他闸在码头镇惠济祠附近，四闸皆有越闸，合起来就是八道闸。清江大闸历史上位于在淮安市城区花街东首运河上，乃明永乐十三年（1415）陈瑄所建，称为清江正闸，后改龙王闸，一曰龙江闸。距今已有近600年的历史。它是我国运河史上极为罕见的一大工程建筑，反映了我国古代劳动人民的智慧和才能。清江大闸1987年9月公布为原淮阴市文物保护单位。若飞桥即在清江大闸上。“1946年，苏皖边区政府为纪念中共领导人王若飞而建。”[①]

清江浦楼。位运河南岸，始建于清雍正七年（1729）。门楣各嵌石匾一块，横刻“清江浦”三字，上款竖写“雍正己酉岁孟秋吉旦”、“道光甲申仲秋吉旦”，下首竖写“管理山清里河督捕理事分府夏口重建”、“钦加府衔山清里河理事分府张栋口重建”。此楼一直是清江浦的标志。如今，市政府已在中洲公园重建“新清江浦楼”文化景观。[②]

镇淮楼。镇淮楼位于古城淮安的市中心，是一座具有中国民族风格的古代宫殿式建筑。镇淮楼始建于南宋宝庆二年（1226），原为镇江都统司酒楼，俗称谯楼鼓楼。南粮北运，要从运河穿过长江，通过淮河，才能北上。船只以到淮安为安，所以无论文武官员，显宦世家，巨商富贾，文人墨客，都要登楼祭酒，以庆幸运。清代乾隆年间，因水患不断，人们为震慑淮水，更名为“镇淮楼”。现存建筑为清光绪七年（1881）10月重建，“占地936平方米。坐北面南，底座为砖砌基台，略呈梯形。基台正中为拱形门洞。基台上是两层砖木结构的高楼，二楼平台四周建有回廊，在拱梁的接头处，刻有凤凰、孔雀和麒麟等图案”。[③] 楼北侧竖有石碑，正面刻有“镇淮楼”三字，背面刻有镇淮楼的简介。

洪泽湖大堤。位于洪泽湖东岸，北起淮阴码头，南至洪泽县蒋坝。始建于东汉建安五年（200），唐大历三年筑唐堰，成为大堤的雏形，发

---

① 唐云俊编：《江苏文物古迹通览》，上海古籍出版社2000年版，第320页。

② 荀德麟：《清江浦楼记》，《江苏地方志》2005年第2期。

③ 耿向民：《中国古迹大观》，东方出版社2006年版，第218—219页。

展于明清，完善于当代，是淮河下游第一防洪屏障。洪泽湖大堤，古称“高家堰”，收入江苏省人民政府申报世界文化遗产的专项名录。因大堤全用石料人工砌成，又称“石工墙”。

淮安府署。淮安府署位于淮安老城楚州区东门大街，总督漕运部院以北。其大堂当时为全国之最，面积超过500平方米。淮安府署是淮安历史地位的象征和见证，其规模宏大。衙内有房50余幢、共600余间，分东、中、西三路，中路有大堂、二堂、六科用房等，东路为迎宾游宴之所，西路为军捕厅，大门外有石狮、照壁、牌坊等。淮安府署曾审理过窦娥案、李毓昌案等著名案件，文化内涵丰富。目前淮安府署与其前方的总督漕运部院、镇淮楼连为一体，已成为国内最大的古代官衙景区。

3. 历史文化街区

河下古镇位于今淮安市淮安区西北的古运河畔，是当年大批徽州盐商的聚居之地，迄今仍然保持着明清时期的小镇风韵。河下古镇是中国罕见的进士镇。据统计，自古代设立科举制度以来，仅明清两代河下就出进士58名、举人110名、贡生140名、翰林12名。其中状元1名、榜眼2名、探花1名。历史上出生于河下，或与河下息息相关的著名人物众多。其中有：兴汉三杰之一的韩信，汉赋的鼻祖枚乘、枚皋父子，文学家陈琳，唐代大诗人赵嘏，北宋时苏门四学士之一的张耒，盲人历算家卫朴，画家龚开，南宋时巾帼英雄梁红玉与其丈夫、抗金名将韩世忠，明代《西游记》的作者吴承恩，清代礼部尚书、御先生汪廷珍，朴学大师阎若璩，田园诗人吴进，甲午战争中抗日名将左宝贵，女弹词作家邱心如，水利专家殷自芳，数学家骆腾凤，考据学家吴玉搢，天文地理学家吴玉楫，船政大臣裴荫森，等等。

“当年河下有108条街巷，44座桥梁，102处园林，63座牌坊，55座祠庙。明清时代，这里富商的豪宅甲第连云，与扬州盐商的园林相媲美。”① 有名的古迹有状元楼、魁星楼、吴承恩故居等，清代左宝贵的墓也在河下。河下每一条街巷，每一座桥梁，都有丰富的传说故事。乾嘉时期，生意鼎盛，商人日益增多，为了联络乡谊，进行商业竞争，建立

① 张小侠：《刍议经济欠发达地区历史文化古镇的保护与开发——以江苏淮安市河下古镇为例》，《科技信息》2008年第16期。

了诸如新安会馆、福建会馆、镇江会馆（现存）、山西定阳会馆、四明会馆、江宁会馆（现存）、江西会馆等众多会馆。这些会馆给淮安带来了新的文化景观，说明了运河使淮安成为不同的文化交流场所。

“淮安河下兴衰的决定性因素是盐业。可以说，明清时期盐政制度的因革，淮北盐运线路、掣验场所和集散地的变迁，都与河下的繁荣、寂寞息息相关。”① 明初，盐政采用“开中法”。开中法始于洪武三年，其方式有数种，典型方式是让商人在边远地带（多在北部边防线）纳粮上仓，换取相应数量的盐引，凭引到指定盐务衙门领盐，再转贩于指定行盐区域。盐引，即以盐若干斤为一“引”，每引纳税若干。销盐之地称“引地”。“天下之盐利，莫大于两淮，而浙江次之，山东、长芦则其下者也。故其价，两淮最高所以然者，何也？两淮当江河之中，四通八达，水运甚易。”② 明中叶以后，淮北盐运分司署迁移到淮安河下。河下遂为淮北盐必经之地。商务的兴盛，使得河下一带商店和市场日益繁多。“富商挟资而来，家于河下，河下乃称极盛。”③ 如西湖嘴市、姜桥市、相家湾市、罗家桥市、古菜桥市、米市、柴市、西义桥市、兰市等。盐商的聚集，使河下的面貌大为改观。“高堂曲榭，第宅连云，墙壁垒石为基，煮米屑磁为汁，以为子孙百世业也。城外水木清华，故多寺观，诸商筑石路数百丈，遍凿莲花”，“谈者目为‘小扬州’”④。据《淮安河下志》记载：“明初运道仍由北闸，继运道改由城西，河下遂居黄（河）、运（河）之间，沙河五坝为民、商转搬之所，而船厂抽分复萃于是，钉、铁、绳、篷，百货骈集；及草湾改道，河下无黄河工程；而明中叶司农叶公奏改开中之法，盐策富商挟资而来，家于河下，河下乃称极盛。”⑤ 清朝末年，自道光十一年实施淮北纲盐改票后，淮安河下盐商的财路大受影响，河下遂迅速衰落。“河决铜瓦厢而漕运停歇，自更纲为票，利源中竭。”咸丰五年（1855）黄河北徙由山东入海，郡城之北的黄河变成废

① 荀德麟：《历史文化名镇淮安河下》，《江苏地方志》2002 年第 6 期。

② 陈仁锡：《皇明世法录》卷 29。

③ 王觐宸：《淮安河下志》卷 2《巷陌》，转引自王振忠《明清徽商与淮扬社会变迁》，生活·新知·三联书店 1996 年版，第 89 页。

④ 王振忠：《明清徽商与淮扬社会变迁》，生活·新知·三联书店 1996 年版，第 93 页。

⑤ （清）王觐宸：《淮安河下志》卷 1《疆域》。

黄河，河下失去黄河运输之利。光绪三十四年（1908）津浦铁路筑成，同时海运也随之兴起，河下失去了运河水运之利。清末至民国期间战争和盗匪猖獗，河下遭受严重破坏，逐渐萧条衰落。

4. *名人故居*

运河对塑造淮安人的个性的重要作用是不言而喻的。悠久的历史、重要的政治军事地位以及繁荣的经济，造就了淮安人的坚韧、聪明、好学的民风，自古以来英才辈出，留下了许多传世佳话。周恩来、关天培、韩信、吴承恩等，就是其中的杰出代表。名人文化是淮安运河历史文化的重要组成部分。他们生活、工作的场所以及为纪念他们所设的纪念馆、祠堂等，既是运河流域的重要建筑，也是历史文化的物质载体，对塑造运河流域乃至淮安的文化性格，彰显和继承其优秀的历史文化具有不可低估的作用。这些文化名人的故居和纪念性的建筑物是运河历史文化景观的重要组成部分。

故居类：包括周恩来故居、吴承恩故居、刘鹗故居、周信芳故居和李公朴故居等。

周恩来故居。周恩来于光绪二十四年（1898）出生于淮安府山阳县（今淮安市淮安区）。至 1910 年，“从伯父召，趋辽东”，在淮安度过了 12 个春秋。周恩来故居是周恩来诞生和童年生活的地方。坐落在镇淮楼西北隅的驸马巷内，占地 1960 平方米，分东西两个宅院，现为“周恩来同志生平展览”陈列室。另在后院新建了“周恩来总理墨迹碑廊”。1988 年，国务院公布为第三批全国重点文物保护单位。

吴承恩故居。坐落在淮安古城西北的河下打铜巷的最南端。故居占地面积 4500 平方米，有正厅、射阳簃（吴承恩的书房）、陈列厅、堂屋及门厅、厢房、花廊等建筑。故居内陈列有部分吴墓出土文物，有吴承恩塑像及部分名人字画。①

刘鹗故居。在今淮安长街北端。清代末期民居建筑。1986 年，辟为刘鹗故居陈列室。

周信芳故居。周信芳 1895 年出生于清江浦南门虹桥（今清浦区闸口办事处环城居委会）一个的京剧世家。6 岁学戏，7 岁开始登台演戏，遂

① 国家文物局：《中国名胜辞典》，上海辞书出版社 2003 年版，第 162 页。

取名“七龄童”。后在上海改用“麒麟童”。故居主室内有关于周信芳的生平介绍和遗物陈列，西院墙壁上纪念碑廊上有周恩来、李先念、邓颖超、李瑞环、郭沫若、茅盾等人的题词。

李公朴故居。李公朴，1902 年出生在淮安府山阳县（今淮安市楚州区）。故居大门朝东，面临东长街。

祠庙类。坛庙、祠堂是用来祭祀天地神灵、山川河岳、祖宗英烈和圣哲先贤的礼制性建筑物。陈、潘二公祠，位于清浦区大庆路光华化学厂院内。建于明正统六年（1441），祀平江恭襄侯陈瑄，称陈公祠。清乾隆二十二年（1757）附祠潘季驯，故称二公祠。梁红玉祠，位于淮安区河下镇，为纪念南宋著名抗金女英雄、淮安北辰坊人梁红玉而建。原祠始建于明代，1982 年重建。梁红玉祠为一四合院。祠中有一座享殿。殿中神台上，塑梁红玉戎装佩剑彩塑像。

5. 宗教建筑景观

运河与佛教和道教文化的兴盛。由于运河所处的水运要道的特殊地位，往来舟楫为求平安，一般会上岸烧香祭拜，并相沿成俗。与之并行的宗教文化也得到了极大的发展，特别是在宋元时期，佛教、道教进一步传播，寺庙宫观众多。明代之后，黄河夺淮，水灾渐盛，人们的朝拜活动就更加频繁。由此促成了明清时期沿岸佛教、道教文化的昌隆。到 20 世纪初，仍有不少古刹、古观幸存，但时至今日，道教宫观已经基本消失，佛教寺庙也寥寥无几。约在东汉末年淮阴地区就有佛教、道教活动。佛教始盛于南北朝，道教始盛于唐武宗年间。追溯佛教文化及寺庙建筑的兴盛的源头，首先源于历代帝王的崇信和馈赠，其次是由于名人的崇信和吹捧。

运河与外来宗教的传入。由于运河的关系，沿运河一线外来的宗教比其他地方数量要多。“顺治元年，淮安府就建了天主教堂。”[①] “鸦片战争以后，天主教、基督教在帝国主义大炮的掩护下，涌入运河地区，在晚清时期获得了空前的发展。”[②] “咸丰元年（1851），法国天主教在淮安小高皮巷建立教堂，并在清江浦的石码头建立教堂。”伊斯兰教于明末

---

① 张力：《中国教案史》，四川科学出版社 1990 年版。

② 安作璋：《中国运河文化史》，山东教育出版社 2000 年版，第 47 页。

清初随回族迁入时才在淮安流传，较有规模的清真寺大多建于清雍正、乾隆年间。泗阳、沭阳、涟水、灌南等地均建有教堂，发展教会，兴办慈善事业。现在淮安市的回族仍有人信奉伊斯兰教。

淮安历史上寺观祠庙众多，明清时，仅淮城山阳一县就有寺庙300多座，最盛者号称“八大寺”，淮安城内的寺庙大都毁于“文化大革命”。现存及修重开放的寺庙主要有：古牛花寺、铁山禅寺、慈云寺、清江文庙、清江浦清真寺、惠济祠、文通塔等。

淮安市现存的宗教主要有佛教、道教、基督教。其中以佛教文化、基督教文化最为兴盛。宗教文化带来了宗教建筑，融合了本土建筑特色，是运河建筑文化景观中的特征之一。多元文化的碰撞融合是淮安运河文化景观的特色。淮安的地理位置决定了很多的建筑风格在此交融，随着盐运和漕运的繁荣，沿运河形成了多处码头、集市等建筑。

6. 现代水利枢纽景观

位于运河东端与京杭大运河交汇处，淮安区南部是运河上极富特色的水利枢纽景区。该段主体水网复杂，京杭运河、淮河入海水道、苏北灌溉总渠、新河及多条引河纵横交织，包括淮河入海水道大运河立交，运东、运西分水闸，淮安一、二、三、四站，新河东闸，沙庄引江闸、淮安引江闸等多个水闸以及多座交通桥，形成由水体、岛屿、桥梁、船闸、绿化等融自然景观与工业景观于一体的特色景观。

（二）非物质文化景观

淮安的非物质文化景观主要有庙会、十番锣鼓、淮扬菜、淮剧、跳判官、花跷扑蝶、博里农民画、小淮绣、蒲编与苇编等。淮安的民风民俗源远流长，既有楚风又有吴俗，随着运河漕运、盐运而演变兴衰，内涵丰富，自成一体。

1. 庙会文化景观

东岳庙会。在明清时期，东岳庙属于国家正祀。淮安楚州东岳庙始建于唐代贞观年间，明永乐年间重修，1996年复修，2006年初正式作为宗教活动场所开放。有关东岳庙的概况已有学者论述。[①]“每年农历五月

① 孙敏财：《淮安东岳庙》，《中国道教》2006年第5期。

初一，是东岳大帝出巡日，也是东岳庙庙会固定会期。”① 庙会有一部分群众祈求消灾弥难的迷信活动，更主要的是各行各业的从业人员会集的盛会。

都天庙会。都天会也是许多地方都有的庙会。河下都天会为大都天庙会，“据说此会是为纪念唐朝御史张巡的。每年农历四月十日左右举行一次”②。参加的多为商家。庙会到北伐战争时期就停息了。

改革开放以来，庙会内容有了新变化。群众文化活动代替了原来的迷信活动，经济贸易交流逐渐成为庙会活动的主角，庙会成了商品交易会。同时，庙会活动可以在一定程度上促进民间文化遗产保护，活跃地方经济贸易。如东岳庙会在改革开放以后就成为吸引游客，宣传当地文化特色的舞台。

2. 饮食习俗景观

饮食习俗是直接受经济生活、文化传统、宗教信仰及生活区域等多种因素的影响而形成的。由于大运河与淮河间落差大，船行过淮，不仅要盘坝过闸，还常常因待潮待风滞留淮上，明初，为了防止黄水向淮河、运河倒灌，特建造了清江、惠济等四闸。船只到淮皆须盘坝，换船北上。淮安城里经常车水马龙，酒楼歌馆日夜不休。再加上每值会试之年，江南、岭南赶考的众多人员会聚于此。盐商、茶商等巨贾，以及漕运总督、河督的钦差大员们，因为有巨额财富的支撑，吃得精致。可以说运河的南船北马局面的形成，是淮扬菜系形成的关键。

淮扬菜与鲁菜、川菜、粤菜并称为中国四大菜系。淮扬菜“发源于春秋、战国时期，元代已初具规模，明、清时期形成以‘甜咸适中，南北皆宜’为特色的淮扬菜系”③。素有“东南第一佳味，天下之至美”之美誉。许多标志性事件举办的宴会都是淮扬菜唱主角：1949 年中华人民共和国开国大典首次盛宴、1999 年中华人民共和国 50 周年大庆宴会、2002 年江总书记宴请美国总统乔治·布什等，都是以淮扬菜为主。“淮扬菜系的‘淮’其实是指江苏淮安一带；‘扬’则就单是指江苏扬州了。”④

---

① 张双林：《中国庙会大观》，工商出版社 1995 年版，第 189 页。

② 荀德麟：《淮阴市志》，上海社会科学院出版社 1995 年版，第 2113 页。

③ 杨英杰：《中国历史文化》，南开大学出版社 2005 年版，第 192 页。

④ 张寿山、靳全生主编：《淮安特色文化》，苏州大学出版社 2006 年版，第 243 页。

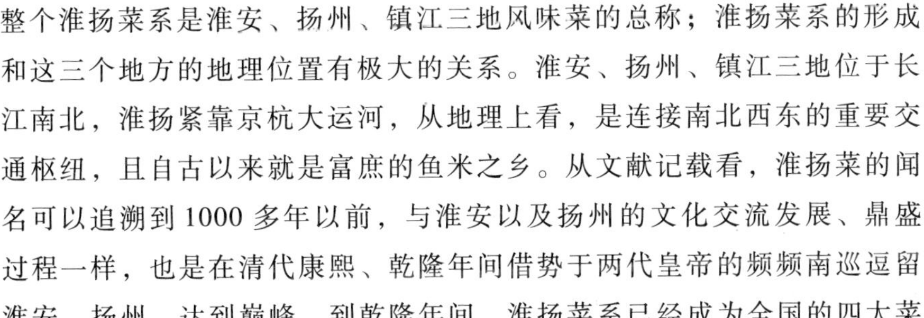

整个淮扬菜系是淮安、扬州、镇江三地风味菜的总称；淮扬菜系的形成和这三个地方的地理位置有极大的关系。淮安、扬州、镇江三地位于长江南北，淮扬紧靠京杭大运河，从地理上看，是连接南北西东的重要交通枢纽，且自古以来就是富庶的鱼米之乡。从文献记载看，淮扬菜的闻名可以追溯到1000多年以前，与淮安以及扬州的文化交流发展、鼎盛过程一样，也是在清代康熙、乾隆年间借势于两代皇帝的频频南巡逗留淮安、扬州，达到巅峰。到乾隆年间，淮扬菜系已经成为全国的四大菜系之一。

淮安的饮食文化是运河文化的一部分。运河上南来北往的客人多，决定了淮扬菜的特点是用料方面以地产材料为主，口味方面调和南北。淮扬菜之所以能够做精做强，名扬全国，与运河形成的南船北马局面密切相关。《清稗类钞·饮食类》列举的天下精美筵席共有五种，其中，淮安人创制的筵席有全羊席和全鳝席两种。其云："清江庖人善治羊，如设盛筵，可以羊之全体为之。蒸之、烹之、炮之、炒之、爆之、灼之、熏之、炸之。汤也、羹也、膏也、甜也、咸也、辣也、椒盐也。所盛之器、或以碗、或以盘、或以碟、无往而不见为羊也。多至七八十品、品各异味。号称一百有八品者。中有纯以鸡鸭为之者。同、光间有之。""同、光间，淮安多名庖，治鳝尤有名，胜于扬州之厨人，且能以全席之肴，皆以鳝为之，多者可至数十品。盘也，碗也，碟也，所盛皆鳝也，而味各不同，谓之全鳝席。号称一百有八品者，则有纯以牛羊豕鸡鸭所为者合计之也。"[①] 淮扬菜的主体是淮菜。至明清时期成为体系完整、风格独特、享誉南北的独立流派，与扬州等地一起为淮扬菜系的最终形成作出了杰出的贡献。

3. 民间艺术景观

淮安民间艺术内容丰富，形态多样，并在历史传承和演化过程中，形成了诸多具有鲜明地方特色的品类。这类长久流传于民间的展示性文化内容，在流传过程中经历了发展和流失，至今仍然活跃在地方民众中间。

十番锣鼓。十番锣鼓是中国民间器乐合奏，属于吹打类乐种。简称

① 徐珂：《清稗类钞·饮食类》（第十三册），中华书局1986年版，第6267页。

“十番”或“锣鼓”。历史上曾有过“十样景”、“十不闲”等名称，民间俗称“吹打”。“十番锣鼓”是淮安最具特色的戏曲之一，有着悠久的历史。清道光年间，淮安著名的民间艺人孙敏卿将皇宫里流传到楚州已盛行多年的昆曲音乐进行了整理，加进了锣鼓打击乐器，成为楚州十番锣鼓（又称武昆）。楚州十番锣鼓的音乐共分三个声部：第一声部是器乐曲，第二声部是唱腔，第三声部是打击乐。器乐曲旋律优美、古曲韵味很浓。唱腔的唱词文学性较高，大部分是反映人们健康向上、追求美好生活的词句。打击乐的锣鼓点子不同于现代戏曲、民间的打击乐节奏，它的特点是节奏稳捷，轻重分明，各件乐器交替打出各种点子，具有独特性，大部分是行板。三个声部可分为器乐和唱腔为一体加上打击乐，唱一段后再由打击乐单独出现打出各种锣鼓点子。

花跷扑蝶。淮安民间舞蹈代表形式之一。表演者踩在 2 尺多高的花跷上，表演各种动作。男扮顽童，手持折扇，女扮蝶女，手持吊着蝴蝶的长竿。他们运用腾空辟叉、滑叉、挺身前空翻、抱腿侧身翻、后滚翻、偏腿、蹉步、旋子等优美高难舞蹈，做多次猛扑、轻扑、快扑、慢扑、空中扑、花上扑等不同姿势的扑蝶嬉戏。折扇在手中也魔术般地做破损、完好、多瓣等变化。此舞世代相传，有 300 多年的历史。

跳判官。跳判官舞蹈由 12 人共舞，其中有文武两名判官。前有两小鬼敲大锣，4 小鬼手执钢叉，后跟文判官 1 名。文判戴面具，挂红须，穿绿袍，一手拿笔，一手拿折子。接着是 4 名脚夫抬一判架，武判坐在上面，一手拿阴阳扇，一手拿朝笏。舞蹈表演时，则锣声大作，敲成“哐哐哐，嚓嚓嚓”的节奏，文判依节奏走麻花步，如醉汉一般。武判在架上表演，有金鸡独立、白鹤亮翅、懒睡牙床等姿势。抬架脚夫步伐一致，配合默契。如果在广场表演时，首先由脚夫抬着判架绕场一周，打开场子，接着武判从判架上翻身着地，文判也同时空翻上场，文武判相对表演脱靴、抬背、倒骑毛驴、旋风腿等动作。中间文判向观众打开手中的折子，一面写着“善恶分明”，另一面写着“天理昭彰”。

4. 戏曲文学景观

中国历史上非常具有代表性的文学作品《西游记》的产生与淮安有着密切的关系。关汉卿的名剧《窦娥冤》，也是以淮安地区为背景创作的。

淮海戏和淮剧也是淮安地区非物质文化景观的代表。淮海戏在民间也被称作小戏、三刮调，与柳琴戏一样属于拉魂腔系统。受当地语言习惯、民风民俗的滋润以及地方经济和社会发展的影响，具有较强的地方特色。淮剧，是在苏北民歌、号子、民间说唱的基础上发展而来的，也叫江淮戏、淮戏，主要流行于江苏境内的长江以北和淮河以南。淮剧的唱腔吸收了徽剧、京剧的因素，主要有淮调、拉调、自由调等。特点是高亢、奔放、浑厚，有着特定区域的乡土风情。

5. 民间工艺景观

博里农民画。博里镇位于淮安市区，东南约 30 公里。1991 年，博里镇被文化部命名为“中国现代农民绘画画乡”。博里农民画具有强烈的地方特色，农村气息浓厚，自然流畅。画作主题鲜明，内容广泛，将传统与现代巧妙地结合在一起，在动物、景物的造型上有一种简洁的剪纸效果。

小淮绣。淮安民间流行的女红工艺，主要用于鞋面、衣裙、童装、门帘、床围、帐檐、荷包等。经过数百年的不断创新，形成独特风格。图案优美洗炼，题材丰富多样，色彩清雅明快，针工细腻精致。内容有喜鹊登梅、并缔莲花、长命百岁、松柏常青、富贵长寿等，极富地方特色和生活气息。端午兴绣虎头，中秋兴绣荷藕和玉兔望月。

6. 民风习俗景观

淮安地处淮河两岸，京杭大运河从中流过，南北两个文化区域的人群从此经过或在此逗留，大家带着不同的习俗走到一起，必然会发生冲突。经过长时间的文化融合、整合形成了具有淮安特色的习俗。

据记载，淮安、清江浦“乡风不但不排斥客籍人士，而且对客籍人士的善行表扬不遗余力，甚至胜于彰扬本籍人士”①。淮安具有浓厚的儒教之风，学风素来称盛。淮安除了府学、县学外，还有书院近 20 所。较著名的有丽正、奎文、勺湖、射阳、崇实、袁江等。这些书院，大多由具有相当影响的学者名流任教，造就了大批人才。明清两朝，仅山阳一县就有进士 200 余人、举人 700 余名。在《清史稿》中，以儒术、文学、贤能节烈立传的淮安籍人士，就有 10 多人。淮安士风，儒雅和刚烈兼

① 荀德麟：《淮安乡土文化与周恩来》，《江苏地方志》2008 年第 2 期。

备。论武烈，“韩侯之兵功在炎汉，步骘之略威加蛮夷”；论文章，“三十篇《文选》之裁，都尉肇夫《七发》，建安七子有陈军谋之檄，大历十子有吉侍郎之诗……龚高士之天马，陶山人之雪兔，一艺之士，皆斯土之光也”；论鞠躬尽瘁，死而后已之士，则有臧洪、陈容、刘仁赡、赵师旦、扈再兴、黄文政、缪朝宗、张孝忠、关天培，等等。晚清著名学者丁晏在评价淮安的士风时写道：“淮土跨徐、扬之境，居南北之冲，江南诸郡文物华丽而或失之浮，河北诸郡气质颛固而或失之野。惟淮安交错其中，兼擅其美，有南人之文采而去其浮，有北人之气节去其野。”[①] 这个评价虽有溢美之嫌，然而淮安士风确实像发源于此的淮扬菜一样，取南北之长，形成了独特的风格。

第三节　济宁—徐州段运河文化景观

一　济宁—徐州段运河的历史与变迁

（一）明朝之前的运河发展

远古时期，徐州就是获水与泗水的汇合处。古获水发源于古甾货渠（位于今河南省商丘市以北）。春秋末年魏国开凿汴水，上通鸿沟蒗荡渠，在睢阳（今商丘市）。北于获水衔接，经古砀山城（今砀山城东南），过大彭村、楚王山，到徐州城东北流入泗水。泗水发源于山东省泗水县东蒙山南麓，四源并发，故称“泗水”，西流，汇洙水、菏水，经鱼台，过古沛县城（今沛县城东）东，又东南流，经留城（现已沉于微山湖）而达徐州，在徐州城东北隅与获水相交。泗水过徐州城东北和东南时，受两侧山地所限，形成了秦梁洪、百步洪和吕梁洪三处险段。[②] 这几段也是历朝政府整治运河的重点河段。周敬王三十四年（公元前486），吴国开通连接江淮的邗沟，周显王八年（公元前361），魏国的鸿沟和汴水（获

---

① 丁宴：《山阳艺文志》卷五《淮阴说》，《中国地方志集成·江苏府县志辑》（55），江苏古籍出版社1991年版，第668页。

② 南京师范学院地理系江苏地理研究室编：《江苏城市历史地理》，江苏科学技术出版社1982年版，第50页。

水西延与鸿沟相连，称汴水）也开通以后，彭城位于汴、泗之交，就成为江淮流域和中原地区交往的枢纽，逐渐发展为商业都会。[①] 且地势险要，军事上也是战略要地，“岗峦环合，汴泗交流，北控齐鲁，南扼濠泗，东襟江淮，西通梁宋，自昔要害地也”，成为诸侯国的必争之地。春秋时代开凿的运河经过战乱，遭到了破坏，但联系东西的济水和汴水，尚能勉强通航，并担负着山东和江淮流域的漕粮西运的任务，在汉高祖时，运输量达到了数十万石，到汉武帝时，已增加到600万石，参加运输的士卒多达6万人。汉武帝元光三年（公元前132），黄河在濮阳瓠之决口，南侵泗水入淮，历二十四年方才堵口。以后，黄河泛滥不断，漕运陷于停顿的局面，彭城随之衰落。据《后汉书·王景传》记载，到平帝王时，已是“河汴决坏”，[②] 漕运处于瘫痪状态。至东汉时，明帝永平十二年（169）由王景主持治河，采用河汴分治的办法，沿黄河两岸筑堤，防止黄河南侵，同时在汴水上修建闸坝，调节水量，使汴水顺利流入河，重新成为江淮流域漕粮西运的主要通道。384年，谢玄率师北上，攻打前秦，驻军彭城，但因“水道险涩，粮运艰难”，军队给养发生了问题，所以谢玄组织9万人对吕梁河段进行了大规模的修整，“树栅、立七埭”。栅是在河床“深植桩木，列植石囤”。通过木桩和石头来构筑水坝，7座堰埭用来分段控制吕梁河。通过这次整修，航运条件得到了很大的提高。

隋朝结束了南北朝长久的分裂割据时代，给运河的修治提供一个安定和谐的局面。公元605年，隋炀帝征发淮北、河南郡民工百余万名，开凿了从洛阳至泗水的通济渠。当时的通济渠不经过徐州，据《读史方舆纪要》载：“自隋以后，（通济渠）则有归德府（今商丘）东南流，达夏邑、永城县南，而入凤阳宿州界，东南流经灵璧县及虹县（今泗水）南，至泗州两城（古泗州城被通济渠分为东西两部）间，而合与淮。”徐州已经不是漕运的必经通道，但仍然是汴水和泗水交汇处，来往船只仍然不少。唐朝时期，通济渠的路线基本没变，仍然不经过徐州城，泗水和汴水保持通航。

经过五代十国大分裂时期，运河遭到了一定程度的破坏，宋朝重新

---

① 史念海：《中国的运河》，陕西人民出版社1988年版，第18—23页。

② 陈业新：《灾害与两汉社会研究》，上海人民出版社2004年版，第391页。

统一了中国，建都开封。北宋都城联系江淮地区依靠的运道是汴渠（即唐代的广济渠）。因为徐州紧靠开封，“为南北襟要，京东诸郡安危所寄”①，经济和军事地位更加重要。宋代多次计划彻底疏浚汴水，以加强徐州和开封的联系，但由于种种原因未能实现。宋神宗熙宁十年（1077）七月，黄河在澶州决口，河道南迁，东汇梁山泊，分二支东行，一河为北清河经山东入海，一河为泗水入淮，当时徐州河水大涨，时任徐州知州的苏轼率领全城百姓修建了苏堤，积极抗洪，终于阻挡住洪水，留下很多动人的传说，还修筑黄楼以纪念抗洪的胜利。宋朝南迁后，金朝和南宋在淮河两岸对峙，金朝明昌五年（1194），黄河在阳武决口，洪水侵泗夺淮入海，金朝试图通过洪水南下淹没宋军，所以故意不堵决口，徐州地区一片汪洋。宋、元时期，黄河有多次改道，曾改道由涡水（发源于河南省，经安徽入淮河）入淮。

元朝定都大都（今北京），政治重心北移，而经济重心却仍在东南，京城所需的生活物资均需江南补给，《元史·食货志》称：“元都于燕，去江南极远，而百司庶府之繁，卫士编民之众，无不仰给于江南。”运河由于常年战乱，淤塞不畅，所以南方物质只能采用海、陆兼运的办法，水陆兼运费时费力、效率极低，海运则“然风涛不测，粮船漂溺者无岁无之，间亦有船坏而弃其米者”②。并且，随着大都需用物资的增加，这两条运道已经不能满足其需求。因此，元朝政府决定开挖和疏浚连接北方与江南的大运河，不再绕道河南，天津以南的卫河与天津至通州河道仍然畅通，淮北至山东南部的一段借用泗水可以通行，江南运河与江淮运河也基本畅通，所以只要挖通济宁至临清的河道就可以了。元至元十九年（1282）十二月开挖济州河，全长150余里，途径鲁桥镇、济宁任城、南旺、袁家口、安民山等地。济州河开通后，南来漕船入济水，再从利津入海，但由于入海处泥沙淤塞，只通行了3年。元至元二十六年（1289），元世祖下令开挖会通河，全长250余里，《元史》卷64《河渠一》记载：“起东昌路须城县安山之西南，由寿张西北至东昌，又西北至临清。”会通河与济州河连通后，两河通称为会通河，从杭州直达北京的

① 转引自李恩军《中国历史地理学》，人民交通出版社1995年版，第191页。

② （明）宋濂等撰：《元史》（简体字本），中华书局，第1571页。

大运河全线贯通，济宁与徐州成为扼大运河的咽喉之地，其交通地位和军事地位进一步增强。

（二）明朝时期的运河繁荣

明朝建立后，定都金陵（今南京市），江淮的粮饷不需要北运，“四方贡赋，由江达京师，道近而易”①。由于运河的作用对政府不再明显，加上黄河的多年泛滥，运河淤塞不通。明成祖永乐九年（1411），准备迁都北京，而都城和北方的粮饷全依靠南方，必须重新打通运河的南北交通，便利漕粮运输。永乐皇帝将首都移至北京后，不断有人提出重新疏浚会通河，济宁同知潘叔正上书修治会通河，朝廷采纳了他的建议，遂派工部尚书宋礼、都督周长负责勘查。永乐九年（1411）年二月，朝廷下令由宋礼总领其事，征发山东地区民夫15万，登、莱两府役民1.5万，南直隶等府民夫、军卒10余万。经过四个月时间，由济宁至临清全长385里的会通河开通，新修的会通河与元代相比，自汶上县袁口改道，东徙约20里，靠安山湖东面，经蕲口、安山镇、戴庙至张秋，新开河道约130里。② 河道“深一丈三尺，广三丈二尺”。③ 临清至济宁共建水闸15座。后为解决会通河水源的不足，采纳白英老人的建议，在汶水上修建戴村坝，在戴村附近开小汶河至南旺，来补充运河水量的不足。起初南旺分水口水量难以控制，明成化年间，管河右通政杨恭修建了南旺南北水闸，通过启闭闸门来控制分水量，形成“七分朝天子，三分下江南”局面。为解决会通河水源的不足，还设置了调节水量的水柜、水壑，设置安山湖、南旺湖、马场湖、昭阳湖四大水柜，河湖之间设置水闸，从此彻底解决了水源不足的问题，保证了大运河的畅通。

明朝初期，徐州扼南北运输的要道，交通地位更加凸显，在徐州设立广运仓，是全国四大粮仓之一，还在百步洪、吕梁洪凿渠，设立官差，对南来北往的船只进行编队，设立迁道、迁站和迁夫，以保证船只的顺利通过。每年经过徐州北上的漕船就有12143艘，总运输量达400万石以

① 《明史》卷97《食货三》。

② 李泉、王云：《山东运河文化研究》，齐鲁书社2006年版，第15—17页。

③ 转引自王云《明清山东运河区域社会变迁》，人民出版社2006年版，第30页。

上。加上过往的客船和商船，数目更加惊人。

明朝时期的运河徐州至淮阴段仍借用黄河河道，黄河每次改道，对运河运输影响极大。明代中叶以前，对黄河治理取得一定的效果，景泰年间，徐有贞治理沙湾，弘治年间白昂、刘大夏治理张秋等。因为他们鉴于黄河从河南境内决口，在张秋、沙湾冲决了会通河，所以他们修建的黄河北岸长堤工程完全是阻止黄河洪水北犯，黄河南边的航道就任由黄河洪水冲击。从嘉靖到隆庆年间黄河五次决口都在徐州一带。① 这就是徐州段附近运河屡次改道的原因，在运河的历次改道中，泇口运河的开通对徐州发展的影响最大。明嘉靖五年（1526）六月，黄河泛滥，流至沛县，左都御史胡世宁提出了将运河河道东移避黄的建议，后总督河道右都御史盛应期提出了废除旧河开挖新河的具体建议。嘉靖七年（1528），明世宗采取了建议，征发丁夫9.8万人开挖南阳新河，北至南阳，经夏镇（今山东省微山县）南至留城（今沛县东南）140里的新河，但恰遇天旱而河道乏水，盛应期因此被革职查办，尽管已完成工程量的80%，还是下令停止。嘉靖四十四年（1565）秋，黄河在沛县飞云桥决口，注入南阳湖，使徐州、沛县之间的运河阻断，工部尚书朱衡到洪水泛滥处观察后，发现“盛应期所凿新河故迹尚在，地高，河决至邵阳湖不能复东”②，重新提议开凿新河。嘉靖四十五年（1566），按照盛应期的旧址重挖南阳新河。动用民工9万人，历时8个月完工，这是徐州以北运河的第一次大改道。隆庆三年（1569），黄河在沛县再次决口，运河茶城段淤塞，漕船2000艘阻于邳州。2年后，黄河决于邳州，河堤冲毁。总河翁大立提出在马家桥开渠，经利国监入泇河以通漕运的建议，但经过实地勘察后，发现工程浩大，故未实施。明万历二十一年（1593），黄河决于单县，南流至徐、沛，运河中断。次年，河总舒应龙建议在微山湖以东的韩庄开渠40里，由彭河水道入泇河，这就是韩庄新河。万历三十一年（1603）黄河在山东单县、曹县间决口，水漫邵阳湖，夏镇至徐州运河段被堵塞。次年，工部侍郎李化龙在前人的基础上，历经半年，工

① 岳国芳：《中国大运河》，山东友谊出版社1989年版，第245页。

② 《黄河水利史述要》编写组：《黄河水利史述要》，黄河水利出版社2003年版，第298页。

程基本完工，这条新河道就是中运河的北段，当年就有漕船的2/3通过泇河北上，1/3仍过徐州城。万历三十三年（1605），后任河总曹时聘完成了收尾工程，总共历时30多年。到万历三十八年（1610）徐州附近黄河决口倒灌运河后，漕船就全部出邳州直河口经泇口运河北上。徐州城附近运道从此废弃，徐州开始走向衰落，这是徐州发展史上的一个重要转折点。

（三）清朝及民国时期的运河衰退

清朝建立后，定都北京，粮食军饷仍然依靠江南，但由于多年的战争，黄河决口危及运河的事件经常发生。清朝建立之初，基本沿用明朝的运河航道以及管理运河机构和制度。由于运河河道基本定型，没有进行大规模的水利工程，却对运河的治理特别重视，投入极大的人力、物力进行维护，保证运河的畅通。为了保证堤坝不被洪水冲坏，在徐州段运河上修建了很多闸坝，保证运河畅通。泇河开通后，只有很少一部分船只经过徐州，据靳辅的《治河方略》载："自泇河通运，各省粮船俱不过洪，唯徐、寿二卫，兖、徐、萧、砀三州县过洪，而洪亦不为害矣。"因"二洪"过往船只少，纤夫工作不紧张，通航秩序也好了。到康熙十九年（1680），靳辅开凿了中运河，运河航道避黄问题就基本彻底解决。只有很少的船只经过徐州城。咸丰五年（1855），黄河在河南兰考的铜瓦厢决口，夺大清河由山东利津入渤海，由于当时清朝政府正忙于镇压太平军和捻军，军费浩大，国库空虚，无力治理，咸丰帝下诏"现值军务未平，饷糈不继，一时断难兴筑。若能因势利导，设法疏消，使黄流有所归宿，通畅入海，不致旁趋无定，则附近民田庐舍，尚可保卫，所有兰阳漫口，即可暂行缓堵"①。这次决口对徐州来说，是另一个重要的转折点，至此，徐州完全失去了可以凭借的水路运输条件。从此以后，徐州就出现了"黄沙弥望，牢落无垠，舟车罕通，闾阎雕圻"的衰败局面。② 朝廷将各省漕粮改征折色（折价交钱），同治末年，大量利用外商、

① 史革新：《晚清时期的自然灾害及成因、影响约议》，《湘潭大学学报》2008年第4期。

② 南京师范学院地理系江苏地理研究室编：《江苏城市历史地理》，江苏科学技术出版社1982年版，第67页。

招商局等的海轮运送南方粮食，运河水利交给各省督办，将漕运总督及屯卫官吏全部解散。从此，京杭运河逐步由繁荣走向衰落。辛亥革命后，将漕粮改征银元，并入田赋征收。北洋军阀混战时期，更加无力顾及运河的整修，运河运道遭到了严重的破坏，甚至局部也很难通行，一蹶不振。由于本段运河水源的汶水被黄河裹挟入海，造成运河水量不足，黄河南岸至安山间因靠近黄河被完全淤塞，安山至袁口段尚可通行木船，袁口至南旺段因缺水而干枯，柳林闸至夏镇建尚可维持航运，夏镇至台儿庄一段则时常断航。民国时期，运河不但没有得到很好的治理，反而遭到了人为的破坏。国民党军事集团炸开花园口大堤，洪水经尉氏、腹沟、淮阳、商水、项城、沈丘至安徽进入运河，使苏北、豫东、皖北地区成为一片汪洋，时间长达 9 年之久。苏北运河彻底处于瘫痪状态。国民政府曾多次小规模地修整运河，如 1914 年，北洋军阀就在济宁成立"山东南运湖河疏浚事宜筹办处"，仅对运河进行了勘查测绘。1931 年，山东省建设厅运河工程局又一次拟定此工程，但只是纸上谈兵，没有行动。1947 年 1 月 16 日，开始山东南运河微山湖复堤工程，修复两岸湖堤 31 公里，完成土石方 27 万立方米。可见国民党政府对运河治理大多属敷衍了事。

（四）新中国时期的运河发展

新中国成立时，济宁—徐州段运河处于堤防亏缺、河道淤塞、水患严重、航道设施破坏的局面，运河的修治迫在眉睫。首先，全面治理沂河和沭河，先后动用民工 200 多万人，工程分 13 期，1953 年 11 月全部竣工，解决了这两条河对苏北运河的威胁。1950 年，淮河发生洪水，同年成立治淮委员会，毛泽东主席题词："一定要把淮河修好。"从 1951 年到 1956 年的 6 年时间，修建了苏北灌溉总渠等河道排洪，在蓄洪、滞洪区与主河道处建有洪闸门。1958 年后，徐州段开挖不牢河河道，修建了一些船闸。1980 年，徐扬段运河货运量达到 1700 万吨。济宁段也进行了大规模整治。1958 年后，开挖了梁济运河，北起梁山的国里，南到济宁市的集西入微山湖。从 1958 年 3 月至 1977 年，韩庄运河共进行三期 18 次施工，调动民工 40 万人，共完成土石方 3509 余万立方米，投资 7389.78 万元，扩河复堤长度 42.5 公里，开挖标准河槽

9.1公里。[①] 还整治南四湖，自南阳湖北段石佛至蔺家坝建起130公里的湖西大坝，重开京杭大运河河道68公里，建起二级拦湖大坝、船闸和节制闸等韩庄枢纽工程。20世纪80年代，经济的进一步发展，对运河的运输要求更高，技术也更加先进，修建的徐扬段续建工程是历次工程中最大的一次，航道标准提升为二级，兴建万寨、双楼、邳县煤港等。1984—1986年，徐州军区从附近6各县动员民兵16万，开展对不牢河的疏浚工程。[②] 20世纪90年代，京杭运河山东段工程续建工程开工，主要位于济宁和枣庄两市，其扩建工程中主体工程的3/4在济宁境内。整个工程的总概算为14.96亿元，其中济宁辖区安排12亿元。济宁市于1996年8月开工建设，2000年12月底主体工程全部竣工。该工程主要包括7项内容：一是韩庄船闸工程；二是韩庄104公路桥工程；三是航道疏浚工程，通过对济宁至台儿庄段164公里（其中济宁辖区130公里）航道的开挖，使航道由原来的六级提高到三级标准，年通航能力可达2500万吨；四是港口工程，济宁辖区内共新建、扩建济宁港、泗河口港、太平港、留庄港和付村港等五个港口；五是通信工程，随着三级航道的全线贯通，拟准备建设港（闸）间通信、船岸通信及济宁到徐州、扬州长途通信联络工程；六是航标工程，在新开挖航道，新建示位标38处、下级湖侧面标13处、航运浮标50处到100处；七是进港航运工程，分别开挖了泗河口港、留庄港、大平港的进港工程。[③] 随着南水北调工程的实施，对微山湖、韩庄等船闸进行扩建，新修了台儿庄翻水站等一些水利工程，大规模治理运河污染问题，通过南水北调的全面开工，京杭运河济宁至徐州段必将重新焕发生机。

二 济宁—徐州段运河文化景观类型与构成

（一）运河物质文化景观

运河物质文化景观核心区包括运河水利漕运、运河历史遗物等；重

① 潘辉林：《关于韩庄运河的现状、问题和建议》，《治淮》1993年第10期。

② 参见岳国芳编《中国大运河》，山东友谊出版社1989年版，第338—385页。

③ 刘孝功、鲁福安：《千年运河展新姿》，《中国水运报》2001年6月6日。

心区包括运河聚落、历史遗迹、运河商业、宗教文化等；辐射区包括种族与人口文化景观、园林等。

1. 核心区文化景观

(1) 水利漕运文化景观

水利漕运文化景观是运河文化景观资源中最重要的部分，它们因运河而修建，随运河衰败而遭到毁坏，直观地反映了运河的历史变迁过程。水利漕运文化景观包括桥梁、船闸、码头、水坝和水利枢纽等建筑。

济宁—徐州段运河处于黄河与运河交汇地区，可以引用黄河水补充运河水源的不足，徐州段运河曾借用黄河河道运输，但黄河洪水也不断地肆虐沿岸地区。为了治理黄河，中国历代修建了大量的水利漕运建筑，如徐州城区黄河两岸的鸡嘴坝、太平洼、大坝头、二坝窝、堤北、高头湾、苏提等水利设施。济宁段地势高，以南旺为脊点，为保证水源的充足和漕船的顺利通行，还修建了大量的通航建筑物。济宁“就城区而言，自大德年间至新中国成立共兴建了各种水工36座，可分为桥、涵、闸、坝四大类，其中又以闸工为主，计有桥9座，涵3座，闸21座，坝3座”①。所以该段运河成为“闸河”。据统计，元代，济宁段就有闸23座，分别是寿张闸、安山闸、开河闸、济州上闸、济州中闸、济州下闸、赵村闸、石佛闸、辛庄闸、师家店闸、枣林闸、孟阳泊闸、金沟闸、沽头隘闸、上山闸、三岔口闸、兖州闸、堰城闸、谷亭闸、黄栋林新闸、南阳闸、杏林闸。② 明清时期，因大运河疏浚和改道又修建和扩建了一批闸，比较有名的有安山闸、济宁天井闸、南旺上下闸、南阳闸、夏镇闸、韩庄闸、台儿庄闸，还有大量的桥、码头、水坝等建筑物。这些古代修建的水利工程，反映了当时的水利科学技术水平，它们在整条运河上的空间分布和合理设置，为今天南水北调工程提供了借鉴。新中国成立后，随着国家对大运河的重视和技术水平、经济实力的提高，修建了大量的现代化的运河水利文化景观。

金口坝。位于济宁兖州市城东的泗河、沂河、府河的交汇处。长123

---

① 山东省济宁市政协文史资料委员会编：《济宁运河文化》，中国文史出版社2000年版，第147页。

② 姚汉源：《中国水利发展史》，上海人民出版社2005年版，第403—406页。

米、宽8米、高3.3米，坝身用长条石砌成，条石之间用重10斤的铸铁扣相连，铁扣上面铸有阴刻楷书“金口坝”三个字，坝名由此而来。坝西端翼墙上部有卧式石雕“虫八虫夏”水兽1对，体长1米，雕刻精致，惟妙惟肖。金口坝雄伟壮观，横跨泗河，每当夏秋之交，绿柳成阴，碧波如镜，游人如织，“金口秋波”是兖州八景之一。2006年，被列为国家重点文物保护单位。①

二级坝节制闸。位于济宁市微山县昭阳湖内，东起微山县常口村老运河西堤，西至大屯发电厂，全长7360米，坝高38.5米，有312个孔。1958—1975年分期建成，由拦湖坝，溢流堰，第一、第二、第三、第四节制闸，船闸组成。该闸是济宁市乃至鲁西南地区最大的防洪排涝、蓄水灌溉、航运交通的枢纽工程。其他知名的水利漕运文化景观如韩庄闸、台儿庄复线船闸、万年闸、台儿庄运河大桥、徐州故黄河护城石堤、徐州荆山石桥遗址、徐州故黄河黄楼等，以及济宁港、枣庄港、徐州万寨港等。

表4-6　　大运河济宁段现存闸坝遗迹一览表

序号	名称	始建年代		地址
		朝代	公元（年）	
1	靳口闸	明嘉靖四十五年	1566	梁山县靳口乡
2	袁口闸	明正德元年	1506	梁山县袁口乡
3	开河闸	元至元廿六年	1289	梁山县开河乡
4	十里铺闸	明成化六年	1470	汶山县南旺镇
5	柳林闸	明成化六年	1470	汶山县南旺镇
6	寺前铺闸	明正德元年	1506	汶山县南旺镇
7	通济闸	明万历十六年	1588	任城区安居镇
8	天井闸	唐武德七年	625	济宁市中区
9	仲浅闸	明宣德五年	1430	微山县鲁桥镇
10	师庄闸	元大德二年	1298	微山县鲁桥镇
11	枣林闸	元延祐五年	1318	微山县鲁桥镇
12	南阳闸	元至顺二年	1331	微山县南阳镇
13	建闸	明嘉靖四十五年	1566	微山县南阳镇

① 百度百科，金口坝，http：//baike. baidu. com/view/1269522. htm？ fr = ala0_ 1。

续表

序号	名称	始建年代		地址
		朝代	公元（年）	
14	通惠闸	清宣统元年	1909	微山县邵阳街道
15	韩庄节制闸		1959—1960	微山县韩庄镇
16	韩庄船闸		1996—2000	微山县韩庄镇
17	金口坝	北魏延昌三年	514	兖州新兖镇
18	南四湖二级坝		1958—1976	微山邵阳湖中部

此外，徐州—济宁段还有很多运河水利漕运文化景观，如济宁城区的建设桥、解放桥、南门桥、草桥、济安桥、济阳桥，徐州城区横跨故黄河的和平桥、青年路桥、坝子街桥、庆云桥、汉桥等12座桥梁。枣庄段的台儿庄港、峄城港、滕州港和徐州段的邳州港、双楼港、孟家沟港等，还有很多在建水利的工程，如枣庄段运河正在建设的微山湖一线船闸、台儿庄、万年闸、八里沟3座大型翻水站等。

（2）运河历史遗物

运河历史遗物是古运河开凿治理时期留下的遗存物质，它见证了运河的兴衰，与运河文化有着密切的关系，虽然它们体积大小不一，但都蕴含着共同的文化因子，是运河文化的物质载体，也属于运河文化景观，如济宁镇水铁牛、兖州镇水宝剑以及运河碑刻景观等。

表4-7　　　　大运河济宁段碑刻一览表①

序号	名称	时代	尺寸（厘米）	存放地点
1	乾隆诗碑	清	192×73	汶山县博物馆
2	南旺分水图	清	85×85	汶山县博物馆
3	创建宋尚书祠堂记	明	294×99×30	南旺分水龙王庙
4	兖府金口堰记	明	280×120	兖州市博物馆
5	碧霞宫碑	明	135×55	微山县泰山奶奶庙

① 济宁市政府网：http：//www.jining.gov.cn/picture/0/090914161206381.jpg。

续表

序号	名称	时代	尺寸（厘米）	存放地点
6	河神庙残碑 1	明	140×133	微山县南阳中学
7	河神庙残碑 2	明	120×100	微山县南阳中学
8	重修南阳书院并新河神祠记	明	200×85	微山县南阳中学
9	南阳湖石堤减水闸记（残）	明	80×60	微山县南阳中学
10	新河工成记残碑	明	100×90	微山县南阳中学
11	新河神残碑 3	明	230×180	微山县南阳中学
12	三官庙碑	清	176×70	微山县韩庄镇
13	重修湖口双闸碑	清	88×44	微山县韩庄镇
14	金龙四大王庙碑	民国	85×41	微山县韩庄镇
15	重修韩观因堂碑记	清	170×70	微山县韩庄镇
16	宣统告文碑	清	200×73	微山县韩庄镇
17	乾隆碑	清	230×85	微山县韩庄镇
18	修吕公堂春秋阁碑	清	130×45	微山县邵阳街道
19	修吕公堂徽宁会馆记	清	130×45	微山县邵阳街道
20	唱和诗碑 1	明	70×45	微山县文管所
21	唱和诗碑 2	明	70×45	微山县文管所
22	建立旗杆碑	清	52×40	微山县泰山奶奶庙
23	江南徐州沛县条补碑	清	60×34	微山县泰山奶奶庙
24	重修泰山行宫碑	清	63×189	微山县泰山奶奶庙
25	改建碧霞元君庙碑	清	218×92	微山县泰山奶奶庙
26	宣阜门石刻	清	207×94	济宁李白纪念馆
27	重修凤凰台记	清	106×52	任城区凤凰台
28	创建西湖凤凰台记	清	200×70	任城区凤凰台
29	总督题名碑 2	明	2002×76	济宁市博物馆
30	重修漕井桥记	清	235×95	济宁市博物馆
31	永宁会馆碑记	清	240×80	济宁市博物馆
32	重修火头湾通济桥碑记	民国	245×85	济宁市博物馆
33	重修济州坊记	明	230×100	济宁市博物馆
34	总督题名碑	明	202×78	济宁市博物馆
35	重修汪家桥杨家桥记	清	193×67	济宁市博物馆
36	渔山书院增拨缮田碑记	清	186×68	济宁市博物馆

续表

序号	名称	时代	尺寸（厘米）	存放地点
37	捐助布施人员名碑	清	215×68	济宁市博物馆
38	免征油丝烟纳税碑	清	210×69	济宁市博物馆
39	重修漕井桥大王庙记	清	172×63	济宁市博物馆
40	重修胡家桥碑	清	178×66	济宁市博物馆
41	田吉栈石刻	清	123×501	济宁市博物馆
42	济宁州堤石刻	清	81×39	济宁市博物馆
43	黄明宋尚书像赞碑	明	163×77×22	汶上县南旺镇宋公祠
44	重修分水龙王庙记碑	清	290×97×23	汶上县南旺镇宋公祠
45	蔡文碑	明	143×71×20	汶上县南旺镇宋公祠
46	告封碑	明	276×83×34	汶上县南旺镇宋公祠
47	寄沙囊碑	清	247×85×14	汶上县南旺镇宋公祠
48	韩作栋赞宋尚书碑	清	103×52×11	汶上县南旺镇文管所
49	拜尚书宋公祠碑	明	93×45×12	汶上县南旺镇宋公祠
50	丘浚、李东阳诗碑	明	90×43×17	汶上县南旺镇宋公祠
51	张文风郎中诗碑	明	92×44×19	汶上县南旺镇宋公祠
52	杨淳、朱寅诗碑		93×51×12	汶上县南旺镇宋公祠
53	重修宋公祠堂记碑		294×99×30	汶上县南旺镇潘公祠
54	重修南旺庙记碑	清	193+60×93×33	汶上县南旺镇龙王大殿
55	重修分水龙王庙、宋大王庙、白大王专祠、新修远亭碑	清	278×80×24	汶上县南旺镇龙王大殿
56	重修分水龙王庙碑	清	284×98×39	汶上县南旺镇龙王大殿
57	汶邑西南南旺镇分水碑	清	192×78×29	汶上县南旺镇龙王大殿
58	万善提名碑		169×86×17	汶上县南旺镇龙王大殿
59	圣旨碑	明	166×68×38	汶上县南旺镇
60	保康刘猛将军庙碑	清	97×46×21	汶上县南旺镇文管所
61	谢迁诗碑	明	94×49×11	汶上县南旺镇愚王殿

2. 重心区文化景观

（1）运河聚落

运河聚落是指因运河的开通，在运河沿岸地区形成的具有运河文化特色的生活和生产集聚区。运河开通后，沿岸地区成为重要的商业集散地，吸引了大量的商贾来此经商，相继建造了大量的客栈、饭馆、店铺、会馆、园林、寺庙等，往往在运河沿岸产生带状分布的聚落区，这就形成了一些极具运河文化特色的古镇和历史街区。“许多村镇聚落是临水而建的，聚落形态因而基本上取决于河道的走向、形状和宽窄变化，多数呈带状排布。”[①] 例如：济宁竹竿巷、微山顺河街、夏镇、靳口镇、袁口镇、安山镇、窑湾镇等。大量的运河聚落景观随着运河的衰败已经消失，下面仅介绍一些具有代表性的聚落景观。

竹竿巷。位于济宁市市中区，是一条以竹器加工销售为主业的街区。通常我们所说的“竹竿巷”是包括竹竿巷、汉石桥、纸坊街、打绳巷、永丰巷和大闸口河南街的一大片临河区域。这里曾是山东最大的竹器市场，清末竹器作坊有37家，民国时增至60多家，抗日战争前达到130多家，如今还是济宁最大的竹器市场。竹竿巷是济宁最有特色的历史街区，富含典型的建筑艺术特征，门前交易院后乘船，店铺、作坊与民居融为一体，它既有北方四合院的稳重，又有江南建筑的灵巧，故有“不逛竹竿巷，白来济宁城”之说。济宁竹竿巷的商业民居建筑有以下三个特征：天然、亲人和朴素无华的个性特征；门户开敞、分区自由的空间结构；节奏紧凑、方便实用的商业功能。[②] 改革开放后，将原来的竹竿巷扩宽，拆掉旧的商铺，盖上仿古的楼房，柏油路代替原来的青石板路，街区两旁房屋墙体统一粉刷，以古匾为招牌，以灯笼为街灯，竹竿巷南头开设了“老济宁内府菜”等运河文化主体酒店等，打造成运河风情文化一条街，但已失去往日的风韵。

南阳镇。位于南阳湖南端一座岛上，曾为古运河上的四大名镇之一。该岛是开挖运河而形成的人工岛，形如琵琶，东西长约3500米，南北宽

① 周尚意、孔翔、朱竑：《文化地理学》，高等教育出版社2004年版，第312页。

② 唐伦伟、许庆山、冯刚：《运河文化与名城济宁》，山东省济宁市政协文史资料委员会编：《济宁运河文化研究》（一），山东友谊出版社2002年版，第46页。

200—500米，面积3.5平方公里，有居民1.5万人。元朝至顺二年（1331）建南阳闸，明隆庆元年（1567）漕运新渠竣工，南阳成为重要码头，商业繁荣，客商云集。明代中期，在此形成镇且以闸名命名。清政府曾在此设守备管河主簿负责防务、监运收税、管理河闸等。兴盛时期，南阳街里有黄宫所、皇粮殿、二爷庙、火神庙、魁星楼、文公祠、禹庙、杨家牌坊、马家旗杆、石板街等10多处古迹。1942年，日寇侵入南阳，大多建筑古迹被毁掉，“文化大革命”期间，魁星楼和杨家牌坊也被毁掉。如今南阳岛上树木成林，古石桥与河水、绿树、古巷、古屋相映，颇有江南水乡的风韵。岛上人家临河而居，或者面湖而住，有红砖高房、芦柴小院，还有长虹卧波、运河古柳、运河古道、数叶高舟等运河景观。形成了“岛在水中、河在岛上、镇在湖内”独特的运河文化景观。

台儿庄古城。台儿庄古城位于枣庄台儿庄区月河古道的东北部，形成于汉朝。明清时期，泇河开通后，成为运河沿岸一个商业重镇，据《峄县志》记载：“台（儿）庄跨漕渠，当南北孔道，商旅所萃，居民饶给，村镇之大，甲于一邑，被乾隆称为‘天下第一庄’。”清咸丰年间，台儿庄城市人口达到6万多人，云集了大批的晋商、徽商、浙商、闽商等。后毁于1938年春发生的台儿庄大战。台儿庄古城是京杭大运河上现存唯一一座古码头、古驳岸等水利漕运遗迹完整的运河古城。城内还保存有3公里长的明清时期的古运河，拥有7公里的水街水巷，被世界旅游专家誉为“活着的古运河”、“京杭运河仅存的遗产村庄”。2008年，枣庄市按照“存古、复古、创古”的理念，投巨资重新修复台儿庄古城。台儿庄古城规划面积2平方公里，包括11个功能分区、8大景区和29个景点，将保存下来的古城墙、古码头、古民居、古街巷、古庙宇、古会馆、大战遗址进行修复改造。是集“齐鲁豪情”和“江南韵味”于一体的明清古城。

户部山。位于徐州市老城南门外，原名南山，海拔70米，方圆十万平方米。山顶有西楚霸王项羽戏马台，南北朝时期的台头寺，还有官绅富豪和中产阶级的大院和四合院。从明天启四年（1624）至1949年的300余年间一直是徐州城经济和文化核心地区。建有李蟠状元府、崔焘翰林府、余家大院、郑家大院、翟家大院和誉为“徐州第一楼”的李家大楼等，现保存完好的明清房屋400余间、民国房屋700余间、院

落20余处。户部山古民居建筑具有较高的艺术价值和深厚文化内涵，这些古建筑见证着古城徐州沧桑岁月，也是古徐州城政治、经济、文化的缩影。[①]

窑湾古镇。位于徐州新沂市西南，京杭大运河和骆马湖在此交汇。是一座具有1000多年历史的水乡古镇，素有“苏北小上海”之称。唐代时在此设立隅头镇。清康熙八年（1669），郯城发生8.7级大地震，隅头镇沉于地下，骆马湖也由旱湖变成水湖。康熙十年（1671），因多年战争，国库空虚，对地震灾区无法进行财力支援，后下旨大赦天下的政治犯，指派明朝的遗留官员到地震灾区开荒生产，免于其灭族之罪。全国10多个省的政治犯举族迁到窑湾，这些人大多受过很好的教育，且资金雄厚，他们利用窑湾的特殊地形，按照五行八卦作为太极线，建设了11条街道，其中一条为回族街；明清时期，因京杭大运河从此流经，地理位置显要，成为苏北商业重镇。会馆、店铺、钱庄、当铺、茶馆和衙门等建筑林立，建有八省会馆，包括：江西会馆、福建会馆、河南会馆、河北会馆、山东会馆、安徽会馆、山西会馆、苏镇扬会馆。还建有奶奶庙、大仙堂、碧霞宫、三清观、城隍庙、慈云寺、观音庵、九宫道升仙楼等，可与一般城市相媲美。清朝晚期，社会动荡，给窑湾带来了更大的发展机遇，当时此地与全国18个省都有贸易往来，货物在此云集，经窑湾运至东南亚、日本等地，又带回外国洋货，运河岸边还建起两座石油库，可容10万斤石油，供外国汽艇、小货轮使用。清末民初，全镇有商号、工厂、作坊360余家，著名的商号有2家典当行、4家作坊，13家钱庄，25家粮行，合资企业有中美合资源石油公司、中英合资鸡蛋清厂。建有8省会馆和青海、东三省等10省的商业代办处[②]。出现了“昔者漕艘停泊，帆樯林立，通阛带阓，百货殷赈”的景象。[③] 英、法、美等各国传教士也沿运河来此布道传教，修建教堂。抗日战争爆发后，窑湾商人纷纷迁移，随后被日军侵占，从此窑湾开始败落。

济宁—徐州段著名的历史街区还有济宁城南的韩庄、谷亭、鲁

---

① 参考百度百科，http：//baike. baidu. com/view/991094. htm；张长生：《古彭民居户部山》，《城建档案》2008年第10期。

② 徐州市史办公室编：《徐州百镇概览》，方志出版社2006年版，第351—352页。

③ 民国《邳志补》卷5《建置》，民国十二年刻本影印本。

桥，城北的长沟、南旺、寿张集等及众多运河沿岸以“闸”、“口”、“铺”命名的村庄。由于漕运的停止和南北铁路运输的开通，运河沿岸上的古城镇急剧衰落，但城镇的建筑仍旧保持着清末风貌，20世纪六七十年代遭到较为严重的破坏，后运河上的一些船闸改建为桥梁，传统建筑更新为新的农村住宅，一些经济不发达的城镇，空间格局依然存在，而济宁、徐州城区的历史街区大多改为现代建筑和部分仿古建筑为主体的历史城区，沿岸的历史城镇与历史文化遗产面临着消亡和变质的危险①。

（2）历史遗迹

名人故居是运河文化景观的不可缺失的一个组成部分，如台儿庄贺敬之文学馆、徐州乾隆行宫、李蟠状元府、徐州道台衙门等。

李蟠状元府。李蟠是徐州历史上唯一的状元，康熙三十六年（1697）中的状元，状元府位于户部山南麓、劳动巷以南。占地4000平方米，原有房屋100余间。大门口原有两根旗杆和两个圆形石鼓，大门上有“状元及第”的匾额。有客厅、厢房、藏书楼、花园等建筑和若干个院落次第相连。历经百年风雨，但基本格局保存完好。

徐州道台衙门。位于徐州市区文亭街中段，明清两代是管辖徐淮地区的最高官署衙门，民国时作为高级军事机关。明代初年这里是东察院，洪武十一年（1378）建为巡按御史莅事之所。正德六年（1511）改建为道署。清代承袭明制，这里作为淮徐道署。雍正七年（1729）以淮徐道专管河务。雍正十年（1732）道台移往宿迁。清乾隆六年（1741），又移往徐州，道台衙门增修扩建。张勋退守徐州时，将其作为大帅府。1938年，这里是第五战区司令部，李宗仁在此指挥过台儿庄大战。毛泽东、周恩来、张治中、马歇尔都曾到过这里。历史上道台衙门建筑规模宏大，房屋众多，精致典雅。1948年为剿总司令部时的道台衙门布局图，约有房屋95间，自南向北依次为照壁、大门、大堂、二堂、三堂、后楼，左右配以厢房，厢房两侧配东西两院，当年作礼堂、办公厅、办公楼、军官宿舍等用途。目前，此道台衙门作为省级保

① 阮仪三、朱晓明、王建波：《山东、江苏大运河沿线城镇历史文化遗产调研报告》，山东人民出版社2007年版。

护文物而存在。

（3）运河商业文化景观

京杭大运河是连接南北经济的大动脉，北方的棉花、麦、豆、干鲜果品等农产品，南方的丝绸、铁器、瓷器、漆器、纸张、竹木等手工业品都要通过运河运输，便利的交通条件孕育了济宁城、南阳镇、南旺镇、安山镇、台儿庄镇、徐州城、窑湾镇等重要的商业重镇，来自山陕、两湖、江浙等地的商人在此经商，运河两岸铺面作坊鳞次栉比，繁荣了当地的经济市场，产生了一些驰名中外的商品，如济宁的玉堂酱菜、济宁路青猾皮、窑湾绿豆烧等。

建筑是凝固的文化，会馆是共同地缘的外地商人联乡谊、祀鬼神、聚会、交流信息、协调关系、互助互利的场所。明清时期会馆盛行，外省商人就在济宁建立会馆，城内早期会馆有明代天启年间建立的浙江会馆、安徽会馆、福建会馆，乾隆年间建立的三省会馆，清代中期建立的金陵会馆、江西会馆，道光年间建立的湖南会馆。据社会调查，至道光年间济宁城区会馆达20多个。有文字记载和碑刻资料的有济宁16个，枣庄2个，还有一些会馆以寺、观、宫、庙的面貌出现。如福建商人会馆称为“天后宫”，山西商人会馆称为“关帝庙”等，这些会馆是运河文化的见证和载体。①

玉堂酱园。是济宁玉堂酱园有限责任公司的前身，是一所至今已有将近300年历史的手工业作坊，建立于清康熙五十三年（1714）。当时，有位姓戴的商人顺京杭大运河经常来往于济宁，看到济宁州商贾云集，环境优美，便在南门口买了一块地开设酱菜铺，称为“姑苏戴玉堂”，自己仅加工黄酱、酱油、香醋之外，多数酱菜是从苏州潘万成进货，纯江南风味的小菜很难适应当地和北方客商的口味。嘉庆十二年（1807），冷、孙两家以1000两白银买走酱菜铺，店名改为“玉堂酱园”。清道光年间，玉堂酱园生产规模扩大，生产作坊有几百间，200多名工人，资金增加到39万吊，产品种类增加到50多种，主要生产集江南风味和地方风味于一体的酱菜，不仅生产酱、醋、酱菜，还经营酒、油、纸、盐、油篓和钱票生意，通称“八作”、“七行”和“一

① 山东省济宁市政协委员会：《济宁运河文化》，中国文史出版社2000年版，第129页。

处”。光绪年间，作为贡品送至皇宫，受到慈禧“真是京省驰名”的赞扬。近年，玉堂酱园被国内贸易部认证为“中华老字号”企业，玉堂品牌是全国酱菜调味品行四大名牌之一，玉堂酱园原厂址上建立了玉堂酱园博物馆，2010 年，被评为“省级优秀非物质文化遗产馆”。

安徽会馆。位于济宁旧城南门外福墙街北首路西，建于明代天启年间，是济宁城区外省会馆中历史最悠久、规模最大的会馆。大门门楣上挂着“安徽会馆”木质大匾，该字为李鸿章所写。为七进院落，有厅、堂、楼室 80 余间，整个建筑风格充分体现了皖南建筑的特色。安徽商人主要经营的商品有：铜、铁、茶叶、中药材、文房四宝、毛竹、杂货等。

山西会馆。位于徐州云龙山第一节山东麓，依山而建，坐西面东，西高东低，前山门、戏楼、中配房、后大殿、偏殿等主体建筑构成，属对称性建筑格局的院落。另外在新沂窑湾镇还有一处山西会馆，隐于一个小酒厂之后，但原来的三进院落已不存在，唯有一棵古槐目前仍生机勃勃。雍、乾时期，山西商人在徐州先后经营了当铺、药材、布匹、棉纱、茶叶等。乾隆七年（1742），山西商人集资扩建相山神祠，遂改为山西会馆。后不再祭祀祠内的水、火二神，而独尊关公大帝。关公“忠、义、仁、勇”的精神体现了中国的传统文化，也体现了晋商的创业精神。山西商人还集资在徐州城南三堡（今属铜山县）购地 2 顷多，用农作物收入作为会馆经费。后分别于乾隆十七年（1752）、道光五年（1825）、光绪十三年（1887）进行三次大规模的重修扩建，会馆历经风雨现在仍巍然屹立。这几次重修扩建的记事碑都完好地镶嵌在会馆大殿的内墙，成为山西会馆建筑历史的最好见证。

表 4-8　明清时期济宁、枣庄运河区域商人会馆一览表①

会馆名称	地址	创设时间	创建人	资料来源
山西会馆	梁山靳口镇	不详	山西商人	《梁山文史资料》第 8 辑
山西会馆	东平	不详	山西商人	民国《东平县志》卷 15

① 李泉、王云编：《山东运河文化研究》，齐鲁书社 2006 年版，第 196 页。

续表

会馆名称	地址	创设时间	创建人	资料来源
西晋会馆	汶山	乾隆	山西盐当商	现存碑刻
浙江会馆	济宁	天启	浙江商人	田野调查
山西会馆	梁山靳口镇	不详	山西商人	《梁山文史资料》第8辑
元宁会馆	济宁	乾隆	上元、江宁、当涂商人	道光《济宁直隶州志》卷4
句容会馆	济宁	不详	句容商人	田野调查
江西会馆	济宁	道光	江西商人	田野调查
安徽会馆	济宁	天启	安徽商人	田野调查
金陵会馆	济宁	清初	南京铜业商人	田野调查
浙绍公仁所	济宁	明前期	浙江绍兴商人	道光《济宁直隶州志》卷2
同仁公所	济宁	明代	苏州锡泊商	道光《济宁直隶州志》卷2
福建会馆	济宁	明代	福建商人	道光《济宁直隶州志》卷2
三省会馆	济宁	乾隆	晋、陕、豫三省商人	道光《济宁直隶州志》卷2
湖南会馆	济宁	道光	湖南商人	道光《济宁直隶州志》卷2
济阳会馆	济宁	清中期	济阳绸布商	现存碑铭
山西会馆	邹县	不详	山西长治商人	《邹县文史资料》第五辑
姑苏庙	藤县	不详	苏州商人	民国《藤县志》
天后圣母宫	峄县台儿庄	咸丰	福建商人	光绪《峄县志》卷10

此外，窑湾镇建有江西会馆、福建会馆、河南会馆、河北会馆、山东会馆、安徽会馆、山西会馆、苏镇扬会馆八省会馆。从外省商人在本段运河沿岸城镇建立的商业文化景观的建筑和数量上，可以看出明清时期经济的繁荣程度。

（4）运河宗教文化景观

济宁、枣庄、徐州作为大运河沿岸的重镇，随着运河的贯通和人们对水运以及经济的重视，各种行业神、圣贤神、河神的信仰日益普遍，沿线的寺庙等各类宗教建筑迅速发展起来，寺院、佛阁星罗棋布，济宁宗教建筑有“七寺十八大阁”之称。七寺分别是：铁塔寺、陶姑寺、兴隆寺、多宝寺，慈灯寺、东大寺、西大寺。十八阁包括：亭台阁、枣店阁、石佛阁、万仙阁、王母阁、七铺阁、响铃阁、魁星阁、天香阁、吕公阁、准提阁、关帝阁、文昌阁、半截阁、奶奶阁、

尊经阁、吕祖阁、寿星阁。徐州是中国道教创始人张陵（张道陵）的家乡。佛教、道教、基督教、伊斯兰教在此传播与融合，形成了特殊的徐州宗教文化。如泰山寺，既供奉有道教神像，又有佛教神像，是宗教文化史上的一大奇观。明清时期，由于本段运河借用黄河河道，水灾渐盛，人们生活困难，朝拜更加频繁，加上有徐州洪、吕梁洪等几处险段，过往船只行人都在此登岸烧香拜祭，祈求平安。佛教、道教得到了进一步的传播发展，徐州城内外佛寺遍布，当年的吕梁山上据说有108间庙宇，数字虽不可信，但至少可以反映当时香火的旺盛和吕梁洪运道的险恶。

同时，运河的通行，也带来外来宗教。济宁城的回民多集中在越河南北两岸、中新闸南北、洪之湖四周等商业发达区，元朝兴建的两座清真古寺在棉花市街、济阳桥一带，最早回民开设的商铺也在西郊一带。明末清初，西郊商业逐渐萧条，明初建杨家园寺，成化年间建东大寺，明万历初建柳行西寺。清初常志先师填洪子湖建西大寺，证明回民是按由西向东发展趋势进行迁移的。民国初又建女寺2座于越河南北。[①] 清真寺还有方家大院女寺建于1931年前后。徐州的外来宗教形成时间晚于济宁。明朝，徐州已有少数沿运河来的穆斯林商人，清朝逐渐到徐州定居。19世纪初，来自山东济宁的回民在自己住宅设立礼拜堂，后来扩建为小型清真寺，也成为徐州最早的清真寺。明清时期，不断有基督教徒来运河沿岸地区传教活动，清光绪十年（1884年）法国传教士艾来沃曾到徐州传教，清光绪十九年（1893）美国长老会传教士沿运河到徐州，建立“长老会教堂”。宣统二年（1910），天主教在徐州建成罗马式教堂，取名“耶稣圣心堂”，是江苏省最大的教堂之一。很多寺庙和宗教遗址在自然灾害与战争中毁掉，目前保存完好、规模较大的寺院景观主要有济宁东大寺、汶上县南旺分水龙庙古建筑群。

---

① 李志刚：《山东运河码头重镇清真饮食调查》，参见于德普《山东运河文化文集（续集）》，齐鲁书社2003年版，第561页。

表 4－9　　　　徐州段与运河相关的宗教建筑①

名称	地点	名称	地点
龙王庙	铜山县（在云龙山北）、萧县（《旧志》在化龙潭上，今废）、沛县（在夏镇城东北隅）、邳州（《旧志》在下邳驿东，今废）、睢宁县（在县署西北）	金龙四大王庙	铜山县（一在北门外堤上，一在河东岸，一在房村）、邳州（《旧志》在旧城西北三里，名灵感通济庙，今废）
禹王庙	铜山县（一在吕梁上洪东岸，一在十八里屯，后移建于苗家山）、萧县（在白茅山阴）	关尉神庙②	铜山县（在吕梁上洪）
吕梁洪神庙	铜山县（一在上洪，一在下洪）	徐州洪神庙	铜山县（在百步洪上）
洪庙	沛县（在满家闸南）	河神庙	邳州（一在旧城大堤上，一在城西旧堤上）
费公祠	铜山县（在吕梁洪下洪）	潘公祠	铜山县（在城北西十里境山镇）

济宁市中区柳行东寺、济宁凤凰台、台儿庄清真寺、邳州土山关帝庙等。此外，运河沿岸还有很多宗教建筑，仅古运河旁的济宁开河镇（仅梁山县开河村）就有佛教寺庙、道教庙观、圣贤庙、一些民俗神庙和行业神庙等，还有四五处关帝庙，全是在此经商的山西商人集资修建的，徐州段还有兴华寺、大士岩寺和泰山寺等。

3. 辐射区文化景观

园林文化景观是运河历史文化景观的重要部分，园林的外在构造、风格、体系，反映了人类对生存环境、社会理念、个人理想和审美的追求。一般是以山水地貌为基础，因地制宜进行有意识的加工、改造、调整，使其人格化、道德化、社会化。元、明、清时期，因为运河的畅通和商业的快速发展，济宁、枣庄、徐州成为大运河沿岸政治、经济中心

① 赵明奇：新千年全本《徐州府志》卷 14，祠祀考，中华书局 2001 年版，第 831—865 页，该书以同治《徐州府志》为基础加以整理、补充。

② 汉寿亭侯关羽，关羽曾为徐州牧，治水吕梁，死后为神。

之一。这里会集了许多高官商贾，他们拥有巨额财富，为了追求生活环境的优越，纷纷建造园林。明代中晚期，济宁有园林 40 处，园林名多以“隐”、“闲”、“雅”、“拙”或以园林主人、所处方位命名。城内城外各 20 处园林，临河较近的园林有集玉园、闲园、潘园、文园等。“清中期又增加 13 处，实际存在此时的园林为 38 处。新增的园林，除意园、怡怡园 2 处在城内，其余皆建于城近郊之处。”[①] 济宁被称为“江北小苏州”，很重要的一方面就是城内密集的园林建筑。清代，济宁园林的造园技术和理念发生了变化，多了一些人工雕饰的山林之趣，更加注重其享受生活的一面，少了些鲜活的原创力。结构多是前为宅第，后为花园。修筑园林的主人先多是高官显贵，后又增加了因运河而兴的富商大贾。在园林营造技术和艺术上，多借鉴苏州、扬州盐商园林的风格，扬州叠山技法在济宁园林中随处可见。清代是造园技艺最为成熟的时期，济宁园林建筑体现出园林技术的最高水平和运河城市园林的特色。清末民初的园林，有所荒废，也有所增加，仍保持在 20 余处。因运河而发迹的商人成为此时造园的主要力量，他们所建的园林府邸，多位于运河的两岸，如吕家花园、西园等。因年代久远，现在仅存吕家宅院和荩园。目前正在修建的济宁南池公园，将会再现济宁的园林风光，重建王母阁、晚凉亭等历史景观。

徐州扼南北交通的要冲，历来为兵家必争之地，但因 1194 年黄河改道，侵泗入淮，黄河从徐州城下流过，黄河徐州段经常决口，所以官商在此定居者也随之减少，只是从此路过，而在此定居的客商和文人墨客也迁到地势较高的山上生活，以免洪水淹没，很多园林景观被洪水淹没，形成了徐州独特的城下有城的历史地理面貌，所以徐州的园林文化景观少于济宁。一些园林景观经过历代不断地修整，还是幸运地保存下来了，这些园林数量之多、造园技艺水平之高，折射出了运河文化的深厚内涵。现代园林景观主要有台儿庄运河湿地公园、微山湖十万花田、徐州故黄河公园等。

---

① 高建军、高飞：《棋布于运河之滨的济宁私家园林》，《济宁师范专科学校学报》2004 年第 2 期。

表 4－10　　明清时期济宁主要园林景观[①]

园林名称	修建时间	主人	地点
集玉园	明万历	蒲城令刘兆奎	城东北隅
闲园	明嘉靖	山西安察副使靳学曾	集玉园东不远处
潘园	明嘉靖	闻喜知县仙豸	城东南隅
文园		文（太学）始建	清初为临清卫公署
抱瓮园	明嘉靖	都御使张志孝	后归文士李多才重修始成园林
负郭园	明嘉靖	吏部右侍郎靳学颜三所园林之一	北郭洸河岸边
避尘园	明嘉靖	吏部右侍郎靳学颜	城东马驿桥南面
于园	明嘉靖	巡抚于若瀛	城西关与郭之间
怡怡园	清初	天津知府李钟淳、李钟淑	城内西南隅天津府街西首路北
荩园	明末清初	济宁著名画家戴鉴别墅	城北郊六里处
汪园	清乾隆	徽帮汪姓商人所建	东南关太和桥南的府河东岸
李园		文士李多才始建	于状元墓西二里处
伴村园	清嘉庆	王义庄	城南关外扁担街（仅任城路）中段路西
吕家花园	清末民初	济宁四大金刚之一吕庆圻所建	成内文昌阁街路北
西园	清末民初	举人、两淮伍佑场大使刘锡纶所建，济宁商界“四大金刚”之一刘氏的宅第园林	济宁南关税务街西段路北，前临通衢，背负运河

（二）运河非物质文化景观

根据非物质文化景观与运河关系层次的不同，将其分类如下：核心区包括神话传说、水上习俗、建造技艺等；重心区包括运河沿岸风俗、街巷名称、地方曲艺等；辐射区包括庙会、饮食文化、服饰文化、民间工艺等。

1. 核心区文化景观

（1）运河逸事和传说

元明清时期，运河沿岸地区流传着一些和运河密切相关的逸事传说。运河的溃决、水灾不断，人们治理运河中产生了对人物神灵的崇拜和渴

① 该表依据高建军、高飞《棋布于运河之滨的济宁私家园林》，《济宁师范专科学校学报》2004 年第 2 期。

望。逸事传说也是史料，它是人们经过很长时间的口口相传的“口述史料”，“我们认为大部分神话传说都或多或少地包含着历史的真实。随着研究方法的多元化、研究水平的提高，越来越多的证据会不断被发现，位于外圈的神话传说有可能向内圈移动，一步一步接近历史的真实面目”①。现在很多地名就是因传说逸事产生的，“而文字的出现使神话、传说中的主要人物、主要事件产生的地名，成为有形的地名符号，被人们沿用、承袭”②。可见，逸事与神话传说对运河沿岸地区影响之大，它是运河文化景观重要的组成部分。下面介绍几则运河相关的传说逸事。

金口坝下聚金石的传说。金口坝位于泗河、沂河交汇处，是交通与商贸重地。相传，每年夏天，都有一位南方生意人来金口坝前的一个茶馆落脚，到秋后返家乡，不做任何生意，只是到金口坝附近游泳，却大把地花钱，走时怀里揣着个沉甸甸的布袋，年年如此，茶馆老板非常纳闷。某一年秋天，南方人突然病倒在茶馆，生命垂危之际承蒙茶馆老板精心照顾，后来，他告诉店老板一个“秘密”：金口坝下第三座涵洞里，有块聚金石，每年夏秋发大水之际常聚金沙，取之不尽。并告知了取回金沙的方法。茶馆老板安葬南方人后，就去金口坝桥洞下去找，果然取回金沙。后来老板贪心，嫌聚金石洼坑小，用大铁锤把那块聚金石凿了个大坑，谁知那块聚金石被破了风水，再也聚不了金了。

苏姑娘义退洪水。徐州城南有个显红岛，它的来历有段感人的传说。相传苏东坡有一个聪慧的女儿，人称苏姑娘。苏东坡在徐州做知州时，洪水即将淹没徐州城，苏东坡焦急万分，河神托梦给他，只要把苏姑娘嫁给他，就可免掉水灾之苦，期限为三天，三天中，苏东坡郁郁寡欢，把此事告诉夫人，恰巧被苏姑娘听见。苏东坡去视察洪水时，苏姑娘紧随其后，来到城墙上，只见洪水已经到城墙垛下，云中突然腾起一个身穿黄袍的怪物，正是梦中所见的河神，他高声叫道：“苏东坡，三日期限已到，再不见苏姑娘出嫁，洪水就要淹没徐州城了。”这时，苏姑娘为了解救全城百姓，毫不犹豫地跳入滔滔洪水中，不久，大水渐渐退去。后来有人看到，河中泛起了一件红袍，那是苏

① 何顺果、陈继静：《神话、传说与历史》，《史学理论研究》2007 年第 4 期。

② 刘向政：《神话、传说与地名文化》，《船山学刊》2006 年第 2 期。

姑娘所穿的衣服，人们在红衣服出现的地方建起了“显红岛”，并在黄河岸边建起了黄楼，里面供有苏东坡和苏姑娘的雕像，苏东坡离开徐州后，后任官员为了纪念苏姑娘，在官府后面修建了苏姑墓和苏姑庙，还在每年的农历正月十六和十月十举办苏姑庙会，纪念这位为了徐州城献身的姑娘。

此外，济宁—徐州运河岸边还流传着红沙湾驱妖、会河反影、运河修闸鲁班显灵传说、开河镇老鸹巷由来等和运河紧密相关的传说故事。

（2）运河水上习俗

京杭大运河上的微山湖湖区，人们主要靠养殖、种植、运输和捕鱼为生，都住在船上，形成独特的湖上婚礼风俗，不管谁结婚，都要在船上举行婚礼。微山湖渔民还有独特的渔猎习俗，形成不同形式的“船帮”，主要有网帮、箔帮、罱帮、大船帮、货船帮等。捕捞方式有拉网、风网、抄虾、下卡、下篮、抹草种子等多种形式，因船是微山湖渔民的生产和生活主要场所，因此形成了独特的排船习俗：包括选船板、下太平线、请伙计、大排斧、船头上好、撒舱等。还有湖面贸易和湖岸贸易等。水柜的修建形成很多湖泊，产生了相应的渔猎习俗，最为典型的是微山湖渔猎习俗、排船习俗、湖上贸易习俗等，还有敬张大王、金龙四大王、龙王等水上宗教习俗等。食鱼忌说“翻”，鱼吃完一面，不能说“翻过来”，因为船在水上最怕翻，所以只能说“转过来”。安山闸附近还世代相传“七月十五放河灯”的风俗。传说，明朝一位漕运大将落水而死，其夫人点着他的官灯招魂，七月十五晚，夫人梦见被封为治水将军的丈夫，并说幸亏有灯光招魂才得以出水。从此，就有了七月十五放河灯的习俗。每年放河灯时，水面灯火和岸上的高跷、民间杂要等曲艺交相辉映，整个场面热闹非凡，这个习俗一直延续到1937年，因抗日战争的爆发而终止。

（3）运河水利建造技艺文化景观

本段运河不仅地理位置最高，运河水源不足，还和黄河交互使用，因此，为解决调节各段水位、补充水源、保障漕运安全等难题，古代的水利学家因地制宜创造了很多的治运技术，建造了很多高水平的水利建筑。

南旺分水枢纽工程水利技术。南旺分水枢纽工程包括戴村坝、开凿

小汶河、设置水柜和建闸与斗门。该工程在世界上享有极高的声誉，与“都江堰”水利工程齐名，是京杭运河全线科技含量最高的工程项目。为明朝引汶济运的重点工程，由工部尚书宋礼采纳水利专家白英的建议而建造，至今已有590多年的历史。会通河1289年开通后，由于“常患浅涩”，过往漕船经常搁浅。宋礼接受白英老人“借水行舟、引汶济运、挖诸泉、修水柜”的建议，戴村坝拦汶河水后，经小汶河到达南旺而流入运河，南旺是运河最高处，这一带号称“水脊”，在小汶河与运河交汇处的丁字口的对岸，修建了一道300米的石护坡，以抵挡汶水的冲击，又在河底部修建一个鱼脊状的石拨，用石拨将汶水分流。可以通过改变石拨的形状、方向和位置来调整南北分流比例。“七分朝天子、三分下江南”（毛泽东语）就是这样得来的，还设置马场、南阳、蜀山、马踏、安山五个水柜，南旺分水口建成后，为节约水源，在分水口南北设置了十里闸和柳林闸，控制南旺分水，当运河水不足时，开启十里闸，关柳林闸，开水柜放水，水随着船北去。

控制河中泥沙技术。本段运河水源不足，经常借用黄河水来补充运河水源，且运河徐州段借用黄河河道，黄河中泥沙含量高，造成运河泥沙淤积，严重影响了运河河道的畅通。白英老人主要是抓住了“引、蓄、分、排”四个环节，实现了蓄池适宜、运用有方。主要方法：一是利用临河洼地、水柜沉沙，把引来的汶水导入洼地、水柜后，等沉淀、澄清后再流入运河；二是对运河定时的疏浚，分为大浚和小浚，大浚间隔二至五年不等，小浚一年一修。还在兖州、青州、济宁州挖泉300余处，分5支水系汇入运河，来解决水源不足的问题。民国初年，美国水利专家方维赞叹说：“此种工作，当十四五纪世纪工程学的胚胎时期，必视为绝大事业。彼古人之综其事，主其谋，而遂如许完善结果者，今我后人见之，焉得不敬而且崇也。”

2. 重心区文化景观

（1）运河民俗文化景观

民风。济宁、枣庄本是儒家文化发源地，但运河开通后，南北不同的文化在此交流融合，民风发生了转变，人们开始逐末趋利、生活浮华奢侈、伦常失序、赌博嗜酒之风盛行。峄县在明弘治、正德以前“人情简朴，务稼穑”，正德以后风气渐变，明嘉靖、万历年间已变得“民弃本

业好浮游”[①]。清康熙《邹县志》载：“邹人东近沂泗，多质实；南近滕鱼，多豪侠；西近济宁，多浮华；北近滋曲，多俭穑。”济宁“河漕要害之冲，江淮百货走集，多贾贩，民竞刀锥，趋末者众”[②]。济宁城还流传着“济宁州太白楼，三岁小孩操老头”，“操”指的是戏弄、捉弄，和《三字经》的“融四岁，会让梨”形成很大的反差。在嘉祥、汶上、梁山还常见有斗禽、斗羊、斗鹌鹑，斗蟋蟀在济宁极为常见。该地区暴动和起义也不断，形成了剽悍尚武之风，受梁山造反、义和团、大刀会、王伦、王则起义的影响，由重文轻武转化为重武轻文。明清时期，济宁武举人和文举人的比例为2.38 ：1。远远高于山东省的武举人、文举人的比例0.57：1。[③]

商业习俗。济宁作为重要的水旱码头，商贾云集，久而久之在各行业中形成了一些商业习俗，为避免外人摸清底细，在货物名称和价格上出现了行话或暗语交易。粮行的暗语是：尖、哑、言、风、土(摩)、涝、翘、湾9个字代替1至9个数码。如小麦3元6角1斗，称为“言涝子钱”；红粮20元1石，称“大哑巴钱”。油行和粮行暗语相通，只是货物名称上另出花招。花生油称为“大个子”；棉油称“老黑”。中药行有“三鬼”，“鬼话”代表暗语，“鬼名”代表物名，“龟价”代表价格。杂货及北果行的暗语与粮行相通，就是商品名称不同，如花椒叫铃铛；核桃叫响子等。皮货行、丝绸行、铜器行都有自己的商业暗语。

庙会。该区域庙宇众多，庙会也多，“庙会是一种以庙宇为依托，在特定日期举行的，集祭祀神灵、交易货物、娱乐身心于一体的集会，它涉及民众的经济生活、休闲生活和各种公共生活，满足了民众的多种需求，对民众的生活发挥特有的功能”[④]。如济宁的夏镇泰山庙会、南阳夜市、长沟大集、寿张集古会等，徐州的云龙山庙会、泰山庙会、子房山庙会、窑湾夜猫集等。

---

① 《古今图书集成·职方典》卷230《兖州府风俗考》。

② 乾隆《济宁直隶州志》卷2《舆地·风俗》引万历志旧文。

③ 王云：《明清以来山东运河区域的嗜酒与尚武之风》，《东岳论丛》2009年第3期。

④ 李永菊：《庙会的文化功能分析》，《湖北省社会主义学院学报》2003年第6期。

（2）运河曲艺文化景观

山东梆子是汶上梆子和曹州梆子会合而成，吕剧的源头之一就是鲁南琴书，京城传来的八角鼓，山西传来的枣帮，洪泽湖传来端鼓腔、拉魂腔，苏、鲁、豫、皖边界有“四平调”、“肘股子”，这些曲艺在济宁、汶上、微山、滕州、枣庄等地，经过改造糅合后，在运河两岸流传。[①] 济宁的戏楼较多，民国初至新中国成立前夕，就建立了育华舞台（1915）、逢春（1920）、书带草亭（1913）、同乐（1923）、新舞台（1924）、长春（1928）、四海春（1930）、福寿（1913）、进德会（1935）、中华（1935）、同庆（1939）、娱民（1946）、庆丰（1947）等10余处戏院。[②] 仅汶上县就很多，如明永乐年间的土地庙戏楼、嘉靖三十七年（1558）的城里关帝庙戏楼、万历三十六年（1608）的南旺分水龙王庙戏楼，以及明末清初的卧佛山、城隍庙、李官集等戏楼。运河沿岸的鱼台、邹县、滕县、峄县都有很多的演出场所。从这些戏楼的数量和可以看到，济宁地区戏曲文化的发达程度。徐州地处“五省同衢”，处于齐鲁文化、中原文化、荆楚文化的交汇点。泗水、汴水、运河贯通其地。商贾僧侣、文人墨客、官吏迁客带来了南北不同类型的民间工艺，与徐州本土文化结合，产生了多姿多彩、各具特色的民间工艺品，生动地展现了徐州独特的风俗和深厚的文化氛围。主要曲艺文化景观有济宁八角鼓、济宁扬琴、嘉祥唢呐、汶上梆子、台儿庄运河花鼓、徐州铜山丁丁腔、徐州柳琴戏等。

（3）街巷名文化景观

济宁段处于大运河的中段，且地势海拔最高，是京杭运河的交通枢纽和水旱码头，文化昌盛、经济发达，不仅成为鲁西南经济、文化中心，而且是漕运管理中心，城市规模不断扩大，使济宁的街巷布局、命名也随之改变，折射出浓厚的运河文化气息。

济宁城内“公署特多于他郡”，有72衙门之称。元代，在此设立漕运司、都水监等官署，负责河南、山东漕运和河道管理；明代设有济

① 山东省济宁市政协文史资料委员会：《济宁运河文化研究》（一），山东友谊出版社2002年版，第73页。

② 王传友：《济宁戏曲与戏剧家孔尚任》，参见于德普编《山东运河文化文集（续集）》，齐鲁书社2003年版，第633页。

宁卫；清代设有河道总督。因此，一些街巷以管理运河的官署命名，如南察院街与北察院街，为清代河道督察院驻地；院门口、院前街、院后街，以清代总督河院署得名；临清卫街，以卫守备命名；鼓手营街，以清代河院、河道两署官用乐队所在地得名；御米仓街，以皇粮的官仓驻地；还有州后街、县衙街、厅后街、小校场街、杨翰林街、考棚街（考院街）、马释桥街、马家大院、城隍庙街、龙行胡同，等等。

运河的畅通，各地商贾云集，济宁成为“百货萃聚”的商业大都市，各地货物聚集在此，行业众多，为了交易的方便，形成一些新的按行业分类的街巷，这些新的街巷多以商品门类命名。如竹竿巷，以销售竹器而命名；果子巷，以售干鲜果品而得名；馓子胡同，以油炸馓子命名；姜店街，以买卖黄姜得名；鸡市口街，以鸡鸭市场得名，后改名吉（鸡）市口街；瓷器胡同，以售瓷器得名；皮坊街，以聚集皮货加工作坊得名。此外，还有打绳巷、大油篓巷、烧酒胡同、银子胡同、柴禾市街、炉坊街、纸坊街、糖坊街、杀猪街，等等。从街名可见济宁经济的发达程度。这种同行集中的街道，促进济宁商业、手工业规模的扩大，有利于提升各行业技术的水平和相互交流。

本段运河地形复杂、重要，建有很多的桥、闸、码头等水利建筑，很多街巷以运河河道和运河工程命名。坝口街、顺河外街、顺河门街、南岸街是以位于运河的位置得名；河湾街，因紧邻运河，河岸弯曲而得名；小闸口上河西街、小闸口下河西街、大闸口河北街、小闸口街、大闸口街，均以运河河闸命名。此外，还有河晏门街、越河街、草桥口、武泰闸、济安桥街等。

这些街巷名称反映了古代济宁城的城市格局，政治区和商业区分开，政治区都分布在旧城区的中心地带，街巷多以官府、庙宇命名，商业区分布在旧城区区外，多以商品种类命名。以运河命名的街巷也勾画出了大运河在济宁城的走向。从这些街巷名称，可以想象出当年济宁衙门林立、商业繁荣、文化昌盛的场景。

3. 辐射区文化景观

（1）运河饮食文化景观

饮食文化包括菜肴文化、茶文化、酿造文化、小吃文化等。饮食文化景观“主要是指以菜肴、用餐器具和餐馆等物质形态为载体，并结合

了饮食习惯、饮食观念和饮食习俗等非物质文化所体现的景观”[①]。济宁、徐州因发达的漕运经济，南北不同的客商把他们的饮食文化带到这里，形成独特的运河文化饮食景观。

菜肴文化景观。明清时期，济宁商业发达、文化交流频繁，济宁的饮食文化既有北方的持重和豁达，又有江南文化的灵活和务实。清朝时，济宁饮食业户多达600余家，其中，饭店、菜馆逾百户，经营面食和各式小吃者500余户。[②] 济宁城里经商者较多，他们因经商早晨来不及做早点，形成了上街买小吃的习惯，济宁的小吃融会南北风味，有甏肉干饭、小笼蒸包、甜沫、熬鱼汤、黄米炸糕等。济宁菜独具湖鲜风味，因运河畅通南北商旅云集，菜品兼收南北所长，精益求精，独具一格。流传至今的品种有：糖溜鲤鱼、炒核桃鸡、清炖全鸭、八宝布袋鸡、八宝圆鱼、原汁虾仁、炸虾排、奶汤鳜鱼、黄焖全鸡、罗汉面筋等。此外，沿湖地区研创制作的“霸王别姬”，已成为济宁地区特有的上等菜。徐州“把南甜北咸、东辣西酸、南米北面、南茶北酒的地域差别融为一体，形成了不南不北的饮食文化”[③]。饮食种类繁多，素有“一粥、三汤、五菜、八点、十二馔”之说，三汤指的是陀汤、辣汤、丸子汤，五菜指的是熟菜(以卤制猪头、猪蹄为主)、牛肉、胭脂野鸭、卤制狗肉、烧鸡，八面点为八种大众面食，有烙馍、壮馍、油煎包、黄米面枣糕、豆腐卷、油酥火烧、方酥、水饺，十二馔为十二道地方名菜。[④]

茶文化。茶文化在济宁地区也表现突出。济宁是鲁西南地区最大的茶叶集散市场，茶馆、书棚、饭馆在运河两岸鳞次栉比，济宁茶以青茶为主，茶类也很有讲究，有“夏喝龙井，冬喝大方，不冷不热喝旗枪”的习俗。较有名的茶馆有小土山的“四海春茶园”、“耳朵眼茶园”、“玉仙亭茶园”，大闸口的“大兴楼”、“第一楼”等，这些茶馆也促进了曲艺的发展，茶馆往往是戏剧票友聚集的地方，一边品茶，一边赏戏，如“大兴楼”就是京剧票友之家。曲艺节目的兴盛也促进了茶馆

---

① 蔡晓梅等：《广州饮食文化景观的空间特征及其形成机理分析》，《社会科学家》2004年第2期。

② 满长征：《弘扬运河文化，振兴运河餐饮》，《运河文化研究》2004年第1期。

③ 江苏政协：《徐州民俗择要》1999年第1期。

④ 刘勇：《徐州饮食文化的意蕴》，《美食》2004年第5期。

生意的红火，运河文化巨大的融合力，最终集合了各种不同类型的曲艺在此交融。[①]

服饰文化。大运河开通后，随着经济的发展，人们打破明朝政府的规定："凡官民服色、冠带、房舍、鞍马，贵贱各有等第，上可以兼下，下不可以僭上。"[②] 人们追求个性发展和享受生活，在衣食住行方面追求浮华奢侈，服饰上，文士高官冠带，就连"负贩舆卒之子，一旦获多金、掘厚藏，辄服饰戴貂，扬扬夸耀市井间，绝不知其荡检越分"[③]，完全打破了服饰不可僭越的等级规定。对此，不少方志叹曰："闾阎服饰，恣所好美，益僭滥无限度。男子冠巾丝履，妇女珠翠金宝，绮縠锦绣罗纨……此皆五十年前所无也。"[④] 受大运河的影响，人们的服饰更加多样化，南北不同地区、不同民族的服饰都可以在此见到，运河带来发达的经济基础也为服饰文化多样化、高档化奠定了坚实的基础。

（2）手工艺技艺文化景观

嘉祥鲁锦。做工精细、图案复杂，形象逼真，创作出《八砖》、《十样景》、《外廊城、里廊城、当中坐着小朝廷》等精美图案。

窑湾绿豆烧。窑湾绿豆烧产生于清康熙年间，又有"金箔酒"、"辣黄酒"、"墙缝酒"等名称。名为绿豆烧，并不是绿豆制品，是康熙皇帝根据酒色命名的，以大麦、高粱为原料，优质酒曲为酒基，加入红参、当归、砂仁、杜仲等40多味名贵中药材，并辅以冰糖、白糖等原料，使其不仅味道甘醇，且有一定的保健功效。窑湾绿豆烧呈金波绿色，宛若绿豆汤，故名"绿豆烧"[⑤]。窑湾绿豆烧，既具有白酒之醇烈，又有果酒之香甜，且兼药酒之滋补，别有风味。不仅有祛湿、舒筋、活血、开胃、健脾、补肾等功效，还对妇科病、风湿、高血压、冠心病有独特的疗效。所以有"喝了窑湾绿豆烧，无需看病病自清"的说法。[⑥]

---

① 济宁市市中区政府网：http：//www.jnsz.gov.cn/ModuleLYZK/Info/Content.aspx？LabelId=97&InfoId=51953。

② 《大明会典·礼部二》。

③ 《古今图书集成·职方典·兖州府风俗考》。

④ 高建军：《明清间济宁运河民俗之裂变》，参见孙宝明、程相林主编《中国运河之都高层文化论坛文集》，山东人民出版社2007年版，第224页。

⑤ 新沂市窑湾镇政府网：http：//www.ywgz.gov.cn/yw/tc/1610218.html。

⑥ 孟丽：《徐州非物质文化遗产资源状况》，徐州师范大学硕士学位论文，2009年，第42页。

邳州年画。主要分布在邳城镇口村、戴圩镇楚埠村、岔河镇良壁村、港上镇冯家村、官湖镇丁楼村、四户镇竹园村、铁富镇南冯场村、土山镇包庄村等数十个镇村。兴于唐，成熟于宋代，明清时期极盛。明清时期，邳州年画已经流行邳州全境、黄淮流域。沂河、泗水、汶河在邳州合流，全国客商云集于此，邳州伽口、官湖、邳城、四户、港上、窑湾、土山等地均开设了数十家各具特色的年画作坊，南来北往的船只和客商带来的各地特有的文化艺术形式，纷纷融进了年画中，促进了邳州年画的发展，使邳州年画进入了空前的繁荣阶段。1991 年，邳州市被国家文化部命名为“中国现代民间绘画之乡”。邳州年画的内容涉猎广泛，早期的年画多为驱邪纳祥、祈福免灾和欢乐喜庆、装饰美化环境的节日风俗活动而作，所以多以神和佛像为主。近现代，邳州年画题材不断扩大，更加贴近生活现实，少了宗教信仰形象，多是美化装饰图案，反映民风民俗、劳动场景等，表现了人们对美好生活的追求。邳州年画的绘画形式和技法多种多样，据《邳州志》载：清乾隆年，邳州进士陈略著民间文学《胡打算》记：邳州绘画八绝，有吴义的花（牡丹）、邓林的翎毛（八哥鸟）、温广业的人物（刘海戏金蝉）、花寒的书画、桌子的条幅画等堪称绝品。现代绘画形式更加多样，有手绘、半印半绘、木版手工印刷、机器印刷、刻纸彩绘等。邳州年画画风自成一体，具有淳朴厚重、色彩泼辣、颜色对比鲜明、造型粗犷、用笔豪放、视觉冲击力强的特点，同时又有浓郁的乡土气息和鲜明的时代感。诗画结合是邳州年画的表现特色之一，画中有话、话中有意，诗画结合，表达了作者对生活的真切感受，充满生活气息。

第五章

运河文化景观变迁驱动与特征

运河文化景观的兴衰更迭受所处的社会环境和自然环境双重制约，社会的繁荣昌盛，运河文化景观的建造也就更加积极，保护也较完善；反之社会动荡、自然灾害频繁，文化景观得不到有效保护和修复，渐趋凋零损毁。运河文化景观的命运逃脱不了兴盛—损毁—衰败—修复—繁盛的历史轮回。

第一节　扬州运河文化景观变迁

一　扬州运河文化景观变迁的趋势

（一）近代以前扬州运河文化景观的兴衰更迭

1. 明清以前运河文化景观的更迭

扬州运河文化景观自吴王夫差挖掘邗沟起，经隋炀帝开挖的山阳渎，至元代奠定南北走向的大运河，景观资源逐步累积。扬州现存的著名运河文化景观有西汉时修建的道教场所蕃釐观、南北朝时期的佛教场所大明寺、南宋时期修建的伊斯兰教仙鹤寺。隋唐宋元时期，运河建造技艺在前代堰埭的基础上得到提升，出现了斗门、船闸、归水澳技术。自从隋炀帝时建好以东都洛阳为中心的南北大运河，扬州成为炀帝魂牵梦绕之所，为实现梦想，炀帝在位期间三次巡幸江都（扬州），排场仪式气势恢弘，“龙舟四重，高四十五尺，长二百丈。上重有正殿、内殿、东西朝堂。中二重有百二十房，皆饰以金玉……又有漾彩、朱乌、苍螭、白虎、玄武、飞羽、青凫、陵波、五楼、道场、玄坛、板舱、黄蔑等数千艘”①。隋炀帝在扬州建有皇帝行宫，如江都宫、临江宫、迷楼、山光寺行宫、禅智寺行宫等，这些宫殿景观随着隋王朝的土崩瓦解纷纷烟消云散，留下为数不多的隋代运河文化景观，如栖灵塔、炀帝陵寝、吴公台、雷塘、高旻寺、铁佛寺、莲性寺、救生寺、隋炀帝陵雷塘传说、琼花仙子传说等。唐代扬州的经济在隋末的战争中迅速恢复成为

① （宋）司马光：《资治通鉴·隋纪四》卷180，改革出版社1993年版，第3767页。

中国的经济大都市，“扬一益二”便是对扬州经济的盛誉。唐代扬州运河文化景观在隋代的基础上取得大发展，宗教文化景观有西方寺、地藏庵、开元寺、龙兴寺、卧佛寺、镇国寺、古木兰院、槐古道院、唐昌观等；唐代扬州的魅力使得文人墨客沿运河南下或北上扬州，留下大量脍炙人口的名诗佳作。宋代扬州作为淮左名都、竹西佳处，留下了著名的运河文化景观，如平山堂、移建古木兰院、仙鹤寺等；同时在民间手工技艺方面也有诸多创新，如玉器镂空圆雕技法、髹漆雕刻艺术、印刷技艺等。元代扬州的运河文化景观相对较少，但也留下了一些珍贵的文化景观如观音山寺；元代的散曲为扬州本土的清曲发展提供了沃土。

2. 明至清中叶时期运河文化景观的鼎盛

明清时期，扬州运河文化景观随着扬州城市经济的繁华进一步发展。明清扬州尽占漕盐之利，皇帝的南巡加速了扬州的城市繁荣，以盐商为主体的城市阶层大规模地建筑园林私家别墅，捐建宗教文化景观，追逐锦衣玉食、精致生活，由此推动扬州民风趋于浮华逐利。这一时期，传统非物质文化技艺得到巨大发展，如玉雕技艺、雕版印刷技艺、漆器技艺、剪纸技艺、戏曲等。明清时期扬州兴起的蓄家班，一为自娱，二为取悦皇帝官宦，如明汪季玄家班、张永年家班、清程梦星家班、曹寅家班、江春春台班等。扬州园林的发展在明清时期进入了鼎盛阶段，官宦、盐商、名人广筑名园，诸如康山草堂、棣园、休园、影园、瘦西湖园林二十四景、小玲珑山馆、壶园、萃园等。运河在明清两代的功用超越了前代，治运名臣不断涌现，淮扬运河更是朝廷水利技术推广运用的示范区，明成化十四年（1478），郭升仪建造罗泗、通济、响水、东关四闸于仪征外河，万历年间在邵伯运河上修建邵伯六闸。清代前中期，康熙、乾隆南巡视察运河水利，驻跸扬州留下了大量的景观，如高旻寺行宫、天宁寺行宫、塔湾行宫、锦春园行宫、御码头等；同时，他们游览扬州名胜雅兴颇高时挥毫泼墨留下大量墨宝。清代盐商在追求戏曲和园林的享受时，美食的魅力令其无法拒绝，盐商的孜孜以求促成淮扬菜系的诞生，使其跻身于中国四大名菜之列。扬州在明清两朝的繁盛，拥有足够的资本重建或修复前代损毁的景观，现今扬州保存下来的景观以清代居多。

（二）晚清至民国时期运河文化景观的衰败

晚清以来，扬州盐商赖以生存的盐业经过两江总督陶澍的盐政改革取消其垄断地位，大量盐商纷纷破产衰落。扬州成为清朝和太平天国的必争之地，作为战场的扬州城陷入了凋零的状态。清政府忙于镇压太平天国运动，运河自然无暇顾及，导致扬州运道淤塞，商旅改道。铁路作为近代工业社会的标志之一，其快速便捷的运输令运河运输难以企及，漕粮海运取代运河的主要职能，使扬州的运河经济彻底没落。"同治初年，曾国藩、李鸿章和马新贻诸人，相继将票法参以纲法，借以招徕新商。磋商垄断盐利的情形，又死灰复燃，盐商借此起家而囊丰箧盈者亦不乏其人。"① 这一时期发家的廖可亭、汪鲁门等盐商在扬州建有盐商大院，依然建有联络乡谊洽谈生意的会馆。山陕会馆、四岸公所、安徽会馆、岭南会馆等都是晚清扬州盐业昙花一现时出现的商业设施。晚清虽然扬州城市整体呈衰落趋势，但是凭其影响力，还有一批官宦在此筑园，如湖北汉黄德道台何芷舠的寄啸山庄，江西吉安知府何廉舫的壶园、两广总督周馥的小盘谷等。晚清至民国，扬州出现了新的宗教宗教文化景观，即基督教、天主教文化景观，如一些教堂的建造和宗教信仰的传播。民国期间，大小战争不断，对扬州的运河文化景观带来巨大的灾难，如北伐战争、日本侵华战争、解放战争等。

（三）新中国成立以来运河文化景观的恢复和繁荣

新中国成立之初，百废待举，国家投入大量的经费用于修复文物历史古迹。扬州市采取积极措施修复市内的运河文化景观，20 世纪五六十年代相继改造了运河上的水利设施，兴建了江都水利枢纽、入江系列船闸以及施桥、邵伯等运河船闸，开挖疏浚运河航道，使运河在新的历史时期焕发青春。当时的市政府修复何园、修缮瘦西湖景区。"大跃进"时期因对一些文化景观的认识偏差，古城墙、梵行寺、岭南会馆等遭拆毁，

① 王振忠：《明清徽商与淮扬社会变迁》，生活·读书·新知三联书店 1996 年版，第 161 页。

还有一些盐商住宅园林被占用，如何园被无线电厂占用、个园被剧团占用、汪鲁门宅院被医药公司占用。但有相当数量的非物质文化景观因政府的弘扬而得到长足发展，如新中国成立后成立了曲艺团、工艺社、扬剧团等。

“文化大革命”期间的“破四旧”运动使物质文化景观遭人为破坏，特别是宗教文化景观遭到了毁灭性的破坏，如皇帝行宫高旻寺、瘦西湖莲性寺、旌忠寺、琼花观、天主堂等；部分非物质文化景观因一些传统庙会的取缔、风俗的改造纷纷消逝。

20 世纪 70 年代末以来，国家在发展经济的同时，大力弘扬社会主义文化建设，文化景观的修缮得到重视，国家为此建立了一套完善的文物保护措施。国家文物局自 1961 年公布第一批全国重点文物保护单位以来，1982 年第二批、1988 年第三批、1996 年第四批、2001 年第五批、2006 年第六批，目前第七批还在申报过程中。扬州已有何园、个园入选第三批全国重点文物保护单位；隋至宋扬州城遗址、高邮盂城驿入选第四批全国文物保护单位；高邮龙虬庄遗址、普哈丁墓入选第五批全国文物保护单位；莲花桥和白塔、吴氏宅第、大明寺、小盘谷、高邮当铺、朱自清故居、京杭运河入选第六批全国文物保护单位。江苏省对省内的文物也做了同样的普查确定省级文物保护单位，省政府在 1982 年公布《关于重新公布江苏省文物保护单位的通知》，截至 1995 年 4 月 19 日，扬州市共有 23 处省级文物保护单位。[①] 2007 年，扬州“全市现有经各级人民政府公布的各级文物保护单位共有 330 处（不含国保单位大运河扬州段），其中全国重点文物保护单位 12 处，省级文物保护单位 34 处，市级文物保护单位 143 处，县级文物保护单位 141 处”[②]。改革开放以来，党和政府对非物质文化遗产的关注超越了以往任何时期，运河非物质文化景观也得到重视，运河区域的民间技艺、风俗信仰得到政府的保护和提倡。扬州多项技艺、民俗入选国家级或省级非物质文化遗产的保护行列。

---

① 中国遗产网：http：//www. ccnh. cn/bl/wxyc/wenbml/3261123042. htm。

② 扬州政府网：http：//www. yangzhou. gov. cn/xwfbh/meet_ news. php? type =0&id =7。

二　运河文化景观兴盛原因分析

（一）明清以前

1. 地理位置因素

扬州在农业经济时代，以其独特的地理位置，成为水路、陆路交通的枢纽，成为沟通江淮流域、长江流域、黄河流域的便捷通道。扬州东濒大海、南临长江、运河绕城而过，作为淮南盐业的主要产地，两淮食盐沿运河聚集到扬州然后沿江沿运转运到其他口岸。春秋时期吴王夫差开凿邗沟使扬州成为依赖运河交通的城市，西汉分封广陵的刘濞充分利用扬州的区位优势和自然资源即煮海为盐、开矿铸钱、大力发展农业和工商业，带来了扬州城市第一次大发展，使刘濞“富埒天子”①。隋炀帝开凿贯通的南北大运河，使扬州与东都洛阳、西京长安建立了便捷水上通道，炀帝的频频南下江都巡幸，促进了扬州商市繁盛，贾客蕃宾纷至沓来，寻求贸易先机，文化景观的建造以皇帝的行宫别苑为主、水利建设为辅。唐代之前，运河的功能基本以政治和军事为主，扬州城址基本选在蜀岗；唐代漕运的兴起，扬州城有向运河边发展的趋势；宋元时期，扬州城址突破蜀岗制约，建到蜀岗之下，便于运河的辐射。唐宋元三代扬州作为对外贸易的港口，使臣、外商、学者、僧侣等由长江口抵扬再沿运河北上京师，运河的对外交流功能在逐渐增强。

2. 政治经济因素

扬州从汉代开始一直是封国和江淮地区的政治中心，发展一直领先于区域其他城市。西汉建国之初，扬州始封吴国；七国之乱后改封为江都国和广陵国。东汉以来作为广陵郡的郡治所在，隋设江都郡于此，唐代在此设有扬州大都督府和淮南节度使于扬州镇守江淮地区，宋代扬州作为淮南道和淮南东路的驻节地统领江淮东部地区，元代扬州更是中央统治全国的战略要区之一，作为区域首府的驻地。区域政治中心的地位推动扬州城市经济的发展，唐代扬州“淮海奥区，一方都会。兼水漕陆

① （东汉）班固：《汉书》卷24，《食货志四下》，中华书局1962年版，第1157页。

挽之利，有泽渔山伐之饶。俗具五方，地绵千里”①。“唐世盐铁转运使在扬州，尽斡力权，判官多至数十人，商贾如织。故谚称扬一益二，谓天下之盛，扬为一而蜀次之也。”② 唐代漕运在安史之乱后成为中央王朝的基石，国家经济重心已转到江淮和太湖流域，中央往往委派重臣掌治漕运；代宗时期，朝廷委任刘晏，刘晏在扬州担任转运使管理漕运和盐运时采取“江船不入汴，汴船不入河，河船不入渭。江南之运积扬州”③，分段运输和节级运输的办法，提升漕船的运输效率。扬州作为中央设在江淮地区的重镇，肩负着江浙经济重心与京师政治中心的衔接。陈寅恪先生在讨论唐王朝在安史之乱和藩镇割据的打击下未能垮台的原因时说道“唐代自安史乱后，长安政权得以继续维持，除文化势力外，仅恃东南八道财赋之供给”④。唐代支撑扬州繁荣的另一重要资源便是盐业，扬州作为淮南盐场的所在地，自然收获颇丰。宋代，扬州运河成为衔接汴渠和江南运河的关键所在，“汴渠岁运江、淮米五、七百万斛”⑤，江淮经济的高速发展使其成为宋王朝的立国之本。宋代淮南盐务机构设有通州丰利监和泰州海陵监分别辖盐场7座和8座。南宋时期扬州管辖的淮南盐场是国家财赋的重要来源，“今日财赋，鬻海之利居其半”；“国家鬻海之利，以三分为率，淮东居其二”⑥，远销江南、荆湖等路。元代扬州经济在饱受战争创伤后逐步恢复，最终发展成为鲜于枢笔下的“淮海雄三楚，维扬冠九州”。

3. 人文历史因素

扬州城市以悠久的历史著称。“唐代以前的扬州城市的主要功能，一直局限在军事政治方面，故其经济、文化的发展十分微弱。”⑦ 扬州所处的江淮区域一直为南北政治势力和地方割据势力争夺的焦点。唐代运河经济的兴起，使扬州成为东南的第一大都会，超越天府之国的成都地区登上全国经济大都市之首，经济的繁荣促进了文化的发展。扬州成为无

① （唐）陆贽：《陆宣公集》卷9，浙江古籍出版社1988年版，第76页。

② （宋）洪迈：《容斋随笔》卷9，《唐扬州之盛》，中华书局2005年版，第79页。

③ （宋）欧阳修：《新唐书》卷53，《食货三》，中华书局1975年版，第1368页。

④ 陈寅恪：《唐代政治史述论稿》，上海古籍出版社1982年版，第20页。

⑤ （元）脱脱：《宋史》卷93，《河渠志·汴渠》，中华书局1985年版，第2318页。

⑥ （元）脱脱：《宋史》卷182，《食货志下四》，中华书局1985年版，第4454—4455页。

⑦ 傅崇兰：《中国运河城市发展史》，四川人民出版社1985年版，第397页。

数文人仕子的梦想之地，留下了众多歌咏扬州的佳作名篇。李白、孟浩然、白居易、杜牧、李绅、徐凝、张若虚等著名诗人纷纷驻足于此写下脍炙人口的佳作，如李白的《送孟浩然之广陵》："故人西辞黄鹤楼，烟花三月下扬州"；徐凝的《忆扬州》："天下三分明月夜，二分无赖是扬州"；杜牧的《寄扬州韩绰判官》："二十四桥明月夜，玉人何处教吹箫"等。宋代文豪欧阳修、苏东坡、王安石、黄庭坚等更是挥毫泼墨，抒发对扬州胜景的感慨和豪情；南宋词人姜夔、辛弃疾笔下的扬州则多了对往日繁华的追忆，表现了对宋金战争中满目疮痍的扬州的哀伤之情和金戈铁马的豪放之意。唐宋时期是中国文化发展的一个高潮，"以诗词字画和其他文学艺术作为对扬州城市发展的反映而论……唐宋时期反映扬州城市的作品多偏重于扬州城风物的描写"①。唐宋时期扬州形成的运河文化景观得益于扬州文化氛围的浓厚和对外交流的通畅，唐代日本的遣唐使、鉴真东渡日本、朝鲜半岛的来华学者、大食商人等得以在此双向交流。同时，这一时期伊斯兰文化传入扬州，使佛教、道教、伊斯兰教文化景观在扬州并存。

（二）明至清中叶

明清扬州"以地利言之，则襟带淮泗，锁钥吴越，自荆襄东下，屹为巨镇，漕艘贡篚，岁至京师者必于此焉是达。盐策之利，邦赋攸赖。若其人文之盛，尤史不绝书"②。明清扬州以其漕运咽喉和盐运集散地等优势迅速在经济上崛起，清代帝王的南巡更是将扬州的城市建设推向高潮，整个城市弥漫着一种纸醉金迷、追求享乐、崇拜财神的社会习气。扬州作为江淮中心城市，周边资源要素向府城汇集，文化教育事业获得巨大发展；漕运使得南北商货云集，市场繁荣；盐务获利颇丰为城市建设和刺激消费提供了支持，催生扬州服务业的兴盛。

1. 区域政治经济中心的文教昌盛

明清扬州作为江淮流域的重镇，设有府衙、盐运使衙门、盐漕察院等机构，能够有效聚集各方求学士子，并为其提供良好的求学环境和生

① 傅崇兰：《中国运河城市发展史》，四川人民出版社1985年版，第399页。

② （清）阿克当阿修、姚文田等纂：嘉庆《重修扬州府志》序，广陵书社2006年版，第1页。

活资助。从明代宗景泰六年（1455）担任扬州知府的王恕创办资政书院起，之后历代书院建设从未间断。清代扬州书院达到鼎盛，柳诒征在《江苏书院志稿》中认为："两淮盐利甲天下，书院膏火资焉。故扬州之书院，与江宁省会相颉颃，其著名者有安定、梅花、广陵三书院，省内外人士咸得肄业焉。"① 扬州盐商的捐资助学，学生每月得到生活补助安心学业，聘请著名学者担任书院的日常管理和教学工作也是书院发展兴盛的原因之一，同时还不定期举办学术交流活动。"扬州在清代人才辈出，整个清代扬州府进士总数达348名，而且还有11名一甲进士。"②

2. 漕运与扬州商业的繁荣

明代自永乐皇帝迁都北京以后，政治中心由南京转为北京，经济重心依然在长江流域，这使得坐镇北京的天子不得不依靠南北大运河漕运物资维系统治。千里运河成为明以后直至清代中期的生命线，运河不但在南粮北运，而且在物资调节方面发挥着重要作用，人员流动方面提供重要的运输便利。扬州兼具运河、长江之利，江浙漕粮沿江南运河北上与长江中游的湖南、湖北、江西等地的漕粮顺江东下共同汇集于扬州运河，这为扬州商贸的发展提供了基础。明清政府为了调动运丁的积极性和提高工作效率，允许漕船携带一定量的免税土宜。所谓土宜便是各地的土特产和商品，能够用于市场交换的物品。明代从洪熙时便有此项优惠政策，成化时准每船携带土宜10石，嘉靖时放宽到40石，万历时定为60石，违限的部分予以没收。明代中期漕船夹带的土宜数量增多，反映了商品经济的快速发展。漕船实际上起着商业团队的作用，沿运河运销各地商品，促进了运河沿线商品经济的发展。清代依旧继承了明代漕运制度，雍正七年（1729），可带100石；嘉庆年间增至150石；道光年间增至180石。明清漕船在携带土宜方面逐渐放宽，这使得南北商货沿运河流入扬州商品市场，如南方的棉布、绸缎、铁器、纸品、竹木等手工业产品和北方的棉花、豆麦、鲜干果品等农产品。"漕船到水次，即有牙侩关说，引载客货；又于城市货物辐辏之处，逗留延迟，冀多揽货，以博

① 孟宪承等：《中国古代教育史资料》，人民教育出版社1985年版，第279页。

② 王瑜、朱正海主编：《盐商与扬州》，江苏古籍出版社2001年版，第238页。

微利。"[①] 扬州关作为运河七关之一，据统计"经过扬州关的米豆花饼船、枣船、杂货零星船的数量，1758 年分别为 18816、300、26331 只，1759 年分别为 14891、269、30436 只"[②]。扬州城内商铺林立，形成了一系列的专门商品交易场所，如主营绸缎业的多子街、毡帽业的埂子街、竹器业的罗湾街、木器业的湾子街、皮革业的皮市街、珠宝饰品业的翠花街、铜器业的打铜巷等。酒楼餐馆作为服务业的代表集中在虹桥附近，"通州的雪酒、泰州的枯酒、陈老枯酒、高邮木瓜酒、五加皮酒、宝应乔家白酒、绍兴老酒等南北各地名酒，都可在这里买到"[③]。各地商人为了让自己所经营商业在扬州不断壮大以增强商业影响力，团结本乡在扬商人共同创建商业会馆，如主营糖业的岭南会馆、瓷器的江西会馆、湘绣的湖南会馆、木业的湖北会馆、绸布业的浙绍会馆等。此外，茶楼、戏院、浴室、红楼、客栈等服务场所随着市场经济的发展而蓬勃兴起。清代商业会票的实施（类似今天的银行信用卡），为商品流通和交换提供了便利，使商人省去携带大量银钱的困扰。扬州商品市场的繁荣，大量消费群体的存在为扬州本地的手工业迅速发展提供了买方市场。明清时期扬州的手工业包含三大类：一类是特种手工业，如漆器、玉器、镂金器、镶器、刺绣、檀类器物、香粉等；另一类是日用品的手工业，如铜器、纺织、木器、竹器等；再一类是适应文化发展，或保留古代文化需要的手工业，如制笔、雕版印刷等。[④] 三类手工业满足了各阶层的生活需求，第一类满足上流社会的官宦、盐商、富贾、知识分子的需求和外贸需求；第二类为市井百姓的日用产品；第三类满足文人的文化创作需求。

3. 盐务与扬州城建的繁荣

盐务作为国家垄断的资源，是国家税收的主要来源，如何发挥效益最大化是明清两代政府经济政策的重点。明洪武元年（1368），朝廷在两淮盐区设巡盐都御使和两淮都转运使司衙署（驻地扬州），同时在淮安、泰州、通州设立三个分司机构管理两淮 30 个盐场。清代两淮盐场经过裁撤、合并、新开等方式调整为 23 个盐场以利于优化盐业生产。明清两代

---

① （清）赵尔巽：《清史稿》卷 122，《食货三·漕运》，中华书局 1998 年版，第 3584 页。

② 范金明：《明清江南商业的发展》，南京大学出版社 1998 年版，第 57 页。

③ 傅崇兰：《中国运河城市发展史》，四川人民出版社 1985 年版，第 346 页。

④ 同上书，第 335 页。

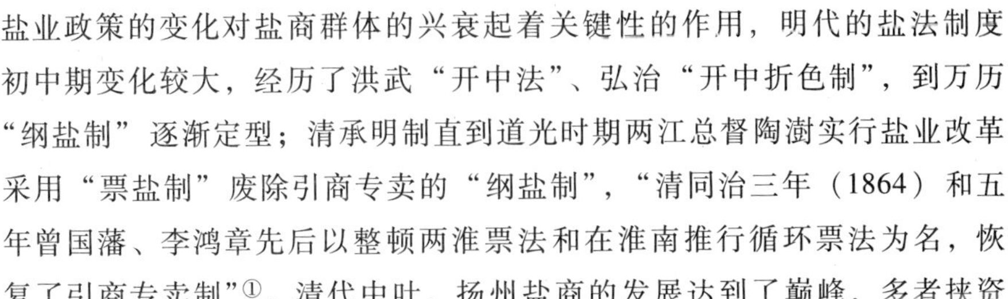

盐业政策的变化对盐商群体的兴衰起着关键性的作用，明代的盐法制度初中期变化较大，经历了洪武“开中法”、弘治“开中折色制”，到万历“纲盐制”逐渐定型；清承明制直到道光时期两江总督陶澍实行盐业改革采用“票盐制”废除引商专卖的“纲盐制”，“清同治三年（1864）和五年曾国藩、李鸿章先后以整顿两淮票法和在淮南推行循环票法为名，恢复了引商专卖制”①。清代中叶，扬州盐商的发展达到了巅峰，多者挟资千万，少者亦一二百万。定居扬州的徽商、山陕盐商将丰厚的盐业利润用于自己的衣食住娱，尤其在建造私家园林方面更是不遗余力，推动了扬州城建的发展。盐商建造园林一为附庸风雅追求生活上的闲适；二为献媚于帝王。以下为清代康乾时期扬州盐商官宦建造的著名私家园林②。

表 5－1　　康熙至乾隆期间扬州著名园亭

园名	园主	朝代	所在地	资料来源
小玲珑山馆	马曰璐	康熙	新城东关街	《扬州画舫录》卷 4
爱园	汪懋麟	康熙	新城东关街	《改亭集》卷 8《见山楼记》
存园	吴尚木	康熙	东郊二里桥	《陆草堂文集》卷 2《存园记》
南庄	马曰琯、马曰璐	康熙	南郊霍家桥	民国《江都县续志》卷 13
东园	乔国桢	康熙	城东南里村	嘉庆《重修扬州府志》卷 30
筱园	程梦星	康熙	保障湖	《平山堂图志》卷 2
万石园	余元甲	雍正	新城康山街	《扬州画舫录》卷 15
东园	贺君召	雍正	保障湖莲性寺侧	《扬州名胜录》卷 3
毕园	毕本恕	雍正	北门外	《扬州画舫录》卷 1
安氏园	安麓山	乾隆	新城东关街	《芜城怀旧录》卷 3
易园	黄晟	乾隆	新城康山街	《扬州画舫录》卷 12
康山草堂	江春	乾隆	新城康山街	《广陵名胜图记》第六
退园	徐士业	乾隆	新城康山街	《扬州画舫录》卷 14
徐氏园	徐本增	乾隆	新城康山西北隅	《扬州画舫录》卷 14
静修养俭轩	鲍志道	乾隆	新城徐凝门内	《履园丛话》卷 20
片石山房	吴家龙	乾隆	新城徐凝门街	《履园丛话》卷 20
紫玲玲阁	江昉	乾隆	倚山南	《扬州画舫录》卷 12
十间房花园	黄履暹	乾隆	新城阙口街	《扬州画舫录》卷 12

① 江苏省地方志编纂委员会编：《江苏省志·盐业志》，江苏科学技术出版社 1997 年版，第 132 页。

② 陈建勤：《清代扬州盐商园林及其风格》，《同济大学学报》2001 年第 5 期。

续表

园名	园主	朝代	所在地	资料来源
容园	黄履昊	乾隆	新城阙口门内	《浪迹丛谈》卷1《水窗春呓》
别圃	黄履昂	乾隆	左卫街	《扬州画舫录》卷12
双桐书屋	张琴溪	乾隆	小秦淮	《履园丛话》卷20
罗园	罗于饶	乾隆	小秦淮	《扬州画舫录》卷6
堞云春暖	江兰	乾隆	小秦淮	嘉庆《两淮盐法志》卷4
卷石洞天	洪徵治	乾隆	小秦淮	《广陵名胜全图》上册
倚虹园	洪徵治	乾隆	小秦淮	《扬州画舫录》卷10
西园曲水	黄晟	乾隆	保障湖	嘉庆《扬州府志》卷4
江园	江春	乾隆	保障湖	《南巡盛典》卷97
四桥烟雨	黄履暹	乾隆	保障湖	《南巡盛典》卷97
长堤春柳	黄为蒲	乾隆	保障湖	《南巡盛典》卷97
韩园	黄为蒲	乾隆	保障湖	《平山堂图志》卷2
桃花坞	黄为荃	乾隆	保障湖	《南巡盛典》卷97
梅岭春深	程志铨	乾隆	保障湖	《广陵名胜园记》第10
临水红霞	周柟	乾隆	保障湖迎恩河岸	《扬州画舫录》卷4
平冈艳雪	周柟	乾隆	保障湖迎恩河岸	嘉庆《两淮盐法志》卷4
邗上农桑	王勖	乾隆	保障湖迎恩河岸	《扬州画舫录》卷4
杏花春舍	王勖	乾隆	保障湖迎恩河岸	《扬州画舫录》卷4
白塔晴云	程扬宗	乾隆	保障湖	《扬州画舫录》卷14
石壁流淙	徐士业	乾隆	保障湖	《扬州画舫录》卷14
锦泉花屿	吴玉山	乾隆	保障湖	《平山堂图志》卷14
春台祝寿	汪廷璋	乾隆	保障湖	《广陵名胜图记》第37
平流涌瀑	汪焘	乾隆	保障湖	《广陵名胜图记》第26
高咏楼	李志勋	乾隆	保障湖	《扬州名胜录》卷15
万松叠翠，春流画舫	吴禧祖	乾隆	保障湖	《平山堂图志》卷2
尺五楼	汪秉德	乾隆	保障湖	《平山堂图志》卷1
双峰云栈	程玓	乾隆	蜀冈东，中峰间	《平山堂图志》卷2
山亭野眺	程颙	乾隆	蜀冈东峰	《广陵名胜图记》第46
十亩梅园	汪立德	乾隆	蜀冈中峰	《广陵名胜图记》第29
南园	汪玉枢	乾隆	南湖	《南巡盛典》卷97
东园	江春	乾隆	天宁寺外	《扬州画舫录》卷4
水南花墅	江春	乾隆	徐凝门外	《扬州画舫录》卷12
漱芳园	汪应庚	乾隆	徐凝门外	嘉庆《江都县志》卷5
深庄	江春	乾隆	城郭	《扬州画舫录》卷12
秦园	秦西岩	乾隆	南郊	《扬州览胜录》卷5
吴园	吴家龙	乾隆	南郊瓜洲	嘉庆《扬州县志》卷1
幽讨园	汪汉杰	乾隆	郊外墨涛庄后	《江都县续志》卷2

沈复曾给扬州园林以高度评价曰："虽全是人工，而奇思幻想，点缀天然，即阆苑瑶池、琼楼玉宇，谅不过此。"[①] 盐商仍在筑园的同时还进行公共桥梁、码头、水渠和道路的捐建，并且修建豪华的御道、行宫、旅游景点。据李斗记载：乾隆南巡至扬州"至此策马由御道幸上方寺。其马头例铺棕毯，奉谕不准红黄等毡，御道用文砖"[②]。扬州地方官吏和盐商为了做好接驾工作可谓是绞尽脑汁，弄得亭台楼榭，精彩纷呈，令康、乾二帝流连忘返。盐商往往抱团发展，利用地缘和血缘为纽带，建设会馆联络乡谊、祭祀神明、洽谈商务。扬州建有湖南会馆、湖北会馆、岭南会馆、旌德会馆、浙绍会馆、山陕会馆、江西会馆等；会馆环聚于盐商聚居的南河下地区。

（三）晚清至民国时期

晚清扬州盐商因曾国藩、李鸿章、马新贻等江苏封疆大吏重新推行纲盐制，一度中兴，但是实力与康乾时期存在天壤之别。扬州目前存留下来的晚清至民国名园多是这一时期发家的盐商或官宦及地方势力的头目所建，如汪氏小苑的园主为盐商、何园园主是退隐官宦、小盘谷园主周馥官居总督、徐园园主是盐枭头目和地方军阀、逸圃为钱业经纪人后转为国民党军长颜秀武门下……扬州运河的水利设施得到了新的发展，采用了新的科技，如邵伯船闸。这一时期，扬州基督教文化景观随着外国入侵势力在中国掠夺的加深，发展异常迅速，基督教各教派纷纷在扬设立自己的传教场所。第一，外来宗教势力有本国外交和武力支持；第二，传教活动取得中国官府的默认；第三，外来宗教具有强烈的感染力，能够吸引百姓入教。扬州的经济从晚清以来呈衰落的趋势，大量艺人远走沪宁等大城市，"扬气"为"洋气"所替代。"光绪末年，声木屡游扬州，往年盛迹，千不存一，颇有憔悴堪怜之感。"[③] 由于盐商群体的没落散去，扬城自此黯然失色，台榭倾，曲池平。

---

① （清）沈复：《浮生六记》，宋凝编：《闲书四种》，湖北辞书出版社 1995 年版，第 201 页。

② （清）李斗：《扬州画舫录》卷 1，《草河录上》，中华书局 1960 年版，第 3 页。

③ 王喻、朱正海主编：《盐商与扬州》，第 215 页。

（四）新中国成立初至今

新中国成立之初，党和政府对毁坏的文化景观进行了修复工作，对江淮运河进行了整治工作，开凿了新的航道，使穿城的运河故道成为文化景观带。

改革开放以来，国家的政治秩序恢复正常，科学发展的思路被贯彻到文化领域，扬州各项文化景观的恢复工作得到有力的理论和政策支持，文化景观的发展渐趋繁荣。从1982年起国家制定文物保护法规到1992年的实施细则，再到2003年新《文物保护法》的颁布，同时评选国家、省市级的文物保护单位，表明国家对文物的保护工作越来越重视。2006年，京杭运河被国家纳入申遗名录使运河文化景观得以受到公众瞩目，并投身于运河文化景观的保护。扬州作为邗沟哺育、成就的运河名城，于2007年举办首届世界运河名城博览会，推动了中国运河名城与世界运河城市的交流与对话，借鉴各城市的保护发展利用的成功经验，对扬州运河文化景观的发展有良好的促进作用。

三　运河文化景观衰败原因探析

（一）近代以前

首先是战争因素。扬州作为江淮地区的南部重镇，战乱时期往往是南北势力争夺的焦点，经常是北方南征或南方北伐的前沿阵地。三国时期，广陵为曹魏占据，作为进攻吴国的前沿阵地点，同时也是与吴国争夺的重点区域，双方的征战导致百姓纷纷逃亡。南北朝时期，刘宋王朝内部叛乱，占据广陵的竟陵王刘诞公开对抗中央政权，孝武帝派大将沈庆之率部征讨。战争过后，广陵城变为废墟。唐代，扬州的运河文化景观因广陵成为全国第一大经济都会而丰富多彩。唐末的藩镇割据，使扬州城毁人亡，各项景观随着城市的毁灭而消失。北宋末年，金兵南下，扬州遭到焚掠，损失惨重，南宋高宗下令焚毁运河水利设施，以阻滞金兵南下，军事职能成为当时扬州城的核心价值。蒙元兴起，江淮一带更

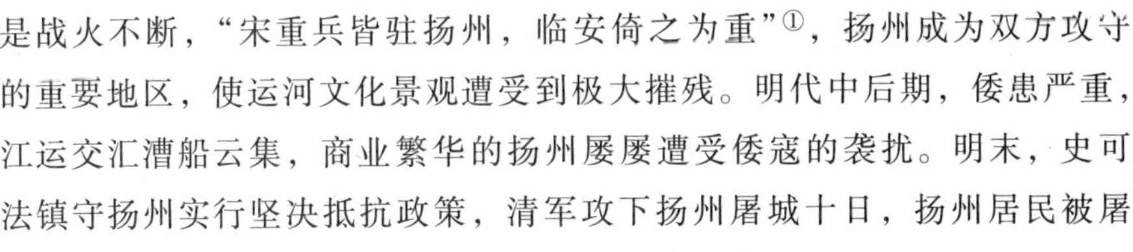

是战火不断，“宋重兵皆驻扬州，临安倚之为重”①，扬州成为双方攻守的重要地区，使运河文化景观遭受到极大摧残。明代中后期，倭患严重，江运交汇漕船云集，商业繁华的扬州屡屡遭受倭寇的袭扰。明末，史可法镇守扬州实行坚决抵抗政策，清军攻下扬州屠城十日，扬州居民被屠殆尽，有80多万人被杀，扬州文化景观再度沦落。

其次是黄河水患。1194年黄河在河南阳武发生了严重的决口，这是黄河水侵扰江淮大地的开始。元代黄河多次发生决口，淮河入海水道被黄河抢占，淮河水系紊乱。明代万历年间，潘季驯采取“蓄清、刷黄、济运”的方法治理运河，修筑高家堰形成人工湖洪泽湖，蓄淮水冲刷黄河的泥沙。里运河北段的清江浦成为治河的关键，里运河能否畅通取决于清江浦治河的成功与否。清代淮扬里运河沿线决堤溃坝屡有险情，归因于黄河时有倒灌致使里运河河身淤垫日高，遇暴雨水流巨大便冲毁河堤，致使里下河沿线成为水乡泽国。近代以前，黄河水患始终得不到有效根治，运河的漕运便因黄河掣肘而无法正常运输，进而影响扬州地区的商贸流通，人员往来，最终波及运河文化景观的建设和维护。

（二）近代以来

近代中国发生的剧变超越之前中国的任何历史时期，中国从康乾盛世的天朝上国坠入受外来侵略势力操纵的半殖民地半封建社会，国家呈衰落趋势。运河作为农业经济时代的运输要道，沿线因漕运兴盛了大批城镇；铁路运输作为近代工业化的产物，以快速便捷安全著称，沿线聚集各种经济要素会聚成新的城镇。中国的自然经济在西方工业化的浪潮拍打之下逐步解体，运河沿线的中国传统商业城市纷纷在工业进程中让位于新兴的沿海通商口岸和交通枢纽城市。国家政局的动荡，战乱频繁导致城市行政执行力和发展政策制定的缺位。在近代社会的大背景下，扬州城市的状况也如此，政治地位的式微，以淮盐为主经济产业链的断裂，传统“T”字形运输水道优势因漕运改为海运亦不复存在。扬州失去先前占有的种种优势，城市也在太平天国战争中遭受重创，周边中心城镇毁为焦土，失去了对周边资源的整合能力。文化景观作为城市的重要

① （明）宋濂：《元史》卷128，《阿术传》，中华书局1976年版，第3122页。

组成部分，也作为展示城市文化的要素之一，它的变化受外部环境的制约，具有鲜明的时代印记。运河是扬州运河文化景观形成的源泉，它的兴衰对景观的影响是直接的，也间接影响到辐射区文化景观。扬州运河文化景观衰落的因素主要可以归纳为以下几个方面。

1. 漕运没落：运河文化景观丧失动力源泉

漕运在近代以前，一直作为南北物资交流的重要媒介，“各区域间的贸易是通过这种河流与河流间形成的‘T’型路线上繁荣兴盛起来的”①。近代以来，由于运河河道的年久淤塞，加上长期借黄济运政策的实施，“运道时有浅涩，不仅运河本身淤垫，沿河湖泊及通运支流淤垫失治，亦为主因”②。运河航道通行能力的减弱，致使清廷于 1902 年宣布结束漕运改为海运，自然对处于这条航线上的扬州城带来负面作用。自此，随着漕运经济的衰退，扬州城失去了往日牵挽往来、百货山列的喧闹。因漕运兴起跃为东南大都市的扬州，在漕运没落的情况下陷入衰败。依靠大量流动人口和顾客的扬州旅馆、餐馆、茶馆、戏楼、浴室等服务休闲场所纷纷歇业关门。扬州运河文化景观因缺少大量外来人口少了活力，文人雅士的止步，使其缺少了才气；商旅的裹足，使其缺少了财气，全城的文化景观丧失了原动力。漕运衰落是一个缓慢的历史过程，它的衰落与当时的社会政治环境、经济环境、自然环境等因素密切相关。

黄河水患及河政腐败。清代中后期运河的最大的困扰是黄河倒灌问题一直没有得到有效解决，乾嘉时期实行的“借黄济运”，虽缓一时之急，却为以后运河淤塞决堤埋下了隐患。每次黄河带来的泥沙都将运河河床抬高，加大河床的束水压力，一遇暴雨便发生溃堤。道光六年(1826)，两江总督琦善深刻指出借黄济运带来的弊病：“自借黄济运以来，运河底高一丈数尺，两滩积淤宽厚，中泓如线。向来河面宽三四十丈者，今只宽十丈至五六丈不等，河底深丈五六尺者，今只存水三四尺，并有深不及五寸者。”③ 面对运河如此状况，通行能力大大降低，致使漕船进退两难，商旅裹足不前。给运河带来最大冲击的是咸丰五年（1855）

① 施坚雅：《中国封建社会晚期城市研究》，吉林教育出版社 1991 年版，第 54 页。

② 郑肇经：《中国水利史》，上海书店 1984 年版，第 230 页。

③ （清）赵尔巽：《清史稿》卷 127，《河渠志二 · 运河》，第 3786 页。

“是年河决河南铜瓦厢，冲山东运堤，由张秋东至安山，运河阻滞，值军务未平，改由海运。于是河运废弛十有余年。”① 清代中后期黄河泛滥不止，清廷每年花费大量人力物力仍未能一劳永逸地解决问题，主要是偏重于防堵策略，无重大制度创新。黄河北徙，使原本就受水源困扰残败淤积的南运河变得更加千疮百孔，丧失运输能力。徐州至淮安的中运河虽远离黄河侵害，但是黄河夺淮入海数百年内，淮河流域的水系已严重紊乱，运输能力急剧减弱。其中，道光二十三年（1843），黄河在河南中牟决口，清廷实施围堵工程，花费 1200 万两白银。咸丰元年（1851），黄河在丰北下汛三堡决堤，前后围堵两年花费 700 万两白银，劳民伤财，最后还未成功。河政的积弊难返加之南河驻节地清江浦被捻军攻破，南河总督职位在咸丰十一年（1861）被裁撤，由漕运总督代管。1901 年，因《辛丑条约》，中国需支付大量赔款，于是清政府颁布漕粮改征折色的法令，这意味着漕运成为历史，江浙两省仍征收漕粮改为海运，其余省区征收货币。

河政腐败及漕弊严重。清政府视运河为国家的统治基石，对运河的管理有一系列的规章制度如“运河工程有岁修（每年例修项目）、抢修（抢险项目）、另案（上两次以外之修防项目）、专案（大工修堵）、奏办（专指上奏项目）、咨办（高级官吏间协商项目）等名目和黄河上相同”②。作为运河管理机构的南河、东河、北河总督衙门及其下属职能机构每年的预算多达数百万两白银，发生险情还有紧急拨款，如“嘉庆道光中，南河岁修用银数百万两，东河亦数十至百万两。上下均知其弊，遂以弊为常规。黄河大决，动辄用款千百万，上求诸国库，下搜刮民间。千百万银两用于工程者不及 1/10”③。朝廷治河拨款增多时，运河的溃堤淤塞危机并没有得到切实有效的缓解，大量拨款被河臣中饱私囊，疏通抢险仅是敷衍了事。晚清时期河臣缺乏立国之初治河能臣靳辅的全局眼光，往往是守缺抱残、墨守成规，无力解决运河阻塞决口根本问题，满足于运河暂时通航。道光四年（1824），高家堰决口，使淮扬一线里运河

① 中国水利水电科学研究院水利史研究室编校：《再续行水金鉴·运河卷 3》，湖北人民出版社 2004 年版，第 902 页。

② 姚汉源：《中国水利史纲要》，中国水利电力出版社 1987 年版，第 546 页。

③ 姚汉源：《京杭运河史》，中国水利水电出版社 1998 年版，第 28 页。

运道浅阻，输挽维艰，粮道中断，运河处于瘫痪的状态。河政的巨额经费不仅没有使运河长治久安，反而加速了漕运的衰亡。阻碍漕粮顺利到达京师的因素除了河道是否畅通之外，漕粮征收过程也是浮费勒索不断使官员有机可乘，鲁豫有润耗、苏皖有漕贴、两浙有漕截、湘赣有贴运等名目。每年的漕粮征收都使百姓遭受无端勒索，林则徐认为漕运导致以下局面："官与民竞，丁与官竞，即官与官亦各随其职，以顾考成而无不相竞；而凡刁生劣监讼棍奸胥蠹役头纪光丁走差谋委之徒，亦皆趁机挟制，以衣食寝处于漕。本图利也，而害公矣；本争利也，而交相病。"① 州县征收完成漕粮任务后，中途如何顺利运输成为漕帮的头等大事，沿途缴纳大量的浮费乃无奈之举。漕帮一路下来交纳的浮费名目有以下："河运剥浅有费，过闸过河有费，催趱通仓又有费。上既出百余万漕顷，下复出百余万帮费，民生日蹙，国计益贫。"② 无论是州县的征收和漕帮的沿途馈送的漕费最终还是要转嫁到百姓身上，由此激起中下层民众的奋起反抗，清朝的统治基础开始瓦解。

近代交通工具的兴起。"漕运的废止，并不是对漕运本身的批判，而是在完成了自己的历史使命后，让位于一种新的生产方式的历史过渡。"③ 随着西方工业化的进一步深入，交通工具方面有较大的发展轮船、铁路的兴起使交通运输条件得到极大改善。现代化大规模的海运取代漕运是生产力发展的要求，但在清末也经历了曲折的历程。比如清嘉庆朝首开海运的议题，就是因保守大臣和既得利益者的联合反对而不了了之。道光年间，因江北运河运输状况欠佳，河道淤塞险阻，不能满足京师物资供给任务，"于是海运之议复兴"④，道光六年（1826）颁布《海运章程》以指导和规范海运，此次海运取得试航成功。咸丰年间因漕运中断试行海运，成效显著，但此后清政权出于惯性仍试图恢复漕运。1872 年，李鸿章授意朱其昂创办轮船招商局，组建成功后，如何使其在与外商轮船公司竞争中存活壮大成为首要问题。在李鸿章的斡旋下，轮船招商局承运漕粮揭开了中国利用现代化的轮船运输漕粮的历史序幕。1873 年，招

① 来新夏编：《林则徐年谱》，上海人民出版社 1985 年版，第 270 页。

② （清）赵尔巽：《清史稿》卷 122，《食货三·漕运》，第 3565 页。

③ 冷东：《从临清的衰落看清代漕运经济影响的终结》，《汕头大学学报》1987 年第 2 期。

④ （清）赵尔巽：《清史稿》卷 122，《食货三·漕运》，第 3594 页。

商局“永清”轮搭载九千石漕粮驶往北京门户天津。轮船运输的便捷、节约费用，获得清政府的青睐，使其漕粮运输量逐年提高，1900 年，轮船招商局便将漕粮运输全部承揽下来。1906 年，周馥奏请天津至北京的漕粮实施火车运输，得到批准。清末的漕粮有海运和铁路两种运输方式。1912 年，津浦铁路修筑成功，成为中国南北运输的主要干道，扬州失去了以往漕船往来频繁与南北货物云集的交通优势，城市地位急剧下降，仅成为本地区的商业中心，因扬州地区的工农业产品改为靠长江转运上海，扬州变成了上海的辐射区域。

战争及灾害对漕运的破坏。晚清政局动荡，清政权外有列强干涉，内有农民起义，战争和赔款使清廷国库空虚，无力整治运河，加上河道管理机构素以贪渎靡费著称。1853 年，定都南京的太平天国，分别组织了对长江下游的东征、长江中游区域的西征以及占领运河重镇扬州后沿运河的北伐，太平军与清兵攻伐的区域正是清廷漕粮征收和运河流经的主要区域，正常的漕粮征兑和运输工作不能按部就班，迫使清廷将战争区域之外的漕粮试行海运。太平天国后期，捻军在北方给清政府带来重大威胁，北方运河粮道受到袭扰，黄淮交汇的清江浦镇遭捻军攻占，给漕运带来重创。战争期间，漕船被征用为军事物资，结果大量漕船在战斗中被毁，以致清廷在镇压起义之后，陷入无漕船可用的窘境。清廷在战争的过程中损耗严重，国库无法承担修河的费用，加之战争中随意掘河以阻挡太平军和捻军的进攻，以及大量水手、帮丁加入太平军和捻军，本来就脆弱的漕运体系迅速陷入崩溃状态。

2. 战争摧残：运河文化景观丧失历史脉络

近代频繁的战争对景观的破坏显而易见，物质文化景观被战火摧毁，非物质文化景观因百姓的流离失所或消亡，或失传。1840 年，鸦片战争爆发，战火波及扬州；1842 年，英国军舰驶入长江，闯入圌山关封锁江面，对扬州产生威胁，导致“城中人人危惧，移徙者十之七、八”[①]。1851 年，爆发了太平天国起义，起义军于 1853 年攻克南京并定都于此，此后江浙一带成为太平军与清军交战的主战场。太平天国政权成立之初随即派林凤祥、李开芳展开向扬州的进攻。1853—1858 年，清军和太平

① （清）梁章钜：《浪迹丛谈》，福建人民出版社 1983 年版，第 31 页。

军在扬州展开了三次规模较大的战争，扬州城先后易主，“大枪蹂躏，血肉膏于城烟，庐舍红于烽火，并其屡世经营蕴积之，摧折掷弃，荡无存焉”[①]。扬州城市被毁的同时“号称‘两淮精气’、‘繁华极顶之区’的多子、新盛、左卫、辕门桥一带，‘楚炬一空’”[②]，以扬州城为载体的运河文化景观随即残败不堪，皇帝行宫的山光寺、天宁寺、瘦西湖、盐商园林、五亭桥等运河物质文化景观遭毁坏。1937 年，抗日战争爆发，12 月，日军从长江北岸十五圩登陆，攻占扬州。日军占领扬州期间，大肆破坏扬州的建筑，如个园的木质材料被当作材薪，着实令人惋惜和悲愤；盐商汪鲁门宅院被改造为台湾银行；法华寺、山光寺等宗教建筑遭毁。扬州运河沿线的水利设施因战争损失严重，运河水利文化景观就此废弃。抗战胜利后，扬州为国民党军驻守，城内古建筑、名园同样遭到践踏和破坏。频繁的战争使得扬州积累的财富被抢掠，社会发展倒退，景观的历史发展脉络遭到彻底的摧毁，得不到有效的修复，扬州的运河文化景观在自然和人为双重破坏下逐渐没落。

3. 盐利：扬州文化景观发展的灵魂所系

明清扬州运河文化景观之所以得以形成层次分明、种类多样的局面，离不开盐商集团的倡导和赞助。盐商集团不仅赞助运河水利设施的修建，还经常参与大规模的市政建设，如建造园林、美化居住环境。官方在扬州创办的书局能够高质快速地刊刻大量书籍，原因就在于有两淮盐业提供财力支持。部分盐商贾而好儒，愿意赞助文人研究创作，他们本身也投身于文化创作，以千金收集大量古籍善本将之刊刻供士人学习交流，其中以马曰琯和马曰璐兄弟最为典型。马氏兄弟的小玲珑山馆可谓当时著名的学术交流中心，清代名家厉鹗、全祖望在此潜心学术。盐商和盐官对文化的重视，吸引各地文人游学扬州使扬州文化氛围浓厚，各种诗会应运而生，如渔阳山人牵头的“红桥修禊”。扬州的戏剧文化景观和园林文化景观以及习俗文化景观在这一时期得到重大发展。盐业经济的厚利和文化的昌盛促使扬州运河文化景观的建筑更加积极。而当支撑扬州

---

① 中国近代史资料丛刊《太平天国》第 3 卷，上海书店出版社 2000 年版，第 107 页。

② 邹逸麟、王振忠：《清代江南三大政与苏北城镇的盛衰变迁》，见《庆祝王锺翰先生八十寿辰学术论文集》，辽宁大学出版社 1993 年版，第 165 页。

繁华的盐业脉搏停滞，建立在此基础上的各项事业分崩瓦解，陷入萧条。1832 年，两江总督陶澍在淮北盐场试行纲盐改革；1850 年，陆建瀛在淮南盐场推行票盐制。票盐取代引盐的制度改革使两淮盐商纷纷破产，所拥有的盐引成为废纸，世袭盐商失去对盐业经营的垄断权。多年来，两淮地区的盐课税率加重，使两淮盐课出现巨额亏空，清政府对两淮盐商采取抄没全部家产填补国库空虚的措施，扬州盐商家道纷纷中落。自由贸易使中小盐商发展迅速，但势头被咸丰年间的太平天国起义打乱，清政府到处设置厘金以及私盐泛滥使正常经营的盐业受到冲击。太平天国以后，淮盐衰落，商业利润的下降促使资金外流，不得不依赖上海、镇江等地资金的注入。淮盐的衰败还同道光末年盐船遭受火灾，损失惨重有一定的联系。民国时期江都人陈懋森对盐商的变迁做了细致生动的描述："当年盐筴盛淮南，歌舞千家醉梦酣。几辈大商最豪侈，子孙陵夷多不堪。康山草堂九峰圯，麓村大宅空遗址。仅余洪氏故园存，可怜三易主人矣。"① 盐商阶层的没落，不仅从政府层面要收重额税收、官吏层层盘剥；盐商自身也十分奢侈，"堂室饮食，衣服舆马，动辄费数十万"②，坐享其成，丧失早期的锐意进取的精神风貌。清中后期淮南盐场海岸线的东移，致使淮南盐场产盐量急剧下降，也引起扬州盐业的发展，部分盐商出走淮北，使扬州盐利减少，文化景观建设和维护呈江河日下之势。1932 年，两淮盐运使公署从扬州迁移至淮北盐场的板浦，至此，扬州两淮盐业的中心地位彻底丧失。

4. 社会政治环境：运河文化景观得以发展的外在保证

运河文化景观能否健康发展，社会政治因素起着关键性的作用。近代以来，西方工业国家利用其先进的科学技术和政治制度对封建落后的中国发起一次次的冲锋。外部列强在寻机入侵，各国强迫清政府在沿海沿江开放通商口岸设立租界；中国内部则处于严重的衰败状态，上层统治阶级腐败不堪，争权夺利，下层民众的反抗斗争层出不穷。19 世纪五六十年代，清政府忙于内部平叛，无暇顾及经济的发展和国家建设。

---

① 陈懋森：《休庵集》卷上，《寿鲍翁春圃（亮宣）七十》，王振忠《明清徽商与淮扬社会变迁》，生活·读书·新知三联书店 1996 年版，第 158 页。

② （清）李斗：《扬州画舫录》卷 6，《城北录》，中华书局 1960 年版，第 148 页。

清廷在解决内患时，内部开明官僚掀起了器物上学习西方的洋务运动，然而，这场轰轰烈烈的洋务运动却在很多因素的制约下搁浅。1840 年，从第一次鸦片战争开始，中国的主权逐步沦丧，割地赔款成了家常便饭，更有甚者，清政府在 1900 年八国联军的侵华战争中惨败，签订了丧权辱国的《辛丑条约》，帮助侵略者以华治华。中国的农业经济沦为西方工业经济的附庸，外国工业商品充斥中国市场，中国为西方资本主义列强提供原料和半成品。中外商品贸易由战前的出超逆转为严重的入超，白银大量外流，内地市场经济凋零，仅有少数通商口岸的经济畸形繁荣。扬州作为运河城市，并无沿海优势，在近代完全衰落，运河经济让位于海洋经济，清末扬州的人口仅为 10 万人左右，与鼎盛时期的四五十万人相去甚远。

辛亥革命以后，扬州先后被盐枭兼军阀的徐宝山、革命党、张勋、孙传芳等部队占领，政局动荡。这一时期，扬州运河文化景观的建设得不到有力的经济支持和政治保障。扬城统治者只关心自己的住所，如已与瘦西湖融为一体的徐园便是徐宝山所建。民国期间新修建的园林多是官宦或商人的私家宅院，如凫庄、匏园、怡庐、萃园、汪氏小苑等，其他景观则裹足不前，陷入停滞状态。国民党统治时期，国家的社会政治环境稍好于北洋军阀时期，但国民党内部各派系争斗以及中央与地方军阀之间的争斗一直没有间断。1937 年，日本发动侵华战争，国民政府西迁至重庆，国家的政治生活的中心就是抗战，沦丧的国土更饱受日寇铁蹄的践踏，景观建设无从谈起。抗战胜利后，国民党统治扬州，但是扬州的运河文化景观没有得到应有的重视，反而遭到践踏和破坏。新中国成立后，1966—1976 年“文化大革命”期间，政治批判活动取代经济建设，致使刚刚恢复的文化景观建设受到冲击和中断。

历史用史实说明：稳定的政治环境可以促进社会进步，运河文化景观发展兴盛，动荡的社会环境只能让运河文化景观陷入衰败。近代中国的苦难使扬州无法独善其身，只能一步步走向衰落。

四 运河文化景观变迁的特点

（一）社会发展的同步性

扬州运河文化景观的兴盛离不开扬州经济的繁荣和国家的稳定。扬州的经济繁荣来自于运河的推动以及盐业经济的支撑，使扬州坐拥漕、盐、河三大利。春秋末期夫差开凿邗沟修筑邗城，揭开了扬州发展的历史序幕，成为衔接吴越、齐鲁两大文化圈的桥梁。隋炀帝登基前，繁荣富庶的扬州使炀帝不远千里乘龙舟而来。炀帝的头两次南下扬州，恰逢国家政治稳定，经济繁荣之时，“春风举国裁宫锦，半作障泥半作帆”[①]，炀帝在扬州修建的宫殿、寺庙都有殷实的国库作为后盾，运河文化景观得到极大发展。盛唐时期，运河流域的扬州成为东南第一大都会，旧有的运河文化景观得到修复，新的文化景观的修造也在加速。运河水利设施也有所创新，运河文化因漕运的繁忙而繁盛，歌咏扬州的佳句不胜枚举，扬州成为江淮区域最大的宗教文化传播基地，日本的遣唐使、新罗的学者慕名而来。唐代扬州的私家园林也因经济的繁荣而充满活力，楼台亭阁、澄泉绕石、花木飘香、意境幽远。明清扬州的运河文化景观因封建经济的持续上升而达到极致，各项景观的建造和修复进程显著加快。明清时期的运河成为内政中饱私囊的热点议题，每年大量的财政拨款用于运河的设施改进、航道修治，大部分拨款被治河官员在当地消费。扬州紧邻河道总督和漕运总督的驻地清江浦和淮安，自然吸引部分官员来此地消费，加之本城的盐业机构，催生了扬州园林文化景观、饮食文化景观、习俗文化景观、戏曲文化景观、宗教文化景观、玉雕技艺文化景观、漆器技艺文化景观的全面发展。康熙、乾隆的南巡，更为扬州运河文化景观的发展推波助澜，运河的名人文化景观得到充实。清代康乾时期，扬州盐商慷慨解囊修建御码头、行宫、名园等，“随行得景，互相因借”；“品题湖山，流连风景”[②] 以博得皇帝的宠幸。盐商依恃盐业厚利，生活上追求享乐，锦衣玉食同时蓄养家班供自己娱乐；市民阶层大多依

① （唐）李商隐：《李商隐全集》（下册），珠海出版社2001年版，第725页。

② 陈肖静：《扬州文化与旅游研究》，合肥工业大学出版社2007年版，第115页。

仗盐业的相关环节谋生，也得以富家润身，使扬州形成一种闲居茶肆书场、荡游聚会、精于肴馔的社会习俗。晚清同治朝，太平天国运动之后至中法战争前，清政府与列强相安无事20年，曾国藩、李鸿章等人入主两江总督一职复行纲盐，扬州盐商再次靠专卖权而发家。这一时期，在运河文化景观整体衰落的颓势之下，扬州园林文化景观昙花一现，目前遗留下来著名的园林如何园、个园、廖氏宅院都是这一时期建造的。晚清时道教、佛教、伊斯兰教文化景观呈没落趋势的情况，基督教文化景观一枝独秀。

新中国成立初期主要是大力治理运河，运用现代技术改造和新建运河闸坝和水利枢纽以及改造运河沿岸的码头、渡口等；恢复了一些损毁严重的运河物质文化景观。改革开放以后，政治稳定、经济繁荣、文化昌盛，运河文化景观得到国家政策法规和财政部门的大力支持。扬州对运河历史街区双东街区进行了修复；搬迁运河沿岸污染工业企业，建设运河景观带。1999—2005年，扬州实施了运河以及相贯通的邗沟、漕河等河道的整治工程。古运河周围的生态环境得到整治，两岸建有驳岸和绿化带，形成古运河风光带。运河沿线的盐商宅第得到修复，如吴道台宅第、卢氏盐商宅院，南河下的盐商会馆也得到应有保护。国家于2006年评选国家级非物质文化遗产，扬州的多项运河非物质文化景观技艺得以入选：其中包括雕版印刷技艺、漆器技艺、玉雕技艺、剪纸技艺、扬州评话、扬州清曲、扬剧等。近些年，随着国家对非物质文化遗产保护工作力度的加大，扬州运河非物质文化景观得到前所未有的保护和传承。

（二）价值功能的移位性

文化景观具有区域性、时代性、叠加性等要素，每一历史时期因文化水平、经济实力、社会环境差异，文化景观的塑造都会烙下时代的印记，并具有层层叠加的特点。“文化景观是一个历史的范畴，是一个动态的概念，其形成是个长期的过程。”① 运河在中国大地上流淌了近2500年，运河文化景观自然也经历了相同的历史过程，今日所见的运河文化

① 李树德等编著：《创世纪——人与文化论》，山东教育出版社1993年版，第63页。

景观是各个历史时代的综合产物，每个历史时期都对运河文化景观的发展有所贡献。回顾运河文化景观功能的变迁轨迹，可以发现运河文化景观所体现的政治、军事、酬神娱乐、对外交往等功能逐渐淡化消逝；民风习俗则基本保持不变；而文化传承、生态休闲、旅游等功能在增强。通过运河文化景观功能的变化，可以领略不同功能衍生的文化景观的价值所在。运河文化景观作为不同历史时期人们用有限的自然条件对运河施以不同风格的创造，综合体现了我国历代的水利科技、价值观念、审美理念和文化创造力。

1. 消逝的政治管理功能

在运河诞生之初，统治者开凿的目的很简单，主要是用来进行政治军事征服。夫差开凿邗沟、修筑邗城的目的是北上伐齐以争夺中原霸主。隋文帝修复山阳渎，也是出于伐陈的军事需要；他的继承人炀帝草创贯通南北的大运河，源源不断地将江南的物资向北运到涿郡，支援战争。隋王朝虽然在政治和军事上征服了江南地区，但文化上南北双方的相互冲突碰撞没有结束，进入了长时期的融合过程。江南文化与中原文化冲突的外在表现形式就是南方采取武力反抗隋王朝的统治。隋炀帝整修山阳渎，治理江南河，三下扬州大建江都宫、迷楼、苑囿的皇家宫殿，始终是以争取慑服江南的政治军事势力，融合南北文化隔膜为目标，以达到长治久安的目的。唐宋以来，运河的经济功能渐有增长，但政治军事功能丝毫没有减退，对外交往的功能此时也比较突出，国外大量的使节沿运河至京师朝贡贸易。元王朝奠定了今日南北运河的走向，明清时期，运河的各项功能发挥至极致，成为国家施政的重心，运河各项机构的设置及沿岸驻扎大量军队。明清政府对运河的重视超越以往的任何王朝，京城每年的各项物资全靠漕运输送。明清王朝的经济基础是简单的小农生产经济模式，无法同大规模的工业生产相提并论，无须开拓海外贸易市场，造成海运技术的相对低下，内河漕运成为政治需要的首选。淮盐的利润作为政府的重要经济支撑，政府在扬州设立了两淮盐运使衙门，负责食盐的生产销售。淮盐能够顺利运销到周边省份，离不开运河的畅通。运河经过千百年的演变，漕运一直是其灵魂，从海运取代漕运的那一刻起，运河便再也得不到政府的垂青，运河文化在近代交通工具的竞争之下渐渐走向没落。晚清，交通工具由传统的人力、

畜力、水力发展为蒸汽动力、电力，火车、轮船、汽车广泛应用于交通运输，经历欧风美雨敲打的清政府认识到西方交通工具优于传统的漕运，且运河航道行船的日益艰难，漕运也转向海运和铁路运输。运河蕴含的政治意义逐渐淡化，处于中央的决策政事之外。扬州逐渐失去清政府的施政重心的地位，因漕运、盐运兴起的文化景观沦落到衰退的边缘，只作为当今的文物被保存。中外政治经济文化交往也因时代的发展而转向交通更为便利的沿海口岸和政治中心地区。运河政治功能、军事功能、外交功能的衰退和消逝是历史选择的结果，而因上述功能兴起的官府职能机构、军事堡垒、交通驿站、接待外交使节的馆驿等运河文化景观亦随之衰落。

2. 相对稳定的水利功能

运河从唐代中叶以后，漕运的职能渐渐上升为运河的核心功能。如何提升船只的运输效率成为政府考虑的要事，为此，水利文化景观的建造更新也更加频繁。唐代斗门的使用较堰埭更为方便船只的通行。宋代在继承唐代斗门技术的基础上发明了船闸。元代实行的是海漕为主、河漕为辅的漕运制度，虽开创了京杭运河的雏形，但运河的功效尚未完全释放。明清中央政府实行海禁的政策，物资全靠运河运输。运河的航运水利功能在这一时期得到高度重视，中央政府在淮安设立漕运总督署、南河道总督署负责淮扬的运河治理。扬州成为明清运河沿线的四大都市之一，受惠于政府的政策倾斜，沿线修建了大量的堰埭、闸坝、古渡、桥梁。清末至民国期间，运河航运仅在里运河和江南运河一线畅通，运输价值远远低于漕运鼎盛时期。新中国成立以来，京杭运河获得新生，山东济宁至杭州段仍在通行，济宁以北因缺水和历史原因断航。国家20世纪80年代以来一直对运河进行航道整治工程，运河江苏扬州至徐州段全面建成二级航道，可通行2000吨船舶；山东济宁至台儿庄段已实现三级航道，可通行1000吨船舶；江南运河2000年已完成四级航道改造，目前“四改三”工程正在进行中。扬州运河的治理与治淮工程相结合，如江都水利枢纽的建设整合了运河航运、水利灌溉、防洪多重功能。无论运河航道怎样改变，运河沿线建造的附属水利文化景观的最终目的都是服务于运河航运，这些水利文化景观的变迁蕴含着中国历代治运思想的变化，体现了自然与社会的双重价值。

3. 不断增强的文化休闲生态功能

运河文化景观作为各个历史时期运河史的记录和遗存，透过运河文化景观可以梳理运河不同历史时期文化的发展脉络。随着运输方式的多元化，运河不再是运输的主渠道，运河的文化地位得到提升，各方专家学者为运河申遗奔走呐喊。国家文物局局长单霁翔认为："京杭运河是'活着的、流动着的文化遗产'，有血、有肉、有灵魂。"① "京杭大运河是一条流动的历史之河、文化之河。京杭大运河的部分河道及码头、船闸、桥梁、堤坝等水利工程设施，运河沿岸的衙署、钞关、官仓、会馆、寺庙、商铺和大量独具特色的非物质文化遗产，无不闪烁着中华民族的文明之光。"② 运河沿线具有各种类型的古迹、遗址、名胜、风俗、曲艺等文化景观，成为文化休闲的好去处。运河的发展是个长期的历史过程，其文化景观经过长期的历史变迁，叠加的文化痕迹所表现的时代性，成为新文化景观不可或缺的一部分。古代的运河文化需要注入时代文化活力来焕发其生命力。运河古老的文化景观，成为吸引运河文化爱好者、旅游者、艺术创作者进行运河之旅的动力。运河沿线拥有大量的自然湖泊、湿地、河流，植被丰富，组成连贯中国南北的生态廊道。南水北调工程的实施，将长江淮河水北调，调节江淮流域的水涝以及黄河流域的干旱。运河流经的城市，已将运河视为其城市发展的生命之河，运河沿岸生态环境的改善，使其成为市民休憩的最好去处。旅游休闲成为文化产业的重要组成部分，如何将运河文化景观开发为景点，运河沿线城市做了很多有益的尝试，既保留了运河文化的原汁原味，又能得到有效的观赏利用。扬州开通了运河乾隆水上游览线路，通过运河与城内水系的无缝衔接，游人乘坐画舫欣赏运河文化景观，形成扬州特色的"两岸花柳全依水，一路楼台直到山"。

① 单霁翔：《关注线性文化遗产推进大运河保护与申遗》，《京杭大运河 2006》，中国文史出版社 2007 年版，第 150 页。

② 朱国鑫：《让运河文明永流不息》，《京杭大运河 2006》，中国文史出版社 2007 年版，第 216 页。

第二节 淮安运河文化景观变迁

一 运河文化景观变迁的趋势

（一）明清以前文化景观兴起

明清以前，淮安出现的较著名文化景观有东汉末年修建的铁山禅寺，隋朝始建、唐宋重修的文通塔，始建于唐朝的韩侯祠、东岳庙，宋时因米芾成名的“东南第一山”，始建于宋乾道六年（1170）的总督漕运部院衙门，以及始建于南宋宝庆二年的镇淮楼等。此外，一些明清时期出现的建筑景观，其文化源流却形成于这一时期，譬如韩信、梁红玉等名人文化资源。韩信是汉初的名将，当时的淮阴是他的封地。韩信受胯下之辱，而后辅佐刘邦打下汉室江山，成为中国历史上著名军事家的传奇经历，在当地被传为佳话。当地流传的有关于他及漂母的许多传说。明朝时期重修、重建了一些关于韩信及漂母传说的纪念性建筑。梁红玉是南宋著名抗金女英雄，也是抗金名将韩世忠的夫人，她的事迹出现在南宋，而她的祠是明朝时修建的。

（二）明至清中叶文化景观趋于繁荣

这一时期是文化景观修建的高潮期。譬如明朝修建的明祖陵、清江大闸、吴承恩故居、陈、潘二公祠、梁红玉祠、纪念韩信和漂母的胯下桥、韩侯钓台、漂母祠、惠济祠、慈云寺、清江文庙、清江浦、清真寺等，以及在这一时期兴起的河下古镇等。清朝修建清晏园、清江浦楼、关天培祠、古拈花寺等。在乾隆年间，淮扬菜系已经成为全国四大菜系之一。具有淮安特色的“十番锣鼓”便形成于这一时期。另外，明清时期对历史上所遗存建筑景观进行了修复，特别是清朝，对历代破坏的景观大多进行了修复，促使遗留至今的建筑仍然保留了清朝的风格。

（三）新中国成立后的建设与破坏

新中国成立后，文化景观受到各方面的重视，被保护起来，并有一

部分被修复。在这段时间，淮安修葺了文通塔，将楚秀园修建为人民公园，修复的重点是与人民群众的生活息息相关的，还有一些具有革命教育意义的景观，比如重修了关天培祠，重修了刘老庄公墓并建陵园等。由于新中国刚成立，人民文化水平有限，认识水平不足，一些历史文化景观并没有得到很好的保护，有的也因种种原因遭受到严重的破坏。像在20世纪50年代，由于建设的需要，将许多城墙被拆毁，砖石用作铺路之用，如著名的淮安城（今楚州）、清江浦城等。“文化大革命”开始后，在“破四旧”之风的影响下，文化景观惨遭破坏。特别是宗祠、寺庙等建筑，在“文化大革命”期间几乎被毁殆尽，像前面提到的梁红玉祠、古拈花寺、惠济祠等建筑都在此时遭受严重的破坏。

（四）改革开放后文化景观恢复与发展

改革开放以来，政府更加注重保护各级各种历史文化景观。1982—2006年，国家先后公布了第二批到第六批全国重点文物保护单位。周恩来故居是第三批，明祖陵是第四批，淮安府衙、苏皖边区政府旧址是第六批。江苏省、淮阴市（今淮安）及所属各县市也相继公布了各级重点文物保护单位，并加以修复。1982年2月25日，江苏省人民政府发布《关于重新公布江苏省文物保护单位的通知》，淮阴市（今淮安）有16处被列为省级文物保护单位。1987年，淮阴市人民政府公布了首批29处市级文物保护单位。历史文化景观作为一种旅游资源得到了大力开发。政府不仅修复了景观，还进一步扩大景观外区域，吸引客游。这一时期，不再单单是政府投入，历史文化景观作为一种资源也给当地带来了巨大的经济效益。随着文化景观作为旅游资源的被开发，它们不再具有单一的功能，其功能的多重性也越来越明显。

二 运河文化景观兴起原因探析

（一）明清以前

1. 特殊的地理位置

淮安是交通非常发达，灌溉非常便利的地区。先秦时期，扬州、徐州的贡道以淮安境内淮、泗交汇处的泗口为转轴。公元前486年，“吴城邗，沟通江、淮”[①]。邗沟入淮处的末口也在古时淮安境内。“春秋战国时期，江淮之间还有一条重要的陆上交通干道——善道。”[②] 这条干道大致从今扬州附近向西北，经古东阳城以达古善道（盱眙县城北），然后过淮河经今泗洪半城、青阳等地北上。可见，淮安无论是水上交通，还是陆上交通，在当时都处于重要的枢纽地位，扼制着东南地区与中原的交通咽喉。另外，由于发达的河网和湖泊，农业灌溉相当便利，这在农业社会来说，无疑属富庶之地。历代统治者为发展农业生产，都十分重视这一地区的水利建设。

2. 丰厚的文化底蕴

“淮安有着丰富的青莲岗文化和大汶口以及龙山文化的遗存。”[③] 绘画和工艺美术都具有较高的水平。东汉时期有佛教建筑，隋朝有文通塔等。文学方面，有汉赋大家枚乘、枚皋父子，枚乘完成从楚辞到汉赋的过渡，是汉赋的代表作家之一，与司马相如并称“枚马”，他的代表作《七发》不仅寓意深刻，气势恢弘，辞藻华丽。而且枚乘首创的汉赋形式，被后人称为“七体”。其子枚皋，文思敏捷，可倚马作露布，“倚马可待”一词即源出于此。俗话说：“乱世出英雄。”这种人文气息浓厚的局面在东汉末年和三国鼎立时期，以及西晋初期得以充分显现。在几十年的时间里，就产生了10多位出将入相、彪炳青史的历史名人，如幼习儒学，精于律法的陈球，筑捍淮堰、修破釜塘的陈登等。

3. 繁荣的沿线经济

隋唐五代时期，我国的经济重心正逐渐向东南方转移，为保障京师粮食的供应，自隋开通京杭大运河以来，各朝都十分重视大运河的运输，对淮安运河两岸的经济繁荣也产生了巨大的作用。

唐代的漕运量较前代大为增加，淮安也由于运河的贯通逐渐成为漕运要津。“高祖、太宗之时，用物有节而易赡，水陆漕运，岁不过二十万石，故漕事简。”[④] 但随官僚机构的不断扩大，军需剧增，漕运日增。到

---

① 杨伯峻：《春秋左传注》，中华书局1990年版，第1652页。

② 荀德麟：《淮阴市志》，上海社会科学院出版社1995年版，第3页。

③ 同上书，第2页。

④ （宋）欧阳修、宋祁：《新唐书·食货志三》卷53，中华书局1975年版，第1365页。

天宝二年，“漕山东粟四百万石”①。安史之乱后，北方藩镇割据，生产遭到严重的破坏，使唐朝廷对江淮经济的依赖进一步加强。粮食大多必须经过运河，辗转而达京师。位于淮扬运河入淮处末口的楚州，位于通济渠入淮处汴口的泗州，是漕运要津，漕船都要由淮扬运河到楚州进淮河，在泗州由淮河进通济渠。在唐代，淮北海盐生产逐渐发展，涟水成为全国的四大盐场之一。为适应需要，“唐垂拱四年（688），唐王朝开凿了北起海州，中经今灌南、涟水等地的运盐河（时名新漕渠、官河），淮北盐经由运盐河入淮河和大运河，然后转运各地，供给官民食用”②。这样，淮安运河上漕船、盐船和其他商船千帆相接，四时不断，促进了沿线的楚州及淮阴、涟水、盱眙等城镇的繁荣。“楚州城商品贸易很兴旺，开元寺、龙兴寺前有热闹非凡的庙市，吸引着海内外商人，甚至大食、日本、高丽等国的商人，都远涉重洋到此贸易。”③ 楚州城以其繁华，被白居易称为“淮水东南第一州”。

北宋年间，水上运输得到进一步发展，但泗州汴口至楚州末口的淮河运道，水流湍急，风涛险恶，向来被过往的船只视为畏途。北宋雍熙元年（984）至元丰六年（1083），淮河南岸“分三次先后开凿了末口至淮阴磨盘口的沙河，自磨盘口至洪泽镇的洪泽渠和洪泽镇至龟山蛇浦的龟山运河”④。形成了与淮河并行的复线，此外，还疏浚了唐代开凿的运盐河。太宗至道年间，“江南、淮南、两浙、荆湖路租粜，在真（仪征）、扬、楚（淮安）、泗州置仓受纳，分调舟船流溯流入汴，以达京师”⑤。“年漕运达600万—800万石，而每年在楚、泗二州损失的过往船只即多达170艘左右。”⑥ 这么大运输量往往返返，带动了沿岸旅店、饭店的繁荣，南北各地人聚居淮安，促进了当地的消费，带动了淮安运河两岸的繁华。

---

① （宋）欧阳修、宋祁：《新唐书·食货志三》卷53，中华书局1975年版，第1367页。

② 荀德麟：《淮阴市志》，上海社会科学院出版社1995年版，第7—8页。

③ 同上书，第8页。

④ 张立权：《中国山河全书》，青岛出版社2005年版，第2946页。

⑤ （元）脱脱等撰：《宋史·食货志上三》卷175，中华书局1985年版，第4251页。

⑥ 赵明奇、韩秋红：《运河之都淮安及其历史地位的形成》。

（二）明至清中叶

漕运是中国古代特有的一种运输形式。《说文解字》诠释说："漕，水转谷也。"漕运的本意就是水运，尤指水运谷物。中国的漕运活动有其特殊含义，即指封建王朝通过水路将各地的粮食等物运至京城，以满足官俸、军饷和皇室的消费。"漕运在中央政权的稳固、地方势力的限制、边境力量的加强、社会不安定因素的消除等都是强化集权所必不可少的，均发挥了极大的效能，在漫长的封建社会中漕运始终是维系与加强集权政治的重要物质基础。"①

1. 漕运的繁荣与淮安政治地位提高

明清两代，贯穿南北的京杭大运河成为中国经济的大动脉以后，因淮安地处大运河的中部，遂成为天下交通的枢纽、京师以外的关键。淮安始有"七省通衢"之称，当时，南船北马会集于此，给淮安带来了高度的繁荣。

淮安的文化发展到一个高峰，兴办了许多著名的府学书院，比如勺湖书院、射阳书院等。

淮安政治地位的提升。为加强京杭大运河的管理，明王朝在淮安专门设立了漕运总督府。景泰二年（1451），始设固定的专职漕运的官员，称漕运总督。在明王朝的经营下，淮安成了京杭大运河的重镇。永乐年间在淮安设漕运总督后，淮安府遂极盛一时。清王朝建立以后，中央专设统掌全国漕运的最高机构，最高长官称漕运总督（从一品），不驻京师，而驻淮安。其职责是："掌通省粮储，统辖有司军卫，遴选领运随帮各官，责令各府军官会同运弁，佥选运军等。"康熙十六年（1677），又把河道总督府从山东济宁移置到淮安清河县（时称"南清河"）。河道总督府负责督办全国黄河、运河堤防、疏浚工程等，最高长官是河道总督，官秩从一品或正二品。从地理位置看，漕运总督府与河道总督府相距不到三十里。当时，全国行政区域划分有九个总督府，然淮安一地有两个总督府，故时有"天下九督，淮居其二"之谓。此外，为了稳定漕运、保障税收，明清两代还在淮安设置了淮安关、守备太监、盐运司等衙门，

① 吴琦：《漕运与中国封建社会的长期延续》，《中国农史》2009年第19卷第4期。

这些机构一方面强化了封建国家对漕运的管理，另一方面也提高了淮安府在全国的政治、经济和文化地位。

淮安作为运河枢纽，一直为仓储要地。明代永乐年间即在山阳县清江浦设立常盈仓。而清同治七年（1868）开建的丰济仓，则是南粮北运的中转仓库，运河沿岸四大粮仓之一，也是全国最大的储粮库，当年储粮达100万石。此后又创办了全国最大的内河漕船厂。在陈瑄总理漕运之前，今淮安地区还是人口稀少的“闲旷之地”，自清江浦河开凿，四道闸修建，转搬仓落成，造船厂投产之后，这里变得热闹非凡。

2. *漕运的繁荣与淮安经济的发展*

大运河漕运丰富了淮安的物质供应。同时大量流动人口涌入，对拉动淮安的消费也有重要意义。由于淮安是漕船的停留之地，江南各省漕船所运米石均在淮安盘验，“漕督居城，仓司屯卫星罗棋布，俨然省会。夏秋之交，粮艘衔尾入境，皆停泊于城西运河”[①]。据记载“通过淮安漕船有：苏松道525只、浙江1138只、江西638只、湖北180只、湖南178只、计共2659只；运丁苏松道5250人、浙江11380人、江西6380人、湖北1800人、湖南1780人，计共运丁有26590名”[②]。“牵挽往来，百货山列。”[③]

根据清政府规定，漕船由南方开拔时，可以携带一定数量免征税钞的商货。“旗丁驾运辛苦，若就粮艘之便，顺带货物至京贸易以获利益，亦情理可行之事，令漕船带货，于旧例六十石之外加带四十石。”[④] 漕船所带商货使淮安市场商货富足，品种丰富，出现很多商业性街巷和市场。如淮安城的“古东米巷、铁钉巷、粉章巷、竹巷、茶巷、花巷、干鱼巷、锡巷、羊肉巷、绳巷，判厅巷”[⑤]。淮安商税之多，与漕运关系也较为密切。《清实录》称漕粮除携带额定土宜之外，还夹带其他商品。“漕船到水次，即有牙侩关说，引载客货，又于城市货物辐辏之处，逗留迟延，冀多揽载，以博微利。”

---

① 傅崇兰：《中国运河城市发展史》，四川人民出版社1985年版，第320页。
② （清）载龄：《清代漕运全书》光绪卷，北京图书出版社2004年版，第28页。
③ 《光绪淮安府志》卷二疆域，江苏古籍出版社1991年版，第26页。
④ 《清朝文献通考》卷29《征榷》。
⑤ 《光绪淮安府志》卷3《城池》，第34页。

3. 盐运重地与淮安经济的繁荣

“实际上，盐运是漕运的一部分，也是促使淮安经济繁荣的重要因素之一。”[①] 盐务的兴盛也带来了淮安的繁荣，紧挨淮安城西北的河下镇因此拔地而起，并以惊人的速度一跃而成为天下名镇。

元明清三代的食盐有井盐、池盐、海盐之分，三盐之中以海盐品质为优，海盐之中又以淮盐的品质最优。淮安是淮盐的生产地，盐河两岸布满了盐场，大量的盐商来淮安购盐。史称：“司农叶公奏改开中之法，盐策富商咸挟资而来，家于河下，河下乃称极盛。”[②] 因淮盐有利可图，不但当地赴边屯垦的商人纷纷返回家乡，就连其他地区的商人也纷纷迁到淮安。当时，淮安府境内有 10 多处盐场，淮城北郊淮河之滨为淮北纲盐的囤聚之所。淮盐不仅质量最好，产量亦居全国之首，有“天下盐利淮为上”之说。淮安是淮盐转运的一大枢纽。明代各盐务衙门都有固定的“行盐地方”。在两淮运司，设有两个批验所，一个在仪征，另一个就在淮安。大量盐商会聚淮安，大大地促进了淮安经济的发展。

三　运河文化景观衰落原因

（一）近代以前文化景观衰落

战争因素。淮安是东南与中原的交通要冲，地理位置十分重要，自古乃兵家必争之地。淮河从其境内流过，是中国东部地区南北的分界线，历史上淮安时而属南，时而属北，时而以淮河为界，分属南北。历朝的战争都处于对峙的前沿，战争期间，淮安无论是经济还是人口，都遭受极大的破坏。魏晋南北朝时期，南北对峙，战争不断，著名的有东晋、前秦的淮阴之战，北魏、刘宋的盱眙之战，北周、陈的泗水之战等。唐安史之乱后，淮河附近军阀割据，有的公开反叛朝廷，对淮安各地造成不同程度的破坏。“大军聚于斯，兵残其民，火焚其邑。大田生荆棘，官

① 赵明奇、韩秋红：《运河之都淮安及其历史地位的形成》，《江苏地方志》2006 年第 4 期。

② 荀德麟点校：《淮安河下志》，方志出版社 2006 年版，第 23 页。

舍为煨烬。”[①] 五代周显德五年（958）正月，周世宗率兵攻南唐楚州，遭遇顽强抵抗，攻44天不克。城破后，“周兵怒甚，杀戮殆尽”[②]，楚州遭到毁灭性的破坏。北宋末年，金兵大举南下，北宋灭亡。淮安遂成为南宋与金对峙的前沿，再度受到兵火的长期荼毒。后蒙古铁骑南下，淮安再度成为“兵马走廊”。其中较有影响的战事有：赵立保卫楚州之战，魏胜淮阴抗金之战等。长期的战争使淮安一带人民毙逃殆尽，十不遗一，田园荒芜，屋舍尽被破坏。明朝时期，淮安境内又受到了倭寇的侵犯。明嘉靖年间，倭寇一度侵入过盱眙、清河县，烧杀抢掠后又侵扰今天的楚州等地，给当地造成一定的破坏。在抗倭斗争中，“淮安河下人沈坤和他组织的民练发挥了重大的作用。沈坤是状元，回乡守母丧期间，正值倭寇侵略，他遂散家财招募千余名乡兵，严格训练，显示出了很强的战斗力，被称为‘状元兵’”[③]。今姚家荡的埋倭墩，就是“状元兵”和官兵一起全歼倭寇的遗迹。明末清初的战争给淮安带来了长时间的动乱。此地曾被多处起义军占领。明北京城被清军攻破后，明皇室经清江浦、淮安等地仓皇南逃，兵匪更肆无忌惮，焚杀淫掠之事时有发生。明朝总兵刘泽清率领一批骄兵悍将驻守淮安时，为建府第营房而大兴工役，材料不够时，不惜拆除民间的祠庙及民居为己用，又设卡抽税，增加田赋，严重破坏了当地经济的发展。清军南下时，史可法率明军与清军在此激战，死伤无数。

黄河水患。黄河夺淮带来频繁水灾。宋以前黄河决溢入淮，大抵在安徽境内，入淮的次数并不多。160多年中，黄河决溢由泗入淮才10次。“河势虽南，然旋决旋塞，东流入海。”建炎二年（1128），宋将杜充于李固渡西决黄河汝清河，以水代兵，以阻金兵。决水由泗入淮。此后的65年间，黄河入泗入淮八次，平均每八年一次。金明昌五年（1194）黄河从阳武决口，至徐州附近分为二支，其南支由汴入泗入淮，这就确定了黄河南下夺淮的局面。元至元（1264—1294）中，河溢阳武，南夺涡水、泗水，黄河北支开始微弱，河水大半入淮。“南宋后淮安长年的洪水的漫

---

① （唐）白居易：《许昌县令新厅壁记》，顾学颉校点《白居易集》，中华书局1979年版，第936页。

② 荀德麟：《淮阴市志》，上海社会科学院出版社1995年版，第8页。

③ 同上书，第12页。

溢使大片沃野被流沙礓砾掩盖下去，并造成大地盐碱化。"① 黄河水患步步深入，阻滞农业生产，吞没了一些著名的城镇。明中叶以后，黄河全流夺淮，淮安的水患越来越严重。由于"黄强淮弱"，黄河每每倒灌洪泽湖，湖底淤积日高，洪泽湖大堤也随之越筑越高，洪泽湖也就成了有名的"悬湖"。洪泽湖的形势对里运河堤和整个下游构成了严重的威胁。"嘉庆九年（1804 年）后的 20 年中，洪泽湖大堤就决堤 17 次，洪水所至，屋倒禾没，遍地泽国，人畜死伤，无法计算。"② 著名的泗州城、明祖陵都是在黄河全流夺淮以后，于清康熙十九年（1680）被特大洪水所淹没。

（二）近代文化景观衰落

进入清代中叶以后，运河水运逐渐显示出衰落的趋势，文化景观的建设也失去了根基。

1. 交通条件的改变

光绪二十八年（1902）正月，清政府宣布漕运制度结束，"此后屯丁、运军名目，概行删除。其原设之卫守卫千总等官，并著裁撤，改归营用"③。从此，实行了 2000 多年的漕运成为历史记忆。

黄河水患与运河河道淤塞。京杭大运河的通航一直是在与黄河的洪水和泥沙的斗争中发展的，黄河河水卷带的大量泥沙涌进淮河、运河，造成河道淤塞、河床抬高，通航能力减弱，漕运时断时续。黄河水患产生的影响是巨大的，除了淤塞运河航道外，对淮安地区的地形、土壤结构都产生了很大的影响。黄河水流带来了大量的泥沙沉积于此，改变原有的地形高低，良田沃野变成了沙卤赤地，大片土地盐碱化，使其逐渐失去"江淮熟、天下足"的优越自然条件。而淮河干流及其原有支流泗、沂、沭诸水，均无法回归故道，成为徐、淮平原和里下河平原的灾害根源。每次水旱灾害发生时，都有成千上万人流离失所。经济蒙受重大损

① 许韧：《从古诗看历史上淮安经济的变迁》，《西安航空技术高等专科学校学报》2005 年第 4 期。

② 荀德麟：《淮阴市志》，上海社会科学院出版社 1995 年版，第 13 页。

③ （清）朱寿朋著，张静庐校点：《光绪朝东华录》第五册，中华书局 1958 年版，第 4829—4830 页。

失，文化建设便失去了基础。

海运取代漕运，运河不再是漕运动脉。运河不断出现水患，使朝廷不得不考虑用海运来解决漕运中的困难。清代的漕粮运输改为海运始于道光二十八年（1848）。此后，咸丰二年（1852），江浙漕粮改为海运（又称海漕），咸丰三年，湖北、湖南、江西、安徽四省漕粮改折（指用银两或其他物品代替）。至此，漕运进入了名存实亡的时期。清朝后期，李鸿章发起洋务运动，大力发展海运，同治十一年（1872年），在上海创办了招商局，从西方引进了大吨位的海轮。这些海轮抗风浪能力强，安全系数高，速度又快，受外界干扰少，不需要过坝过闸，受到清朝政府的重视。轮船招商局参与海漕事务，对运河漕运形成直接的打击。故史称“漕米、军米悉归招商局承运”①。

近代铁路兴起，运河运输更加衰落。宣统年间，同里运河平行的津浦铁路建成通车。光绪二十六年（1900），南漕改用火车，由天津运往北京。所谓南漕，是指从湖北荆州地区征收的官米。原先经数月或半年以上的运输时间才能将漕粮运到目的地，改为铁路运输后，快则不足十天，慢则也在一月以内就可以运入京城。效率的提高也在一定的程度上否定了原有的漕运体制。“因铁路运输快捷，周转较少，成本同船运相差无几，且具有安全性能高、便于装卸等特点，刚开通就吸引了大批货物‘水改铁’。”② 与漕运相比，轮船和铁路运输显然更具有效率，它的意义不仅仅是缩短了运输时间，提高了运输质量和效率，更重要的是它消除了一些在漕运过程中发生的弊端。

2. 中国社会政治的剧烈动荡

社会政治因素也是影响文化景观兴衰的原因之一。近代西方列强的侵入激化了社会矛盾，加速了中国传统政治权力体系的崩溃。辛亥革命以后，中国社会以王权为中枢的政治、社会、文化、道德大一统秩序分崩离析，而新的政治秩序却未建立起来。从1911年辛亥革命到1949年中华人民共和国成立之前的中国，战争、内乱频繁，在社会政治无序状态下，历史文化景观的发展遭受桎梏。

---

① （清）赵尔巽：《清史稿·食货志三》，第3602页。

② 施春生：《清代中后期淮安水运业的兴衰》，《档案与建设》2000年第3期。

鸦片战争前，清政府已经从它的盛世巅峰跌落，开始走下坡路。承平日久的社会环境、不受任何制约的绝对专制权力、中国传统的“官本位文化”，造成了清中叶后官僚机构日趋膨胀、冗员充斥、人浮于事、官僚结党营私、上下贪污成风的局面。在财政方面，一方面军费支出、官僚贵族俸禄等各种开销日趋增大；另一方面，财政收入无法有效增长，加上各级官吏假公济私多方侵蚀，清政府出现了严重的财政赤字。鸦片战争后，由于军费开支、战争赔款、白银大量外流等因素，清政府的财政实际上已到了崩溃的边缘。为维持统治，清政府加重对民众的搜刮，激化了社会矛盾。在这样的时代背景下，文化景观建设也失去发展的根基。辛亥革命后，中国政治动乱，大小军阀不仅连年征战，严重破坏生产力。对内实行残酷的统治，强征苛捐杂税，摊派兵差等种种手段对人民进行搜刮。忙于混战的军阀很少有时间和精力关心淮安的文化和文化景观保护与建设。淮安在这期间文化景观发展缺乏稳定的社会政治条件，举步维艰，呈现衰落趋势。南京国民政府成立后，虽然形式上统一了全国，但是各派军阀斗争依然不断。1937 年日军全面侵华，在伪南京国民政府和日军的统治下，政局动荡，战乱频仍，文化景观破坏严重。十年“文化大革命”时期，淮安乃至全国的历史文化景观遭遇了一场浩劫。许多文物在这十年中遭到破坏。中国政治上的混乱对历史文化景观造成了严重的破坏。历史文化景观的继续发展不仅缺乏安定、有序的社会环境，也一直缺乏足够的财力、物力和人力投入。在这种情况下，淮安的文化景观开始衰落。

第三节　济宁—徐州段运河文化景观变迁

一　运河文化景观变迁的趋势

（一）近代以前运河文化景观的兴起

1. 明朝之前运河文化景观的兴起

大运河济宁—徐州段沿岸地区文化底蕴浓厚，是儒家文化的发源

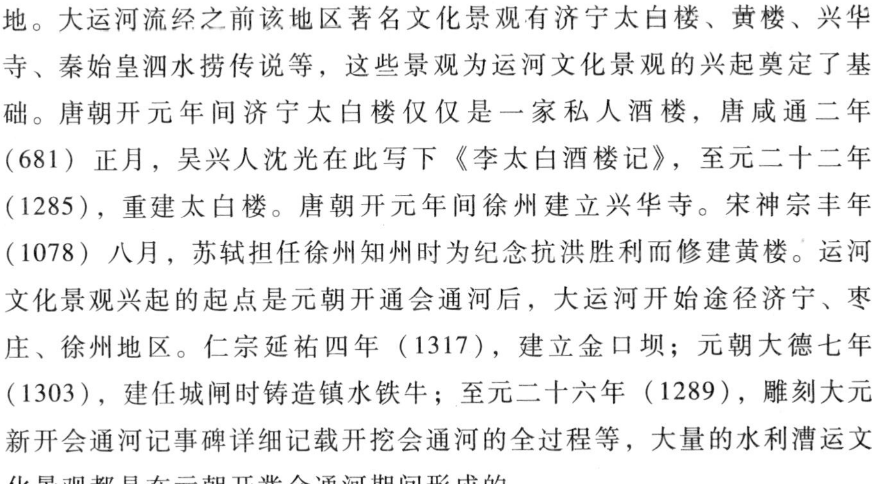

地。大运河流经之前该地区著名文化景观有济宁太白楼、黄楼、兴华寺、秦始皇泗水捞传说等，这些景观为运河文化景观的兴起奠定了基础。唐朝开元年间济宁太白楼仅仅是一家私人酒楼，唐咸通二年（681）正月，吴兴人沈光在此写下《李太白酒楼记》，至元二十二年（1285），重建太白楼。唐朝开元年间徐州建立兴华寺。宋神宗丰年（1078）八月，苏轼担任徐州知州时为纪念抗洪胜利而修建黄楼。运河文化景观兴起的起点是元朝开通会通河后，大运河开始途径济宁、枣庄、徐州地区。仁宗延祐四年（1317），建立金口坝；元朝大德七年（1303），建任城闸时铸造镇水铁牛；至元二十六年（1289），雕刻大元新开会通河记事碑详细记载开挖会通河的全过程等，大量的水利漕运文化景观都是在元朝开凿会通河期间形成的。

2. 明朝至清朝中叶文化景观趋于繁荣

该时期是运河文化景观涌现的高峰期。明洪武二十四年（1391），济宁左卫指挥使狄崇又修建太白楼于城墙上。洪武三十一年（1398），兴华寺主持胜吉为了保护大石佛而建大雄宝殿。明朝永乐年间（1403—1424），纪念宋礼、白英治水业绩而修建南旺分水龙王庙建筑群。明宣德七年（1432）兴华寺毁于大火，宣德九年（1435）重建。明天顺年间（1460）始建邳州土山关帝庙。明成化年间，济宁当地穆斯林修建东大寺。明嘉靖二十三年（1554）在吕梁洪立疏凿吕梁洪记碑。明嘉靖四十四年七月（1565），黄河决堤淤塞了运河河道，工部尚书朱衡决定修建漕运新渠，由湖西改道湖东，形成微山顺河街。元朝至顺二年（1331）建南阳闸，明隆庆元年（1567）漕运新渠竣工，南阳成为重要码头，明代中期，在此形成南阳镇。清政府曾在此设守备管河主簿负责防务、监运收税、管理河闸等。万历年间为了保护徐州城免遭洪水袭击，修建黄河护城石堤。运河带来沿岸地区经济的繁荣、城镇规模的扩大，为发展文化景观提供了条件，济宁城区形成繁荣商业区。万历年间，在运河徐州入山东处凿刻境山“淮海第一关”，那里曾是重要的货物集散地，设有关卡，称为“淮海第一关”。还涌现了大量的宗教建筑，尤其是回族人口随运河到来的增加，在台儿庄东门里的“文昌阁”初建台儿庄清真寺。天启年间，修建了安徽会馆等商业会馆，在运河重镇夏镇形成泰山庙会。天启四年（1624），户部司署移至徐州南

山，形成户部山建筑群，从天启四年（1624）至1949年这300余年间一直是徐州城经济和文化核心地区。明朝时期也形成了大量的运河非物质文化景观。如明代中叶，秦腔、梆子腔随着当地商人经河南开封传来汶上，形成汶上梆子。明末清初，济宁小土山地区成为济宁文化休闲中心，这里建有逢春、书带草亭、同乐舞台等4个戏院，还有很多席棚搭建的书场；在明末清初，大运河微山湖一带的利国、季堡、庙庄等地是运河必经之地，常有南来北往的船只在此停泊，在该地区形成融合南北曲调的丁丁腔。

清朝，运河文化景观达的发展达到鼎盛时期。明末清初，徐州重建州城，为防城池再遭厄运，开始大规模修建徐州的防洪工程故黄河石堤；济宁著名画家戴鉴的私人住宅，转给当地官僚富豪李澍建为荩园；因明朝一位漕运大将落水而死的传说，产生了七月十五放河灯习俗；明末清初，形成寿张集古会、南阳夜市等庙会；因明万历年间泇河的开通，清初台儿庄形成商业重镇。康乾时期是清朝国力最强的时期，也是形成运河文化景观最为集中的时期。康熙十年（1671），因多年战争，国库空虚，对地震灾区无法进行财力支援，且前期郯城发生8.5级大地震，隅头镇沉于地下，骆马湖也由旱湖变成水湖等原因，下旨指派明朝的官员到地震灾区开荒生产，形成窑湾古镇，后因位于大运河沿岸，成为商业重镇。在此形成早集即“夜猫集”；康熙二十一年（1682），徐州人张胆父子捐资白银26000两，垒石修建荆山石桥；济宁镇水宝剑铸于康熙丁酉二月；清康熙五十三年（1714），建立玉堂酱园；清康熙五十八年（1719），徐州知州的姜焯建大士岩，云龙山庙会起源于大士岩。济宁安徽会馆也是康熙年间穆斯林集资重建。乾隆七年（1742），台儿庄清真寺经李中和阿訇在中正门（北门）里的郁家花园重修扩建。同年，山西商人集资扩建相山神祠，遂改为徐州山西会馆；康熙、雍正、乾隆三帝重修故黄河石堤，经共耗资30万两白银，其中乾隆年间成绩最大；清康熙二十一年（1682），徐州人张胆父子捐资修建荆山桥，乾隆十一年（1746）重修，并且乾隆帝途径与此，提笔留下了“荆山桥”、“万世津梁”、“利涉大川”和一首诗。清乾隆二十二年（1757），清高宗弘历南下江南，途径徐州，地方官吏在云龙山下建造了一座行宫。清代乾隆年间，济宁还修建三省会馆，是山西、陕西、河南三省商人集资共建的，并重修济宁安徽

会馆。乾隆皇帝南巡归来时，途经运河和微山湖交汇处的韩庄时，作《韩庄闸》诗二首，乾隆御碑刻录其中一首。徽宁会馆也建于清代中期。康乾时期对历史遗留下来的许多运河文化景观进行了修建和重新扩建，所以，我们见到很多文化景观都保留当时的风格。清嘉庆四年（1799）建造徐州镇水铁牛；清嘉庆二十三年（1818）督黄河使者黎世序为庆祝一场治水胜利修建牌楼；嘉庆年间，还形成徐州泰山庙会。

（二）近代运河文化景观的兴衰

1. 晚清时期运河文化景观开始衰退

晚清时期，漕运虽然逐渐衰落，但河道、水利设施等运河文化景观还是基本保存下来，商业、园林文化景观开始停滞或败落，宗教和非物质运河文化景观因其本身发展的特殊性，受运河变迁的影响较小。所以，该时期运河文化景观新建的较少，一部分在原有的基础上进行扩建和修复，一部分则日渐衰败或遭到破坏。清道光年间，玉堂酱园生产规模扩大，生产作坊有几百间，200多名工人，资金增加到39万吊。咸丰十年（1860），形成规模宏大的南旺庙宇建筑群。光绪九年（1883），徐州道尹赵倖平重修牌楼，又增加16级台阶。济宁八角鼓盛行于晚清时期。清末济宁商界“四大金刚”之一的吕庆圻建成吕家宅院。清同治五年（1866），捻军和清军在此激战后，李鸿章和徐州知府桂中行先后重修荆山桥。晚清政府也尝试着恢复漕运，但随着铁路、轮船新式交通工具的出现，外敌的入侵等原因，运河文化景观开始衰退。

2. 民国时期文化景观的衰落

清朝末年，南旺分水龙王庙群逐渐萧条，未能得到妥善保护和修缮；辛亥革命后，徐州道台衙门常为军阀占领，毁坏严重，张勋退守徐州时，将其作为大帅府。民国后开始徐州故黄河石堤陆续被拆除，修建庆云桥、和平桥使用的石料大部分是从石堤上拆下来的。抗日战争期间，徐州三处乾隆行宫均遭到严重的破坏。1938年，徐州道台衙门成为第五战区司令部，李宗仁曾在此指挥台儿庄大战，台儿庄战役中，台儿庄清真寺是186团的指挥所，毁坏严重，日军溃逃时，放火烧毁寺内的楼堂并殃及两棵苍柏，现存的讲堂、房舍墙壁上弹痕累累。1942年，日寇侵入南阳镇，大多建筑古迹被毁掉；窑湾商人纷纷迁移，随后被日军侵占，从此窑湾

败落下来；抗日战争和解放战争期间，荆山桥两次被敌人毁坏，炸掉桥孔 27 个。邳州土山关帝庙建筑群也遭到严重破坏，但从清末到新中国成立一直是土山中心小学的校址，故主体建筑保存了下来。七月十五放河灯的习俗一直延续到 1937 年，因抗日战争的爆发而终止。曲艺、庙会等非物质运河文化景观也受到战争的影响，人们忙于生存保命，没有安全适宜的社会环境供人们学习发展各种曲艺形式。

3. 新中国成立后的复兴与破坏、恢复与发展

新中国成立后，主要对与人们生活、生产关系密切的水利工程和具有代表意义的历史文化景观进行修复和建设，如全面治理了沂河与沭河，成立淮河治理委员会修整淮河，修建了苏北灌溉总渠，徐州开挖了不牢河，济宁开凿了梁济运河，对金口坝等运河设施进行修复。1952 年，政府对济宁太白楼进行整修。1958 年，开始建设济宁二级节制坝。徐州对乾隆行宫进行修复，改建了大门。为了贯彻“百花齐放，百家争鸣”的方针，促进非物质运河文化景观的发展，新中国成立后对汶上梆子、丁丁腔、运河花鼓进行了整理。20 世纪 50 年代，为了使用建筑材料，对历史文化景观肆意的破坏。1955 年，徐州黄楼被拆除。1958 年，为了疏浚大运河，将荆山桥拆除，桥下用巨石垒成的桥基也被爆破。1968 年，由于无人管理，荆山桥桥基基石被当地百姓拿去当了建筑材料。1964 年，拆除了徐州牌楼。

“文化大革命”中，“破四旧”之风盛行，历史文化景观遭到了大规模的破坏，尤其是宗教文化景观；如台儿庄清真寺、东大寺、邳州关帝庙、大寺岩等都遭到严重的破坏，泰山庙被拆除，泰山庙会也随之衰落，徐州镇水铁牛被砸得“粉身碎骨”，现已不知去向。南阳镇的魁星楼和杨家牌坊也被毁掉。还有大量的运河文化景观在这一时期遭到了破坏。

改革开放后，随着经济的发展，开始扩建和新建一批运河水利文化景观。制定各种文物保护法规，设立各级文物保护单位，修复了不少历史文化景观。20 世纪 80 年代，济宁市政府对东大寺进行全面修整，徐州政府重修黄楼和牌楼，重铸镇水铁牛。20 世纪 90 年代，金口坝修复工程开工，建成韩庄闸、万年闸、万寨港等水利工程。2000 年至今，对台儿庄运河大桥、东大寺、南旺分水龙王庙、台儿庄清真寺、邳州关帝庙、山西会馆等进行修复扩建，又建成济宁港、枣庄港、台儿庄复线船闸等

水利设施，济宁建成运河博物馆、运河广场和玉堂酱园博物院等。1985年，金口坝被定为兖州县重点文物保护单位。1987年，故黄河石堤坝被列入徐州市市级文物保护单位。1992年，金口坝为山东省重点文物保护单位。1995年，兴华寺被江苏省人民政府列为省级文物保护单位。2006年，金口坝、南旺庙建筑群、东大寺公布为第六批国家重点文物保护单位。

21世纪以来，历史文化景观向旅游景区改造。比如，济宁将原来的竹竿巷扩宽、重修，将其打造成运河风情文化一条街，大力开发南阳镇为江北水乡。枣庄市按照“存古、复古、创古”的理念，投巨资重新修复台儿庄古城，微山湖的湖上渔村也开发为旅游区。徐州市对户部山地区进行了大规模的改建，建成具有明清建筑风格的户部山，沿徐州城区故黄河河道建成了故黄河公园。新沂窑湾镇进行大规模的修复古镇景观，等等。

二　运河文化景观兴起原因探析

（一）近代之前运河文化景观的兴起因素

1. 区位优势

秦始皇时期修建的一条驰道，就经过济宁地区。元代建都大都（今北京），在山东的主要道路为南北驿道，而济宁位于这条驿道中间。明代也有驿道经过济宁境内。清代，有一条自北京到广东的官路经过济宁地区，清光绪八年（1882）七月《山东书简》重刊的《山东考古录》“图考”中全国总图和各府分图所绘的道路有11条，其中涉及济宁境内的有4条。[①] 水路方面，元代开挖济州河、会通河，所需的水源泗水和洸水都是在济宁东汇合，会通河的主要水源均是来自于济宁汇入。南北大运河贯通后，济宁成为重要的客货中转站和集散要地，济宁成为“襟带泗汶，控引江淮”的咽喉之地。大运河开通之后，济宁军事地位随之提高，《明通志》写道：“岱宗东峙，大河西流，南控江淮作齐鲁之屏障，北通燕赵为畿甸之咽喉，水陆交通，舟车云合，郊原沃饯，岗阜星稠，地势高亢，

① 济宁市交通志编纂委员会编：《济宁交通志》，齐鲁书社2000年版，第76—77页。

关津险阴，自来东方必争济州。"[①] 且济宁又处于运河的关键地段，有"水脊"之称的南旺地区，又有黄河的困扰等难题，本段运河的安危关系到整个运河的畅通。

徐州，是我国古行政区域九州之一，古徐州北起泰岱，南到淮河，西自济水，东至于海，主要河流有古获水、泗水交汇于彭城。春秋时期，此地就是江淮流域通往中原水运的必经之地，逐渐发展成为商业都会。[②] 东汉末年，王景治理黄河后，汴水成为江淮流域的漕运通道，地处汴、泗之交的徐州成为水运枢纽。因靠近河流，便于灌溉，徐州地区的农业发展迅速，北魏孝文帝太和五年（481）时，薛虎子任徐州刺史时曾上书说："今徐州良田十万余顷，水陆肥沃，清（泗）汴通流，足以灌溉。"北宋时期，徐州"为南北襟要，京（指开封）东诸郡安危所寄"[③]，徐州的地理位置变得更加重要。元朝，从杭州到北京的大运河开通后，徐州扼大运河咽喉，其交通地位和军事地位更加显要。此外，历代陆上交通要道都经过徐州地区。

2. 文化底蕴

济宁是我国文明的发祥地之一，相传，人类始祖伏羲、女娲、黄帝、少昊帝均出生于济宁，我国历史上的五大圣人"至圣孔子、亚圣孟子、复圣颜子、宗圣曾子、述圣思子"都诞生在这里。曹操、李白、杜甫等文人墨客也在此留下足迹。元朝大运河开通后，济宁的文化事业发展迅速，据白新良《中国古代书院发展史》统计，明代，济宁有书院 19 处，这些书院大多创建于嘉靖、万历年间，当时明政府两次大规模整治闸河，山东运河畅通无阻，运河沿岸经济发展进入鼎盛时期，这为书院的兴建和发展提供了极为有利的条件。据统计，济宁地区 1401—1500 年举人数为 115 人，1501—1600 年为 84 人，1601—1700 年为 94 人，1701—1800 年为 115 人，1801—1900 年为 153 人，[④] 从以上数据可以看出，运河沿岸

① 李泉、王云：《山东运河文化研究》，齐鲁书社 2006 年版，第 109 页。

② 史念海：《中国的运河》，陕西人民出版社 1988 年版，第 18—20 页。

③ 转自南京师范学院地理系江苏地理研究室编《江苏城市历史地理》，江苏科学技术出版社 1982 年版，第 60 页。

④ 此数据根据周锡瑞《义和团运动的起源》中表 3 "大运河沿岸各县的举人数" 稍作变动而来，江苏人民出版社 1994 年版，第 35 页。

城镇举人数量的两个高峰是明朝中期和清朝中期，这正是本段运河漕运最为发达的时期，而明清之际的改朝换代和晚清运河淤废导致了这一区域举人数量的下降。众多的文化才俊，为这一区域的学术文化的发展和繁荣作出了贡献。此外，运河城镇还修建了娱乐场所，如各个商业会馆都有戏楼，寺庙也有戏台，济宁的小土山地区有逢春、同乐等戏院，还有众多的书场，大鼓、扬琴坠子等都在这里演出，为济宁的文化事业提供了发展的平台，促成了济宁八角鼓、汶上梆子等运河文化景观的产生。

徐州是彭祖文化和两汉文化的发源地，早在4000年前，这里就建立大彭氏国，彭祖精通养生之道，是烹饪和气功的创始人，为徐州地区的饮食文化形成起着重要的作用。秦汉之际，霸王项羽在此建都。徐州是汉代刘氏诸王的重要封国——楚国和彭城国。通过两汉时期的汉画像石墓，能看到古彭城地区曾经昌盛的艺术事业。徐州籍帝王很多，有刘邦、南朝宋武帝刘裕、南唐列祖李昇、南朝萧道成、梁武帝萧衍、后梁太祖朱全忠等。还有一大批徐州籍的文人墨客如《淮南子》的作者刘安，中国目录学鼻祖刘向，《七略》的作者刘歆，道教创始人张道陵，竹林七贤之一的刘伶，《史通》的作者刘知己，《政典》的作者刘秩、张竹坡等，还有一些文人长期居住或驻留在彭城，如苏轼、刘禹锡、李煜等，他们为徐州地区的文化发展作出了巨大贡献。

3. 运河开凿

元朝开挖了济州河、会通河，途经济宁、枣庄、徐州地区，元明清三代，对运河的治理都非常重视。在会通河上建闸31座，引汶水和泗水至运河，解决济宁运河水源的不足。明朝时期，先后治理修复会通河、徐淮和黄河等，引汶水至南旺分流以济运河。为避免徐州段黄河运道的艰险，开挖了泇河和南阳新河。清朝时期，为彻底避免黄河河道的侵扰，开挖了中运河，对其他河段也进行了疏浚修整。大量的运河治理工程，造就大量的运河水利文化景观。运河大规模的漕粮运输和水上商业运输有力地带动了沿运地区商品经济的发展和繁荣。各个时期还在运河沿岸济宁、徐州等城镇修建大型粮仓，如明朝时期，徐州仓为全国四大粮仓之一。以运河为文化景观生产和发展的生命线，运河带动了当地经济、文化与外地交流的频率，经济进入高速增长期，所以，该区域运河文化景观的发展境况与运河的畅通与否密切相关。

4. 经济因素

元朝定大都（今北京）为国都，但国家的经济中心在江南，史载："元都于燕，去江南极远，百司庶府之繁，卫士编民之众，无不仰给江南。"元朝初期，重开运河，不再绕道中原，取直大运河，开挖了济州河和会通河，济宁、台儿庄、徐州从此成为运河沿岸的重镇。元代时期，济宁就拥有漕舟3000多艘，转运大量的生产、生活用品，据估算，每年在济宁装卸的货物多达350万—400万担，平均每天1.5万担。在元文宗（1328—1330）时期，济宁路上缴国库的商税额，在中书省（辖今北京、天津、河北、山东、山西、内蒙古和河南的黄河以北地区）21路和7个直属州中名列第四。[①] 康熙年间济宁州征收商税达到1300余两，其中仅向外来客商大宗货物征收的"落地税"达到"一千二百一十八两有奇"，乾隆年间，达到了7900余两。漕船上的船夫水手们，都可以夹带一定的土宜沿途贩卖，并且夹带的数量越来越大，康熙年间是60石，至嘉庆年间增至150石。由于这些货物免税，还可以用国家的船只运输，又有价格方面的优势，济宁段船闸多，停靠时间长，有利于货物的交易。政府也有规定，夹带私货的漕船不许驶入其他河流的码头交易，所以运河沿岸的码头成为商人们交易的唯一选择。因此，船只停泊的码头，吸引了大量沿河而上的商人来此交易，"闽广吴越之商持资贸易，鳞萃而蝟集"。明清时期对民间商品运输的限制也不断放宽，导致运河城镇的持续繁荣。明代的济宁州，被列为全国33个工商业大城市之一。明清时期，济宁为运河上7个对外商埠之一，济宁也是山东地区两大商业流通网络中心之一。济宁"江淮、吴楚之货，毕集其中"[②]，济宁的手工业发达，行业齐全，素有"400名铜匠，500名竹匠，600名木匠，800皮匠，1500名铁匠"之说。尤其是皮毛和烟草加工业具有很大规模，形成分类明确的商业街巷，如皮毛街、纸货街、竹竿巷等。济宁较著名的商号有：人和粮行、源成皮行、生姜香料店、天德堂药店、如一茶叶店、兰芳斋果品店、恒顺成百货店等。济宁周围还形成了安居、长沟、南旺、开河、袁口、夏镇等运河商业重镇。例如夏镇，明朝时期，各种商号就达到200多家。

---

① 山东省济宁市政协委员会：《济宁运河文化》，中国文史出版社2000年版，第75页。

② 李泉、王云：《山东运河文化研究》，齐鲁书社2006年版，第191页。

沿河地区还形成了数量众多的集市，它们是联系农户与市场的桥梁，兖州府的汶上县8个、藤县29个，而有的地方集市次数和数量超过了江南乡镇，如安居镇、南阳镇基本每天都有集市，可见该区域商品经济发达程度。

5. 城镇人口规模的扩大

运河文化景观很重要的一部分是建筑景观，运河开通后，城建规模的扩大和城市人口的增长为运河文化景观的发展提供了条件。城市建筑本身就是一种文化景观，街巷的增多，房屋的建设都是运河文化景观的直接表现。以济宁为例，至元十六年（1279），文天祥被俘送往大都，途经济宁时写下了《过济州》："百草尽枯死，黄花自秋色。时时见桑树，青青杂阡陌。路上无人行，烟火渺萧瑟。车辙分纵横，过者临岐泣。积潦流交衢，霜蹄破丛棘。"可见当时元末战争过后，济宁城是一片败落。开挖济州河后，济宁迎来了发展的大好时机，济宁城得以重建。明清时期，朝廷在此设立漕运总督衙门和军事等多个政府机构。明洪武三年（1370），济宁左卫指挥使狄崇重建济宁城，将城墙外部改为砖墙，城墙周长9里多。到了清代，又对济宁城多次重修加固。明天启二年（1622），济宁城修建外廓，清朝以后，城墙周长达到32里，有18个城门。廓包括的商业区面积比原来的政治中心区扩大了10多倍。到乾隆年间，济宁由散州升格为直隶州，可见济宁城市的商业和城建发展规模和速度。济宁城的规模也不断扩建，据康熙《济宁州志》记载，康熙以前济宁城北的街巷有45条，东南西北四关的街巷有43条，济宁南关外，康熙之前仅有街巷24条，据道光年间的《济宁直隶州志》记载，这三个数字变成107、183和90条。[①] 洪武年间重建规模宏伟的徐州城，并以砖石砌成，周长"九里有奇"。[②]

人口是文化景观发展的动力，也是文化发展的主要表现之一。人口的多寡能反映一个城市经济的发达程度。元代的济宁路有10545户，59818人。明朝洪武和永乐年间，大量人口从山西洪洞移民到山东，济宁的人口迅速增加，洪武二十四年，济宁州有3376户，34166人。万历三

① 王玙：《元明清时期运河经济下的城市——济宁》，《菏泽学院学报》2005年第4期。

② 曹洪涛、刘金声：《中国近现代城市的发展》，中国城市出版社1998年版，第215页。

十七年（1609），济宁州的人口已达到15万多人，城区的人口2.5万人。到了乾隆五十年（1785），济宁的城区人口达到20958户，每户5口人计算，就达到了104790人。往来客商、漕运官兵等流动人口更是无法计算，“车者、舟者、负者、担者日不下千万计”，每年有四五十万人次之多。[①]因为外来商人并不是都占籍的，但是他们增加了济宁的人口数量，也改变了济宁人口的构成，加大了商人的比重。[②] 人口的增加，特别是外来人口的增加，为济宁—徐州段沿岸地区的文化、经济注入了新鲜血液，外来文化和本土文化结合，形成了八角鼓、丁丁腔等非物质文化景观。运河沿岸的西域回族多是随运河来经商的，如济宁从事皮毛业和清真餐饮业的几乎全是回民，他们的祖先大多与阿拉伯和波斯商人有关。据统计，晚清时期，济宁回族人和外国在华商人合办的企业就有17家。济宁市区回族现已有约13460人，占全区人口的6.4%。大多居住于越河两岸、西大寺街、炉坊街、柳行街等城区运河两岸，[③] 他们融入当地社会后，在运河两岸形成了伊斯兰宗教建筑和特有的清真饮食等运河文化景观。

6. 中外文化交流的加强

京杭运河开通后，外国使者进入中国多数从水路进京。延祐元年（1314）意大利旅行家鄂多立克来到中国，他的《鄂多立克游记》中，对济宁的记载是：“（济宁）也许比世上任何其他地方都产生更多的丝，因为那里的丝在最贵时，你仍花不了八银币就能买到四十磅。该地还有大量各类商品货物，尚有面食和酒及其他种种好东西。”[④] 明清时期，日本、朝鲜等国多次来到中国朝贡，如日本的勘合船每到运河沿岸城镇“凡是要地，皆营贸易”，他们输入中国的主要物品是刀、折扇、硫黄、漆器、苏木等。这些来华朝贡的使者多是从僧人中选拔而得，有很高的文化修养，来中国学习先进的文化和工艺。据《策彦和尚初渡集》记载，明嘉靖年间，日本人策彦曾来到济宁登上了太白楼，对其匾额、题识做了记

---

① 王玟：《元明清时期运河经济下的城市——济宁》，《菏泽学院学报》2005年第4期。

② 韩晓：《论山东运河城镇的发展与功能变迁》，南京师范大学硕士学位论文，2004年，第16页。

③ 李志刚：《山东运河码头重镇清真饮食调查》，参见于德普、梁自洁主编《山东运河文化文集（续集）》，齐鲁书社2003年版，第566—567页。

④ 何高济译：《鄂多立克东游记》，中华书局1981年版，第36页。

录，还对南旺做了记录，“到分水龙王庙，分水成两片，其下水南至杭州入钱塘归海，北至通州直沽，其下水入海”。并记载济宁有澡堂。明成化年间，朝鲜崔溥来到中国后，将沿途的所见所闻写成《漂海录》一书，“徐州以北，无水田”，“若徐州、济宁、临清，繁华丰阜，无异江南”。清朝的雍正至乾隆年间，苏禄国派出使者 10 多次来到中国，对所带货物“所带土产、货物，听该夷照例贸易，免征关税”[①]。外国使者和商人来到运河沿岸，带来了外来的文化和物品，使运河地区的物产更加丰富，技术更加先进，促进了运河文化景观的发展。

7. 城镇政治与军事地位的提高

明朝时期，为了及时交兑漕粮，各州县都建立粮仓储存本地的粮食，政府为了调剂运输，又在运河沿线的济宁、徐州等几个城市建立大型粮仓，称为水次仓，作为重要的漕粮中转地。永乐十二年（1414），朝廷采纳陈瑄的建议，将“苏州等处及徐、兖送济宁仓，河南、山东送临清仓”[②]。不久，大约在宣德之际，出现了与淮安、徐州、临清、德州、天津五大水次仓，济宁仓的地位下降，但仍属较大的区域性粮仓。

济宁的政治地位是经过重大的历史事件后不断发生变化的。元朝至明初，一直称为济宁州，明洪武元年（1368），改济宁为府，政治地位开始上升，成为济宁建制史上的最高规格。之后济宁又降为兖州府所辖的一个很平常的散州。直到永乐时期会通河的开通，济宁才成为“南通江淮，北达京畿”商品集散的重要枢纽，政治地位再次确立。明清时，济宁政治地位的提高得益于大运河，成为北方重要的商业城镇。清初，济宁州仍隶属于兖州府，到雍正二年（1724），济宁州升格为直隶州，领嘉祥、巨野、郓城三县。这次济宁直隶州的改制主要是因为赋多事烦、漕运、人口增加，经“户部等衙门等的议复”通过的。雍正八年“济宁州仍属兖州府，不领县”，主要是人事任免和政治派系之间的斗争的结果。[③]政治中心形成，大量的政府衙门驻扎于此，修建了大量的官府建筑，形成了院前街、县衙街等文化景观，也带动了当地经济的发展，提升了该

① 李泉、王云：《山东运河文化研究》，齐鲁书社 2006 年版，第 325—348 页。

② 王云：《明清山东运河区域社会变迁》，人民出版社 2006 年版，第 51 页。

③ 孔礼梅：《明清时期济宁的建制沿革及其发展探析》，《湘潮》2008 年第 9 期。

城市的政治地位。

为保证粮仓的安全，朝廷在济宁驻扎了大量的军队防守。粮仓的设置提高了运河城镇的军事地位。明清时期，在运河上常年有10多万运输漕粮的军卒在大运河上往返。济宁设有济宁卫、前后左右四帮和任城帮。加上卫所军丁的人数和眷属等，数量会更大，极大改变了济宁的经济和军事地位。济宁周围驻扎的很多官兵，皆是河标营及两卫屯田兵，现在很多村庄都以营、屯命名，马场湖、马踏湖以存养马匹而命名。济宁处于水陆交汇南北冲要，故成为兵家必争之地。“自会通河开，为南北转输要地，闭则为锁，钥为通关。”① 重要的交通地位决定济宁重要的军事地位，明代“成祖靖难驻毕济宁，称其形势，命行军司马樊敬统兵守之”②。洪武年间设置济宁卫及千户所皆驻扎济宁城内，史料记载：“济宁卫，在州治东南，永乐五年建，其设官指挥使一人，指挥同知二人，指挥佥事四人，经历一人，镇抚二人，左右中前后五所各置正副千户百户，有京操军（春戍六百六十八人，秋戍九百六十九人），运粮军二千三百一十六人，城守军六百六十八人，屯田军四百四十七人。”③

徐州地处南北要冲，自古就是兵家必争之地。徐州城是城中有山，山中有城，山城一体。大运河、淮河、沂水、沭水、泗水穿越境内，从地理上，具备了易守难攻的优势。苏轼做徐州知州时曾做过这样的描述：“徐州南北襟要，京东诸邑安危所寄也”，“积三千粮于城中，虽有十万人不能取也”。清代地理学家顾祖禹的《读史方舆纪要》载：“彭城之得失，关南北之盛衰”，“经营天下，岂可以彭城而图哉”。徐州的得失，常常关乎全局。故历朝历代都非常重视此地，均屯以重兵。唐朝，驻武宁军、感化军，管辖徐、沛、濠三州。金朝时，设武宁节度使。宋朝，驻武卫军（宣毅军）、奉化厢军。清朝，设徐州镇总兵，辖本标中营、徐州城守营、肖营和宿州营。④ 所以，徐州很多文化景观的产生和军事有着密切的关系，如鼓手营巷、临清卫街、七月十五放河灯等。

---

① 嘉靖《山东通志》卷39《形胜》，《天一阁藏明代方志选刊续编本》。

② 康熙《济宁州志》卷1《形胜》。

③ 《济宁直隶州续志》卷6《兵革志·屯卫》，学生书局印行；嘉靖《山东通志》卷11《兵防》，《天一阁藏明代方志选刊续编》，第715页均有记载。

④ 董献吉：《徐州市志》，中华书局1994年版，第1545页。

（二）近代以后运河文化景观的发展原因探析

晚清与民国时期，国内局势动荡不安、外敌入侵、国库空虚多种因素使政府无力、无心大规模地修复运河文化景观，虽然也进行了一些修复工作，但多半敷衍了事。民国三十六年至民国三十七年初，国民政府曾拨款修筑台儿庄至韩庄运河及微山湖堤岸。但由于经费不足，技术水平低，维护管理不善，始终没有解决运河全线贯通的问题。运河文化景观的发展主要还是在新中国成立以后，特别改革开放的30年多来，随着全国旅游事业的蒸蒸日上和“大运河申遗”的启动，运河文化景观迎来了新的发展契机，济宁市提出要打造“运河之都”为城市名片，台儿庄则将自己定位为“江北水乡·运河古城”，修复和新建了大量的运河文化景观。

雄厚的经济基础是修复运河文化景观的关键，促进济宁市政府下大力气修复运河广场、博物馆，整修东大寺、竹竿巷、济南南关等，徐州修复乾隆行宫、黄楼、牌楼等，修建故黄河公园等一些运河文化景观。

1. 京杭运河治理和南水北调东线工程的实施

新中国成立以后，国家对大运河的治理非常重视，修建了一系列的大型水利工程。运河济宁段根据国家和山东省编制的京杭运河整治计划，1959—1967年先后三次开挖梁济运河，废弃济宁至安山间的老运河。同时，为配合徐州市以下的运河整治，在济宁市以南的南四湖区上级湖区开挖了湖西新运河，完全废弃湖东老运河。南四湖西线运河也重新疏浚扩宽。1958—1975年修建了南四湖二级坝枢纽工程，是济宁市最大的防洪排涝、航运交通、蓄水灌溉的枢纽工程。1996年8月，京杭运河济宁至台儿庄段续建工程开工，投入资金12亿元。[①] 1997年，开工建设京杭运河济宁至徐州段续建工程，总投资额14.96亿元。近年来，济宁市对小汶河、戴村坝、南旺闸及其相关的问题进行了专家调研，决定投资1亿多元修复该段的运河文化景观。经过多年的整修，济宁段运河三级航道已有130公里，建有11处港口81个作业区，年创经济效益50多亿元，

① 山东省济宁市政协文史资料委员会编：《济宁运河文化》，中国文史出版社2000年版，第60—68页。

年通过水路运往南方的煤炭均在2000万吨以上，昔日承担南粮北运的京杭运河济宁至杭州段，现已成为北煤南运的“黄金水道”。20世纪50年代末60年代初，国家投资近2亿元治理徐州中运河，开辟湖西航道，整治不牢河。1984年，国家投资数亿元，徐州市所辖各县又一次组织对大运河进行拓宽、加深、加固河堤、清理航道、整修闸坝，进一步提高运河通航能力。1985年，徐州境内的运河已全年通航。①

新中国成立后，就开始筹划南水北调东线工程。1972年，水电部组织专家进行调研。1993年9月，水利部通过《南水北调东线工程修订规划报告》和《南水北调东线第一期工程可行性研究修订报告》。2002年12月27日，东线工程正式开工，东线工程是利用现有的治淮工程、江苏省江水北调工程和京杭运河航道工程基础上修建的。该项工程的修建，不仅为北方输送了水源，还保证了京杭运河济宁至徐州段的全年通航，与此同时，还兴建和扩建了微山湖一线船闸、韩庄船闸、台儿庄翻水站等一大批水利设施，创造了新的运河文化景观。

2. 旅游业的飞跃发展

党的十一届三中全会以后，中国的社会经济开始迅猛发展，给旅游业带来了前所未有的发展机遇。1978年10月至1979年7月，邓小平5次发表关于发展我国旅游业的讲话。1981年10月10日，国务院发布《关于加强旅游工作的决定》，重申要“从中国实际出发，逐步走一条适合中国国情，日益兴旺发达的中国式的旅游的道路”。在外交上，我国国际地位日益提高，与世界上大部分国家建立了良好的关系，并加入了世界贸易组织，又相继举办了北京奥运会、上海世界博览会，提高了我国的国际地位和影响，更多的外国人愿意来中国旅游学习。② 这为发展古运河的旅游提供了千载难逢的机遇。并且济宁—徐州段发展旅游业的各项条件也已经具备，交通状况有很大的改进，济宁、徐州地区有多种交通工具可以到达。国家出台在全国各地设立旅游公司，并用增加五一、十一等节假日，简化出入境手续等多种措施鼓励旅游事业的发展，这就促使各级政府开始把旅游业作为当地的支柱产业，加大对旅游景区基础设施的

① 董献吉总纂：《徐州市志》，中华书局1994年版，第876页。

② 魏向东：《旅游概论》，中国林业出版社2009年版，第82页。

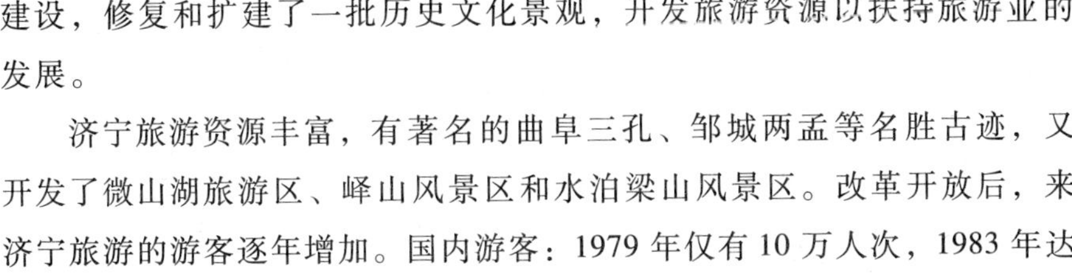

建设，修复和扩建了一批历史文化景观，开发旅游资源以扶持旅游业的发展。

济宁旅游资源丰富，有著名的曲阜三孔、邹城两孟等名胜古迹，又开发了微山湖旅游区、峄山风景区和水泊梁山风景区。改革开放后，来济宁旅游的游客逐年增加。国内游客：1979 年仅有 10 万人次，1983 年达到 30 万人次，1985 年增至 60 万人次，1992 年达到 90 万人次，1995 年达到 500 万人次，1998 年 615 万人次。国外游客：1979 年 2340 人次，1983 年 8117 人次，1998 年增至 60700 人次。旅游收入 1983 年为 550 万元，1998 年增至 9000 万元。[①] 但旅游市场主要集中在县区，而济宁城区的旅游景区较少，需要开发大运河风景区，利用孔子、孟子、水泊梁山景区带动运河景区的发展。徐州市旅游资源丰富，主要景点达到 40 家，有云龙山、云龙湖、新沂马陵山、龟山汉墓、滨湖公园、戏马台等景区，历史文化资源有两汉文化、彭祖文化、民俗文化、东坡文化等，山水文化主要是云龙山、云龙湖、泉山为中心的云龙风景区，以淮海战役为主的红色文化。徐州是运河沿岸重要的城市之一，享有“第一要津，两水汇通，三沟连通，四方都会，五省通衢”的美誉，沿岸有各类省、市级文物保护单位 37 处，市政府抓住“大运河申遗”的契机，积极开发了邳州大运河风光带、邳州运河湿地公园、窑湾古镇等项目。[②] 旅游业的发展是运河文化景观发展的直接推手，在“开发中保护、保护中开发”的原则下，窑湾古镇、户部山、台儿庄等运河聚落重现了往日的辉煌。

3. 文物保护工作的加强

文物保护开始于近代，1930 年，国民政府公布了《古物保存法》，并成立了中央古物保管委员会，紧接着公布了《古物保存法施行细则》19 条。但由于这期间国内战争不断，没有得到很好的实施。新中国成立后，国家重视文物事业的发展，20 世纪 50 年代，中央人民政府颁布《关于保护古文物建筑的指示》等，同时，中央和地方政府都设置文物保护管理专门机构。1961 年，国务院公布了《文物保护管理暂行条例》。1982 年，

① 济宁市统计局编：《新中国五十年 · 济宁篇》，山东人民出版社 1999 年版，第 86 页。

② 《徐州旅游“十一五”规划》，http：//www.jiangsu.gov.cn/shouye/zwgk/fzgh/200711/t20071101_178984.html。

全国人大常委会又公布了《中华人民共和国文物保护法》，1992 年 4 月 3 日，国务院批准国家文物局发布《中华人民共和国文物保护保护法实施细则》，中国文物保护管理走上了规范化、法制化道路。2005 年 12 月 22 日，国务院发布《关于加强文化遗产保护的通知》，各地也结合本地实际情况制定颁布了地方性文物保护法规。根据 2002 年 10 月 28 日第九届全国人民代表大会常务委员会第三十次会议通过的《中华人民共和国文化保护法》第 13 条的规定，中国国务院所属的文物行政部门在省市县文物保护单位中选取具有重大历史、艺术、科学价值的为全国重点文物保护单位。由国家文物行政部门备案，不得撤除。2008 年 4 月，国务院第 3 次常务会议通过《历史文化名城名镇保护条例》。2010 年 6 月 12 日，第五个中国文化遗产日期间，苏州主场城市系列活动之一，江苏省文化厅、江苏省文物局在苏州大运河畔举行了首批"江苏省大运河沿线重点文物抢救保护工程"启动仪式。①

济宁市根据国家文物局指示，结合当地古运河文化景观情况也做了大量的工作。1985 年，公布竹竿巷（竹竿巷街、纸店街、汉石桥街）、古运河道（济宁市城区段引光济运马驿桥段）为市级文物保护单位。1992 年，公布南旺分水龙王庙、东大寺省级文物保护单位。2006 年，金口坝、东大寺、南旺分水龙王庙公布为国家级文物保护单位。2009 年，济宁市人民政府发布《关于进一步加强文物保护工作的通知》，2010 年，济宁市政府公布《大运河（济宁段）遗产保护规划》，成为山东省沿河五个地市中首个公布《大运河遗产保护规划》的城市，也是继扬州市之后大运河沿线 8 省市中第二个公布《大运河遗产保护规划》的城市。这标志着济宁市大运河保护和申遗工作进入实质性实施阶段。该规划共列入遗产点 89 项，其中物质文化遗产 62 项、非物质文化遗产 27 项。物质文化遗产包括运河河道、水利工程设施等 7 个种类。非物质文化遗产 27 项，包括民间文学、相关民俗等 6 个种类。②

徐州市也非常重视古运河文化景观的保护，1985 年，徐州市政府编

① 黄梅：《江苏启动首批大运河沿线重点文物抢救保护工程》，见江苏新闻网，http://www.js.chinanews.com/news/2010/0613/18234.html，2010 年 6 月 13 日。

② 曾现金等：《京杭大运河（济宁段）保护规划出台》，http://www.kmzx.org/wenhua/ShowArticle.asp?ArticleID=5026。

制了《徐州市历史文化名城保护规划》，在城市建设中，注重保护历史文化资源，如时代广场的护河石堤。1995年11月28日，徐州市第十一届人民代表大会常务委员会第二十三次会议通过《徐州市文物保护管理条例》，市政府每年专门拨出文物保护资金，对列入各级文物保护单位的古建筑都进行维修，如乾隆行宫、户部山古建筑群、关帝庙、黄楼、牌楼等。2006年，户部山古建筑群被公布为国家重点文物保护单位。

三 文化景观的衰落原因

（一）近代之前运河文化景观的衰败原因

1. 战争因素

战争对一个地区的经济、文化、物质实体破坏是非常大的。元朝大运河开通后，济宁成为运河之咽喉。至正二十七年（1367），徐达、常遇春、胡大海等率领大军在济宁附近大败元军。“天启二年（1622）五月初三日，山东闻香教教主、巨野人徐鸿儒发动教徒和群众，于郓城县徐家庄竖旗起义，后转战于邹县、滕县、峄县、兖州、夏镇等地，切断漕运孔道，一度控制了山东运河南部地区，震惊朝野，从而拉开了明末农民大起义的序幕。”① 元朝时，芝麻李起义，占据徐州，元右丞相托克托亲率大军攻城，以石炮破城，城尽毁。进城后，大肆屠杀百姓，并改徐州为武安州，意为武力镇压才能平安的州城，徐州又一次遭到灭顶之灾，城中文化景观破坏严重。1367年，明朝大将徐达攻占徐州。1401年，燕王朱棣引兵南下，攻占徐州，伏兵九里山。1644年，清军南下，攻打丰县、沛县、邳州。次年，占领徐州城。每次朝代更替时候，都会爆发较大的战争，给运河两岸地区的物质实体带来巨大的破坏。很多建筑物、街道、商铺等遭到破坏，也严重影响该地区的经济发展。②

2. 水患及自然灾害

黄河水患是影响该地区最大的因素，济宁地区平坦，降水多的年份，暴雨、阴雨连绵，排水困难，容易形成内涝，经常造成秋作物的大量减

---

① 李泉、王云：《山东运河文化研究》，齐鲁书社2006年版，第247页。

② 蔡云辉：《战争与近代中国衰落城市研究》，社会科学文献出版社2006年版，第273页。

产。据《清代黄河流域洪涝灾害档案史料》的1736—1911年黄河流域洪涝州县所占年次表[①]和《清代淮河流域洪涝灾害档案史料》的1736—1911年淮河流域洪涝州县所占年次表[②]的统计，从1736年到1911年济宁发生洪涝灾害80次以上。平均两年多一点就有一次水灾，可见水灾的频繁程度。民国《济宁直隶州志》中，被湖水淹没的土地有一个专门的名字："沉粮地"，即国家经勘查确认被湖水淹没，无法耕种因而豁免钱粮的土地。这样的土地面积巨大，"沉地自康熙二十三年开始，乾隆二十四年至二十六年三年内济宁告沉地一千三百六十五倾二十亩，鱼台共沉地一千三百零三倾八十七亩"。乾隆二十三年修筑拦黄坝，此后三年二州县沉地就如此之多，可见拦黄坝对微山湖水位提高所起的作用有多关键。嘉祥、金乡、鱼台、临清卫、济宁州、济宁卫等各州县卫下有湖水顶托，坡水排放困难，上有客水不时汹涌而至，水灾发生频率极高。[③] 因为运河不畅，遇到多雨季节，运河决口屡有发生。

徐州地区的水灾也十分严重。明孝宗弘治十年（1494），刘大夏阻断黄河北流，明穆宗隆庆六年（1572），朱衡、万茶等又塞南流入淮诸道，使"全河尽出徐邳，夺泗入淮"。随之黄河改道，水流量骤然增多，河患集中于徐州段附近，仅明代，洪水给徐州城较大毁坏的就有几次，第一次在隆庆五年（1571），据同治《徐州府志》载："隆庆五年九月六日，水决州城西门，倾屋舍，溺死人民甚多"；第二次是明万历十八年（1590），黄河泛滥，徐州再次被淹，顺治《徐州志》载："万历十八年，徐城大水，官廊民庐尽没水中；秋复大雨如注，真武观井泉涌出如瀑。"[④] 尤其是明熹宗天启四年（1624）河决奎山堤，水淹州城，城中水深一丈三尺，大水5年不退，百姓的生命财产损失巨大，基本全城俱毁。城市建筑、街道、商铺、园林全被淹没，文化景观丧失殆尽，只有在一些地势较高地区，文化景观得以保存。后在泥沙之上重建新城，形成了"城

---

① 水利电力部水管司科技司、水利水电科学研究院：《清代黄河流域洪涝灾害档案史料》，中华书局1993年版，第20—21页。

② 水利电力部水管司、水利水电科学研究院：《清代淮河流域洪涝灾害档案史料》，中华书局1995年版，第13页。

③ 苏远渠：《清代山东运河水灾与两岸农村经济》，曲阜师范大学硕士学位论文，2005年，第15页。

④ 武玉栋：《黄河水患与徐州古城的历史变迁》，《江苏地方志》2001年第1期。

下有城”的奇观。

其他自然灾害也不断，如明末和清中叶徐州地区发生一次严重蝗灾，1625—1641年（明熹宗天启五年至崇祯十四年）连续10多年闹蝗灾，农作物全部被毁，蝗过地空。“徐州附近人相食，十室九空”①，康熙七年（1668）七月十七日，郯城发生8.5级地震，山东大部和江苏北部都遭到不同程度的损失，这些自然灾害对徐州城的影响是巨大的，使其政治地位、经济水平急剧下降，这些都不利于运河文化景观的保护和发展。

3. 运河的改道是徐州运河文化景观衰落的主要原因

徐州扼运河的要冲，但徐州段河道不同与其他河段，它借用黄河河道，水患频繁，且徐州附近有两段水流湍急的险要河道，就是吕梁洪和徐州洪，洪指的是能够酝酿灾难的大水，因此，这一段也成为历届政府治理的重点河段，设有专门的工部分司、纤夫负责。但是在此发生的翻船事故还是很多，人们行船到此都上岸祈求神灵的保护。所以，明嘉靖五年（1526）到嘉靖四十五年（1566），南阳新河（自鱼台南阳镇至沛县晋城接旧河，全长140多公里）开通，这是徐州以北运河的第一次大改道，使徐州以北的漕运避黄问题部分得到解决。但漕船从淮阴逆水北上，仍然要借用黄河河道，需经过徐州洪和吕梁二洪，才能进入南阳新河。万历二十一年（1593），河总舒应龙在开始开凿泇河，至万历三十一年（1603），河总李化龙才完成泇河的开凿，从山东省微山县夏镇，出邳州直河口接入黄河，避开了“二洪”和黄河330余里，缩短航程60多公里。从此，大部分漕船不再经过徐州城，徐州失去它借以发展的交通优势。到康熙十九年（1680），靳辅开了中河，避黄问题彻底解决，经过徐州城的船只变得更少了。开通泇河以后，漕船纷纷绕道行驶，“东南粟米数百万石岁输京师，天庾无缺，民不告劳，不借黄河一勺之水，而浊流又安”②。从此徐州失去它的水利优势，逐渐衰落下来。运河的这次改道，对徐州城的发展影响巨大，经济由此开始衰败，“黄沙弥望，牢落无垠，舟车罕通，闾阎雕圻”，徐州在交通区位优势丧失后，经济地位、政治地位急剧下降。文化景观保护和发展的基础也不复存在，这对徐州段运河

① 董献吉总纂：《徐州市志》，中华书局1994年版，第179页。

② 赵明奇：《新千年徐州府志》河防考，卷十三，中华书局2009年版，第826页。

文化景观带来至关重要的影响。

（二）近代以来运河文化景观衰落原因探析

济宁、枣庄、徐州都因大运河的畅通而成为著名的商业都市，交通优势对一个地区的发展起着重要的作用。万历三十八年（1610），黄河决口倒灌运河后，漕船就全部出邳州直河口经泇口运河北上，徐州城段运河河道开始废弃。咸丰五年（1855）黄河北徙，徐州附近从此完全失去水路运输的便利条件。后因黄河的水患不断，新式交通工具的使用和另外一些自然灾害等原因，使该地区失去了发展的有利条件。近代以来，中国发生了翻天覆地的变化，晚清时期是国家最为贫弱的阶段，经济、文化发展步伐减慢，国力下降，外国侵略者开始入侵我国，外部环境的变动对运河文化景观影响是巨大的，济宁至徐州地区的城镇人口、饭馆、戏楼、茶馆等开始歇业，码头、闸门、纤道等水利漕运景观无人管理，整个文化景观呈衰落状态。

四 运河文化景观变迁的特点

（一）与社会经济发展的同步性

大运河南北的全线贯通，产生了济宁至徐州段运河文化景观。元朝初期，社会秩序稳定，经济开始复苏，为开挖运河创造了条件。相继开挖了济州河和会通河，修建了大量的水利设施，济宁、枣庄、徐州扼大运河要冲，随着政治、经济、军事地位上升，为该段运河文化景观的进一步发展提供了基础。明万历年间，泇河的修通，漕船不再途经徐州城，徐州经济开始走向败落，运河文化景观也随之败落。明清时期，朝廷仍然重视运河的修浚和治理，修建了南旺水利枢纽工程、金口坝等。济宁成为全国重要的商业都市之一，漕运总督等许多政府衙门都驻扎于此，吸引了大量的客商来此经商，他们带来的南北文化在此交融，南北货物在此集散，并修建各种宗教建筑、会馆，建造豪华的园林宅第。如济宁回族修建的东大寺、西大寺，江南会馆、徽宁会馆、三省会馆。“康乾盛世”是清朝最为强大的时期，也是运河文化景观发展的鼎盛时期。康熙、乾隆多次南下江南，视察运河水利，在徐州修建了黄河护城石堤，留下了很多的行宫、诗文碑刻和传说故事。

晚清和民国时期，漕运的停止和铁路的修建，运河沿岸城镇失去便利的交通条件，经济衰落，加上济宁至徐州地区发生了大规模战争，严重地破坏了尚存的运河文化景观。此外，此时当地人口锐减，经济萧条，社会秩序混乱，影响了文化景观的发展速度。每次朝代更替时期都是运河文化景观的衰落期，政府忙于战争，无力兴建和修复景观。新中国成立后，国家开始重视水利工程的修复。改革开放后，经济迅速发展，综合国力日渐提高，开始大规模地修建内河港口、船闸、南水北调等大型的水利工程，新建了台儿庄运河湿地公园，修复开发了台儿庄古城、窑湾古镇、南阳镇等历史街区，南旺分水龙王庙建筑群、东大寺、金口坝等被评为国家重点文物保护单位。嘉祥唢呐、江苏柳琴戏、丁丁腔、扬琴等被列入国家或地市非物质文化景观保护目录。运河文化景观迎来了新的发展机遇。

（二）物质文化景观与非物质文化景观发展的不同步性

物质文化景观和非物质文化景观是一种分类方法，但不是绝对的分类，他们之间相互包含和融合，非物质文化景观需要以物质文化景观为载体。

运河物质文化景观的产生同步或早于运河非物质文化景观。济宁至徐州段运河文化景观源于济州河和会通河的开挖，运河河道和沿线的水利工程设施是最早产生的运河文化景观，如寿张闸、安山闸、济州上中下闸、金口坝等。运河物质文化景观产生后，为非物质文化景观提供了载体，产生了南旺水利枢纽工程技术、控制河中泥沙技术、运河水闸技术等，还因此产生了一些故事传说，如金口坝下聚金石的传说、七月十五放河灯等。运河带来经济的繁荣，吸引了众多南北各地的商人、游客、艺人，他们带着自己家乡的艺术形式在此地演出，久而久之，与当地的区域文化相结合，产生了济宁八角鼓、嘉祥唢呐、汶上梆子、丁丁腔、江苏柳琴戏等融合南北特色的非物质文化景观。它们都是在运河畅通、经济繁荣、文化昌盛的基础上产生的。

物质文化景观变迁不同于非物质文化景观。物质文化景观往往是一种物质实体，是可以看得见和摸得着的建筑或物质。由于它占有一定的

空间，如运河水利工程、宗教建筑等物质文化景观容易受到外界环境的影响，城镇经济的衰退，使政府和百姓不具备建筑和修复景观的经济基础；战争对物质文化景观的破坏最为严重，台儿庄清真寺、乾隆行宫、南阳古镇等由于抗日战争和解放战争遭到严重的破坏，很多文物古迹被炮火摧毁。自然灾害对物质文化景观的破坏也是毁灭性的。明朝天启年间，徐州的洪水把整个城市成为地下城，清康熙七年（1668），郯城地震对济宁至徐州段地区建筑景观破坏很大。漕运停止、战争不断、自然灾害、社会动荡等因素使运河沿岸地区经济衰落、运河废弃，运河物质文化景观开始败落。

非物质文化景观具有时代性，不占用空间，可以通过口头相传、文字记载、师徒传授等方式进行传承。济宁八角鼓、扬琴、汶上梆子、丁丁腔等艺术形式产生后，由于其为广大群众喜闻乐见，很快就开始流行。在漕运停止后，运河沿岸经济开始衰落，人们仍然在农闲时到处传唱。一是因为在古代娱乐方式有限，人们没有更多的休闲方式，只能选择这些艺术形式自娱自乐。二是非物质文化景观具有传承性强、受外界影响小的特点。如济宁城区富含运河特色的街巷名称，目前仍然在使用。非物质文化景观与经济兴衰的关联度较低。改革开放后，国民经济得到迅速发展，物质文化景观得到修复和扩建。随之西方的各种艺术、休闲形式也传入中国，人们有了更多娱乐方式的选择，尤其青少年更喜欢流行音乐，对较难掌握、形式单一的丁丁腔等运河非物质文化景观没有什么兴趣。虽然国家对非物质文化遗产进行了有意识地保护，但因为不适应时代的要求，这些非物质文化遗产正逐渐退出人们的视野。

（三）文化景观变迁的区域不平衡性

运河文化景观是因大运河的修建而逐渐形成的，元朝，济州河和会通河的开挖和疏浚，该段运河文化景观随之产生。明朝时期，朝廷对运河的治理也非常重视，运河水利漕运文化景观进一步发展。济宁、徐州成为运河沿线重要商业城镇，随着经济的兴盛，此地修建了很多宗教建筑、商业会馆、园林等文化景观。明万历年间，为了避开徐州段黄河河道的艰险，修通了泇河、韩庄新河，漕船大部分不再经过徐州城，徐州城从此开始衰落，运河文化景观也同时衰落。直到新中国成立后，徐州

段运河文化景观才又焕发青春。而明清时期更使济宁历史上最为兴盛的时期，明代中叶，济宁已是“车马临四达之衢，商贾集五都之市”。城内商铺林立，百业兴盛，成为明清时全国著名的33座大商业城市之一。手工业发达，有“京省驰名”、“味压江南”的玉堂酱园，誉满冀鲁豫的“兰芳斋”糕点，驰名中外的“济宁路青猾皮”等。明清时城建规模不断扩大，建有沿用至今的竹竿巷、皮毛坊等街巷。在济宁的外地同乡商人集资兴建了浙绍公仁所，福建、湖南、安徽等商业会馆。经济实力雄厚的商人修建了豪华的府邸园林，如集玉园、潘园、抱瓮园、怡怡园等。非物质文化景观方面产生了济宁八角鼓、扬琴、汶上梆子等。而清朝徐州城由于运河的改道，经济、政治、军事地位的降低，新修的运河文化景观很少。而徐州北部的窑湾镇迅速发展，称为“江北小上海”，产生了八省会馆、“夜猫集”、窑湾绿豆烧等运河文化景观。

运河文化景观的变迁与运河河道的变迁和兴衰相始终，明万历年间运河的改道，徐州失去了发展的良好机遇，而济宁在元明清时期，始终是运河沿线重要的货物集散码头和鲁西南的政治中心，运河文化景观的发展自然优于徐州地区。

第六章

运河文化景观的特色与个案

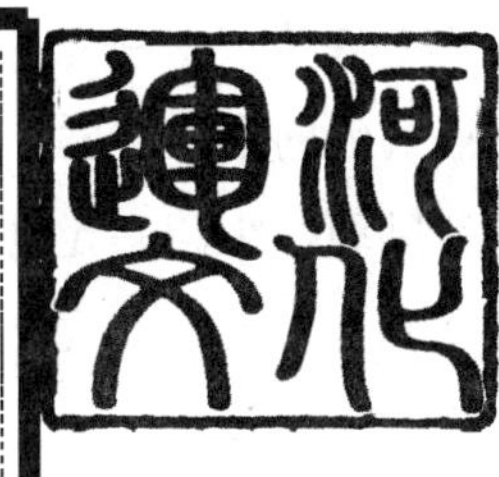

运河文化作为运河区域在运河开凿和航运过程中积淀的物质文化和精神文化、制度文化的总和，它的形成离不开运河流经区域的社会政治、经济文化、地理环境、民风习俗等因素。运河空间上自北向南流经燕赵、齐鲁、江淮、吴越四大区域，沟通海河、黄河、淮河、长江、钱塘江等五大水系，历史时间上延续两千多年。运河的主要职能是担负着封建王朝的“天庾正供”漕粮的运输，但在客观上促进了南北物资商、文化风俗、科学技术的双向交流。运河沿线形成星罗棋布的城镇，作为文化传播载体的商旅、官宦、士人、艺人等频繁往来，对当地的社会风气、精神风貌产生了一定的影响。因漕运兴起的古镇、水利设施遗存、历史文化遗存等大量存在于运河区域，具有浓郁的运河文化气息，成为运河文化景观的重要载体。“运河区域的本土文化、源文化逐渐发生变异，产生了不同于周边地区的新的文化形态，形成了与区域源文化并列的同属于中华民族文化大系的亚文化。”[①] 运河文化作为中华文化的重要组成部分，通过运河区域的融合与推陈出新，内涵得到不断充实丰富。运河文化在历史演变中逐渐形成“博大的包容性和统一性、广阔的扩散性和开放性、强大的凝聚力和向心力”[②] 等特征。运河从开凿的那一刻起，就被赋予了文化的意义，逐步涵盖漕运、民俗风情、义利兼容和务实进取的价值观，对运河区域在经济繁荣、文化昌盛方面有深远的影响。

第一节　运河文化的共性

一　开放性

京杭运河作为一条动态的人工运河，它开凿的动因和所产生的泽被后世的影响证实了运河是对外联系交往的有效工具。邗沟作为京杭运河江淮段的前身，公元前486年开凿邗沟的夫差，他进军中原与齐国争霸，

① 李泉：《中国运河文化的形成及其演变》，《东岳论坛》2008年第3期。

② 安宇、沈山主编：《和谐社会的区域文化战略》，中国社会科学出版社2005年版，第248页。

这不仅是一场政治军事的争斗，同时也是吴越文化与齐鲁文化的一次碰撞和交流。齐鲁文化源和吴越文化源作为各自区域内的强势文化，其水平远远高于周边区域，因两种文化在江淮地区存在文化势能差，文化交流和传播借助邗沟而得以实现。符号系统、实物系统、人体系统作为人类文化交流的媒介，由于传播媒介和交通工具的有限性，文化传播和扩散还是依赖于人类的探险、迁徙和地区征服。[①] 邗沟的开凿及以后运河各段的兴修体现了军事征服的意味。隋炀帝开凿的以洛阳为中心的南北大运河，第一次将中国南北用水路贯通起来，解决了中国历来南北无水道衔接的难题。他开凿的目的不仅为了自己下扬州游玩，还带有传输战略物资、加强对南方的政治监管、军事征服等多重目的。运河在唐以后发挥的漕运、商品、文化交流的功能渐渐凸显，成就了运河沿线的杭州、湖州、苏州、镇江、扬州、淮安等运河经济文化都市的崛起。运河正是以这种开放的胸怀推进各地的物资交流，促进运河区域以及更深远区域的商贸流通。唐代，波斯、阿拉伯、高丽人大量来到运河区域经商，杭州、扬州更是外商云集之所，扬州、淮安作为新罗、日本遣唐使进京和回国的主要港口，外国商人使节的大量进入运河区域对中外经济文化交流起了很大作用。宋元时期，运河区域是中国的经济富庶且人文荟萃之地，吸引着国内其他区域和国外人士前来学习交流。国内的少数民族大量迁居运河流域，如回族、蒙古族、契丹族等；国外的商人也大量来往运河流域，如大食商人、犹太商人、高丽商人。明永乐十五年（1417），东南亚苏禄王率领使团访华，向大明王朝入贡，双方进行了充分友好的文化交流，结束访问后，苏禄王沿运河南下回国途中病逝于德州，至今此地尚留有苏禄王墓，成为中外文化交流的见证。明清时期更使运河功能发挥至极致，因运河作为国家政治大一统的象征和经济基石，中央王朝极力维护运河的畅通。因运河的畅通所带来的南北交流，逐渐从最初的物质层面扩展到文化层面、制度层面，运河被赋予了更多的文化内涵。运河区域各阶层人员流动的频繁，各文化区的源文化也随运河流动，经过相互交流融合，彼此吸收对方有益的文化特质，丰富本区域文化。运河促使原先封闭的单一人口区域，敞开胸怀接纳过往的客商、水手、旅

---

① 赵世瑜、周尚意：《中国文化地理概说》，山西教育出版社 1991 年版，第 151—152 页。

客、官宦、军士、教徒等，各色人群的杂处，语言、饮食、服饰、宗教信仰等方面均有差异，对此，运河均以开放之态加以包容。开放作为一个循环的双向流通系统，既要有引进，也要有输出。动态的运河开放性，在积极吸取区域外文化源精髓的同时也将本区域文化精华部分传播扩散到其他文化区。运河文化的开放性表现为多层次、全方位、系统化，在政治、经济、文化、教育、科技、习俗、语言、文学等诸多领域展开。

二　交融性

运河文化的开放性为促进运河区域文化的交融建立了前提。运河的开凿给两岸人民带来了福音，沿线因漕运而商品流通，城镇星罗棋布、经济繁荣、人文荟萃，城市建设取得非凡成就，成为吸引人口聚居的理想之地。大量不同文化区和具有不同宗教信仰的人，群居杂处于运河城镇，依照地域建立的商业会馆、宗教团体，因风俗习惯、文化理念、价值观念的差异，长时间地相处交流，促使其文化差异逐渐减小，最后融合为各方共同接受的新运河区域文化。运河区域的民众以海纳百川的广阔胸襟，兼容并蓄，吸收区外文化的优秀因子，使之深深融入本区域文化的母体之中。近代以来，西方国家以传教士为先锋展开对中国的文化侵略。作为外来宗教的基督教、天主教，因与中国传统文化相抵触，他们逐渐改变传教方式，后来渐渐为运河区的本土文化所包容，信徒渐多。运河区域除了新传入的基督教、天主教之外，原有的道教、佛教、伊斯兰教在运河区各自拥有信徒，和谐共处，形成了极为奇特的宗教文化景观。运河文化除了价值观、风俗、宗教等方面的交融之外，在农业技术交流、农作物相互移植栽培方面也进行了广泛的交融。南北朝时期，北方战乱频繁，黄河流域大量农业人口迁居到江淮、江南一带，带来了北方先进的农耕技术和农作物种，促进了所在区域的农业生产的发展。唐代安史之乱后，北方移民大量涌入江淮及南方地区，由于来自北方人力和技术力量的支持，江淮、江南地区经济实力逐渐反超北方，成为中国新的经济重心，这种局面直至当今。商业方面，运河沿岸兴起的造船业、纺织业、漆器业、玉雕业、印刷业、商铺、茶肆酒楼等，也打破地域封闭，招徕南北客商往来交流贸易，各种物资互通有无。中华民族以其辽

阔的地域、悠久的历史、灿烂的辉煌、多元的文化著称，运河以其宽广的胸怀将中国的文化中心串联起来，逐渐得差异不断减少、共识不断增强，从而将各区域文化纳入中华文化多元一体的大一统文化之中。

三 创新性

运河作为动态的文化遗产，从诞生之刻起航道、功能一直处于演变和拓展之中。有学者认为运河的创新精神体现在："一是兴修运河方面的创新性，京杭大运河自公元前486年始凿，至1293年全线通航，前后持续了1779年。二是表现为运河两岸人民具有浓厚的创新意识，如扬州八怪，各有特色，不落俗套，不趋雷同，不甘平庸，创新意识很强。"[①] 当年，吴王夫差借助自然河流湖泊，对其加以开凿贯通；隋代的运河相比前代的运河，无论是规模还是流程都技高一筹；元代京杭运河线路基本定型，成就了明清数百年的繁盛。每次运河大规模的开凿、疏通都是在原有的基础之上总结前代经验创新而成。它由最初的航运、军事、政治功能扩展到目前集水利、科技、运输、旅游、产业布局等综合性功能，其文化功能在新时期凸显。运河沟通了中国钱塘江、长江、淮河、黄河、海河五大水系，也是中国水利史上一项创举。运河沿线因运河而生的各类不同时期的建筑、水利设施、文化艺术等不断创新和发展。以运河水利设施创新为例，为解决运河水位不平衡易流失的难题，春秋时期夫差在运河入淮口修建了北神堰；南北朝时期，东晋太傅谢安在运河邵伯段修建邵伯埭；唐代运河扬州段修建的便于船只通行的斗门；宋代始建船闸辅以澳闸，有石闸和木闸之分；元代郭守敬设计的会通河白浮引水工程堪称水利史上的经典；明清两代船闸技术得到大规模的推广，如淮安运河清江闸、惠济闸、福兴闸、通济闸群，山东戴村坝、南旺闸水利枢纽工程；民国时期邵伯新式船闸；新中国成立后，里运河上的淮阴闸、江都水利枢纽、扬州施桥双线船闸等实现现代化运作。运河除了科技创新之外，文化创新也是运河流域的创新的外在表现。近代以前运河流域

① 何星亮：《运河文明是中国文明的典型代表》，《京杭大运河2006》，中国文史出版社2007年版，第163页。

因漕运繁荣兴起了一条贯穿中国南北城镇链，运河流域的繁荣吸引全国各地的饱学之士来此创作，留下了大量文化作品。运河商品经济的繁荣，促进市民阶层的壮大，宋元杂剧以及明清小说应运而生。中国古典四大名著之《西游记》、《水浒传》的作者都来自运河流域，生于斯、长于斯的生活经历为他们的创作积累了丰实的经验和素材。《三国演义》的作者罗贯中虽不是出生于运河区域，但其长期生活在运河区域，接受其老师施耐庵的点拨和教诲，为其创作《三国演义》打下了坚实的基础。

第二节　扬州运河文化景观的个性

扬州是因运河而生的城市，运河文化是扬州城市文化的核心，扬州多元的城市文化是以运河文化景观为载体构筑的。扬州运河文化 2500 年来运河发展的积淀，造就了扬州文化古悠、精致、休闲的特性。

一　古悠性

京杭运河扬州段作为最早开凿的河段，距今已有近 2500 年的悠久历史。扬州城素有“通史之城”的美誉，运河与扬州城市发展融为一体，扬州的文化离不开运河的哺育与滋养。扬州至今仍保留一段完整的邗沟水道，从螺丝湾桥至黄金坝，并与扬州古运河相连。运河在中国的各个历史时期因水文、自然环境以及人文环境的变迁，河道屡屡发生变迁。同为夫差开凿的沟通沂水和古济水的人工运河河水早已消逝，只剩文字的记载而无实体；江南运河的前身吴故水道，也早已湮没无闻，无法考证。邗沟得以保存，是运河留给扬州的宝贵遗产，为扬州赢得了运河第一城的美誉。最早的运河区域的历史地位，使扬州在经济文化方面能够先行一步，积极接受外来的辐射。隋代南北运河初始，扬州作为运河重镇，连接东都以及各主要都会，不仅接受京师的文化辐射，还积极吸收运河沿线城镇文化精髓。炀帝的三次亲临，大造宫殿迷楼，宴饮群臣，使扬州的皇家文化氛围浓厚。唐代依托运河，通江达海，沟通帝京和海外，使扬州在经济上跃升为唐帝国第一大都市，天府之国的益州只能屈

居第二。扬州港口作为漕粮和百货转运以及进行海外贸易的大港，一时商贾辐辏，百货杂集，梯船毕至。为中外文化交流的桥头堡，扬州为外国人了解中国文化提供了便利，日本、朝鲜的遣唐使、学问僧、留学生纷纷以扬州作为访唐的第一站；得道高僧鉴真的六次东渡，将盛唐文化以及扬州特色文化传入日本。朱福炷的《扬州的历史和文化》对唐代知名诗人游历过扬州进行了统计，大约有数十人，占到唐代知名诗人的一半以上。宋代运河漕运、商业、盐业的兴盛，促使扬州城市选址由蜀冈之上迁移至濒临运河的蜀冈之下。元代重新开辟的京杭大运河，依然流经扬州，扬州依然是运河流域的一颗明珠。明清运河将扬州的发展推向了新的高度，成就了扬州市肆稠密、富商巨贾频至的盛况。新中国成立以来，扬州运河的发展脉络依旧清晰，形成邗沟、明清古运河、新运河。1982 年，国务院公布第一批全国历史文化名城名单，扬州榜上有名，其运河古城的地位得到国家的首肯。

二　精致性

扬州素有“人文古扬州，精致瘦西湖”之称，精致可谓是深入扬州运河文化的精髓。“扬州运河文化是开放性的，这种文化具有较强的开拓性，善于兼蓄外来文化，融会贯通，逐步丰富自己的文化内容。”① 运河的畅通使南北商货云集扬州，淮盐通过运河和长江输送到各口岸，为扬州文化的创作和发展提供了财力。作为扬州城市发展的主体，两淮盐商群体对文化事业的赞助不遗余力，而且部分盐商自身也具有很高的文化修养。园林文化景观的精致，被盐商演绎得美轮美奂。中国园林“按照园林的隶属关系来加以分类，中国古典园林也可以归纳为若干个类型。其中的主要类型有三个：皇家园林、私家园林、寺观园林”。② 扬州园林属于私家园林，作为私家观赏和居住的寄情山水的宅院，不乏财力的盐商官宦在设计时，呈现不拘一格的气魄。清代皇帝的频频南巡，使扬州文化在精致中处处彰显皇家气派，瘦西湖白塔晴云的设计和建造就是借

① 陈肖静：《扬州文化与旅游研究》，合肥工业大学出版社 2007 年版，第 112 页。

② 周维权：《中国古典园林史》，清华大学出版社 1999 年版，第 8 页。

鉴皇室的北海公园的藏式白塔风格。清代扬州的造园艺术达到巅峰，兼具北方园林的雄伟、南方园林的隽秀；后期还借鉴西洋的造园艺术。瘦西湖园林是清代盐商私家园林的集合，每处园林主题和风格各异，尽显造园者的匠心，叠石成为扬州园林的一大特色。叠石所采用的石料选自皖南的宣石、黄石以及苏州的太湖石，“静香园怡性堂的宣石山，倚虹园涵碧楼的宣石，皆是此类精品”①。私家园林如倚虹园、静香园、水竹居等都得到乾隆皇帝的赐名或赠匾额。瘦西湖原名保障湖或炮山河，作为蜀冈的泄水渠道，清代经过整治后，盐商在河两岸广筑私家园林，杭州诗人汪沆将之与西湖相比，一个“瘦”字便恰切概括了保障湖的特色。瘦西湖园林中小金山可谓是镇江金山的精致版，扬州人也就使用瘦西湖称谓保障湖了，园内晚清民国时期的园林如徐园、熊园一如既往地继承扬州园林的特色，“由于面积较小，比较讲究空间的利用，建筑物的布局和门墙窗棂的雕饰，虽无重楼复阁、山连水接的气势，却有一份小院春深的优雅和自怡”②，将其精致发挥到极致。文化除了在园林方面，扬州饮食文化的精致同样令人赞叹不已。扬州素以淮扬菜美食之乡著称，淮扬菜讲求刀工、选料、制作、火候、口感等要素，尤擅烧、焖、炖。

三　休闲性

运河因其流动性使扬州成为商贸繁荣的城市，商旅、官宦、文人大量涌入扬州，促使了扬州服务休闲业的异常发达。明清政府的纲盐改革催生了扬州盐商集团的形成，使扬州的各行各业以盐业为核心，衍生出不同的配套产业，如餐饮、茶肆、戏院、浴室、青楼等服务场所。明代为防倭寇侵扰和保护运河边商业发展修筑扬州新城，形成了文人居旧城、富商居新城的局面。“四方富贾、宦游者，买妾皆称扬州，麇至而蝇聚，填塞衢市。”③ 明清漕运所带来的流动人口的消费能力也不可小觑，南来

① 《扬州史志》编委会：《落日辉煌话扬州》，内部刊印 2000 年，第 132 页。

② 曹永森：《扬州特色文化》，苏州大学出版社 2006 年版，第 174 页。

③ （清）姚文田、江藩：嘉庆《重修扬州府志》卷 60，江苏古籍出版社 1991 年版，第 368 页。

北往的漕帮有十几万之多。扬州有“早上皮包水，午后水包皮”之说。酒楼茶肆遍及全城，使扬州市民社会形成品茶风气。“扬州人好品茶，清晨即赴茶室，枵腹而往，日将午，始归就餐”①，茶楼还可以品特色糕点，“双虹楼烧饼开风气之先，有糖馅、肉馅、干菜馅、苋菜馅之分，宜兴丁四官开惠芳、集芳，以糟窖馒头得名；二梅轩以灌汤包得名；雨莲以春饼得名；文杏园以烧卖得名，谓之‘鬼蓬头’；品陆轩以淮饺得名；小方壶以菜饺得名，各极其盛。而城内外小茶肆或为油鏇饼，或为甑儿糕，或为松毛包子。茆担荜门，每担络绎不绝”②。茶香酒碧之后，浴室是放松休闲体验“水包皮”的好去处，扬城内外遍布数百家，“沐浴有跟池，扶掖随身人作杖，摹挲遍体客忘疲，香茗沁心脾”③。扬州三把刀之一的修脚刀以其出色的技艺获得浴客的广泛认可，成为扬州浴室的主要服务项目之一。盐商是城市消费的主要群体，依靠盐务为生的市民大多是小康之家，两者用于生产经营的时间远远少于休闲娱乐的时间。大量的闲暇扬州盐商和市民大多用于娱乐和休闲，生活上富有情调，各家中多常备新鲜花朵。富户对鲜花的追求带动郊区花卉市场的壮大，“梅花岭，碍花村，堡城，小茅山，雷塘皆有花院，每旦入城聚卖于市”④。盐商为追逐风雅将目光投向了戏曲，如昆曲、弋阳腔、梆子腔、秦腔、二黄腔等唱腔得到盐商的热捧。盐商纷纷重金延聘曲艺名家组成家班，大量戏曲名角的到来，推动了扬州曲艺的发展。扬州市民阶层的壮大，贴近大众生活的评话艺术得到追捧。为此出现了柳敬亭、浦天玉、龚午亭、金国灿、宋承章等评话大师。“到同治、光绪时期年间，扬州评话艺人达两三百人之多。”⑤ 扬州盐商、绅士、市民的另一休闲方式便是郊游，文人雅士之间往往结伴吟游，相互宴饮赋诗；市民则是游山玩水。“春为梅花、桃花二市，夏为牡丹、芍药、荷花三市，秋为桂花、芙蓉二市。又正月财神会市，三月清明市，五月龙船市，六月观音香市，七月盂兰市，九

① （清）徐珂：《清碑类钞》，第6319页。

② （清）李斗：《扬州画舫录》卷1，《草河录上》，第27页。

③ （清）黄鼎铭：《望江南百调》，夏友兰等编《扬州竹枝词》，江苏金陵古籍刻印社1992年版，第173页。

④ （清）李斗：《扬州画舫录》卷4，第80页。

⑤ 曹永森主编：《扬州特色文化》，苏州大学出版社2006年版，第348页。

月重阳市。"① 众多的节日盛会，为扬州市民阶层和盐商的狂欢活动提供了契机。

清末至民国时期，扬州经济因漕运停运、盐业改革、战争以及现代交通工具的兴起而陷入衰退。休闲作为非物质层面的文化景观，具有延续性和滞后性，扬州民众依然悠然自得，生活闲适，早茶依然备受市民的青睐。扬州著名的茶社如富春、月明轩、共和春、惜余春、冶春、新丰斋、静乐园、小觉林等在这一时期崛起。茶社作为扬州商人洽商、文人聚会、市民休闲之所，各茶社以自家的招牌茶点招揽顾客。以扬州富春茶社为例：茶为"魁龙珠"取龙井之色、魁针之味、珠兰之香于一体，色香味俱全；糕点以三丁包、蟹黄包、翡翠烧卖、千层油糕为代表，菜肴以干丝、水晶肴蹄、富春鸡、扒烧猪头等为特色。清末以来，扬州市民的传统休闲方式仍在延续，听小曲、看戏、评书等，成为生活不可或缺的部分。扬州市民对戏曲文化景观有难以割舍的情谊，虽然无法同盐务鼎盛时期戏曲发展高潮期相比，但也明显已融入市民生活之中。扬州普通或富贵人家，举办宴请喜事，评弹、弦词、清曲、说书等艺人受邀而至，为宾主助乐。外来的戏曲如昆曲、弋阳腔、二黄腔等戏剧唱法被改进，使扬州本土的扬剧、清曲、评弹等获益匪浅。

表 6－1　　　　清末民初扬州曲艺演出场所一览②

名称	性质	地点	始建年代	容纳人数（约）
竹炉轩	专营	教场南首	晚清	300
凌云阁	专营	教场中部东首	清末	300
天盛书场	专营	内永明巷东首	清末	300
鹿鸣书场	专营	教场南路永明巷西首	清末	200
同乐书场	兼营	内二圈门	清末	400
得月台	兼营	内罗湾街	清末	200

① （清）李斗：《扬州画舫录》卷 11，《虹桥录下》，第 251 页。

② 扬州曲艺志编纂委员会：《扬州曲艺志》，江苏文艺出版社 1993 年版，第 176 页。

续表

名称	性质	地点	始建年代	容纳人数（约）
九如分座	兼营	内蒋家桥	清末	300
金凤园	兼营	内缺口街东首	民国初年	100
福铭园	兼营	内东关街	民国初年	400
名利春	兼营	内洼子街	民国初年	300
管驿园	兼营	内南门外街	民国初年	200
柳春书场	专营	内教场北首	民国五年	600
永乐书场	专营	教场内永明巷东首	民国七年	300
金宝园	兼营	内西门外	民国九年	200
金福园	兼营	内缺口街	20 年代初	200
聚财园	兼营	内南门外将军楼	20 年代初	100
醉福居	兼营	内四望亭西侧	20 年代初	200
杨社	兼营	内小东门	30 年代	
奎园书场	专营	内便益门外	民国二十三年	200
醒民书场	专营	教场内中部西首	民国二十年	500

民国以后，新式剧场的兴起以及国外电影的舶来，扬州相继修建了十大剧场、三大影院以及 3 个露天电影放映场所，这些新式休闲项目的建设引领当时中国社会的潮流，加强了扬州城市的休闲文化氛围。新中国成立以后，尤其是改革开放以后，扬州的休闲文化得到充分发扬。各类文化节日的创办如宣传旅游的“烟花三月下扬州旅游文化节”、宣传淮扬美食文化的“维扬美食文化节”、宣传扬州悠久文化的“二分明月文化节”等，极大地丰富了扬州城市的休闲意味。

第三节　淮安运河文化景观的个性

一　具备鲜明的运河文化特色

如前文所言，文化景观反映了一定地区、一定历史时期的文化特色

和人们的价值观念，是人们对历史环境的认知、感知的体现。运河历史文化景观直接体现了运河文化的发展历程，我们在历史文献中找寻运河给淮安带来的光辉与荣耀的同时，如能来参观这些历史建筑，品尝淮扬菜，亲自感受运河民俗的魅力，应该可以更好地体会运河对淮安文化个性的塑造。

运河带来的多元文化的碰撞、融合体现于各种运河历史文化景观中。宗教建筑是本土建筑融合外来建筑形式的典范。河下古镇民居是明清运河文化繁盛的注脚。名人文化是运河文化的重要组成部分。与运河文化相联系的淮安众多的名人故居、纪念馆、祠堂等是运河流域的重要建筑，是文物保护的重点，也是展现淮安历史风采、研究运河对塑造淮安文化性格作用的重要历史遗存。

二　与淮安城市发展的同步性

文化景观具有地域性的特征。文化景观是客观存在的地域单元、人文现象的总特征，这里的地域性就是文化景观所在地淮安。在城市发展的进程中，淮安城市的发展与运河文化景观的发展表现为同步性。当淮安社会政治稳定、经济发展，淮安地区呈现出一片繁荣景象，这时期文化景观的发展也呈现出上升趋势。相反，文化景观的建设与保护则呈衰落趋势。

淮安的文化景观与淮安兴衰同步发展不是偶然的现象。文化景观的各个方面是构成城市各形态的要素，是一个城市的外在表现。城市的发展具有自己个性独特、内外兼具的文化特质与魅力，而历史文化景观反映的内在文化就是具有这种特性的文化。因此，淮安与历史文化景观反映的内在文化是不可分割的统一体。

三　盛衰与漕运的紧密结合性

淮安社会经济的发展与漕运紧密结合在一起，漕运盛，则淮安荣，漕运衰，则淮安没落。“在许多城镇因为新式交通的发展而兴盛的同时，另一些城镇却因新式交通的发展和传统商路的改变而衰落下去。"① 淮安就属于后者。

历史上的淮安还属于一个消费城市，市场上商品主要依靠粮船夹带"土宜"供给和补充，本身货物品种很少。消费者绝大多数是外来人口，当消费人群发生变化时，商品销售不出去，市场变得疲软。因此，当漕运发生变革时，海运代替河运后，沿运河城市受到巨大冲击。淮安当然也不例外。河漕不通，商品来源受阻，流动人群消失。交通路线和交通方式的变更是影响淮安兴衰的重要因素。近代以前，中国南北交通主要依靠运河，而古代淮安地区的区位优势正是通过运河的开凿而体现出来的。

第四节　济宁—徐州段运河文化景观的区域特征

一　分布范围数量的不同

济宁段运河文化景观分布范围、数量高于枣庄段、徐州段。元朝，济州河和会通河开通后，形成济宁—徐州段运河文化景观。所处的地理位置、交通条件、经济和文化基础不一样。济宁段的政治、军事、经济地位最高。元明清时期，在济宁先后设置都漕运使、行都水监、河道总督等官署，驻有大量的军事机构，不断由"州"升"府"，又升"路"，又升为直隶州，政治地位不断升格。济宁处于"地势高亢，关津险阻"，南旺有运河"水脊"之称，为保证水源的充足，避开黄河的洪水，修建了大量的水利工程。济宁段运河漕运延续到晚清民初，成为南北航运的"襟带泗汶，控引江淮"的咽喉之地。徐州段运河由于借用黄河河道，运河"三洪"的存在增大了漕运的危险性，降低运输的效率。随着明朝万历年间泇河、韩庄运河的开通，徐州失去了发展便利的区位优势，经济、政治地位开始下降，运河文化景观失去发展的条件。元明清时期台儿庄

① 隗瀛涛：《近代不同类型城市综合研究》，四川大学出版社 1998 年版，第 87 页。

一直是运河商业重镇，但政治地位小于济宁、徐州，济宁段沿线运河水利工程多、城镇经济发达、文化昌盛，辐射范围大，且近代徐州、台儿庄地区是抗日战争和解放战争的主战场，徐州地区古代多次发生黄患，最终形成徐州城叠城的状态，很多文化景观被厚厚的泥沙覆盖。所以济宁的文化景观数量和分布区域明显高于徐州和台儿庄地区。清朝济宁有园林20多处，现在仅存吕家宅院和荩园，而徐州和台儿庄地区几乎没有大规模的园林景观。济宁处于运河的特殊地理位置上，修建的水利文化景观数量也多于其他地区，比如享誉中外的南旺水利枢纽和金口坝工程。商业会馆数量和分布也多于徐州、台儿庄地区。济宁段运河沿岸有夏镇、南阳镇、靳口镇、袁口镇、安山镇五大商业重镇，还有很多知名的运河村镇、街巷，其中都包括许多运河文化景观，而枣庄地区只有台儿庄一个镇，徐州只有窑湾镇，在分布范围上济宁是线性分布，而徐州、台儿庄地区是点状分布。

二　开发与保护的差异性

济宁段和枣庄段运河文化景观开发保护优于徐州段。新中国成立后，济宁段开挖了梁济运河，修建了南四湖二级坝枢纽与京杭运河续建等大型工程。1997年7月，山东省人文自然遗产保护与开发促进会在聊城市召开山东运河文化研讨会，推动济宁组建济宁运河文化研究会和组织编写运河文化专辑的设想，2000年10月出版《济宁运河文化》，2001年8月，出版了大型画册《中国运河之都——济宁》。2001年9月，在济宁召开了山东省第二次运河文化研讨会。2006年，济宁市请专家深入调研，把济宁市的发展定位为“孔孟之乡、运河之都、水城风貌、生态宜居城市”，济宁市市中区完成“运河之都”商标的注册。2006年9月16日至17日，济宁市组织举办了“中国运河之都”高层文化论坛。政府开始有目的地强化城区的运河特色，扩大城中水域的面积，河道两岸进行绿化、灯光工程，建设济宁老运河生态廊道，修复南旺分水枢纽工程和分水龙王庙古建筑群，建设中国运河之都博物馆、运河广场、运河文化美食街等，重现“江北苏州”胜景。2010年出台了《大运河（济宁段）遗产保护规划》。金口坝、南旺分水龙王庙建筑群、东大寺运河文化景观被批准为国家重点文物保护单位。

台儿庄段是运河流经枣庄的主要地区。1938 年，台儿庄大战使古城成为一片废墟。台儿庄古城，运河古码头、古驳岸等水利工程遗存完整，城内留存 3 公里的运河，被世界旅游组织称为“活着的运河”。2006 年 11 月，枣庄市政府启动了台儿庄古城抢救挖掘工作，搜集散落在国外和我国港台地区的大量史料，终于勾画出台儿庄古城的历史风貌。2008 年，按照“大战故地、运河古城、江北水乡、时尚生活”的理念重建台儿庄古城，前期投资达到 4 亿元，一期工程主体工程预计于 2010 年 10 月 1 日完成，运河古城一期核心区占地 75.8 公顷，建设用地 42.6 公顷，分为 11 个功能区、八大景区和 29 个景点，规划设计总建筑面积 37 万平方米。可见枣庄市政府对保护和开发台儿庄运河古城的力度和决心。

黄河是我国的母亲河，黄河文化的影响和地位要高于运河文化，人们往往知道故黄河河道流经徐州，而不知它也曾经是大运河的一段。徐州段大运河的保护和开发没有引起有关部门的高度重视，虽然进行了古运河文化旅游观光带的规划工作，准备筹建邳州运河观光带、运河湿地公园等，但保护开发的进度与力度小于运河沿线其他兄弟城市。没有组织专家对徐州段运河文化进行整理，成立专门的运河文化研究会，对运河文化景观的宣传力度不足，以至于很多人不知道古运河曾经流经徐州城，而且在强调黄河文化的同时，忽视古运河对城市的重要作用。窑湾镇是徐州段运河文化景观中保存数量、质量最好的古镇，但由于没有认识到其重要性、领导重视不够，开发保护工作缓慢，甚至一些运河文化景观仍然在遭到破坏。

三　蕴含儒商的文化景观

济宁地区是儒家文化的发源地，是孔子、孟子、颜子、曾子、思子等五大圣人的故乡，受儒家文化影响较深。同时，大运河给济宁带来经济的一度繁荣，济宁成为“水陆交汇，南北冲要之区”、“车马临四达之衢，商贾集五都之市”的商业城市。明清时期，济宁城内运河两岸店铺林立，商贾云集，年营业额高达上亿两白银，成为全国著名的 33

座大商业城市之一。济宁人在长期与南北商人相处的过程中，彼此的文化观念相互渗透、融合，在商业经营活动中，倡导坚持“买卖不成仁义在”的经营理念，在思想观念上又表现为执着与持重当中不失创新与开拓。因此可以说济宁运河文化既坚持了齐鲁文化的持重豁达，又包容了江南文化的灵活与务实。这种以工商文化为特征的文化体系之所以能在儒家文化的发祥地得以形成，发展光大，也反映出它极强的包容性和生命力。[①] 济宁修建的大量商业会馆里都供奉“关帝圣君”，崇拜经商的信义之道，体现了济宁儒商的风格。形成了“君子爱财，取之有道”、“买卖不成仁义在”等儒商文化。

济宁的儒商从店面中可以反映出来，粮商认为“和”是财源之本，以“和”字命名的粮行有“人和”、“玉和”、“三和”、“永和”、“德和”等。济宁是全国十大药都之一，药商认为经营药材是“积善行德”，商号多带有“德”字，如“聚德”、“天德”、“德兴”等。最有代表性的儒商是玉堂酱园，已有近300年的历史，在玉堂酱园文化展示厅内，挂有两块玉堂酱园的金如意葫芦招牌，上刻有“进京腐乳、五香茶干”，原本四块，目前仅剩两块，这招牌是玉堂为防伪而制作的标志。玉堂酱园在经营中，一直以“货真价实，童叟无欺”为店训，宁愿赔钱，也不偷工减料。对穷苦百姓，玉堂甘于做“一个制钱的买卖”，拿一个铜钱，可以到玉堂买两样小菜，再滴上几滴香油，让百姓吃上玉堂酱菜。曲阜孔家对商家不支持，后来看到玉堂在经营中做“仁义”生意，赞助翻修了济宁州和曲阜的学院，让书生有学上，因此同玉堂的东家结成亲家。可见，济宁地区儒家文化氛围浓厚，济宁地区的运河商业文化景观中儒商精神明显多于运河其他地区。

四　蕴含浓厚的黄河文化

徐州段运河河道是大运河中最为特殊的一段，因为运河借用黄河河道，黄河在给徐州带来大量交通便利的同时，也带来无尽的灾难。据不

① 山东省济宁市政协文史资料委员会编：《济宁运河文化研究》（一），山东友谊出版社2002年版，第205页。

完全统计，1494—1572 年，徐州附近发生黄河水灾 17 次，平均 5 年 1 次。1573—1855 年的 282 年间则达 105 次，平均 5 年 2 次。天启四年（1624），黄河在奎山附近决口，河水夹带着大量的泥沙，城内水深 1—5 米，大水五年不退，全城基本被毁。人们在和黄河洪灾作斗争时，留下了很多历史文化景观和可歌可泣的历史故事，为纪念抗洪胜利修建的黄楼，岸边的镇水铁牛、故黄河护城石堤，苏姑娘义退洪水的故事和现代修建的故黄河公园等黄河文化景观，它们都是徐州运河文化景观的一部分。这些景观虽然以黄河文化景观命名，由于运河和黄河河道在此重叠，因此，它们是富含着浓重黄河文化因子的运河文化景观。

第五节　运河文化景观典型个案：淮扬菜

一　淮扬菜的渊源

“中华民族的文化是多元一体的文化，其所以存在着文化上的多元化，是由于各个区域地理环境的不同造成的自然条件的差别，经济发展水平的不同引起的社会条件的差异，生活习俗不同所带来的文化背景的各异，军事上的割据所形成的政治上的隔绝，这一切都足以造成了区域文化的不同特色。”① 淮扬菜的自成体系，占据中国四大菜系之一席，与江淮地区的地理、经济、文化等要素有着千丝万缕的联系。“淮扬菜始于春秋，兴于汉唐，盛于明清。”② 西汉时期，汉赋大家枚乘在其著作《七发》大谈美食，其中烹饪方式运用了煮、煎、烤等，原料涉及野味、河鲜、蔬菜、稻谷等，讲求合理饮食搭配，着实令人赞叹汉代广陵饮食文化的精致，厨师技艺的精湛。隋唐时期，运河北达涿郡、南及杭州，炀帝的三下江都，“所过州县，五百里内皆令献食，多者一州至百轝，极水

① 于德普、梁自洁主编：《山东运河文化文集（续集）》，齐鲁书社 2003 年版，第 28 页。

② 张厚宝：《立足传承积极创新　进一步做大做响淮扬菜》，《扬州大学烹饪学报》2008 年第 2 期。

陆之珍奇”[①]，各地菜肴的精华和特色菜全部作为贡品献给炀帝及诸臣嫔妃享用。唐代扬州已成为全国第一大都市，“夜市千灯照碧云，高楼红袖客纷纷”[②]，官员文人的宴饮促进了淮扬菜的发展。明清淮扬地区为漕务、河务、盐务三大政，为施政重心区域，皇帝南下频繁，官员、商旅络绎不绝，漕运带来大量的流动人口使扬州地区拥有大量的食客。漕运总督、南河道总督、两淮盐运使等重量级的行政机构的驻扎，自然少不了宴饮招待，官员之间、官商之间、官学之间免不了相互应酬。因官员、商人、学者对饮食文化见解颇深，推动淮扬菜宴饮“官家公事张延陈列方丈，山海珍错之味罗致，远方伶优杂剧歌舞吹弹各献伎于堂庑……士庶寻常聚会亦必征歌演剧，卜夜烧灯肴尽”[③]。两淮盐商来自山陕、徽州、岭南、湘赣等地，为调和众多食客的口味，促使淮扬菜的口味逐渐融南北风味于一体，形质具美、滑嫩脆爽、咸甜适中。

二　淮扬菜的风格

淮扬菜作为江淮流域的菜肴，所体现江淮淮扬菜在选料方面以河鲜、家禽为主，兼以时蔬鲜果为辅。时令对淮扬菜的选料尤为重要，春有刀鲚，夏有鲥鲥，秋有蟹鸭，冬有野蔬。为配合主菜，还采用调味佐料如“盐豆、酱、甘蔗汁、蜂蜜、饴糖、醋、麻油、桂花、虾籽、蘘荷、茶油”[④]。

火候的把握对菜肴的色泽、质感、营养等方面影响较大，决定菜肴的成败。淮扬菜对火候的要求非常高，通过火候的把握采取炒、煎、炸、炖、焖等制作手法，使菜肴具有鲜、香、滑、脆、嫩、韧、酥、烂等特色，口感清鲜醇和、浓而不腻、淡而不薄、咸甜适中。

淮扬菜素以讲究刀工细腻巧妙著称，其中菜肴刀工具有片薄、丝细、

---

① （宋）司马光：《资治通鉴·隋纪四》卷180，改革出版社1993年版，第3767页。

② （唐）王建：《夜看扬州市》，江扬仁《扬州名胜诗选》，江苏古籍出版社1990年版，第6页。

③ （清）姚文田、江藩：《嘉庆重修扬州府志》（二）卷60《风俗》，江苏古籍出版社1991年版，第370页。

④ 章仪明主编：《淮扬饮食文化史》，青岛出版社2000年版，第98页。

整齐划一等特点，采用以下刀法相互配合，如蓑衣花刀、荔枝花刀、秋叶花刀、梅花花刀、玉兔花刀等；菜肴造型精美富有艺术感，瓜果雕刻成精美图案，色泽雅丽，有金鱼灯、八仙过海灯、旋转宫灯等。

三　淮扬菜的文化品位

区域自然条件和人文条件对饮食文化的形成和发展有着不可忽视的影响。淮扬菜之所以诞生于江淮流域，尤以淮安、扬州二地菜肴为代表，有其深刻的历史和自然因素。淮扬所处的江淮地区地处长江、淮河中下游，气候条件适宜，有利于农作物的栽培，水网河汊众多，盛产河鲜、湖鲜、江鲜。境内有长江三鲜：鲥鱼、刀鱼、鮰鱼；太湖三白：银鱼、白鱼、白虾。当地居民“山地种蔬，水乡捕鱼，采莲踏藕，生计不穷”[①]。自然地理的优势使江淮地区物产丰饶，居民生活安逸。扬州地处运河长江交汇之处，明清时期南方官员进京朝觐，漕粮北运，淮盐外运，必经扬州。扬州利用转输贸易和淮盐丰厚的利润，城市迅速发展，成为运河沿岸的四大都市之一。淮扬菜食料得益于运河水系的四通八达，食料种类琳琅满目，有上八珍、中八珍、下八珍、山八珍、水八珍、鲜八珍、土八珍之分。扬州本地所产的蜀冈茶叶、界首茶干、秦邮董糖、宝应藕粉等都是当时的贡品，另外每年进贡的还有菜肴调料、野味等物品。

区域文化主要指一个地区长期积淀形成的群体意识、价值观念、精神风貌、行为规范和管理方法等非物质性因素的总和。它对内具有共性、对外具有个性，有着鲜明的地域特点[②]。扬州文化的形成是不同的历史时期，运河流域文化和区域外文化不断融合积淀的结果。一个文化在发展达到一定的程度后即呈饱和状态，随之而来的是内部的振荡与冲突，如果没有新的文化因素的移入，这种孤立的社会系统便会趋于停滞、内耗，甚至灭亡[③]。扬州的发展历史说明，不断开放吸收外来文化是保持文化永久活力的良方。运河作为近代以前国内交通的大动脉，从南至北流经浙

---

① （清）李斗：《扬州画舫录》卷1，《草河录上》，第29页。

② 李宗植：《发挥江苏区域文化对区域经济的促进作用》，《现代经济探讨》2003年第4期。

③ 刘岩、路紫：《文化地理论》，气象出版社1995年版，第56页。

江、江苏、山东、河北、天津、北京等区域，跨越四大文化区，促使沿线各城镇文化不断融合升华。文化扩散和文化传播主要依靠符号、人、物质产品。扬州作为江运交汇之所，便利的水运条件使“四方舟车商贾之所萃”、文人骚客流连忘返，外来人口的大量涌入与本地文化不断冲撞融合，促使扬州文化兼容并蓄。明清时期淮扬菜随着大量漕帮的过境、康乾二帝南巡、河漕官员的宴饮招待，以及山陕、岭南、徽州、两湖、浙赣等区域商贾的进入，发展达到鼎盛。各地饮食文化在扬州的碰撞，造就了淮扬菜的辉煌。江淮地区，南临吴越文化源、北接齐鲁文化源、西濒荆楚文化源，三大文化源地都是本区域先进文化的诞生地和文化特质集中区，具有动态的辐射性。扬州从文化上接受三大文化源共同的影响，山陕、岭南商贾的涌入使秦晋文化源、岭南文化源随之传播到淮扬一带。“文化的融合为原有的文化补充了有益的成分，形成了文化更新，使文化逐步向前发展并得以重组。”① 民以食为天，食占首位，众多外来人口饮食习惯不同，促使扬州餐饮业百花齐放，岭南风味、山陕风味、两湖风味、齐鲁风味等在扬州餐饮市场各具一席之地；众口难调，为淮扬菜的发展推波助澜，使之融合大江南北的口味，具有南北皆宜、咸甜适中、清鲜平和、浓醇兼备的品质。淮扬菜肴、广陵细点、维扬运河美景令众多游客流连忘返，淮扬菜成为推动扬州旅游业发展的重要力量。

① 李树德等编著：《创世纪——人与文化论》，山东教育出版社 1993 年版，第 123 页。

第七章

运河文化景观的传承与保护

文化景观作为文化的表现形式之一，其区域性特征较为明显，记载了区域文化的历史信息。文化作为物质、精神和制度的总和，它的传承不是全盘吸收而是具有选择性的。“文化传承按文化的构成形态可以分为语言传承、行为传承、器物传承、心理传承等传承形式”[①]，文化景观所代表的心理和器物传承使文化得以不断延续。

本章主要以扬州为例进行阐述，也部分涉及相关区域。扬州城市的几度沉浮，运河在其中起着关键因素，运河是扬州城市发展兴盛的灵魂寄托。运河文化主线，贯穿于扬州文化之中，运河的博大包容性、开放性和凝聚力使扬州文化形成融会贯通、兼容并蓄的特色。如“扬州学派兼具吴学之专、皖学之精，而以‘通’为最大特色，并树帜于学苑。”[②]“古运河是扬州城市最具全国乃至世界意义、最具文化积淀的构想符号之一，是集扬州城市历史、文化、地理、经济等资源于一体的城市综合品牌，也是其他城市没有而扬州所特有的城市性质之一。”[③] 扬州运河文化景观作为扬州城市的名片，展示了扬州运河名城的历史文化底蕴。

第一节　运河文化景观的传承

一　维护运河文化的风貌

运河文化作为一种生生不息的文化，时间上跨越春秋、成熟于明清，空间上流经燕赵、齐鲁、江浙等区域，“使运河文化在这种特殊的空间条件下形成一种内容极其丰富而又富有包容性的文化体系”[④]。运河将沿岸的政治、经济、科技、文艺、建筑技艺、饮食、风俗等要素加以融合，形成独具运河特色的历史文化景观。运河所蕴含的厚重历史文化底蕴为研究运河区域的政治组织、经济发展、社会状态等问题提供了素材。运

① 赵世林：《论民族文化传承的本质》，《北京大学学报》2002 年第 5 期。

② 华干林、黄俶成：《论扬州文化的传承与弘扬》，《扬州大学学报》2001 年第 6 期。

③ 安宇、沈山主编：《和谐社会的区域文化战略》，中国社会科学出版社 2005 年版，第 248 页。

④ 陈肖静：《扬州文化与旅游》，合肥工业大学出版社 2007 年版，第 104 页。

河文化的发展像乐曲一样历经了前奏、高潮、谢幕阶段。隋唐时期运河文化初步成型，蒙元时期定型，明清时期运河文化成熟走向巅峰，晚清至民国时期运河文化走向没落，新中国时期走向复兴。

扬州作为运河流经的重要区域，运河文化景观上溯春秋、下至新中国，不仅以量取胜，其质也在各运河城市中别具一格，涵盖河道的历史古迹、水利遗迹、名人遗迹、运河聚落、园林宅院、寺庙建筑、手工技艺、戏曲艺术、饮食服饰、民俗风情、神祇传说等多方面。扬州独特的运河文化景观是扬州运河名城的内核，是扬州珍贵的地域文化资源。1982 年，扬州被评为国家历史文化名城；2006 年，京杭运河被国务院列为全国重点文物保护单位。

运河水道对扬州城市的兴起、发展起着至关重要的作用。唐代扬州能够迅速崛起，成为全国第一大都会，运河功不可没。明代、清代扬州分别在元末、明末战争的废墟中迅速崛起，江运交汇的区域优势、充裕的盐业资源为其奠定了基础。“大运河实施整体保护，不仅是几经历史变迁开挖的物理意义上的现今河道，更超越河道本身，包括了沿线的自然、人工和人文环境，它们在历史上因为运河而产生了文化、经济、生态上的关联性，这也是真正保护大运河文化路线的意义所在。”①

扬州运河文化景观的传承应首先维护运河文化原有的风貌，物质文化与非物质文化同样是运河文化的组成部分，两者缺一不可。扬州运河文化景观的面貌历经千年变化，各景观的状况不一，部分物质文化景观缺乏修复，渐趋零落；非物质文化景观缺少传人而陷入失传的绝境，恢复其历史原貌和将其传承下去成为亟待解决的问题。

二　弘扬区域文化特色

扬州区域文化带有鲜明的运河特色，随着运河的开凿和发展而逐步形成的古悠、精致、休闲等文化特质，是运河长期积淀、发展、升华的结果。扬州运河文化景观作为扬州区域文化的外在表现形式，成为扬州城市发展的历史文化见证。

① 彭锐等：《江苏运河文化遗产的保护与发展》，《苏州科技学院学报》2008 年第 2 期。

在以扬州、淮安为核心的江淮文化与处于江南的吴越文化、山东半岛的齐鲁文化，以及荆楚文化的三重辐射之下，扬州文化充分吸收三者文化的精髓，使扬州兼具了江南吴越文化的精致细腻、灵秀纤巧和荆楚文化的神奇瑰丽，以及齐鲁文化的崇文重教。扬州文化的巨大凝聚力，使其成为艺术、学术创作的中心地区之一，“扬州八怪”便是典型。扬州拥有便捷的交通地位，北达帝京、南及苏杭、西至荆楚，有利于聚集各地人才，丰厚的两淮盐利为扬州文化的发展兴盛提供了物质基础。“扬州文化是多元的，又是统一的，是高雅文化与通俗文化的统一，文人文化与平民文化的统一，理念文化与具象文化的统一。”[①] 扬州运河文化景观中宗教、戏曲文化景观以其兼容并蓄，构成扬州的多元文化；文人雅士热衷于昆曲、清曲、弹词艺术，市民则选择说书、评话艺术。

扬州运河作为中国古代重要的漕运、盐运通道，遗留有大量的与漕运、盐运相关的景观，如仓储、盐栈、码头等。盐商文化是扬州区域文化的重要组成部分，盐业的兴盛推动了饮食、园林、戏曲、会馆、寺庙等景观的发展。如何发掘这些文化景观的价值，对于推动扬州区域文化的发展意义重大。

扬州城市在弘扬文化特色方面有着创新实践。一是确立主题引领，以运河“申遗”为主题进行城市行动，自 2007 年开始每年 9 月举行世界运河名城博览会。二是打造名人名片策略，让“扬州八怪”提升城市文化气质，让星云大师主持《扬州讲坛》延续鉴真大师的佛教精神，服务建设人文扬州。三是让文化媒介传播城市品格。2006 年，扬州获得了联合国颁发的最佳人居环境奖。扬州在保护古城的过程中注重人居环境的改善，让人感受到文化与城市的结合，并通过文化媒介来弘扬区域文化特色。

三　构筑民族文化之魂

中国地域间的自然和人文差异形成了灿烂的中华文化，“因其不断改造和利用生存环境，就使文化带有强烈的地域性色彩；因其按照自己的

① 赵昌智：《扬州文化概述》，《苏州大学学报》2002 年第 1 期。

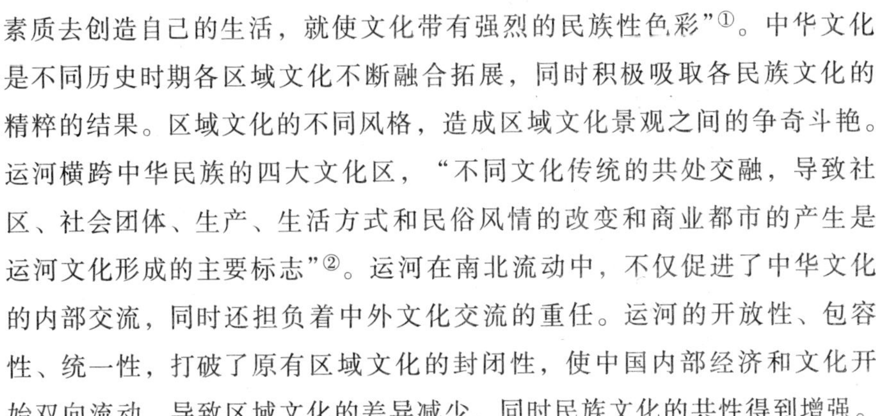

素质去创造自己的生活，就使文化带有强烈的民族性色彩”[①]。中华文化是不同历史时期各区域文化不断融合拓展，同时积极吸取各民族文化的精粹的结果。区域文化的不同风格，造成区域文化景观之间的争奇斗艳。运河横跨中华民族的四大文化区，“不同文化传统的共处交融，导致社区、社会团体、生产、生活方式和民俗风情的改变和商业都市的产生是运河文化形成的主要标志”[②]。运河在南北流动中，不仅促进了中华文化的内部交流，同时还担负着中外文化交流的重任。运河的开放性、包容性、统一性，打破了原有区域文化的封闭性，使中国内部经济和文化开始双向流动，导致区域文化的差异减少，同时民族文化的共性得到增强。

伴随着当下的经济全球化，西方的工业文明处于优势地位，如何保证民族文化的特性，使民族文化得以传承是值得深思的问题。文化传承，是指文化在特定环境中的群体、以特定的方式和路径实现纵向传递的过程，同时也是各种文化要素在横向不断积累、相互交融和相互影响的过程[③]。民族文化是几千年来中华民族共同创造的物质文化、精神文化、制度文化的结晶，最能展现中华民族的特色。文化景观作为民族文化的载体，对于维护民族文化和保持区域文化特色、保持中华民族多元一体文化有积极意义。

充分认识京杭运河的历史功能和现代价值，当代“中国梦”的缔造，更需要大运河再次承担起时代赋予它的重要使命，以运河文化景观的传承和发展构筑民族文化之魂。

第二节　运河物质文化景观的保护

运河作为中华民族的一个创举，凝结了中华民族的集体智慧，是展示中华文明史的重要载体，两岸大量的历史文化名城和文化景观足以见证运河昔日的辉煌，也能见证其悠久厚重的文化底蕴。扬州作为与运河同龄的运河城，运河的血液已深深融入它的灵魂，扬州城的经济文化与

---

① 李德勤：《中国区域文化》，山西高校联合出版社 1995 年版，第 1 页。

② 王永波：《运河文化的运动规律及其启示》，《东南文化》2002 年第 3 期。

③ 赵世林：《论民族文化传承的本质》，《北京大学学报》2002 年第 5 期。

运河已经融为一体。1992 年，联合国教科文组织下属的世界遗产委员会召开第十六届大会，将文化景观视为一种特殊类型的文化遗产，并将其纳入《世界遗产名录》。“文化景观具有独特的价值，它是记录人类生活的画卷，也是延续城市精神的文脉和增强市民文化认同感和本土意识的源泉。”① 作为申遗的牵头城市，运河文化景观的保护对扬州来说至关重要。扬州运河物质文化景观的修复应遵循景观的历史风貌，我国文物保护法对文物的保护采取“文物工作贯彻保护为主、抢救第一、合理利用、加强管理的方针”②。扬州运河文化景观成为扬州城市特色的载体，融合扬州千百年来历史文化，具有极高的历史文化价值、经济价值、艺术价值。

一　保护的原则

（一）整体性

文化景观的产生有其历史因素和环境因素，离开这些因素，文化景观将失去其灵魂和内涵。1987 年，华盛顿召开的国际古迹理事会大会第八届会议通过了华盛顿宪章，即《保护历史城镇和城区宪章》，其中明确提出历史城镇和其他历史城区的保护应作为经济与社会发展政策的完整组成部分，并纳入各级政府的城市和地区规划中。2002 年，我国《文物保护法》第 19 条提出：“在文物保护单位的保护范围和建设控制地带内，不得建设污染文物保护单位及其环境的设施，不得进行可能影响文物保护单位安全及其环境的活动。”③ 整体保护将使文化景观与所处区域环境以及其所反映的历史文化、艺术、科学信息等内涵协调起来。2005 年 1 月，北京颁布《北京城市总体规划》，一改之前国内历史文化名城只保护历史街区、不保护城市整体的做法，采取“坚持整体保护的原则”。

（二）真实性

保护运河物质文化景观的历史真实性及所处环境风貌的完整性，能

---

① 张轶群：《文化景观的保护与传承》，《规划师》2005 年第 7 期。
② 《中华人民共和国文物保护法》，中国民主法制出版社 2002 年版，第 3 页。
③ 刘晓霞等：《文物保护法通论》，中国城市出版社 2005 年版，第 285 页。

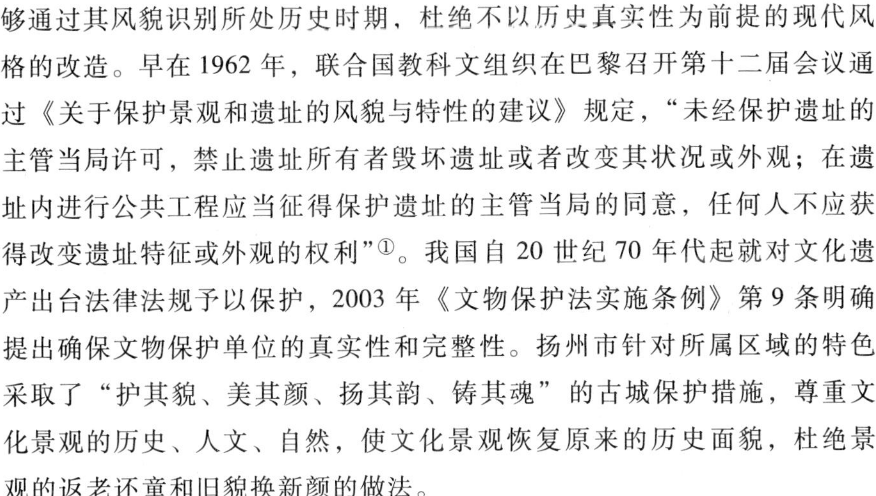

够通过其风貌识别所处历史时期，杜绝不以历史真实性为前提的现代风格的改造。早在 1962 年，联合国教科文组织在巴黎召开第十二届会议通过《关于保护景观和遗址的风貌与特性的建议》规定，“未经保护遗址的主管当局许可，禁止遗址所有者毁坏遗址或者改变其状况或外观；在遗址内进行公共工程应当征得保护遗址的主管当局的同意，任何人不应获得改变遗址特征或外观的权利”①。我国自 20 世纪 70 年代起就对文化遗产出台法律法规予以保护，2003 年《文物保护法实施条例》第 9 条明确提出确保文物保护单位的真实性和完整性。扬州市针对所属区域的特色采取了“护其貌、美其颜、扬其韵、铸其魂”的古城保护措施，尊重文化景观的历史、人文、自然，使文化景观恢复原来的历史面貌，杜绝景观的返老还童和旧貌换新颜的做法。

（三）可读性

文化景观作为历史时期的产物，历史的印痕表现得十分显著，“我们可以从这些历史遗存上直接读出它们的‘历史年轮’和演变规律，这就是砖石在讲述它们的历史故事”②。运河文化景观，从春秋时期延续至今，经过历代的修复重建，时代特征显著。扬州运河文化景观所展现的是江淮区域的地方历史，具有延续性和趋同性，反映的价值不同，地域色彩浓厚。

（四）可持续性

扬州运河文化景观得以保留至今，种类丰富，无疑是各时代保护者的辛勤耕耘的结果。文化景观的保护，被作为一项持之以恒的工作。“可持续性就是要求我们认识到保护的长期性和连续性，要坚持到永远。”③运河文化景观保护的可持续性不但要求景观保护的持久性，同时也要注意协调景观发展的问题，合理地对景观进行开发利用对景观的存在有极大帮助。

---

① 刘晓霞等：《文物保护法通论》，中国城市出版社 2005 年版，第 47 页。

② 阮仪三：《申报世界遗产和保护历史文化遗存》，历史文化名城秘书处编《中国历史文化名城研究文集》，陕西人民出版社 2003 年版，第 126 页。

③ 同上书，第 127 页。

二　保护的措施

分层保护，突出重点。文化景观因其产生的时代不同，艺术、科学价值的差异，其文物价值等级有珍贵和一般之分，为此，国家制定了文物的等级和保护级别。我国文化遗产保护分为三个层次：重点文物保护单位、历史保护区、历史文化名城；每个层次的侧重点有所不同，对重点文物保护单位要维持其原真性，历史保护区要护其貌，历史文化名城要维持景观的多样性和风格的整体性。

政府立法，强化法律执行力度。国家目前制定了相关的法律法规，但在地方执行中存在缺陷和监管不力等状况，这需要文物管理部门加大对文物普查监管力度，提高保护工作者的执法素质。

充分利用市场融资机制，多元化引资保护。要加大历史文化景观保护经费投入的力度。目前，经费短缺成为文物保护的瓶颈。由于用于历史文化景观的保护资金的不足，影响了历史文化景观在人们心中的价值认同，更直接地影响了人们保护文物的积极性。应当改变政府投入偏少、投入渠道单一的状况，建立以政府投入为主，社会资本、民间资本共同参与的新格局。

文物规划和城市规划相结合。组织运河研究、规划设计、文物部门等多方专家学者讨论制订运河文化景观的保护和合理利用的方案。通过对保护区的文化景观普查，实施分类分层保护，将保护区的整体风貌纳入城市规划的范围，改善历史文化区的基础设施建设，完善游览观光设施。《城乡规划法》规定，编制城市规划应当保护历史文化遗产、城市传统风貌、地方特色和自然景观。规划承担着对城市空间布局综合协调与控制的职能，对文化景观保护工作有着特殊的重要作用。

公众参与，加强宣传教育，普及相关知识。只有公众参与到运河文化景观的保护中，才是解决各种问题的最好办法。扬州的运河文化景观中不仅有东大寺、金口坝、乾隆行宫等重点文物保护单位，还有大量散落在民间的物质和非物质文化景观，对于前者的保护，政府都比较重视，而对于后者，由于资金不足、缺乏了解而没有得到应有的保护，因此，有必要成立民间保护组织，使这些政府忽视的文化景观得到应有的重视。

运河文化景观周边的环境保护，以及曲艺和手工艺文化景观的保护，如果没有群众的参与，很难得到真正的落实。与此同时，还应该提高公众意识、培训技能和发展组织等活动，唤醒群众保护运河文化景观的意识，使之成为一种可持续的行为。但由于我国人口众多，人们的知识、收入、地位等差异很大，对不同的群体应采用不同的要求。文化素质高的人比较容易唤起保护意识，而那些就住在历史文化街区中的低收入者，比如南阳镇的村民，他们对文物保护和运河文化没有清晰的认识，甚至不知道他们居住的老街巷、房屋就是文物，对这些建筑没有一点儿留恋之情。但他们却是和这些文化景观接触最紧密的人群。所以，必须加强媒体的宣传和舆论导向的指引，通过立法保护公众参与的权利和义务，让公众真正开始关注文化景观保护问题。首先，应加强学校对运河文化知识的普及，将走访运河文化景观视为学生的第二课堂，增强其作为城市一分子的自豪感；其次，通过网络影视传媒扩大运河宣传效果，展示运河文化景观的魅力，吸引本地和外地游客对运河文化景观进行游览；最后，举办以运河为主题的节庆，如美食、美景、文化等，发展当地的文化景观为龙头的旅游业。

建立多部门协调工作机制，成立统一的运河保护机构。运河文化景观因其跨区太大，涉及的省份、城市众多，国家没有统一的保护机构，主要职能分散在文物局、国土部、水利部、建设部等部门。李迪华指出："真正应该重视的是国家文物局、建设部和水利部，必须通过国务院来协调这些相关机构和部门做好整个大运河遗产保护的工作。大运河的申遗工作应该有一个明确的国家战略，自上而下和自下而上同时进行。"① 国家和沿岸各地应分别成立统一运河保护和申遗机构，协调建设、文物、文化、环保、水利、林业、宗教、国土资源等各部门的职能，沿运河城市要统一保护和治理的步伐，才能使运河文化景观重现往日的风采。

① 马世领、张志、阮加文、傅新春、李家伟、赵琴、扈宏毅、何昊东：《靠天维生：断流使京杭运河失风采》，新华网：http：//news. xinhuanet. com，2006 年 5 月 1 日。

第三节 运河文化景观保护个案研究

一 南河下历史文化街区景观保护

运河使扬州百货骈集，城市欣欣向荣，古城内形成了四大历史文化街区：双东、仁丰里、湾子街、南河下；运河沿线形成瓜洲、湾头、邵伯等古镇。现以南河下历史文化街区为例，探讨景观保护的成效。

（一）历史街区的内涵与价值

历史街区作为历史文化名城的组成部分，代表了城市的历史传统风貌和历史格局，是城市格局的缩影。历史街区作为保留了一定规模的历史遗存和建筑群体，城市的大量文化信息因生活功能的延续得以不断更新。“一个活着的、有生机的历史文化街区应包含两个要素：社区生活方式应承载历史信息与地方文化精神；为了使文化得到传承与延续，生活方式必须是稳定、渐进的动态发展模式，杜绝大规模的改造。”①

南河下作为扬州古城具有代表性的历史街区，目前仍是居民生活的场所，历史建筑保存完好，明清至民国建筑风格成为街区的主要风貌。南河下街区具备历史街区文化的所有特性：“文化性、延续性、完整性、可吸收性”②。南河下历史文化街区，紧邻运河是盐商聚集之所，住宅、会馆、盐仓、园林等成为明清扬州淮盐文化的集中体现。南河下的街面为青石所铺，盐商住宅有卢宅、周宅、汪宅、廖宅、小盘谷等；会馆有四岸公所、湖南会馆、江西会馆、岭南会馆等。幽深的小巷，青石路面，两岸盐商的宅第以及传统民居组成了南河下的生活风情画卷。盐商会馆和宅第经过若干年的风雨的吹打流露出历史的沧桑，门楼清水磨砖对缝砌筑形式，飞檐翘角，辅以精美雕饰，足见当年的恢弘气势；屋内门窗的雕梁画栋见证了当年盐商生活的精致和奢华。

① 张曦、葛昕：《历史街区的生活方式保护与文化传承》，《规划师》2003年第6期。

② 方尉元：《历史街区文化景观保护与传承初探》，北京林业大学硕士学位论文，2006年。

（二）南河下历史街区的现状

历史文化景观的衰落。明清时期，盐商作为扬州城市发展的动力，在经济和文化领域作出了卓越贡献，各项文化景观的建造与修复离不开盐商阶层的赞助与支持。盐商在清末盐法改革中衰败，依靠盐业利润得以发展的南河下街区不可避免地陷入了衰败。目前南河下历史街区的主要功能还是居住，以一层至两层院落式住宅为主。盐商住宅和会馆已被多家居民所分割，局部院落内外私人自建较多，使房屋的原有格局遭到破坏。由于年代的久远，部分宅院损毁较严重，雕饰精美的木质门窗残缺不全。

历史空间与现代生活的矛盾。现代生活追求设施的便利、生活质量的提高，而居住在历史街区旧宅的居民，住宅空间狭窄，人口密度大，各项基础设施不到位，各种管线和绿化不到位，沿街电线乱接乱拉的现象普遍。居民的保护意识滞后，对房屋的结构功能按现代方式改造，与街区整体风貌格格不入。历史街区所反映的不仅包括建筑物本身的风貌，还包含建筑所代表的历史信息、文化内涵、现代生活气息。

保护工作相对滞后。政府的着重点立足于经济的发展，历史街区的区位优势明显，对街区的保护涉及建筑的修复、环境整治、居民生活设施、搬迁费等问题，所需保障资金较大，政府无力为此买单。南河下街区的保护力度远远低于双东历史街区，环境较差，缺乏吸引游客参与、体验的空间。具有历史价值的建筑为自建房屋所淹没，新旧驳杂，历史建筑屋内的陈设得不到有效保护，如区内的岭南会馆牌楼就于 1958 年遭拆毁；供奉神牌的楠木厅于 1999 年因无人问津而坍塌，虽经修复但是已不能全面展现原有信息；会馆西路房屋遭火灾，仍留残迹。目前南河下历史街区，仅有个别盐商宅院被修复，其余规模等级较高的住宅仍“养在深闺人未识”。

（三）南河下街区的保护与开发的对策

扩大盐商文化的知名度。盐商作为南河下的创造者，辉煌一时的南河下离不开盐商的开发和带动。街巷多依河所筑，自然而成，街巷以曲折弯曲著称。应大力宣扬南河下历史街区的盐商特色，以及由盐商衍生的饮食、休闲、美宅、美景等华丽精致盐商文化。在网络、影视、平面媒体上介绍盐商的商业成就、生活状况、艺术创作等，全方位立体化再现明清时期盐商的生活。

加大街区的保护和开发力度。南河下历史街区是全国少有的盐商聚落，明清时期执中国商界之牛耳，富可敌国，创造出了辉煌的盐商文化，成为扬州文化不可或缺的组成部分。要加强对街区住户的历史宣传，以本社区的历史为主线，提高其保护意识，珍惜当下尚在使用的各项生活设施。政府可以采取使用保护的措施，对控制区内建筑严格遵循规划实施，不得随意破坏或改变控制区内的历史原貌；三方即政府、住户、外部市场共同筹集资金用于改善居民的生活设施，使居民能够居住得舒适，使街区的活力得到增强。广泛收集盐商的实物、文献资料，开展盐商文化之旅，并同市内其他盐商遗存相衔接，如美食之旅、休闲之旅、文化之旅等。使游客的互动性增强，体验盐商文化的精致和休闲，增强对街区的文化认同。组织居民参与跟游客的互动，使居民在活动中得到精神和物质的双重回报。南河下的旅游开发适当开发了盐业生产、储运、销售环节的很多历史场所，集游娱购于一体，让游客身临其境，参与其中。

南河下物质文化景观的开发与保护。“城市在历史发展过程中形成的众多历史建筑、传统风貌和街巷形态，是维持一定地域的社区结构的物质基础，而这些历史环境和居住社区，又是联系世世代代生活于此的人们的精神纽带。”① 历史街区保存了历史文化名城中的有形的建筑，无形的历史文化，如传统民风习俗、戏曲、民间技艺、民间传说等，构成历史文化名城的文化底蕴和城市特色。历史街区居民的生活气息依然很浓，构成了古城的自然风貌。历史街区的老街道、古宅具有无可替代的历史价值、艺术价值、科学价值。南河下街区融合徽派风格，平面布局一般采取四合院或三合院，高墙深院是其整体风貌，外墙多为清水砖墙，门楼、屋脊、梁柱、门窗等处雕刻精美，图案花纹艺术气息较浓厚。

---

① 张松：《历史城市保护学导论：文化遗产和历史环境保护的一种整体性方法》，上海科学技术出版社2001年版，第15页。

南河下非物质文化景观的开发与保护。民间文学与民间歌舞是无形的文化资产，是宝贵的精神资源，其所蕴含的文化价值与文化影响力是无价的。要对其进行保护、创新与发展，首先要具有保护非物质文化资源的意识，经过科学的鉴定与研究，选定科学的保护与创新方式，并可建立有人文内涵的新景观，使之在保护与创新的有机统一中永远流传。以动态的、活态的方式对非物质文化景观进行保护与发展。在神韵上保持民间艺术原汁原味，以保护传统文化的精髓部分，避免遭到破坏。比如淮安目前对楚州“十番锣鼓”的保护与挖掘工作就是这一理念的最好践行。“利用古老艺术形式表现现代人的幸福生活，使之转化为人们的文化大餐。”[①] 充分利用博物馆，最大限度地发掘民间文学、曲艺和歌舞的文化价值与文化影响力，帮助文化遗产实现其文化影响力。“博物馆的主要功能之一是通过博物馆的保存和展览，有利于民间文学、曲艺和歌舞这类非物质文化的传承和发展。”[②]

开发文化景观的旅游价值，在发展旅游业的过程中保护和发展。文化景观对旅游有重要意义，它可以提高旅游的文化品位、增加旅游的情趣。通过旅游了解和体验不同地方的文化和社会风情。所以旅游业的开发应以更广阔的视野把民间文学、曲艺和歌舞的乡土文化元素充分考虑进去，在旅游景点的介绍中加进民间传说的内容，增强旅游地的吸引力。利用民间文学扩大宣传，提高旅游品位。将民间歌舞形式适当发展在庙会、旅游文化节等节庆集会中，使其有机融合，增强观赏性。“文化是旅游最具魅力的卖点。”[③] 改革开放给旅游业的蓬勃发展带来了契机。“各个地方政府和主管部门都在结合自己的实际加快开发有自己特色的旅游项目和旅游产品，千方百计地把旅游这个绿色产业列入本地区规划发展的目标。”[④]

---

① 张寿山：《淮安特色文化》，苏州大学出版社2006年版，第99页。

② 徐荔枝：《江南水乡古镇文化景观研究——以上海朱家角镇为例》，华东师范大学硕士学位论文，2008年。

③ 沙蕾：《南京文化旅游资源分析及产品开发研究》，南京师范大学硕士学位论文，2004年。

④ 邵国平：《重建北固楼　打造镇江旅游新景观》，《镇江高等专科学校学报》2003年第3期。

二　台儿庄运河文化景观保护

（一）台儿庄运河文化景观的兴衰

台儿庄历史悠久，从现代出土的文物分析，新石器时代就有人类在此繁衍。据《台儿庄区志》记载，台儿庄夏商时代属徐州，商时始建逼阳国，春秋末年改为傅阳县，秦朝时属于郯郡，西汉时归属彭城郡之傅阳县和兰祺县共同管辖。东晋时境内撤县后，历为州、郡、县之边远地区，隶属多变。在运河流经之前，台儿庄是鲁南一个无足轻重的小镇。台儿庄成为商业重镇是明朝万历年间，明万历三十一年（1603），黄河在沛县决口泛滥，影响运河的正常通行，次年由李化龙主持，自夏镇李家口引水，东南沿彭河至韩庄湖口，东经良庄、万庄、台儿庄等地，下至邳州直河口，开浚新河 260 里，并在泇运河上游自西向东依次建设了韩庄、德胜、张庄、万年、丁庙、顿庄、侯迁、台儿庄八座斗门式船闸。明万历三十三年（1605），由总河曹时聘主持泇运河扫尾工程，至此新开泇河畅通无阻，徐州至邳州段的开始废弃，台儿庄成为商业重镇，商贾云集、店铺林立。

据《峄县志》记载："台儿庄濒运河，商贾辐辏，田圜匮栉比，亦徐兖间一都会也。"通航的第一年，即万历三十二年（1604），过往漕船和商船为 5000 余艘，通过漕粮为 260 万石；而在通航的第二年，过往漕船和商船已达 7700 余艘，通过漕粮 400 万石。明清时期，每年大量的漕粮途经于此，明朝河道总理于湛在《运河题铭》评价台儿庄："国家定鼎燕京，仰借东南朝税四百万石，以资京师，唯此漕渠一脉，为之咽喉。""自泇河既导，而东南财糈跨江绝淮，鳞次仰沫者，凡四百万有奇，于是遂为国家要害云。"[①] 明朝末年，随着枣庄地区煤田的开采，峄县中兴煤矿在台儿庄运河沿岸设立煤炭码头，通过运河把煤炭运往江浙等地。"巨大的煤外运业务量，带动了整个台儿庄经济的发展，使台儿庄成为鲁运河南段仅次于济宁的重要城镇和港口。"[②] 随着台儿庄运河经济的发展，

① 光绪《峄县志·艺文志·募建台儿庄城引》。

② 政协台儿庄区委员会编：《台儿庄运河文化》，人民日报出版社 2002 年版，第 56 页。

台儿庄逐渐成为周边地区经济的中心，带动了鲁南苏北地区经济的发展。《峄县志》称台儿庄“为峄巨镇，商贾辐辏，富于县数倍”。从清朝中后期商贸情况看，台儿庄的丁字街、越河街、顺河街、车大路、袁家巷、双巷、板桥巷、银沟巷、罗家巷、鸡市巷、狗尾巴巷等街巷众多，商号密布，如增顺、公顺、广源、大升、永兴、华丰、昌明、万顺、东成永、三义巷、恒济、中和堂、保寿堂等商号，店铺多达200余家，还有“同庆园”、“聚奎园”等汉族饭庄和“同顺”、“信和”等清真饭店20余家。这些店铺为了装卸货物的方便，在运河南岸和东岸修建了功能齐全的石阶码头，从台儿庄城西门至小南门，相继建有高家、闫家、彭家、郁家、双巷、王公桥、骆家、谢家、霍家、小南门里等十几处码头。这些码头遗址大部分尚存，连同古河道、石驳岸、古民居遗址成为国家文物保护单位。台儿庄发达的经济、便利的交通等条件，徽商、晋商、闽商等商人均把自己家乡的风俗带到台儿庄，建起关帝庙、泰山娘娘庙、文昌阁、妈祖庙等72座庙宇，会聚了佛教、道教、伊斯兰教、基督教、天主教等宗教，一直到晚清民初运河衰落时，台儿庄还有寺庙33座，所以，台儿庄被称为“运河佛都”。明清时期是台儿庄经济、文化最为兴盛的时期，也是产生运河文化景观最为密集的时期，越河街、丁字街、顺河街的饮食业与商业一度极为兴盛，建立了台儿庄清真寺、南清真寺、山西会馆等运河文化景观。

大运河流经台儿庄后，随着其经济地位的提高，政治地位也不断提高，明代曾在此设置巡检司、闸官署等机构，清代又增设县丞署、守备署、参将署、总兵行署等机构，其中参将署为中国大运河八大参将署之一，设中军参将1人，秩正三品，管理枣庄段运河260里，管辖下面千总、把总和外委千总、把总等。康熙、乾隆南巡时都在台儿庄登岸巡察，这里留下了他们大量的诗篇，其中一首是有感于韩庄的美景而作，诗曰：“韩庄水气罩楼台，雨后斜阳岸不开，人在长亭深处好，风帆一一眼中来。”还留下了“运河蛤蟆干鼓肚”、“惊龙桥”等传说故事。

清末民初，台儿庄运河文化景观开始衰退，其中的原因是多方面的，主要是漕运停止、郯城地震、抗日战争。

新中国成立后，国家加大对台儿庄段运河治理，建造大量的运河文

化水利景观。1958 年冬到 1959 年春，济宁专署组织 10.5 万民工参加施工，对其干流进行扩宽。1963—1965 年，济宁专署又组织民工 34.2 万人，分期对台儿庄运河进行续建，这期间，还修建了排水涵洞 12 座。1967 年，台儿庄运河公路大桥建成，沟通了山东、江苏的南北交通。1972 年，台儿庄节制闸、台儿庄船闸和台儿庄港同时建成，断航 10 余年的京杭运河苏鲁航线得以恢复通航。1990 年，新台儿庄运河公路大桥开工。1993 年后，国家投资修建了万年闸枢纽工程、台儿庄二线船闸等水利设施，在台儿庄运河沿岸形成了 4 处船闸、6 座大桥和众多的港口的现代运河文化景观。不仅修复和新建了一批运河水利工程，还对台儿庄城进行修复改造，原来的既窄又弯的繁荣街被扩宽取直，石板街变成沥青路。街道两旁，新建了瓦房、楼房，鳞次栉比。1942 年重修的清真寺礼拜堂和增建的 4 层高达 20 米的望月楼，在“十年动乱”中的 1974 年被拆除，1985 年重建了礼拜堂。

2007 年，枣庄市政府抓住大运河申遗的机遇，加快发展旅游业，传承千年运河的文明，再现明清时期台儿庄的繁盛景象。枣庄市委、市政府提出了打造“江北水乡、运河古城”的城市名片，重建运河古城。

（二）台儿庄运河文化景观的特点

台儿庄运河是整条运河中唯一东西走向的河道，据《台儿庄区志》记载：“西起微山湖口，东至鲁苏交界处入中运河，全长 42.5 公里，流域面积 3.35 平方公里。”台儿庄运河文化景观具有运河文化景观的共同特点，如开放性、融合性等。运河流经台儿庄地区之前，受齐鲁文化影响较大。泇河开通后，秦晋文化、燕赵文化、江淮文化、吴越文化等传到台儿庄，使台儿庄运河文化景观具有了多样性、融合性、开放性等特点。《峄县志》中《风俗志》记载：近代台儿庄存在着清净教、五荤道教、罗祖教、三点会、八系会、安庆会、哥老会等，这些南方教会是由运河而进入台儿庄的。在近代，台儿庄的明清建筑出现了“哥特式”、“古典式”等，运河沿岸遗留下的胡家老店、李家店铺等建筑，都是前临街道、后有码头，建筑风格既有北方的壮观沉实，又有南方的灵巧秀美。台儿庄城内有鲁南民居、北方大院、徽派建筑、水乡建筑、岭南建筑、闽南建筑、欧式建筑、宗教建筑等八种风格。饮食上也体现出南北

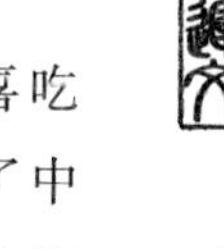

的兼容并蓄，台儿庄的“黄花牛肉面”就是典型的代表，北方人喜吃牛肉而不吃黄花，南方人喜吃黄花而不吃牛肉，台儿庄的饮食集中了中国八大菜系的特色，注重“色、香、味、名、特、质”。该地流行的柳琴戏，也是融合昆曲、乱弹、高腔、青阳、皮黄等南北戏剧的精粹而形成的。

台儿庄运河文化景观还有不同于其他河段的特点。一是保存的完整性。该段运河保存有2000余米的古运河河道、200余米的石驳岸和10余处古码头。台儿庄段运河被专家称为“京杭运河仅存”的明清水工文化遗产；被世界旅游组织称为“活着的运河”；运河文化专家聊城大学李泉教授说：“台儿庄3.4平方公里城市街道的肌理依然保持完整，城脉基本保留，具备重建条件。”台儿庄还拥有最具有运河文化特色的古村庄——纤夫村，保留有大量的古街巷、古建筑、驳岸、水门等古代遗址。该段运河被誉为“运河文化的典型代表”、“京杭运河仅存的遗产村庄”。二是已成为开发保护的典范。近年来，政府投入数亿元，共规划面积达115公顷，一期规划面积78公顷。将恢复明清时期台儿庄古城的繁荣场景，重建古运河文化广场，以丁字街、越河街、顺河街为主，恢复官署、店铺、茶楼、寺庙、山西会馆等古建筑，修建了北城河景区、纤夫村景区、西门安澜景区、关帝庙景区、清真寺—九龙口景区、板桥—花楼景区、运河街市景区、水街商肆景区等八大景区。在运河上复原漕运船只、船屋等各种古代船只，新建台儿庄运河湿地公园。

（三）台儿庄运河的保护与开发

2005年10月28日，台儿庄建成了台儿庄运河展馆，馆内藏有收集到的多种运河石碑、船具、陶瓷等实物，还有大量反映运河的资料、图片、沙盘、漕船和船闸模型等。2008年，又抓住大运河申遗的机遇，利用台儿庄丰富的运河文化资源，决定把台儿庄打造成“江北水乡·运河古城”。以运河文化、战争文化为主脉，打造成集运河观光、古镇旅游、爱国教育、休闲度假于一体的古镇旅游景区。在古城重建中，恢复参将署、县丞署、关帝庙（山西会馆）、泰山行宫、天后宫、兰陵书院、三宫祠、清真北寺、复兴楼、兰陵书院等运河文化景观；修复顺河街、丁字街、车大路、繁荣街和两侧的运河大院，呈现其明清时期的风貌；修复古运河两岸的码头、石驳岸等水工设施，恢复"汪"渠相连的城市水系，可以乘船穿梭于城内每个地方，成为江北水乡。同时，依托新运河航道、运河复线船闸和南水北调等水利工程的建设，开挖运河人工湖、建设运河湿地景观，让人们同时体验新老运河文化景观的差异。在开发保护运河古城的同时，又加入咖啡屋、酒吧、餐馆、疗养保健等现代休闲消费场所，对运河花鼓、运河大鼓等非物质运河文化景观进行保护和发掘，开展运河水战、隔河对歌、船家乐等娱乐项目，让游客体验运河文化的内涵。

枣庄对台儿庄运河古城保护开发的主要做法是：

政府的高度重视。枣庄市把建设台儿庄运河古城作为枣庄市旅游业的"两大龙头"之一，为更好地建设运河古城，台儿庄区成立专门的工作组，查阅了所有关于运河的史料和历朝枣庄的地方志，还远赴美国、日本、台湾、上海、南京等地，收集了大量的图片、影像资料。并寻访多位80多岁的老人，了解台儿庄古城的境况。在台儿庄古城的规划上，委托同济大学国家历史文化名城研究中心、上海同济城市规划设计研究院编制《台儿庄大运河历史街区保护与发展规划》。① 2005年，建成台儿庄运河展馆，2006年，建立台儿庄运河湿地公园，2010年5月1日，运河古城一期工程对游客已经开放。不仅对运河文化景观的修复高度关注，对运河水质也非常重视，实施了水体环保工程，先后投资4000多万元进行水体环保治理。向省里申报立项了"4万吨污水处理厂"、"2000万吨垃圾处理场"等5项环保项目。还主动与清华大学联系，采取厌氧反映和接触氧化技术等新工艺，对全区日排废水100吨以上的万通公司、忠仁酒业、柠檬酸厂、丰元化工有限公司等9家污染大户进行重点治理，使大运河的水质得到明显的改善②。

充分利用市场资金。枣庄市和台儿庄区经济实力处于运河沿岸地区的中等水平，2009年，枣庄市国内生产总值1201亿元，台儿庄区为102

① 姜妍：《台儿庄运河古城重建价值分析与前景展望》，山东大学硕士学位论文，2009年，第39页。

② 孔维征、王登攀、王传科：《江北水乡——台儿庄》，中国建设信息，2004年9月。

亿元，徐州2390亿元，济宁2279亿元。一些城镇在开发和保护运河文化景观时往往因资金来源不足而进展缓慢，枣庄市政府充分利用市场资金，找了5家国有煤矿，让每家各出10万吨煤，换来4亿元，作为他们的股份，成立了开发公司。用这笔钱完成拆迁面积80万平方米，每平方米拆迁安置费1700元，比房地产商高出1100元，拆迁后，台儿庄每亩地由30万元升至80万元，后又涨到每亩200万元[①]。5家煤矿和当地百姓都得到了利益，运河文化景观也得到保护和开发。所以，在开发运河文化景观中，要利用多方面的资金来源，采用多种合作方式，在开发中保护景观。

观念的转变。如何看待运河文化景观在保护和开发中非常重要。运河文化景观资源大都位于老城区，随着经济的发展，老城区地产资源越来越少，成为房地产开发商追捧的热点。所以，很多地方往往借着城市改造的名义，大肆地破坏运河文化景观资源，建成一栋栋高楼大厦，使城市失去了古老的韵味。2006年，台儿庄老城区被上海一家房地产商投资6亿元搞旧城改造，马上要对旧建筑进行拆迁。新任市长陈伟在拆迁前果断叫停，经过聘请专家多方调研，2008年4月8日，枣庄市政府对外宣布重建台儿庄古城。

开发的原则。在运河文化景观的开发中，有些地方处理不好保护与开发的关系，有的是过度开发，按照现代人的审美标准和市场的要求进行改造，毫无约束的商业开发毁坏了运河文化景观，使其面目全非。有的是对运河文化景观不管不问，没有采取任何保护措施，在不知不觉中破坏了文化景观。把握好保护和开发的尺度，是运河文化景观保护开发的必要条件。台儿庄在开发“江北水乡·运河古城”中，遵循“存古、复古、创古”三原则。第一，存古。尽管核心景区保留下来的古建筑不是很多，但要把有历史价值的古迹，像清真寺、关帝庙等，原址原貌地保存下来，修缮处理，修旧如旧。第二，复古。要从老照片、老资料及老人的回忆中，去寻找、发掘和抢救古城的文化基因，把台儿庄一些具有价值的建筑恢复出来。特别是丁字街上的老店铺、繁荣街上的古城建

① 人民网：《台儿庄：运河古城串起两岸情结》，http://discovery.china.com.cn/rollnews/2010-04/26/content_1810513.htm。

筑和景点。第三，创古。创古来源于生活又高于生活，来源于历史又高于历史。来源于先人的智慧又要高于先人的智慧。尤其要根据城市功能的需要，运用现代技术进行古城建设，使古城更适合现代生活、更适宜人居。①

① 枣庄政府网，http：//www. zaozhuang. gov. cn/art/2010/6/3/art_ 3729_ 33187. html。

第八章 运河文化景观资源的价值评估研究

第一节　文化资源价值评估研究简述

文化资源本身包含着丰富的文化信息和巨大的历史、文化、艺术、科学和经济价值，能够清楚表达身份和阐释社区、地区、国家。

一　国外关于文化资源价值的研究

国外对文化遗产的研究历史较为悠久。1515 年，拉斐尔呼吁拯救“全基督教教徒的祖国遗产”[①]。到 19 世纪欧洲几乎所有国家建立了自己的文物保护法，并逐步完善成为一整套保护体系，普通国民文物保护意识也得到很大提高。

文化资源的价值评估研究源自环境学、经济学、社会学、心理学、行为学等学科，其理论和方法与环境价值理论有直接的渊源。20 世纪 60 年代以后，随着世界文化产业的全球化，文化资源价值问题引起了越来越多学者的关注。1989 年，布迪厄（Bourdieu，P.）在《资本的形式》中首次提出文化资本的理论。他认为，客观化的文化资本如文学、绘画等文化产品，与经济资本一样是可以传承的，文化本身具有价值并能转化成经济价值[②]。人类对价值的评估是伴随着 19 世纪末 20 世纪初的购并行为产生的[③]。20 世纪末，文化产业的全球化及旅游业的迅猛发展促使文化资源价值的问题得到越来越多的关注，一些较权威的学术机构都涉入对文化资源尤其是文化遗产价值的研究，以格蒂保护研究所（Getty Conservation Institute，GCI）为代表；还有一些著名经济学家、社会学家、人类学家都加入了该研究的行列，以 David Throsby[④]、

① 吴美萍：《文化遗产的价值评估研究》，东南大学硕士学位论文，2006 年。

② 同上。

③ 徐岩：《价值导向的管理》，北京化工大学经济管理学院硕士学位论文，2003 年。

④ David Throsby. Arjo Klamer：《为过去付费：文化遗产经济学》，见联合国教科文组织主编《世界文化报告》，北京大学出版社 2002 年版，第 125—138 页。

Arjo Klamer[①②③]、Randall Mason[④⑤]、Marta de la Torre[⑥] 等为代表。其中，Arjo Klamer 研究了文化遗产的价值构成[⑦⑧]，并研究了社会价值和文化价值的计算方法[⑨]；Susana mouratoe 和 Massimilano mazzanti[⑩] 对文化遗产的经济价值、文化遗产的价值评估在文化政策中的作用这几个方面进行了研究；Randall mason 和 Marta de la Torre 提出了以价值观念为基础的遗产保护模式[⑪]；T. J. Green[⑫] 认为现代社会文化资源的既定价值为关联价值、审美价值、信息价值和经济价值，同时他也指出，文化资源包括考古、历史遗产、博物馆、考古公园、海难、文化景观、宗教场所、文化元素、传统的生活方式和语言，以及相关文物和文献。此外，其他学者提出了文化资源的其他价值，如 Dr. Gerrit Fenenga[⑬] 在"Cultural Resources Compliance & Community Assistance Projects"研究报告中列出了文化资源的 7 项价值：符号价值（Symbolic）、关联价值（Aesthetic）、经

---

① Arjo Klamer. Accounting for Social and Cultural Values. De Economist, 2002, 150（4）.

② Arjo Klamer. The Value of Culture: On the Relationship between Economics and Arts. Amsterdam: Amsterdam University Press, 1997.

③ Arjo Klamer. Accounting for Social and Cultural Values. De Economist, 2002, 150（4）.

④ Randall Mason. Assessing Values in Conservation Planning: Methodological Issues and Choices. Assessing the Values of Cultural Heritage, The Getty Conservation Institute, Los Angeles, 2000.

⑤ Randall Mason, Marta de la Torre. Heritage Conservation and Values in Globalizing Societies. 见联合国教科文组织主编《世界文化报告》，北京大学出版社 2002 年版。

⑥ 同上。

⑦ Arjo Klamer. Accounting for Social and Cultural Values. De Economist, 2002, 150（4）.

⑧ Arjo Klamer. The Value of Culture: On the Relationship between Economics and Arts. Amsterdam: Amsterdam University Press, 1997.

⑨ 同上。

⑩ Massimiliano Mazzanti, Cultural Heritage as Multi-dimensional, Multi-value and Multi-attribute Economic Good: Toward a New Framework for Economic Analysis and Valuation. Journal of Socio-Economics, 2002, 31（5）: 529－558.

⑪ Randall Mason. Assessing Values in Conservation Planning: Methodological Issues and Choices. Assessing the Values of Cultural Heritage, The Getty Conservation Institute, Los Angeles, 2000.

⑫ T. J. Green. Cultural Resource Management（CRM）: Conservation of Cultural Heritage. International Encyclopedia of the Social & Behavioral Sciences, 2004, pp. 3113－3116.

⑬ Dr. Gerrit Fenenga. Cultural Resources Compliance & Community Assistance Projects. Assessing the Values of Cultural Heritage, The Getty Conservation Institute, Los Angeles, 2000.

济价值（Economic）、科学研究价值（Scientific Research）、教育价值（Educational）、公共利益（Public Interest）和公共关系（Public Relations），Randall Mason①在2002年洛杉矶GCI组织的“文化遗产价值研究”报告中总结了文化资源的价值类型（见表8-1）。随着研究的深入，越来越多的研究者从经济学的角度对遗产价值进行评估，一些经济学方法，如“旅行费用法”、“条件估值法”、“享乐价格法”被引入，极大地丰富了文化资源的价值研究广度和深度。由于文化资源的很多价值无法直接在市场得到实现，一些西方学者如Massimiliano Mazzanti②倡议文化经济产品和服务可以在一个多维、多属性、多价值的经济环境中进行分析及评估。

表8-1　　文物价值类型及提出该类型的学者和组织

代表学者与组织	Reigl（1982）；Lipe（1984）；澳大利亚国际古迹遗址理事会；Frey（1997）；英国文物遗产管理委员会			
Reigl（1982）	Lipe（1984）	Burra Charter（1998）	Frey（1997）	English Heritage（1997）
时间价值	经济价值	审美价值	货币价值	文化价值
历史价值	审美价值	历史价值	选择价值	教育和学术价值
纪念价值	关联价值	科学价值	存在价值	经济价值
使用价值	信息价值	社会价值（包括精神价值）	遗赠价值	资源价值
		政治、国家及其他文化价值	声望价值	娱乐价值
			教育价值	审美价值

二　国内关于运河文化资源价值的研究

国内对文化资源的研究起步较晚，始于20世纪90年代，主要研究集

① David Throsby，Arjo Klamer：《为过去付费：文化遗产经济学》，联合国教科文组织主编《世界文化报告》，北京大学出版社2002年版，第125—138页。

② Massimiliano Mazzanti. Cultural Heritage as Multi-dimensional，Multi-value and Multi-attribute Economic Good：Toward a New Framework for Economic Analysis and Valuation. Journal of Socio-Economics，2002，31（5）：pp. 529-558.

中在文化资源的基础理论、保护开发及价值构成等方面。而对于运河文化资源的研究只停留在范围界定、开发保护方面。

大资源观认为文化资源与自然资源、经济资源、人力资源、政治资源、制度资源一起，构成了支撑社会发展的价值性要素[①]。程恩富[②]指出：文化资源是人们从事文化生产或文化活动所利用的各种资源的总和。文化资源可分为文化自然资源和文化社会资源，还可以分成物质文化资源和精神文化资源。文化资源具有以精神形态为主要存在形式的无形性、地域差异性、更新和发展性、无限性等特点。文化资源的开发是指为发挥、提高和改善文化资源的利用率，并使文化生产顺利进行所采取的一系列技术经济措施与活动。开发的实质是尽可能地发现和利用各种文化资源，通过劳动加工使其具有较高文化价值的产品。开发有两种形式：单项文化资源的开发和多项文化资源的综合开发。吴圣刚[③]提出，文化资源是人类生存发展所需要的、以一切文化产品和精神现象为指向的精神要素。和自然资源一样，文化资源也是人类生存发展需要的重要资源。文化资源具有无形性、传承性、稳定性、共享性、持久性、效能最大性、递增性等特征。文化资源对人类社会的发展起着方向性、支撑力、凝聚力、推动力的作用。在现代社会，信息技术也成为一种重要的文化资源。

唐月民[④]从可持续发展角度，把文化资源分为可再生文化资源和不可再生文化资源两大类。并指出无论是不可再生文化资源还是可再生文化资源，对其开发和利用首先要考虑的是保护问题。要使文化资源的开发和利用和谐统一，必须以“可持续发展观”为指导。如何使文化资源发挥出巨大的经济价值，实现经济效益和社会效益的统一，是一个系统工程。李东红、杨利美[⑤]认为，文化资源是人类所创造的物质文化、

---

① 覃明兴：《大资源观的历史考察》，《社会科学》2002 年第 2 期，第 20—23 页。

② 程恩富：《文化生产力与文化资源的开发》，《生产力研究》1994 年第 5 期，第 14—18 页。

③ 吴圣刚：《文化资源及其利用》，《山西师范大学学报》（社会科学版）2005 年第 6 期，第 128—130 页。

④ 唐月民：《论文化资源的开发和利用》，《齐鲁艺苑》2005 年第 4 期，第 84—86 页。

⑤ 李东红、杨利美：《文化资源的价值评估、成本核算与经济补偿》，《思想战线》2004 年第 3 期，第 97—111 页。

制度文化和精神文化遗产的总和，它对人类社会的意义，就像生物多样性对于人类的生存与发展一样重要。资源有价，文化资源的“自然成本”与“使用成本”，应纳入文化资源消耗型企业的成本与效益核算。以文化为资源基础的产业，必须为资源的使用与消耗付费，把生产能力的增长建立在科学的资源观之上。既满足当代人的需求，又不对满足后代的需要产生危害，是文化资源的保护与开发必须遵循的唯一原则。米子川①提出，文化资源是指凝结了人类无差别的劳动成果的精华和丰富的思维活动的物质的或精神的产品或者活动。文化资源包括历史人物、文物古迹、民俗、建筑、工艺、宗教信仰、语言文字、戏曲等。高毓秀和曹娟②认为：文化资源就是人们从事文化生产或文化活动所利用或可资利用的各种资源。它包括着一切有文化价值的自然资源和社会资源。还指出文化资源与一般的经济资源相比有自身的特点，主要表现在四个方面：（1）文化资源主要以精神文化为载体；（2）地域性；（3）时间性和发展性；（4）有限性和无限性。

在文化资源系统的组成方面，赵丽萍③指出：文化资源由文化遗产、文化人才、文化机构、文化设施和文化生活等方面构成。吕庆华④在《文化资源的产业开发的文化资本理论基础》一文中总结了文化资源按不同的标准形成的不同分类体系（见表8-2），并按历时性可以分为文化历史资源和文化现实资源两大类。

表8-2　　　　国内关于文化资源分类统计

研究者	分类视角	一级分类
程恩富、顾钰民、方家良（1999）	性质	物质文化、精神文化、制度文化
程恩富、高毓秀、曹娟	资源属性	文化自然资源、文化社会资源

① 米子川：《文化资源的时间价值评价》，《开发研究》2004年第5期，第25—28页。

② 高毓秀、曹娟：《对文化资源的认识和思考》，《发展研究》1999年第3期，第46—47页。

③ 赵丽萍：《文化资源开发利用初探》，《企业家天地》（理论版）2006年第12期，第145—147页。

④ 吕庆华：《文化资源的产业开发的文化资本理论基础》，《生产力研究》2006年第9期，第183—185页。

续表

研究者	分类视角	一级分类
程恩富	可持续性	可持续文化资源、不可持续文化资源
程恩富	存在方式	物质文化资源、精神文化资源
胡兆量	时间	原始文化、古代文化、现代文化
	空间	东方文化、西方文化、海洋文化、大陆文化
	生产和生活	稻作文化、游牧文化、茶文化、酒文化等
唐月明	可持续发展	可再生文化资源和不可再生文化资源
米子川（2004）	统计评价	可度量文化资源、不可度量文化资源

张成渝、谢凝高①从自然科学和文化内涵两个方面，将世界文化和自然遗产的价值界定为三个方面：自然科学价值、历史文化价值、建筑艺术价值。基于这三个方面，他认为保持遗产的完整性和真实性，是当代人为子孙后代将来更深层次地探究遗产价值及其利用所能做的唯一选择。申维辰②在《评价文化：文化资源评估与文化产业评价研究》一文中从多个角度探讨了文化资源的价值构成，并提出文化资源的评价体系与评价程序。陈来生③、郑孝燮④的研究则主要强调了世界遗产的历史文化价值和审美价值，他们认为重点遗产必须具有历史价值、艺术价值。但无论何种价值无一不是通过保护文化的或自然的遗存实体而体现的，因此必须保证“世界遗产的公益性不能被经济目的所取代，不能让世界遗产成为世界遗憾”。鲍展斌⑤也指出，历史文化遗产具有多种功能和价值，遗产的功能和价值之间有联系也有区别。遗产价值的高低取决于遗产功能的大小，遗产的价值随着人类对遗

① 张成渝、谢凝高：《世纪之交中国文化和自然遗产保护与利用的关系》，《人文地理》2002 年第 1 期，第 4—7 页。

② 申维辰：《评价文化：文化资源评估与文化产业评价研究》，山西教育出版社 2004 年版。

③ 陈来生：《苏州世界文化遗产可持续发展研究》，《苏南科技开发》2004 年第 6 期，第 24—26 页。

④ 郑孝燮：《世界遗产的“不可再生”价值》，《现代城市研究》2004 年第 6 期，第 27—29 页。

⑤ 鲍展斌：《历史文化遗产之功能和价值探讨》，《绍兴文理学院学报》2002 年第 3 期，第 92—95 页。

产功能认识的深化而变化。但功能和价值并非完全是对应的，有时还有矛盾。如过分注重遗产的某种功能，就必然影响遗产整体价值的保护；若片面强调遗产的某种价值，就要影响其综合功能的发挥。唯有发挥遗产的综合功能，才能充分体现其价值；也唯有认识遗产的整体价值，才能充分发挥其功能，文化资源价值具有潜在性、滞后性、整体性三个特征[①]。郑易生[②]指出，自然文化遗产的存在价值、潜在的经济价值和现实的经济价值的体现，对应存在着三种不同利益群体，即全社会成员、地区居民和开发经营集团，所以不同利益目标对与其相对应的遗产资源有着不同的关注与投入。对于这一观点，刘庆余[③]等人从社会文化视角出发，指出遗产资源在不同价值层面有着不同的功能，从而有着不同的价值。

国内对运河文化资源的研究始于20世纪80年代末，大多集中在运河文化遗产的描述、开发、保护方面（陈桥驿，2005[④]；季桂起，2008[⑤]；陈志友[⑥]，2009；束有春，2006[⑦]；彭锐，2008[⑧]；黄彬，2008[⑨]；吕卓民，2005[⑩]），运河旅游资源开发和发展方面（黄震方，2000[⑪]；金平

① 胡兆量：《文化资源价值的三个特性》，《北京联合大学学报》（人文社会科学版）2004年第1期，第49—52页。

② 郑易生：《自然文化遗产的价值与利益》，《经济社会体制比较》2002年第2期，第82—85页。

③ 刘庆余、李娟、张立明等：《遗产资源价值评估的社会文化视角》，《人文地理》2007年第2期，第98—102页。

④ 陈桥驿：《南北大运河——兼论运河文化的研究和保护》，《杭州师范学院学报》（社会科学版）2005年第3期，第1—5页。

⑤ 季桂起：《运河及运河文化开发与德州城市发展》，《德州学院学报》2008年第1期，第38—42页。

⑥ 陈志友：《运河文化保护利用与空间景观塑造——以扬州古运河城区段环境综合整治规划为例》，《江苏城市规划》2009年第9期。

⑦ 束有春：《江苏省运河文化遗产保护与展望》，《东南文化》2006年第6期，第58—62页。

⑧ 彭锐、杨新海、林林：《江苏省运河文化遗产的保护与发展》，《苏州科技学院学报》2008年第2期，第51—54页。

⑨ 黄彬：《运河文化资源的保护与开发研究》，《山东农业管理干部学院学报》2008年第1期，第138—139页。

⑩ 吕卓民：《运河文化遗产的保护与开发》，《西北大学学报》2005年第3期，第59—63页。

⑪ 黄震方、李芸、王勋：《京杭大运河旅游产品体系的构建及其旅游开发》，《地域研究与开发》2000年第1期，第70—72页。

斌，2002[①]；赵西君，2003[②]）。在运河文化体系与价值方面，李泉[③]阐述了运河文化的形成与演进；王健[④]按文化遗产和运河的亲疏关系将运河文化遗产的空间分布划分为核心区、重心区和影响辐射区三个层次，并将各类遗产划分为核心遗产、关联遗产和影响遗产。梁白泉[⑤]从物质现象、生态现象、文化现象三个方面总结了运河的价值；于冰[⑥]通过分析建议将大运河遗产性质确定为遗产运河类的大遗址；吕龙、黄震方[⑦]从廊道资源条件、区域社会条件、廊道生境条件和旅游保障条件及发展潜力等方面建立了遗产廊道旅游价值评价指标体系，从廊道整体效应出发利用AHP法对江苏段运河其旅游价值进行了评价。

综上所述，目前国内外有关文化资源的研究，主要包括了对文化资源理论建构、价值构成等方面。在概念、内涵、分类研究方面，众说纷纭，尤其缺少对文化资源分类的系统归纳；文化资源价值研究方面，偏重于经济价值，缺少对其他价值的挖掘与认识；文化资源价值评估研究对象方面，偏重于某单一类物质文化遗产的旅游开发价值和效益的评价，缺少对各类文化资源的大型载体的综合评估；区域研究偏重于城市和经济发达地区，对农村和少数民族地区关注较少。大运河文化景观资源相关研究内容偏重于旅游开发与资源保护方面，研究区域主要集中在江苏、鲁南及杭州区段。而对运河文化景观资源价值的研究几乎没有，作为我国宝贵的线性文化遗产是一个完整的文化聚集体，所以，我们认为，对运河文化资源的构成及价值评估对于完善文化资源理论、丰富运河研究内容有着重要的意义。

---

① 金平斌、沈红心：《京杭运河（杭州段）旅游资源及其旅游功能开发研究》，《浙江大学学报》2002年第1期，第115—220页。

② 赵西君、刘科伟、王利华：《浅析运河旅游资源的结构及开发对策》，《西安电子科技大学学报》2003年第4期，第45—49页。

③ 李泉：《中国运河文化的形成及其演进》，《东岳论丛》2008年第3期，第57—61页。

④ 王健：《大运河文化遗产的分层保护与发展》，《淮阴工学院学报》2008年第2期，第1—6页。

⑤ 梁白泉：《初论运河文化》，《东南文化》1990年第5期，第125—131页。

⑥ 于冰、谭徐明：《京杭大运河的遗产性质探讨》，《杭州通讯》（下半月）2008年第6期，第16—17页。

⑦ 吕龙、黄震方：《遗产廊道旅游价值评价体系构建及其应用研究》，《中国人口·资源与环境》2007年第6期，第95—100页。

三　文化景观资源价值评估的理论基础

借用价值哲学中的概念，资源价值是指主体和客体之间需要和满足需要的关系。就是说，主体有某种需要，而客体能够满足这种需要，那么对主体来说，这个客体就有价值。在人类与资源这对关系中，人类是主体，资源是客体，资源能够提供满足人类生存、发展和享受所需要的物质性商品和舒适性服务，因此，对人类来说，资源是有价值的。资源能满足人类的这种需要，就是资源的价值①。

在市场经济的条件下，有着三种不同的价值理论学说：一种是马克思劳动价值论；一种是西方效用价值理论；还有一种是市场价值论。这三种价值理论，是从不同目标、不同角度、不同方面创建的，但都是为了同一个目的，因此可以作为确立文化遗产价值的理论基础和依据。

劳动价值理论。马克思的劳动价值理论认为，商品是价值和使用价值的统一体。商品的价值是凝结在商品中的一般人类劳动，是商品的社会属性。而商品的使用价值是指物品的有用性或效用能够满足人们的某种需要的属性，是商品的自然属性。商品的使用价值是价值的物质承担者，而价值是使用价值交换进行量的比较基础；价值的存在要以使用价值的存在为前提，而使用价值的实现要以价值的实现为条件②。

效用价值理论。效用价值理论是由历史上多派相关价值理论演变、综合发展而形成的，是从需要或效用、供给或生产以及二者相结合的角度来解释价值决定问题的。所谓效用是指商品满足人的欲望的能力。效用价值理论就是指人在主观上对某物品的需求及其强度，并通过心理替代效应实现边际消费效用均衡。可见，效用价值理论主要表现为一般效用论和边际效用论。一般效用论认为，价值具有主观

① T. J. Green. Cultural Resource Management (CRM): Conservation of Cultural Heritage. International Encyclopedia of the Social & Behavioral Sciences, 2004, pp. 3113-3116.

② 吴建华、肖璇：《海洋文化资源价值探析》，《浙江海洋学院学报》（人文科学版）2007年第3期，第17—20页。

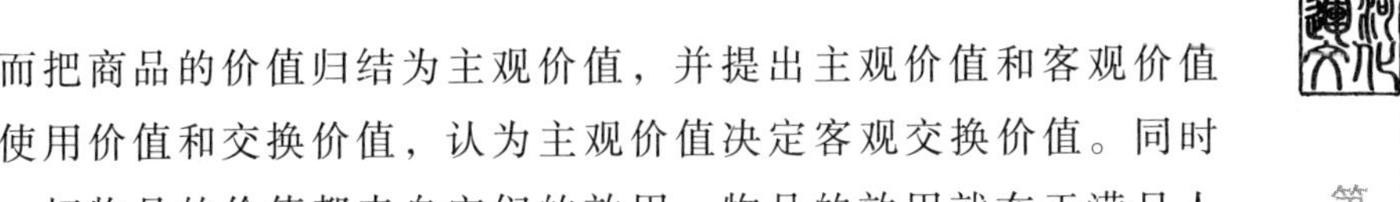

性，从而把商品的价值归结为主观价值，并提出主观价值和客观价值来替代使用价值和交换价值，认为主观价值决定客观交换价值。同时认为，一切物品的价值都来自它们的效用，物品的效用就在于满足人的欲望和需求，换言之，只有能满足人类欲望的物品才具有价值。边际效用是指消费者在一定时间内增加一个单位商品的消费所得到的效用量的增量。边际效用价值论的主要观点：一是价值取决于物品的效用和稀缺性；二是价值取决于消费者主观心理上感觉到的边际效用；三指效用量是由供给和需求之间的状况决定的，其大小与需求强度成正比①。

市场价值论。市场价值论认为：商品的价值是由市场的供需均衡决定的。一般情况下，供给远大于需求时，价格就降低，供给远小于需求时，价格就会上升；只有当供给与需求基本平衡时，就决定了市场的均衡价格②。

第二节 资源价值构成体系

一 环境资源价值分类体系

环境资源的价值分为两个部分，即使用价值和非使用价值③，前者包括直接使用价值、间接使用价值和选择价值；后者包括遗产价值和存在价值。用公式表示为 TEV = UV + NUV，其中，UV = DUV + IUV，NUV = OV + BV + EV。UV 为资源的使用价值，NUV 为资源的非使用价值即存在的价值，DUV 是资源的直接使用价值，IUV 是资源的间接使用价值，OV 表示资源的选择价值，BV 为遗产价值，EV 为存在价值（见表 8 - 3）。

---

① 吴美萍：《文化遗产的价值评估研究》，东南大学硕士学位论文，2006 年。

② 同上。

③ 穆贤清、黄祖辉、张小蒂：《国外环境经济理论研究综述》，《国外社会科学》2004 年第 2 期，第 32 页。

表 8－3　　环境资源经济价值分类

环境资源资产的总经济价值				
使用价值（UV）		非使用价值（NUV）		
直接使用价值（DUV）	间接使用价值（IUV）	选择价值（OV）	遗产价值（BV）	存在价值（EV）
可直接消费的产品（食品、生物量、娱乐、健康）	功能效益（洪涝控制、暴风雨保护、营养循环）	将来的直接和间接价值（生物多样性、保护的生境）	环境遗产的使用和非使用价值（生境、防止不可逆的改变）	保存继续存在的知识所产生的价值（生境、物种、遗传资源、生态系统）

资料来源：转引自翟文，2006。

二　生物多样性价值体系

（一）Mc-Neely 体系

Mc-Neely 等（1990）首先根据生物多样性产品是否具实物性，将生物资源价值分为直接价值和间接价值，然后又根据其产品是否经过市场贸易和是否被消耗的性质将这两类价值进一步分为消耗性使用价值、生产性使用价值、非消耗性使用价值、选择价值和存在价值①（见表 8－4）。

表 8－4　　Mc-Neely 等的经济价值分类系统

直接价值	间接价值
消耗性使用价值（薪柴、野味等非市场价值） 生产性使用价值（木材、鱼等产品商业价值）	非消耗性使用价值（科学研究、观鸟等） 选择价值（保留对将来能有用的选择用途） 存在价值（野生动物存在的伦理上的价值）

（二）UNEP 体系

联合国环境规划署 UNEP 于 1993 年组织一些专家编写了《生物多样

① Mc-Neely J. A. , et al. Conserving the World's Biologiea Diversity, Prepared and Published by the International Union for Conservation of Nature and Natural Resources. World Resources Institute, Conservational International, World Wild Life Fund-US and the World Bank, 1990.

性国情指南》（以下简称为《指南》），在《指南》中将生物多样性价值划分为5种类型，即具有显著实物形式的直接价值、无显著实物形式的直接价值、间接价值、选择价值和消极价值①②（见表8－5）。

表8－5　　　　UNEP指南的经济价值分类系统

主要价值类型	（1）直接价值（显著的实物形式）	（2）直接价值（不显著的实物形式）	（3）间接价值	（4）选择价值	（5）消极价值
描述	个人对多种生物材料的利用，这些资源能够看得见和直接消费	个人对多种生物资源所提供服务的利用，这些资源能够看得见和直接消费	生态学功能带来的社会效益，这些功能可维持经济活动和人类福利	个人和社会对生物资源和生物多样性本身的将来用途的潜在利用	生物资源恶化，生物多样性持续存在的影响
对人们提供效益的典型用途	维持生计、消遣、商业、医药/生物技术	消遣、旅游、科学、教育	营养循环、污染少、气候功能、碳循环	已知的和潜在的将来用途，包括（1）（2）（3）类价值的保险价值	存在价值和遗产价值

（三）OECD体系

经济合作和发展组织（OECD）于1995年在D. Pearce的分类系统的基础上，有意将选择价值和遗产价值、存在价值放在一个框架内，意味着选择价值是介于使用价值和非使用价值之间③（见图8－1）。

---

① UNEP. Guidelines for Country Studies on Biological Diversity. Oxford: Oxford University Press, 1993.

② 联合国环发大会编：《21世纪议程》，国家环保局译，中国环境科学出版社1993年版。

③ OCED编（1995）：《环境项目和政策的经济评价指南》，施涵、陈松译，中国环境科学出版社1996年版。

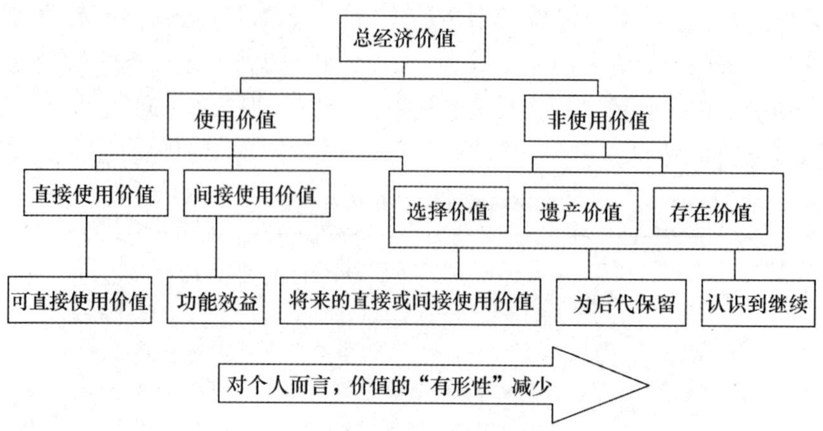

图 8－1　OECD 生物多样性经济价值分类

（四）王健民体系

王健民[①]等根据 UNEP《生物多样性国情研究指南》，提出了生物多样性总经济价值分类体系，主要包括直接使用价值、间接价值、潜在使用价值和存在价值四个方面。该体系与其他体系不同的是使用了“潜在使用价值”的概念，包括：潜在选择价值和潜在保留价值。这实际上取代了其他有关分类体系提到的选择价值和遗产价值（见图 8－2）。

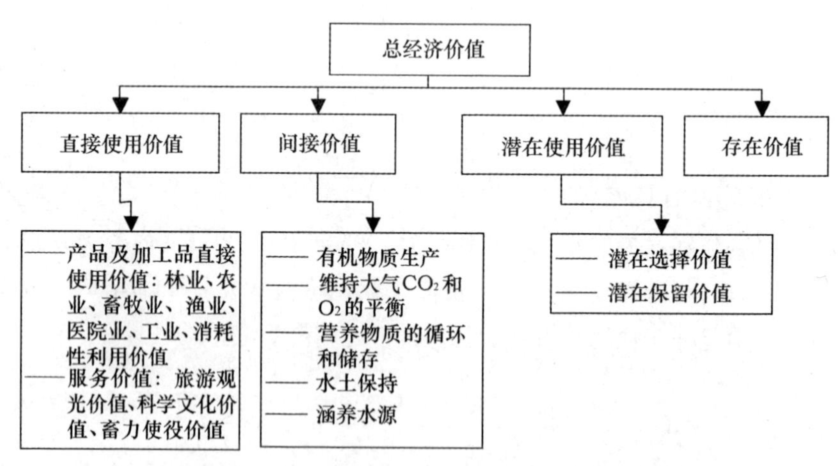

图 8－2　中国生物多样性国情报告的价值体系

① 王建民：《遗传资源经济价值评价研究》，《农村生态环境》2004 年第 1 期，第 73—77 页。

（五）薛达元体系

薛达元[①]（1997）在上述基础上构造了生物多样性总经济价值体系（见图8－3）。

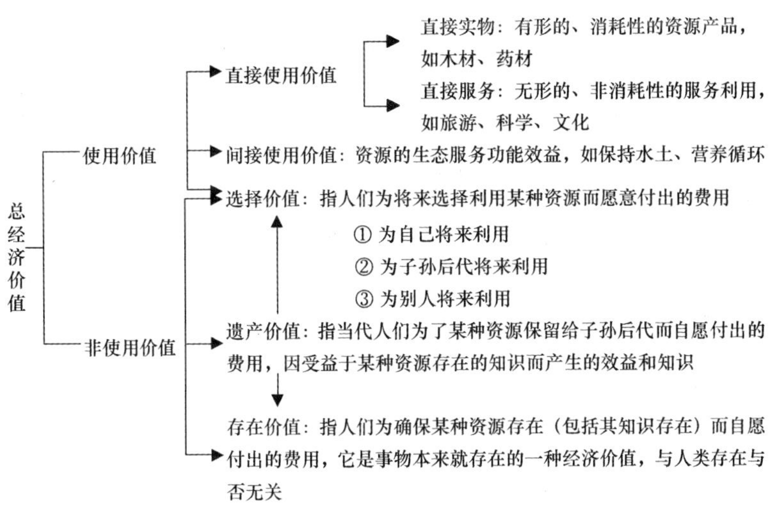

图8－3　生物多样性总经济价值类型与形式

三　森林系统与遗传资源价值体系

（一）森林系统经济价值体系

在由英国著名环境经济学家D. Pearce和世界银行资源环境经济专家J. Warford合著的《世界无末日：经济学、环境与可持续发展》一书中，以分析热带森林总经济价值为例，提出了“准选择价值”（quasi-option value）的概念，并将此解释为“产生于作出了现在进行保护还是开发的决策之后的信息的价值”，它是指对未来效益的认识价值。在总的分类框架中，他们将选择价值划归在非使用价值栏下与存在价值并列，从而与

① 薛达元：《生物多样性经济价值评估——长白山自然保护区案例研究》，中国环境出版社1997年版。

选择价值截然分开，代表了不同的概念①。

（二）湿地生态功能价值体系

湿地生态功能总经济价值按效益评估可分为直接利用价值和间接利用价值及非利用价值②③（见图8－4）。

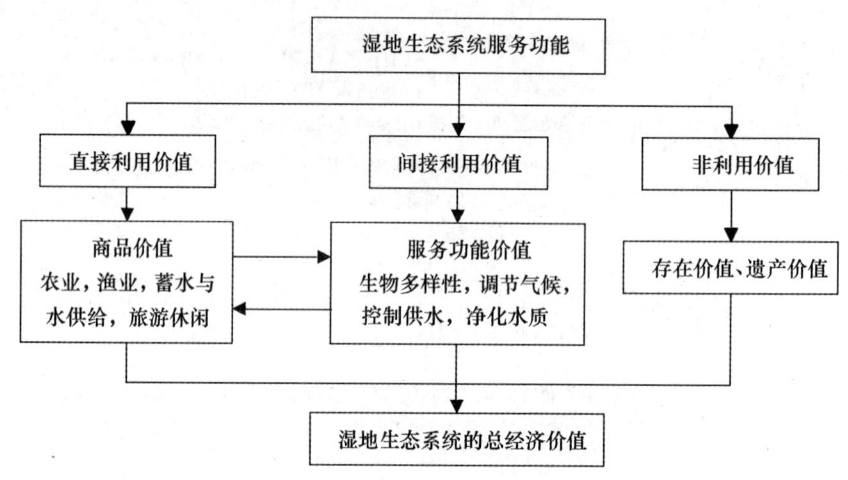

图8－4　湿地生态系统服务功能及其价值关系

（三）遗传资源经济价值体系

王建民等（2004）将遗传资源经济价值按类型分为自然存在价值和社会利用经济价值。其中，自然存在价值包括固有（内在）基础性存在价值和资源性（外在）存在价值；社会利用经济价值包括间接（功能服务性）利用价值和社会直接利用经济价值。而固有（内在）基础性存在价值包括固有（内在）基础性剩余存在价值和固有（内在）基础性存在价值的损耗值；资源性（外在）存在价值包括资源性剩余（外在）存在

① 皮尔斯、沃福德著（1993）：《世界无末日——经济学、环境与可持续发展》，张世秋等译，商务印书馆1999年版。

② 庄大昌：《基于CVM的洞庭湖湿地资源非使用价值评估》，《地域研究与开发》2006年第2期，第105—110页。

③ 庄大昌：《洞庭湖湿地生态系统服务功能价值评估》，《经济地理》2004年第3期，第391—395页。

价值和资源性（外在）存在价值的损耗值；间接（功能服务性）利用价值包括间接（功能服务性）剩余价值和间接（功能服务性）价值的损耗值；社会直接利用经济价值包括直接利用剩余价值和直接利用价值的损耗值[①]（见图8－5）。

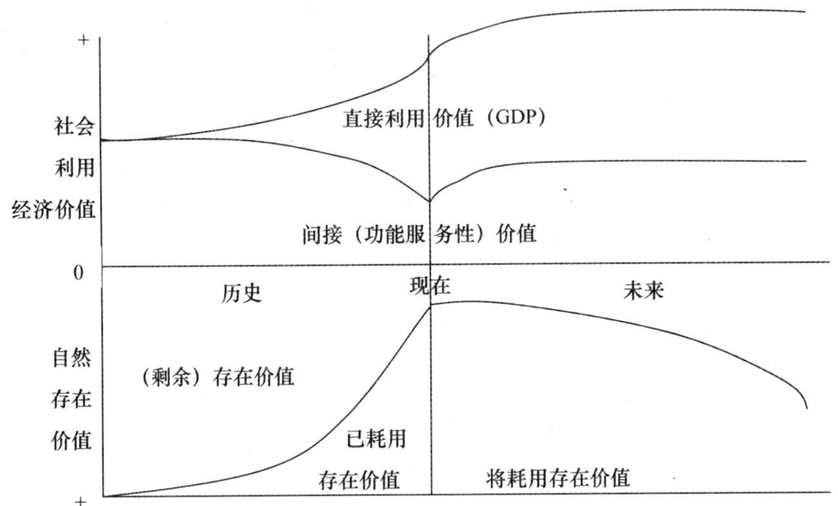

图8－5　遗传资源经济价值体系

四　旅游资源价值体系

（一）李向明体系

近年来，我国对旅游资源价值分类体系的研究日趋增多，李向明（2006）[②] 对旅游资源价值分类进行了研究，将其分为使用价值（包括直接使用价值、间接使用价值）、非使用价值（包括选择价值、遗产价值、存在价值）（见图8－6）。

① 王建民：《遗传资源经济价值评价研究》，《农村生态环境》2004年第1期，第73—77页。

② 李向明：《旅游资源资产评估及其指标体系的构建》，《资源科学》2006年第3期，第144页。

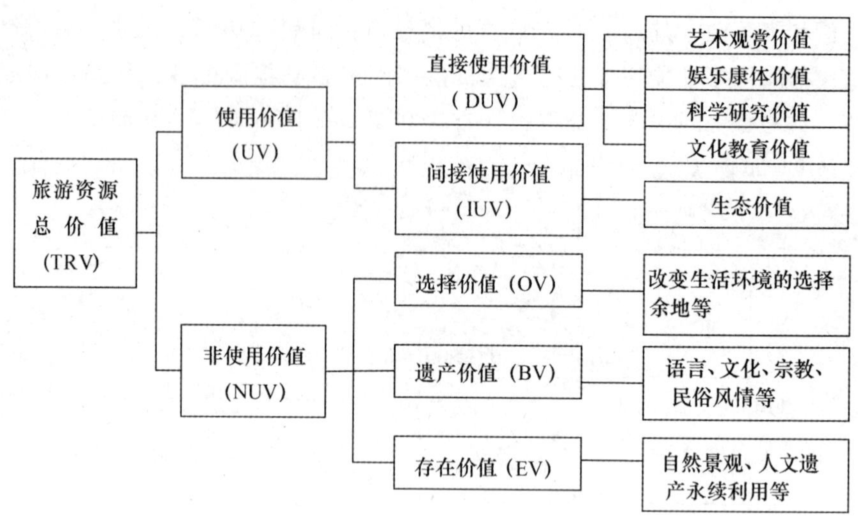

图 8－6　旅游资源的价值构成分类系统

（二）李丰生体系

李丰生（2005）[①] 按照是否被旅游者使用，把旅游资源经济价值划分为使用价值（Use Value，UV）和非使用价值（Non-Use Value，NUV）（见表 8－6）。

表 8－6　旅游资源经济价值体系

总价值	类	亚类	说明
旅游资源经济价值（TRV）	使用价值（UV）	直接使用价值（DUV）	直接满足旅游者需求的旅游价值
		间接使用价值（IUV）	间接满足旅游者旅游需求的价值，为直接使用价值的实现提供必要的支持条件
	非使用价值（NUV）	选择价值（OV）	将来的直接和间接使用价值的现实估计
		存在价值（EV）	继续客观存在的价值，仅仅是为了物体的存在的付出
		遗产价值（BV）	为后代遗留下的使用价值和非使用价值

① 李丰生：《旅游资源经济价值的理论探讨》，《经济地理》2005 年第 4 期，第 577—580 页。

（三）郭剑英体系

郭剑英（2005）[①②] 综合了薛达元和陈浮的价值体系，把选择价值明确划分到非使用价值范围内，直接使用价值包括旅游价值、科学研究价值和历史文化教育。

第三节 运河文化资源的价值构成

运河文化资源的多重功能决定了它所具有的多重价值，其功能的大小也决定了价值的高低。根据运河文化资源的功能及人们对文化资源价值的认识程度，可将运河文化资源的综合价值分为外在价值和内在价值（见图8－7）。

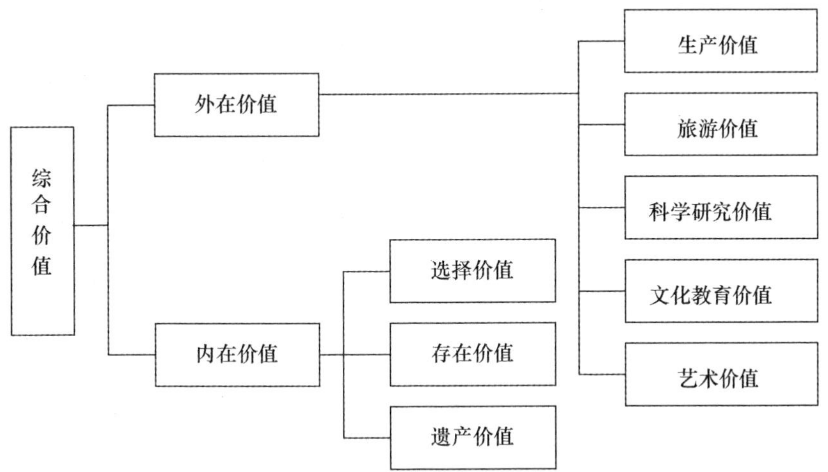

图8－7 运河文化资源价值体系

① 郭剑英、王乃昂：《旅游资源的旅游价值评估——以敦煌为例》，《自然资源学报》2004年第6期，第811—817页。

② 郭剑英、王乃昂：《敦煌旅游资源非使用价值评估》，《资源科学》2005年第5期，第187—192页。

一　外在价值

运河文化资源的外在价值包括生产价值、旅游价值、艺术价值、科学研究价值、文化教育价值等。

生产价值：文化资源是文化的载体，它的首要功能就是带动文化产业的发展。运河文化资源体系中许多非物质文化资源，如戏曲、节日、传说、故事等都可以作为生产文化产品的基础原料，进行文化产品的生产或制作。将文化资源与经济生活有机地统一起来，既能使文化资源得到可持续发展，又能使经济出现新的增长点①。此外，运河本身是运河文化资源体系中的核心遗产。京杭大运河是一个流动的活遗产。其特殊性在于，它是目前正在使用的在航运中仍具有极大实用价值的文物。目前，运河的济宁至扬州段主要作为“北煤南运”的干线、南水北调东线工程的通道，也是沟通城乡与沿河农村集镇交通运输的主动脉②。

旅游价值：文化资源是旅游业产生吸引力的源泉，是旅游业的灵魂和持续发展的基础③。运河文化资源的构成中包括了许多名胜古迹和旅游胜地，富有文化、历史内涵，深受观光者的喜爱，其旅游价值往往体现在它能直接或者间接地满足游客的需求，使游客通过亲身体验从中受益。

艺术价值：艺术也是一种生产劳动成果，是人按照美的规律所创造的作品。艺术价值的内涵很丰富，主要包括审美、欣赏、愉悦、借鉴以及美术史料等价值。审美价值主要是从美学的层面给人以艺术启迪和美的享受。欣赏价值主要是从观赏角度给人带来精神的抚慰、情操的陶冶。愉悦价值是给人以娱乐、消遣。借鉴作用主要是从中汲取精华，在艺术表现手法、技巧方面学习借鉴以创新。而美术史料价值，则主要作为研究美术史的实物资料。在各种各样的历史文化遗产中，相当多的文

---

① 鲍展斌：《历史文化遗产之功能和价值探讨》，《绍兴文理学院学报》2002 年第 3 期，第 92—95 页。

② 李书恒、郭伟：《京杭大运河的功能与苏北运河段的发展利用》，《第四纪研究》2007 年第 5 期，第 861—869 页。

③ 张波：《旅游业发展中的文化价值论——以云南丽江旅游业为例》，《思想战线》2003 年第 3 期，第 103—106 页。

化遗产具有艺术价值。其中不仅有人类在历史上创造的许多艺术作品，如绘画、雕塑、戏曲等，而且包括了风景名胜等被人类开发、利用的大自然之杰作。在现实生活中，无论是文化遗产，还是自然遗产都能给人以美的启迪、美的享受。人类奇思妙想的艺术作品和大自然鬼斧神工的天然美景都与人的劳动有密切联系，是“劳动创造了美”。因此，两者是异曲同工的。人类在对遗产的审美过程中陶冶情操，丰富了自己的精神生活。

科学研究价值：运河文化资源中的历史文化遗产是运河历史的产物，它反映了当时社会的生产力发展水平、科学技术水平和人们的创造能力，具有科学价值。作为一种文献，历史文化遗产是民族世世代代的文化艺术创造和科学技术发明的结晶，蕴含着大量尚待研究和破解的信息，为后人的科学研究提供了珍贵的第一手资料。从古代文献中获取科技资料，是搜集科技信息资料的一条重要途径。搜集科技信息资料和积累知识，就能继承前人的科技研究成果，为进一步的科技创新奠定基础。非物质文化遗产也可以作为一种“文献”而成为科学研究的重要依据。

文化教育价值：杰出的历史文化遗产，在中华文明史和世界文明史上都占有重要的地位。它是提高民族自信心、进行爱国主义教育的生动课堂。历史文化遗产地还是爱国主义和精神文明建设的重要基地。历史文化遗产在对国民尤其是青少年的传统教育方面的作用十分重大。同时历史文化遗产对提高国民的科学文化素质、陶冶情操、活跃文化生活等都十分重要。作为人类改造自然的一项壮举，京杭大运河与长城并重，均属古代中国人民伟大创举。大运河历史遗存是研究中国古代历史、政治、经济、文化、社会等方面的珍贵实物资料。而大运河串联的河、湖、湿地等自然景观及其所孕育的生物多种，也为环境教育和公众教育提供了机会和场所。

二　内在价值

文化资源的内在价值指的是人们现时没有利用或发现，但可以供自己未来和子孙后代利用的旅游资源功能和效用。旅游资源的内在价值可划分为选择价值（Option Value，OV）、遗产价值（Bequest Value，BV）

和存在价值（Existence Value，EV）

选择价值：是指个人和社会对文化资源潜在用途的将来利用，是运河文化资源的目前未被直接或间接利用，而将来可能利用的某种服务的价值。如果用货币来计量的话，选择价值可以表述为人们为确保自己将来能利用某种资源或获得某种效益而预先支付的一笔保险金。对文化资源而言，选择价值指人们不仅愿意支付一定的费用以获得对文化资源的现时消费，还愿意为自己未来的消费支付一定的费用，以便保证自己将来能够再有机会消费该文化资源。

表 8－7　　运河文化资源价值的表现方式

价值类别	价值类型	表现方式
外在价值	生产价值	文化生产资料、文化活动的基础
	旅游价值	作为旅游吸引物进行开发
	科学研究价值	作为科学研究的素材和依据
	文化教育价值	增进历史知识，培养爱国主义情怀，增进环境保护意识
	艺术价值	陶冶情操、艺术创作、收藏
内在价值	选择价值	改变生活环境的选择余地
	遗产价值	语言、宗教、民俗风情等
	存在价值	文化资源的永续利用

遗产价值：是指当代人为某种资源将来能保留给子孙后代而自愿支付的费用。由于人们过度开发，致使文化资源造成了一定程度的破坏，如果照这样下去，我们的后代将再也享用不到这些资源。因此人们为了将某种资源留给后代人而自愿支付一定的费用，我们称这部分价值为遗产价值。它反映的价值观、伦理观与可持续发展的观点是一致的。

存在价值：是指人们为了确保某种资源永续存在而自愿支付的费用。就文化资源而言，存在价值应该是指人们不带任何功利目的，仅仅是想让这份资源不致消失而支付的费用。它是人们对文化资源经济价值的一种道德评判，人们对文化资源存在的支付意愿，就是其存在价值的基础。随着人们生态意识、环境意识的不断提高，这种存在价值不仅会成为文

化资源经济价值的重要组成部分，而且会越来越大。存在价值与遗产价值、选择价值有明显的区别。

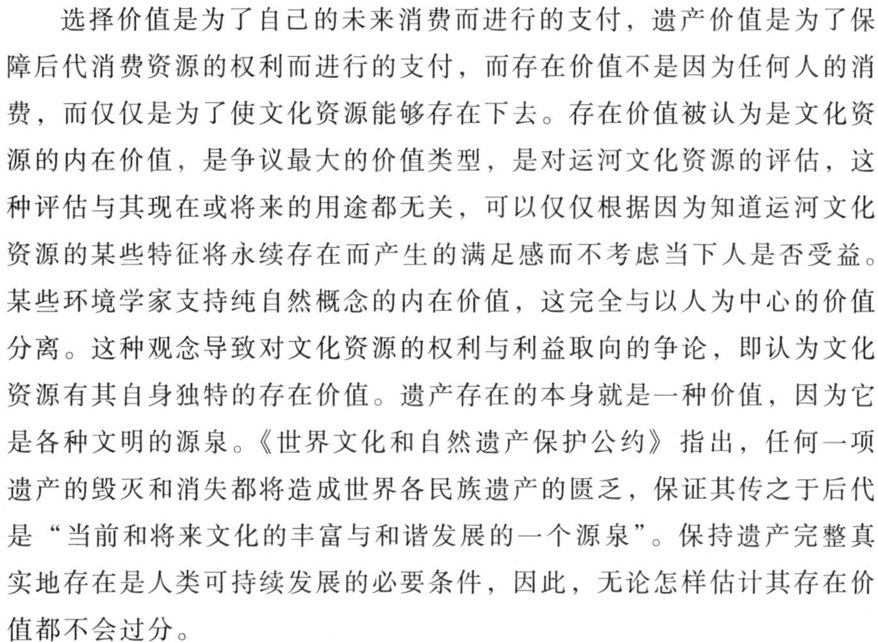

选择价值是为了自己的未来消费而进行的支付，遗产价值是为了保障后代消费资源的权利而进行的支付，而存在价值不是因为任何人的消费，而仅仅是为了使文化资源能够存在下去。存在价值被认为是文化资源的内在价值，是争议最大的价值类型，是对运河文化资源的评估，这种评估与其现在或将来的用途都无关，可以仅仅根据因为知道运河文化资源的某些特征将永续存在而产生的满足感而不考虑当下人是否受益。某些环境学家支持纯自然概念的内在价值，这完全与以人为中心的价值分离。这种观念导致对文化资源的权利与利益取向的争论，即认为文化资源有其自身独特的存在价值。遗产存在的本身就是一种价值，因为它是各种文明的源泉。《世界文化和自然遗产保护公约》指出，任何一项遗产的毁灭和消失都将造成世界各民族遗产的匮乏，保证其传之于后代是“当前和将来文化的丰富与和谐发展的一个源泉”。保持遗产完整真实地存在是人类可持续发展的必要条件，因此，无论怎样估计其存在价值都不会过分。

文化资源价值中的一些价值的实现是通过满足主体需要来实现的，主体对这部分价值的获取是主动的，也就是说，这种价值对应的就是主体的需要，包括生理及心理的，这部分价值可以通过调查主体的支付意愿来获得。但是另一部分价值的实现是主体被动接受而实现的，就不可以通过支付意愿来获得。

随着实践的发展，人类对运河文化资源价值的认识也在不断深化。衡量和评估文化资源价值的尺度，只能是它所证明的生产力发展的水平和说明社会问题的程度。在认识和评估资源价值的具体过程中要受到生产力发展水平尤其是科学技术水平的制约。资源本身储存着十分丰富的信息，对这些信息及其价值的认识不是一蹴而就的，随着研究的深入，科学技术迅速发展所提供的技术手段越多，对运河文化资源价值的深层次认识将越深入。

第四节　运河文化资源价值评估方法

一　评估方法的总结

用来评估文化资源价值的定价方法主要分市场价值法、非市场价值法两种。其中市场价值法有机会成本法、影子价值和费用支出法；非市场价值法有旅行费用法（TCM）、享乐价格法（HPM）、维护费用法（MCM）、条件价值法（CV 或 CVM）和选择模型法（CM）。其中旅行费用法、享乐价格法、条件估值法有较多应用，尤其是条件估值法的应用最为广泛，选择模型法是一种新型的价值评估方法，条件估值法和选择模型法被认为是评估文化资源总经济价值的最佳方法。

（一）市场价值法

市场价值法又称直接价值法，是针对可以交易的区域文化资源而言，利用其市场价格来推定评估其价值的评估方法。采用这种方法的前提是文化资源已成为相当成熟的、有序的和规范的市场条件下销售的资源，其市场价格能够比较准确地反映其价值。例如文物的收藏、文学艺术作品的出版、旅游资源的开发等[①]。具体包括机会成本法、影子价值法和费用支出法。

机会成本法/OCA（Opportunity Cost Approach）。所谓机会成本，就是作出某一决策而不作另一种决策时所放弃的利益，是通过分析资源的价格构成因素及其表现形式来推算求得资源价值的[②]。当某种文化资源具有多种用途时，使用该种文化遗产的某一种用途就等于放弃其他用途，使用这种文化资源的机会成本就是放弃其他用途中可以得到最大效益的那种用途的效益。该方法的前提是有多个可选择的方案，而且在涉及其

---

①　吴建华、肖璇：《海洋文化资源价值探析》，《浙江海洋学院学报》（人文科学版）2007年第3期，第17—20页。

②　鲍巍、姜杉、李斌：《资源价值评估方法浅谈》，《环境保护》2007年第7期，第33—37页。

延续性的代际利益时，要考虑到某种应用方案的不可逆性。

影子价值法/SPM（Shadow Price Method）。又称为影子工程法，是由20世纪50年代荷兰数理经济学家、计量经济学家詹恩·丁伯根（Jan Tinbergen）和苏联经济学家、数学家康托罗维奇（Kantorovich）提出的，是重置成本法的一种特殊形成。当某种文化资源的价值难以直接估算时，可借助于能够提供类似功能的替代工程的费用（如影子价格），来代替文化资源的价值①。

许多西方国家在成熟的市场条件下，人们习惯用货币手段来进行物品贸易，所以基于价格的方法也越来越多地用于评估有形文化资源（主要是建筑和绘画）的非使用价值②。

费用支出法/EM（Expenditure Method）。费用支出法可以运用于具有旅游功能的文化资源价值评估。主要以游客为旅游而实际支出的有关费用总和作为风景资源的旅游经济价值。旅游有关费用包括交通费、食宿费、门票费、摄影费、购物（如纪念品、土特产等）费、时间成本等。费用支出法适用于开发较成熟的风景资源旅游经济价值的评估，其优点是简单、方便、实用，但也存在一些缺陷：（1）此法计算的结果仅仅是风景资源的现实旅游经济价值，即旅游经济效益，而消费者剩余（即潜在的旅游经济价值）未能体现出来，因而不能揭示风景资源的全部旅游经济价值；（2）此方法以旅游者花钱、花时间来旅游为前提，因此对未开发的风景资源旅游经济价值无法测定③。

（二）代替市场法

有些文化资源属于不可交易资源，本身没有市场价格来直接衡量时，可以通过寻找替代物的市场价格来衡量，这类方法称之为替代性市场法。替代性市场法努力寻找那些能够间接反映人类对文化资源质量评

---

① 吴美萍：《文化遗产的价值评估研究》，东南大学硕士学位论文，2006年。

② Tyron James Venn, Quiggin, John: Accommodating Indigenous Cultural Heritage Values in Resource Assessment: Cape York Peninsula and the Murray-Darling Basin, Australia. Ecological Economics, 2007, 61 (2-3): 334-344.

③ 万绪才、陶锦莉：《风景资源旅游经济价值评估研究——以南京市珍珠泉风景区为例》，《皖西学院学报》2004年第3期，第54—56页。

估的商品、劳务或要求，并用其价格来衡量文化资源的价值，具体包括享乐价格法、旅行费用法和维护费用法。该方法往往能够利用直接市场法所无法利用的、可靠的、客观的信息。例如，运河民俗生活、宗教信仰等，都属于不可交易资源，无法用市场价格来直接衡量。但是我们可以比照联合国教科文组织的世界遗产委员会所公布的《保护世界文化和自然遗产公约》的条件和要求，研究民俗生活、宗教信仰等具有的价值。

享乐价格法/HPM（Hedonic Price Method）。处于历史街区的房屋价格会受众多因素的影响，其中这些因素中包含了历史文化这一要素（如历史街区的名称），故其房价也会因其特殊的地理位置（处于历史街区）而有额外的差价，这部分差价就来源于人们对这一要素的支付意愿，同时，这部分差价也就是这一历史文化因素的价值。享乐价格法是基于这一思想而提出的。这种方法可以用来评估文化遗产的部分有限的使用价值，但不能衡量非使用价值和选择价值，同时，所能衡量的那部分价值必须包含在文化遗产的货币价值中。

旅行费用法/TCM（Travel Cost Method ）。旅行费用法是1947年美国经济学家霍特林（Harold Hotelling）提出的。他认为可以应用经济学的需求理论，按照游客到达国家公园的旅行距离和国家公园的访问率之间的经验关系，估计出人们对国家公园的需求，进而计算出国家公园对游客产生的总效益，总效益应该等于游客的旅行费用支出加上消费者剩余[①]。20世纪50年代后期和60年代这种方法开始用于各种游憩活动的评估中[②]，20世纪末被应用到文化遗产资源的价值评估中。TCM技术发展至今，主要有3种基本模式：分区模式（Zonal Travel Cost Method，ZTCM）、个人模式（Individual Travel Cost Method，ITCM）和随机效用模式（Random Utility Method，RUM）[③]。

① 谢贤政、马中：《应用旅行费用法评估环境资源价值的研究进展》，《合肥工业大学学报》（自然科学版）2005年第7期，第730—737页。

② Freeman A. Myrick. The Measurement of Environmental and Resource Value: Theory and Methods. Washington D. C.: Resouces for the Future, 1993, pp. 1 - 5.

③ 刘敏、陈田、刘爱利：《旅游地游憩价值评估研究进展》，《人文地理》2008年第1期，第13—19页。

TCM首次把消费者剩余这一重要概念引入公共物品评估，是公共物品评估的一次重大突破，TCM是基于可观察的行为，通过观察游客与旅行相关的花费，从而得到某一地区对游客的游憩价值，所以无法评估文化资源的非使用价值。

维护费用法/MCM（Maintenance Cost Method）。维护费用法是衡量一些非交易性公共文化资源的方法，通过估计文化资源损失赔偿额或因维修而减少的维修费用来作为文化资源的价值，例如空气污染对文化资源的损害。该方法的优点是成本费用容易获得，但弊端正是单独对节约成本的估算会严重低估文化资源的真正经济价值，只有在遗产建筑物或构筑物没有特殊文化价值、也不存在非使用价值的情况下才可行，所以研究者对该方法的应用极少。

（三）模拟市场法

有些文化资源在衡量其价值时，连替代性市场都难以找到，也很难找到比照物，在这种情况下，就只能创造虚拟的市场来衡量其价值，这种方法称之为虚拟市场法。具体包括条件估值法和选择模型法。例如，我们将开发某处的运河文化资源，以何种形式开发？开发的价值何在？开发是利大于弊，还是弊大于利等诸如此类的问题，可以通过开展广泛的调查，然后在此基础上作出评估。与前市场价值法和代替市场法不同的是，该方法是基于调查者的回答。需要注意的是，在实际调查过程中由于调查与调查者之间信息不对称、看问题的视角不同等原因，有可能导致调查结果出现偏颇①。

条件估值法/CVM（Contingent Valuation Method）。条件估值法是1947年由Ciriacy-Wantrup提出，1963年David第一次利用CVM实验性地通过对捕鹅者的调查来评估捕鹅活动的收益。20世纪80年代，有一小部分人开始尝试用这方面的研究，但条件估值法在这一领域应用的第一次实质性浪潮，是紧随1993年美国国家海洋和气象管理局（NOAA）

① 吴建华、肖璇：《海洋文化资源价值探析》，《浙江海洋学院学报》（人文科学版）2007年第3期，第17—20页。

报告之后[①]。到目前为止，CVM 是资源价值评估中应用最广和最多的一种评估方法，其应用研究已经超过 5000 次，但用于文化资源价值的评估只占很小的一部分。由于条件价值法的关键是支付意愿的确定，因此，围绕如何揭示支付意愿调查的程序、方法、问卷设计等一系列问题，许多学者进行了大量的研究。条件价值法属于直接方法，它应用模拟市场技术，通过调查、询问（直接询问、电话询问、信函询问等）、问卷、投标等方式来询问消费者愿意为改善环境或防止环境退化而支付的钱数，或在环境恶化条件下愿意接受的补偿，由此获得环境资源的价值。CVM 具有灵活性、广泛的适用性和强大的提供数据来源的能力，但是该方法也存在偏差敏感、收入水平限制等不足之处[②]。

选择模型法/CM（Choice Modeling）。选择模型法是基于家庭调查的一种评估方法，是伴随经济学和认知学而产生与发展的，其起源可以追溯到 20 世纪 20 年代 Thurstone 对食物偏好的研究与随机效用理论[③]。可用于估计非市场环境效益与成本，可以测量所有形式的价值，包括非使用价值，与条件估值法相比，该方法可以应对多维度属性的变化，既基于结构化的经济理论框架，又具有强大而具体的评估能力，同时又有多种可能的操作方法，被认为是评估多维度属性条件下消费者（为质量改进）支付意愿的最佳方法。而该模型的重要倡导者 Daniel McFadden 也因此获得了诺贝尔经济学奖。

选择模型法是文化资源的价值评估的一种新方法，目前这方面的应用研究较少，笔者只找到一例（见表 8－8），其研究与应用前景较为广阔。

---

① Douglas Noonan. Contingent Valuation and Cultural Resources: A Meta-Analytic Review of the Literature. Journal of Cultural Economics, 2003, 27 (3): 159－176.

② 刘敏、陈田、刘爱利：《旅游地游憩价值评估研究进展》，《人文地理》2008 年第 1 期，第 13—19 页。

③ http: //en. wikipedia. org/wiki/Choice_ modelling#Methodologies_ used_ in_ Choice_ Modelling.

表 8－8　　文化资源非市场价值法及实例应用

评估方法	研究者及时间	研究区域	主题	主要结论
享乐价格法（HPM）	E. C. M. Ruijgrok①（2006）	荷兰	文化遗产的使用价值	文化遗产的价值远大于其维护费用
旅行费用法（TCM）	Ana Bedate，et al②（2004）	西班牙 Castillay León 地区 4 个案例地	文化遗产的经济价值	文化遗产的经济价值巨大，游客愿意为其保护支付费用
	P. Joan Poor，et al③（2004）	英国马里兰州圣玛丽市历史遗址	文化遗址的旅行费用分析	每天的平均消费者剩余大概为 8—19.26 美元，平均每年的总数为 75792—176550 美元
条件估值法（CVM）	Choong-Ki Lee，et al④（2002）	韩国抽样的 5 个国家公园	国家公园的旅游资源保护价值与使用价值的评估	样本国家公园的自然或文化资源有巨大的使用和保存价值，超出了目前门票价格和维修费用
	Samuel Seongseop Kima，et al⑤（2005）	韩国昌德宫	世界文化遗产的经济价值和支付意愿评估	世界文化遗产的经济价值超过了从用户和游客所得的货币收益
	John C. Whitehead，et al⑥（2003）	美国北卡罗来纳州东部海难遗址	海洋文化资源保护价值的支付意愿评估	每个家庭的支付意愿为一次 35 美元，以增加国家税收

① E. C. M. Ruijgrok. The Three Economic Values of Cultural Heritage：A Case Study in the Netherlands. Journal of Cultural Heritage，2006，7（3）：206－213.

② Ana Bedate，Luis César Herrero，Joséángel Sanz. Economic valuation of the cultural heritage：application to four case studies in Spain. Journal of Cultural Heritage，2004，（5）：101－111.

③ P. Joan Poor，Jamie M. Smith. Travel Cost Analysis of a Cultural Heritage Site：The Case of Historic St. Mary's City of Maryland. Journal of Cultural Economics，2004，28（3）：217－229.

④ Choong-Ki Lee，Sang-Yoel Han，Estimating the Use and Preservation Values of National Parks' Tourism Resources Using a Contingent Valuation Method. Tourism Management，2002，23（5）：531－540.

⑤ Samuel Seongseop Kima，Kevin K. F. Wongb and Min Choa. Assessing the Economic Value of a World Heritage Site and Willingness-to-pay Determinants：A case of Changdeok Palace. Tourism Management，2007，28（1）：317－322.

⑥ John C. Whitehead，Suzanne S. Finney. Willingness to Pay for Submerged Maritime Cultural Resources. Journal of Cultural Economics，2003，27（3）：231－240.

续表

评估方法	研究者及时间	研究区域	主题	主要结论
选择模型法（CM）	Alexandros Apostolakis，et al①（2005）	希腊	文化遗产类旅游景观的旅游者偏好	旅游者对旅游服务积极的评估会提升游客服务质量，因此决策者和遗产管理人应重视游客需求及特殊要求

表 8－9　　文化资源价值的评估方法对比

评估方法	适用资源类型	适用价值类型	优缺点
机会成本法（OCA）	建筑与设施类文化资源；遗址类文化遗产	生产价值、艺术价值	优点：帮助选择使用方式、认识潜在价值 缺点：带有一定的主观性
影子价值法（SPM）	建筑类文化遗产；遗址类文化遗产	使用价值、经济价值、环境价值、生态价值	优点：直接快速地评估价值，说服力强 缺点：所选的替代工程不一定科学而可比，选择工程带有主观性
享乐价格法（HPM）	建筑类、遗址类等不可移动性文化资源	环境价值、生态价值、社会价值、情感价值	优点：能够测量文化遗产的环境价值 缺点：不能够测量文化遗产的内在价值，只适用于体现财产价格的文化遗产评估，依赖于不现实的假设，主观性强②
费用支出法（EM）	具有旅游功能的不可移动性文化资源	旅游价值	优点：简单、方便、实用 缺点：1. 计算的结果仅仅是旅游经济价值，即旅游经济效益，而潜在的旅游经济价值未能体现出来；2. 对未开发的风景资源旅游经济价值无法测定③

① Alexandros Apostolakis, Shabbar Jaffry. A Choice Modeling Application for Greek Heritage Attractions. Journal of Travel Research, 2005, 43 (3): 309－318.

② 吴美萍：《文化遗产的价值评估研究》，东南大学硕士学位论文，2006 年。

③ 万绪才、陶锦莉：《风景资源旅游经济价值评估研究——以南京市珍珠泉风景区为例》，《皖西学院学报》2004 年第 3 期，第 54—56 页。

续表

评估方法	适用资源类型	适用价值类型	优缺点
旅行费用法（TCM）	建筑类、遗址类等不可移动型	旅游价值、艺术价值、科学价值、存在价值	优点：1. 引入消费者剩余概念；2. 数据获取相对较容易；3. 基于可观察的行为，不能用于非使用价值的评估 缺点：1. 假设难以验证；2. 评估结果不宜简单折现①
维护费用法（MCM）	建筑类文化遗产	存在价值	优点：容易获得数据 缺点：低估文化资源的价值
条件估值法（CVM）	非市场性文化资源	内在价值及外在价值	优点：1. 方法灵活；2. 应用范围广；3. 强大的数据来源 缺点：1. 依托假想市场，因而容易产生各种误差；2. 为了获取真实数据需要大量成本
选择模型法（CM）	各类文化遗产的支付意愿	各类价值	优点：实验设计严密灵活，数据较为客观准确，可用于各类价值的评估② 缺点：实验设计复杂、问卷调查要求严格，预算开支较高

二　评估方法的选择

在估算资源的价值时，应该尽可能采用市场价值法。如果采用市场价值法的条件不具备时，则采用其他的替代市场技术。只有上述两种方法都不可行时，才可能用模拟市场技术。实际核算中，由于各种条件的限制，往往多种方法结合起来使用。对具体的方法进行选择时可从以下几个方面考虑。

① 刘敏、陈田、刘爱利：《旅游地游憩价值评估研究进展》，《人文地理》2008 年第 1 期，第 13—19 页。

② Susana Mourato and Massimiliano Mazzanti. Economic Valuation of Cultural Heritage: Evidence and Prospects. Assessing the Values of Cultural Heritage, The Getty Conservation Institute, Los Angeles, 2000.

价值的类型。一种资源往往具有多种不同类型的价值，因此在选择评估方法时，应根据每种价值的不同类型来进行。以森林为例，对于利用价值如木材、非木材等产品价值，可以用市场价值法评估。对于生态旅游价值等，可采用替代市场技术。对于生物多样性等选择价值，或遗传资源的存在价值，可采用模拟市场技术。

信息的可得性。选择价值评估方法时，还要考虑信息的类型和可获得的信息量，以及获得信息的可行性和费用。对于可交易的资源来说，数据相对容易获得，可以采用市场价值法评估。当难于获得相关数据信息时，则可采用其他的替代市场技术评估方法。对于不存在市场交换的资源，或者在直接信息非常缺乏的情况下，适于采用条件价值法。

可行性和费用。对于可交易的资源来说，数据相对容易获得，可以采用市场价值法评估。当难于获得相关数据信息时，则可采用其他的替代市场技术评估方法。对于不存在市场交换的资源，或者在直接信息非常缺乏的情况下，适于采用条件价值法。

研究经费和时间。选择什么样的价值评估方法还要考虑到研究经费的多少以及时间的长短。当资金和时间有限时，可以借用其他项目的数据、具有可比性的其他国家或地区的数据，并运用一些比较简单的方法进行评估。当项目的时间比较宽余、资金供应充足时，可以采用一些复杂的方法，例如条件价值法、旅行费用法①。

第五节　案例分析：淮安市漕运总督部院遗址的价值评估

一　文化资源赋存现状

漕运总督部院遗址位于中国江苏省淮安市楚州城区中心镇淮楼北侧，占地面积近2万平方米，是明清时代主管大运河漕运的最高管理机构，

① T. J. Green. Cultural Resource Management（CRM）：Conservation of Cultural Heritage. International Encyclopedia of the Social & Behavioral Sciences，2004，pp. 3113 – 3116.

曾有237位漕运总督在这里办公。督署建筑原为楚州官衙，宋乾道六年（1170）建，元时为淮安路总管府，明万历七年（1579），移漕运总督署于此。督署建筑雄伟壮观，画梁雕柱，堪称建筑一绝。原有房屋213间，抗日战争时被日机炸毁，遗址上有石础等文物，为国家重点文保单位，京杭大运河文物遗存点，是我国漕运文化最重要的历史见证之一。今楚州区政府在遗址后部建有漕运博物馆。

二 内在价值的评估与计算

根据前文评估方法的论述，淮安市漕运总督部院遗址的内在价值可采用条件估值法来评估。

（一）调查方式及对象的确定

本书采用面对面问卷调查方式，调查对象确定为在漕运总督部院遗址的中国大陆游客。

（二）调查问卷的设计

主要包含两方面的内容：游客的社会经济特征和游客对景区的支付意愿。在问卷上体现为9个小题，获取的信息有：

（1）游客的社会经济信息

包括家庭所在地、性别、年龄（6个备选项）、职业（10个备选项）和受教育程度（4个备选项）、月收入（5个备选项），详见附录。

（2）游客的支付意愿与WTP值

问卷询问游客是否愿意每年支付一定的费用来保护漕运总督部院遗址的文化资源（包括其文化、建筑和景观等），备选答案为“愿意”和“不愿意”。如果愿意，那么支付动机是什么？备选项有3个，分别为：①为了将来能够选择利用；②把这份资源及其含有的文化价值留给子孙后代；③让有价值的文化遗产和优美的自然风光等永续存在。以往的研究在内在价值的分类上存在着一些意义上的重叠，这样一来不但区分了选择价值、遗产价值和存在价值各自的含义，而且在字面上通俗易懂，使游客能够很好地理解。每年愿意支付的保护费用是多少（即引导出

WTP 值)？本章采用的是支付卡的引导形式。问卷中列出了 14 个等级的支付值（5 元、10 元、20 元、30 元、40 元、50 元、60 元、70 元、80 元、90 元、100 元、125 元、150 元、200 元）供游客选择。如果不愿意，那么原因是什么？备选项有 6 个，分别是：①收入有限，无能力支付；②所支付费用很可能用不到保护上；③保护费用应该由政府或旅游企业支付；④门票费太高，应该包括保护费用；⑤本人对其保护不感兴趣；⑥其他原因。

（三）数据统计和分析方法

根据数据分析的需要，先将调查表进行归类整理，并建立数据库。对于调查结果，我们并不知道总体分布的特征是呈正态分布、二项分布或其他形式，因此，一般采用非参数检验法判断。非参数检验法有 x^2 检验、柯尔莫哥洛夫检验、秩和检验、秩相关检验，以及概率值、偏态、峰态检验、游程检验等。在本书的数据处理分析中，需要了解两种属性或两种变量之间的相关性或独立性，对数据进行相关检验或是变量之间显著性差异检验。采用 SPSS 软件，分别对影响因子进行 Cross-tabulation 分析和 Chi-Square 检验，得到交叉表（Cross-tabulation）。

（四）调查数据的统计

调查表的有效率统计时间为 2006 年 12 月 6 日至 2006 年 12 月 8 日，笔者在淮安市内景点漕运总督部院遗址随机发放游客调查问卷 300 份，收回有效问卷 287 份，有效率为 95.67%。

应答者的社会经济特征统计与分析。对 287 份有效问卷应答者的社会经济特征数据进行统计分析，结果如下：

（1）性别。男性游客明显多于女性游客，其中男性有 186 人，占样本总人数的 64.81%；女性有 101 人，占总人数的 35.19%。

（2）年龄。30 岁以下的（包括 30 岁）游客为 105 人，占样本总人数的 36.59%；31—50 岁的 161 人，占样本总人数的 56.09%；51 岁以上的（包括 51 岁）21 人，占 7.32%。样本以中青年为主，共占样本总人数的 92.68%。

（3）家庭所在地域。来自淮安市的游客为 12 人，占样本总人数的

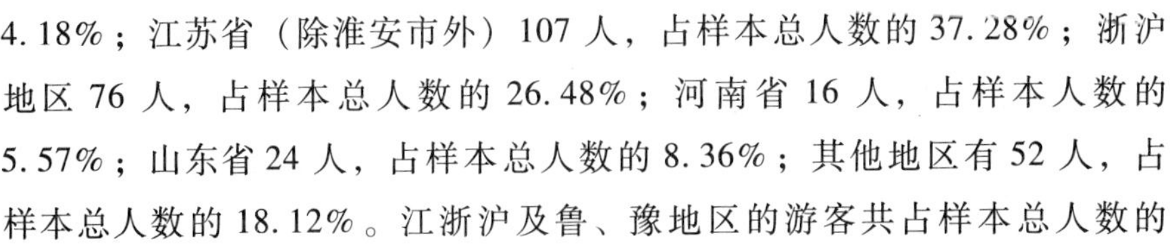

4.18%；江苏省（除淮安市外）107 人，占样本总人数的 37.28%；浙沪地区 76 人，占样本总人数的 26.48%；河南省 16 人，占样本人数的 5.57%；山东省 24 人，占样本总人数的 8.36%；其他地区有 52 人，占样本总人数的 18.12%。江浙沪及鲁、豫地区的游客共占样本总人数的 81.88%，说明漕运总督部院遗址的客源主要在邻近地区和省份。

（4）受教育程度。游客受教育程度在本科及其以上的有 106 人，占样本总人数的 36.93%；大专为 81 人，占 28.23%；中专及高中 57 人，占 19.86%；初中及小学 43 人，占 14.98%。具有大专以上文化程度的共有 81 人，占总人数的 28.23%，说明游客的文化层次较高。

（5）职业。政府工作人员为 48 人，占样本总人数的 16.72%；企事业管理人员 34 人，占样本总人数的 11.85%；专业技术人员 26 人，占 9.06%；服务人员/售货员 34 人，占 4.53%；工人 10 人，占 3.48%；军人 12 人，占 4.18%；教师 19 人，占 6.62%；学生 35 人，占 12.20%；农民、退休人员 32 人，占样本总人数的 11.15%；其他职业人数共 58 人，占样本总人数的 20.21%。说明淮安市游客的职业以政府工作人员、企事业管理人员和专业技术人员和学生为主。

（6）个人月收入。游客个人月收入在 500 元及以下的有 58 人，占样本总人数的 20.21%；月收入在 501—999 元的 36 人，占样本总人数的 12.54%；在 1000—1999 元的 87 人，占 30.31%；在 2000—4999 元的 74 人，占 25.78%；5000 元及以上的 32 人，占样本总人数的 11.15%。表明游客以月收入为 1000—4999 元的工薪阶层为主，共占 56.09%。

（五）支付意愿率与 WTP 值的统计

1. 支付意愿

在支付意愿（WTP）值的研究中，通常采用中位值来表示某物品、资源或环境的 WTP 值。所谓中位值是指累计频度达 50% 的数值。本书也采用中位值作为漕运总督部院遗址游客的平均支付额。利用 SPSS 软件统计支付值的累计频度分布（见表 8－10），最后得出漕运总督部院遗址游客的 WTP 值。

对 287 名应答者的支付意愿率和 WTP 值的统计表明，愿意保护漕运总督部院遗址的内在价值而支付保护费用的有 201 人，占总应答者的

70%，而表示不愿意支付的有 86 人，占样本量的 30%。由表 8－10 支付意愿累计频率分布表可以看出，累计频度中位值为 16.86 元。可以确定中国内地总体人群 WTP 中位值为 16.86 元。

2. 支付动机

在调查的样本中，漕运总督部院遗址游客出于景区资源的存在价值而愿意支付费用的有 130 人次，占总体比例为 65%；而出于遗产价值和选择价值而愿意支付一定费用的分别有 59 人次和 12 人次，所占比例为 29% 和 6%。这与调查人员的职业构成、受教育程度等因素有关。

表 8－10　　漕运总督部院遗址游客支付意愿累计频率分布

WTP 支付卡（元）	绝对频数（人次）	相对频度（%）	调整的频度（%）	累计频度（%）
10.00	56	19.5	27.9	27.9
20.00	65	22.7	32.3	60.2
30.00	21	7.3	10.5	70.6
40.00	10	3.5	5.0	75.6
50.00	21	7.3	10.5	86.1
60.00	2	0.7	1.0	87.1
70.00	3	1.0	1.5	88.6
80.00	2	0.7	1.0	89.6
90.00	2	0.7	1.0	90.6
100.00	14	4.9	7.0	97.5
150.00	2	0.7	1.0	98.5
≥200.00	3	1.0	1.5	100.0
拒绝支付	86	30.0		
总计	287	100.0		

3. 不愿意支付的原因

在 287 名游客中，表示不愿意支付一定费用保护漕运总督部院遗址资源的有 86 名，在调查问卷中我们提供的 6 个备选答案，供游客选择不愿意支付的原因（可以多选），调查结果如表 8－11 所示。

表 8－11　　漕运总督部院遗址游客不愿意支付的原因

原因	人次	比例（%）
收入有限，无能力支付	8	6
所支付的费用可能用不到保护上	47	37
保护费用应由政府或旅游企业支付	35	28
门票太高，应包括保护费用	21	17
对此地的保护不感兴趣	4	3
其他原因	11	9

（六）各因素对支付意愿的影响分析

本书采用 SPSS 软件，分别对影响因子进行 Cross-tabulation 分析和 Chi-Square 检验，各因素对漕运总督部院遗址游客支付意愿的影响如表 8－12至表 8－17 所示。

表 8－12　　支付意愿＊性别 Cross-tabulation

性别			男性	女性	总计
支付意愿	愿意	人数	137	64	201
		比例（%）	73.7	63.4	70.0
	不愿意	人数	49.0	37.0	86.0
		比例（%）	26.3	36.6	30.0
总计	人数		186	101	287
	比例（%）		64.8	35.2	100.0

表 8－13　　支付意愿＊年龄 Cross-tabulation

年龄			30 岁以下	31—50 岁	50 岁以上	总计
支付意愿	愿意	人数	74	114	13	201
		比例（%）	70.5	70.8	61.9	70.0
	不愿意	人数	31	47	8	86
		比例（%）	29.5	29.2	38.1	30.0
总计		人数	105	161	21	287
		比例（%）	36.6	56.1	7.3	100.0

表 8－14　　　　支付意愿＊文化程度 Cross-tabulation

文化程度			本科及以上	大专	高中或中专	初中及小学	总计
支付意愿	愿意	人数	87	55	35	24	201
		比例（%）	82.1	67.9	61.4	55.8	70.0
	不愿意	人数	19.0	26.0	22.0	19.0	86
		比例（%）	17.9	32.1	38.6	44.2	30.0
总计		人数	106	81	57	43	287
		比例（%）	36.9	28.2	19.9	15.0	100.0

表 8－15　　　　支付意愿＊职业 Cross-tabulation

职业			政府工作人员	企事业管理人员	专业技术人员	服务人员/售货员	工人
支付意愿	愿意	人数	37	29	14	6	5
		比例（%）	77.1	85.3	53.8	46.2	50.0
	不愿意	人数	11	5	12	7	5
		比例（%）	22.9	14.7	46.2	53.8	50.0
总计		人数	48	34	26	13	10
		比例（%）	16.7	11.8	9.1	4.5	3.5

职业			军人	教师	学生	农民及退休人员	其他	总计
支付意愿	愿意	人数	9	18	32	17	34	201
		比例（%）	75.0	94.7	91.4	53.1	58.6	70.0
	不愿意	人数	3	1	3	15	21	83
		比例（%）	25.0	5.3	8.6	46.9	41.4	30.0
总计		人数	12	19	35	32	58	287
		比例（%）	4.2	6.6	12.2	11.1	20.2	100.0

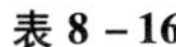

表 8－16　　支付意愿＊月收入 Cross-tabulation

月收入（元）			≤499	500—999	1000—1999	2000—4999	≥5000	总计
支付意愿	愿意	人数	32	15	63	64	27	201
		比例（%）	55.2	41.7	72.4	86.5	84.4	70.0
	不愿意	人数	26	21	24	10	5	86
		比例（%）	44.8	58.3	27.6	13.5	15.6	30.0
总计		人数	58	36	87	74	32	287
		比例（%）	20.2	12.5	30.3	25.8	11.1	99.9

表 8－17　　各因素对支付意愿的影响

因素	Person Chi-Square	df	Asym. Sig（2-tail）	相关性	偏爱特征
性别	3.302[b]	1	0.069	不相关	
年龄	0.717[a]	2	0.699	不相关	
文化程度	16.071[a]	3	0.001	显著相关	高学历更愿意支付
职业	34.861[a]	9	0.000	极显著相关	政府工作人员、企事业管理人员、教师及学生有较高支付率
月收入	32.824[a]	4	0.000	极显著相关	收入较高者支付率高

总结如下：

①性别：漕运总督部院遗址景区游客样本显示性别和支付意愿呈不相关性，男女性愿意支付的比例大体相等。

②年龄：漕运总督部院遗址景区游客样本显示年龄和支付意愿不相关，各个年龄段的游客支付率大体相等。

③文化程度：漕运总督部院遗址景区游客样本显示文化程度与支付意愿显著相关，显著水平为0.001；这很好理解，受教育程度越高对应的支付率就越高。

④职业：漕运总督部院遗址景区游客样本显示职业和支付意愿极显著相关，学生、企事业管理人员、教师及政府人员较愿意支付，而工人和离退休人员、农民及其他职业人员较不愿意支付。

⑤月收入：漕运总督部院遗址景区游客样本显示月收入和支付意愿呈极显著相关性，高收入群体的支付率较高。

（七）各因素对支付意愿值的影响分析

各因素对漕运总督部院遗址景区游客的支付意愿（WTP）值的影响用交叉表分析，如表8-18至表8-23所示。

表8-18　　WTP值＊性别 Cross-tabulation

性别		男性	女性	总计
支付金额（元）	10 Count	41	15	56
	% within 性别	29.9	23.4	27.9
	20 Count	50	15	65
	% within 性别	36.5	23.4	32.3
	30 Count	10	11	21
	% within 性别	7.3	17.2	10.4
	40 Count	7	3	10
	% within 性别	5.1	4.7	5.0
	50 Count	9	12	21
	% within 性别	6.6	18.8	10.4
	60 Count	1	1	2
	% within 性别	0.7	1.6	1.0
	70 Count	2	1	3
	% within 性别	1.5	1.6	1.5
	80 Count	0	2	2
	% within 性别	0.0	3.1	1.0
	90 Count	2	0	2
	% within 性别	1.5	0.0	1.0
	100 Count	11	3	14
	% within 性别	8.0	4.7	7.0
	150 Count	2	0	2
	% within 性别	1.5	0.0	1.0
	≥200 Count	2	1	3
	% within 性别	1.5	1.6	1.5
总计	Count	137	64	201
	% within 性别	68.2	31.8	100.0

表 8－19 **WTP 值 * 职业 Cross-tabulation**

职业		政府工作人员	企事业管理人员	专业技术人员	服务人员/售货员	工人	军人
支付金额（元）	10 Count	7	5	3	0	1	3
	% within 职业	18.9	17.2	21.4	0.0	20.0	33.3
	20 Count	2	8	3	2	3	5
	% within 职业	5.4	27.6	21.4	33.3	60.0	55.6
	30 Count	10	3	1	2	1	0
	% within 职业	27.0	10.3	7.1	33.3	20.0	0.0
	40 Count	2	2	1	1	0	0
	% within 职业	5.4	6.9	7.1	16.7	0.0	0.0
	50 Count	7	3	2	1	0	1
	% within 职业	18.9	10.3	14.3	16.7	0.0	11.1
	60 Count	1	0	1	0	0	0
	% within 职业	2.7	0.0	7.1	0.0	0.0	0.0
	70 Count	0	1	1	0	0	0
	% within 职业	0.0	3.4	7.1	0.0	0.0	0.0
	80 Count	0	1	0	0	0	0
	% within 职业	0.0	3.4	0.0	0.0	0.0	0.0
	90 Count	0	0	1	0	0	0
	% within 职业	0.0	0.0	7.1	0.0	0.0	0.0
	100 Count	5	4	1	0	0	0
	% within 职业	13.5	13.8	7.1	0.0	0.0	0.0
	150 Count	1	1	0	0	0	0
	% within 职业	2.7	3.4	0.0	0.0	0.0	0.0
	≧200 Count	2	1	0	0	0	0
	% within 职业	5.4	3.4	0.0	0.0	0.0	0.0
总计	Count	37	29	14	6	5	9
	% within 职业	18.4	14.4	7.0	3.0	2.5	4.5

续表

职业		教师	学生	农民及退休人员	其他	总计
支付金额（元）	10 Count	4	0	12	21	56.0
	% within 职业	22.2	0.0	70.6	61.8	27.9
	20 Count	5	24	2	11	65.0
	% within 职业	27.8	75.0	11.8	32.4	32.3
	30 Count	2	2	0	0	21.0
	% within 职业	11.1	6.3	0.0	0.0	10.4
	40 Count	1	2	1	0	10.0
	% within 职业	5.6	6.3	5.9	0.0	5.0
	50 Count	4	2	1	0	21.0
	% within 职业	22.2	6.3	5.9	0.0	10.4
	60 Count	0	0	0	0	2.0
	% within 职业	0.0	0.0	0.0	0.0	1.0
	70 Count	1	0	0	0	3.0
	% within 职业	5.6	0.0	0.0	0.0	1.5
	80 Count	0	0	0	1	2.0
	% within 职业	0.0	0.0	0.0	2.9	1.0
	90 Count	0	0	1	0	2.0
	% within 职业	0.0	0.0	5.9	0.0	1.0
	100 Count	1	2	0	1	14.0
	% within 职业	5.6	6.3	0.0	2.9	7.0
	150 Count	0	0	0	0	2.0
	% within 职业	0.0	0.0	0.0	0.0	1.0
	≧200 Count	0	0	0	0	3.0
	% within 职业	0.0	0.0	0.0	0.0	1.5
总计	Count	18	32	17	34	201.0
	% within 职业	9.0	15.9	8.5	16.9	100.0

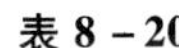

表 8－20　　　　　　　WTP 值＊年龄 Cross-tabulation

	年龄	30 岁以下	31—50 岁	50 岁以上	总计
支付金额（元）	10 Count	19	31	6	56
	% within 年龄	25.7	27.2	46.2	27.9
	20 Count	28	31	6	65
	% within 年龄	37.8	27.2	46.2	32.3
	30 Count	9	12	0	21
	% within 年龄	12.2	10.5	0.0	10.4
	40 Count	3	7	0	10
	% within 年龄	4.1	6.1	0.0	5.0
	50 Count	8	12	1	21
	% within 年龄	10.8	10.5	7.7	10.4
	60 Count	1	1	0	2
	% within 年龄	1.4	0.9	0.0	1.0
	70 Count	0	3	0	3
	% within 年龄	0.0	2.6	0.0	1.5
	80 Count	0	2	0	2
	% within 年龄	0.0	1.8	0.0	1.0
	90 Count	1	1	0	2
	% within 年龄	1.4	0.9	0.0	1.0
	100 Count	3	11	0	14
	% within 年龄	4.1	9.6	0.0	7.0
	150 Count	0	2	0	2
	% within 年龄	0.0	1.8	0.0	1.0
	≧ 200 Count	2	1	0	3
	% within 年龄	2.7	0.9	0.0	1.5
总计	Count	74	114	13	201
	% within 年龄	36.8	56.7	6.5	100.0

表 8－21　　　　**WTP 值 * 收入 Cross—tabulation**

	收入/元	≦499	500—999	1000—1999	2000—4999	≧5000	总计
支付金额（元）	10 Count	11	12	24	8	1	56
	% within 收入	34.4	80.0	38.1	12.5	3.7	27.9
	20 Count	12	2	35	14	2	65
	% within 收入	37.5	13.3	55.6	21.9	7.4	32.3
	30 Count	4	1	2	11	3	21
	% within 收入	12.5	6.7	3.2	17.2	11.1	10.4
	40 Count	3	0	0	2	5	10
	% within 收入	9.4	0.0	0.0	3.1	18.5	5.0
	50 Count	1	0	1	12	7	21
	% within 收入	3.1	0.0	1.6	18.8	25.9	10.4
	60 Count	0	0	0	2	0	2
	% within 收入	0.0	0.0	0.0	3.1	0.0	1.0
	70 Count	0	0	0	3	0	3
	% within 收入	0.0	0.0	0.0	4.7	0.0	1.5
	80 Count	0	0	0	1	1	2
	% within 收入	0.0	0.0	0.0	1.6	3.7	1.0
	90 Count	0	0	0	2	0	2
	% within 收入	0.0	0.0	0.0	3.1	0.0	1.0
	100 Count	1	0	1	7	5	14
	% within 收入	3.1	0.0	1.6	10.9	18.5	7.0
	150 Count	0	0	0	1	1	2
	% within 收入	0.0	0.0	0.0	1.6	3.7	1.0
	≧200 Count	0	0	0	1	2	3
	% within 收入	0.0	0.0	0.0	1.6	7.4	1.5
总计	Count	32	15	63	64	27	201
	% within 收入	15.9	7.5	31.3	31.9	13.4	100.0

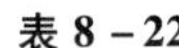

表 8-22　　WTP 值 * 文化程度 Cross-tabulation

文化程度		本科及以上	大专	高中或中专	初中及小学	总计
支付金额（元）	10 Count	14	16	12	14	56
	% within 文化程度	16.1	29.1	34.3	58.3	27.9
	20 Count	15	19	21	10	65
	% within 文化程度	17.2	34.5	60.0	41.7	32.3
	30 Count	14	6	1	0	21
	% within 文化程度	16.1	10.9	2.9	0.0	10.4
	40 Count	7	3	0	0	10
	% within 文化程度	8.0	5.5	0.0	0.0	5.0
	50 Count	15	5	1	0	21
	% within 文化程度	17.2	9.1	2.9	0.0	10.4
	60 Count	1	1	0	0	2
	% within 文化程度	1.1	1.8	0.0	0.0	1.0
	70 Count	1	2	0	0	3
	% within 文化程度	1.1	3.6	0.0	0.0	1.5
	80 Count	2	0	0	0	2
	% within 文化程度	2.3	0.0	0.0	0.0	1.0
	90 Count	2	0	0	0	2
	% within 文化程度	2.3	0.0	0.0	0.0	1.0
	100 Count	13	1	0	0	14
	% within 文化程度	14.9	1.8	0.0	0.0	7.0
	150 Count	1	1	0	0	2
	% within 文化程度	1.1	1.8	0.0	0.0	1.0
	≧200 Count	2	1	0	0	3
	% within 文化程度	2.3	1.8	0.0	0.0	1.5
总计	Count	87	55	35	24	201
	% within 文化程度	43.3	27.4	17.4	11.9	100.0

表 8-23　　各因素对支付意愿（WTP）值的影响

因素	Person Chi-Square	df	Asy m. Sig（2-tail）	相关性	偏爱特征
性别	20.414[a]	11	0.040	较显著相关	男性的支付金额更高
年龄	16.870[a]	22	0.770	不相关	
文化程度	73.402[a]	33	0.000	极显著相关	文化程度高的游客WTP值偏高
职业	155.277[a]	99	0.000	极显著相关	政府工作人员、企事业管理人员的WTP值较高
月收入	129.064[a]	44	0.000	极显著相关	收入越高，WTP值也就越高

总结如下：

①性别：漕运总督部院遗址景区游客样本显示性别与 WTP 值较显著相关，显著水平为 0.040，表示相比女性，男性的支付金额更高一些。

②年龄：漕运总督部院遗址景区游客样本显示年龄和 WTP 值呈不相关，即漕运总督部院遗址 WTP 值的高低与游客的年龄没有关系。

③文化程度：漕运总督部院遗址景区游客样本显示文化程度与 WTP 值极显著相关，文化程度高的 WTP 值偏高。

④职业：漕运总督部院遗址景区游客样本显示职业和 WTP 值呈极显著相关性，即相比之下，政府工作人员、企事业管理人员的 WTP 值较高。

⑤月收入：漕运总督部院遗址景区游客样本显示月收入和 WTP 值极显著相关，收入越高，意愿支付值也就越高。

（八）内在价值的估算

由于 WTP 值的差异大，平均值容易造成很大误差，因此本书采用中位值即累计频度为 50% 的支付额作为漕运总督部院遗址景区游客的平均支付值，据调查统计，漕运总督部院遗址景区游客中有 70% 表示愿意支付一定费用保护漕运总督部院遗址的文化资源，其平均支付值为 16.86 元。

选择什么样的人口样本来推出总的 WTP 值是十分重要的问题，这直接关系到内在价值的大小。薛达元（1997）采用国有经济单位职工、城镇职工、城乡职工、城乡从业人员四个人口样本对长白山的价值作了估计，他认为比较合理的是以城镇职工为样本。郭剑英（2003）采用全国从业人员、全国旅游人数、居住在城镇的人员、敦煌旅游人数四个样本算出了敦煌的非使用价值，她认为总体人群宜采用全国就业人员。范娟娟（2004）认为合理的人口样本应为：江苏省城镇人口加上景区旅游人数再减去江苏省内到景区的旅游人数。

综合以上研究，笔者认为尽管漕运总督部院遗址景区具有大范围的区域性吸引力，显然以全国城镇职工和就业人员的总数作为总样本是不准确的。笔者认为，基于人们的归属心理，景区的所属地人们多会愿意支付费用保护自己家乡的遗产，所以对于漕运总督部院遗址，江苏人会愿意出资保护。另外，外地游客来参观了景区，对景区的资源有了更深刻的认识，也有可能成为支付保护费用的对象。但是在总旅游人数中，省内游客已经作为城镇人口进行了支付，为了避免重复支付，遂将省内游客量剔除。所以本书采用的合理的总样本 = 本省城镇人口 + 景区旅游人数-省内到景区游客数（表 8 – 22）。省内游客数按抽样调查比例和总游客量推导。

计算得出，漕运总督部院遗址景区的内在价值 = 游客的平均支付值 × 总人口样本 = 16.86 ×4289.99 = 72329.23（万元）。

表 8 – 24　　总人口样本的内在价值（漕运总督部院遗址，2007）

总人口样本	人数（万人）	抽样调查 WTP 值（元/年）	总内在价值（万元/年）
江苏省城镇人口	3918.19	16.86	66060.68
漕运总督部院遗址游客量	235.15	16.86	3964.63
漕运总督部院遗址省内游客量	149.81	16.86	2525.80
合理总样本	4003.53	16.86	67499.51

注：人口统计资料来源于《2007 年江苏统计年鉴》和景区 2007 年的统计资料。

对游客的支付动机进行统计，内在价值按动机所占比例进行分成，分别得出存在价值、遗产价值和选择价值，如表 8－25 所示。

表 8－25　　　　漕运总督部院遗址内在价值（2007）

	支付意愿动机比例（%）	价值量（万元/年）
存在价值	65	43874.68
遗产价值	29	19574.86
选择价值	6	4049.97
合计	100	67499.51

三　评估结果分析与讨论

淮安市漕运总督部院遗址 2007 年的内在价值约为 6.75 亿元。其中存在价值 4.39 亿元，遗产价值 1.96 亿元，选择价值 0.4 亿元，各价值所占比例分别为 65%、29% 和 6%。游客的平均支付值，即 WTP 值为 16.86 元，总人口样本计为江苏省城镇人口加上漕运总督部院遗址景区游客量再减去江苏省内到漕运总督部院遗址旅游的人数，得出最终总人口样本即为 4003.53 万人。

由于获取的资料有限，本章仅对漕运总督部院遗址的内在价值进行了评估，并且在做问卷时，只对国内游客进行调查和价值评估，缺乏海外市场的研究。本章采用江苏省城镇人口、漕运总督部院遗址景区省内游客量和漕运总督部院遗址景区的外地游客量为人口总样本。这样的统计是否考虑全面，还有多少愿意支付的人口没有纳入总样本中，尚待进一步探讨。

支付意愿值获取：作为特殊的旅游功能的文化资源，不同人群间的 WTP 差异必然很大，这种差异仅从被调查者分析是难以完全把握的，因为前去旅游的人已或多或少地对遗产及其价值有一种先入为主的认识，而这种认识必然影响到 WTP。对于这些问题，本案例没有找到较理想的处理方法，有待在以后的研究中展开。

随机调查及样本选择带来的误差：实地调查过程中随机采集的

样本能否准确无误地反映总体样本的情况，这是很多人对随机调查方法的担心。本研究是在12月份的旅游淡季进行的实地调查，所以样本的缺失和偏差不可避免，从而影响了研究的代表性和准确性。

第九章

运河经济带的社会经济发展现状

第一节 研究范围界定：运河经济带

区域是“为了叙述、分析、管理、规划或制定政策等目的，视为客观实体来加以考虑的一片地区，它可以根据内部经济活动同质性或功能的同一性加以划分”①。区域的划分与研究目的有关，一般遵循行政区原则、数据可获得性原则，还要考虑区域远景规划等因素。

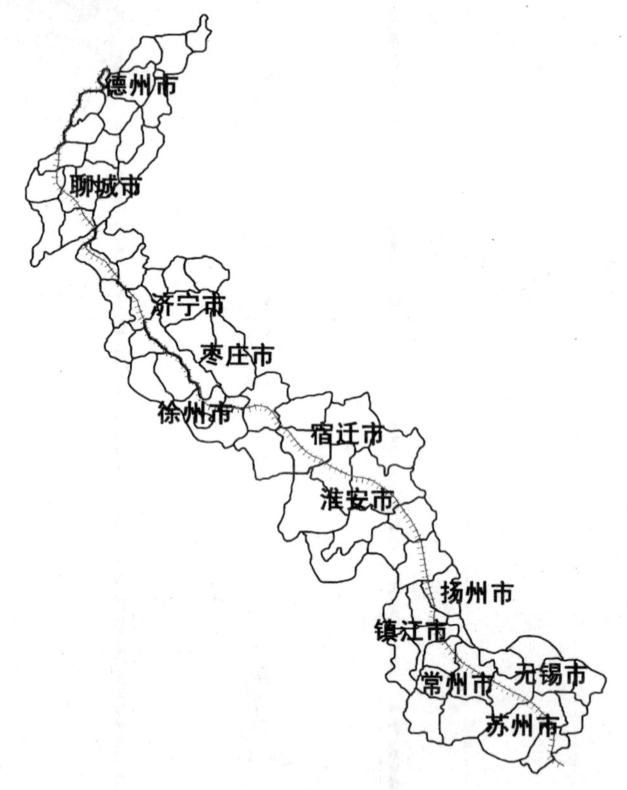

图9－1 京杭运河苏鲁段经济带示意图

区域经济政策遵循分类指导的原则。京杭运河沿线具有丰富的旅游

① Edgar M. Hoover & Frank Giarratani. An Introduction to Regional Economics. Alfred A. Knopf, 1984, p. 264.

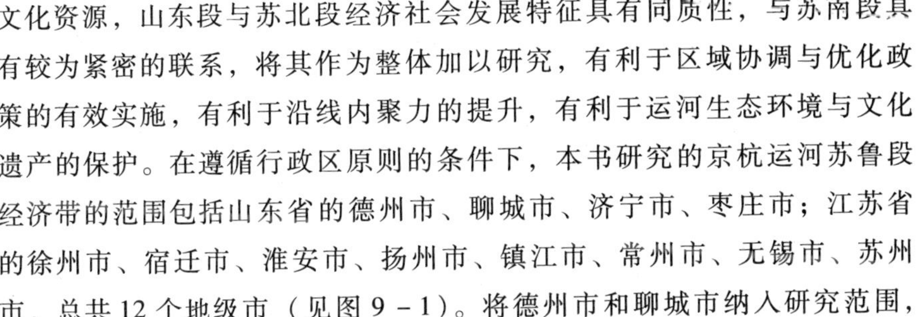

文化资源，山东段与苏北段经济社会发展特征具有同质性，与苏南段具有较为紧密的联系，将其作为整体加以研究，有利于区域协调与优化政策的有效实施，有利于沿线内聚力的提升，有利于运河生态环境与文化遗产的保护。在遵循行政区原则的条件下，本书研究的京杭运河苏鲁段经济带的范围包括山东省的德州市、聊城市、济宁市、枣庄市；江苏省的徐州市、宿迁市、淮安市、扬州市、镇江市、常州市、无锡市、苏州市，总共12个地级市（见图9－1）。将德州市和聊城市纳入研究范围，主要是考虑到随着南水北调东线工程的实施，京杭运河将实现全线通航，从长远视角考虑，将其纳入研究范围具有一定的意义。由于数据的可获得性，本书研究的基本单元主要是地级市，在城市空间组织研究中基本单元主要是地级市市辖区。

第二节　自然条件与区域条件分析

一　自然条件分析

自然条件是人类社会得以延续与健康发展的前提和基础。客观地对京杭运河苏鲁段经济带的自然条件进行比较，有利于宏观和把握开发的力度和采取应对措施。为此，基于网络资料（百度百科）对各地级市自然环境及自然资源进行了总结。

（1）德州市，地处黄河下游冲积平原，降水季节变化明显，降水总量不足，季节分配不均，再加上较大的干燥度，导致了德州水资源奇缺，成为区域经济发展的最大障碍。但这里热量丰富，光照充足。矿产资源不够丰富，矿种单一，紧缺矿种较多，供需矛盾突出。主要以能源矿产为主，埋藏较深，开发难度大。

（2）聊城市，“城中有湖，湖中有城，城湖一体”的城市格局，景观独特，秀美异常。旅游资源丰富，是国家级历史文化名城。境内矿产资源主要有煤炭、石油、天然气、石膏、石灰石、饮用矿泉水和温泉水等。

（3）济宁市，地形以平原洼地为主，中部有南四湖（微山湖、南阳湖、昭阳湖、独山湖）贯穿南北。矿产资源丰富，以煤为主，其次为石

灰石、石膏、重晶石、稀土、磷矿、铁矿石、铜、铅等。全市含煤面积4826平方千米，占全市总面积的45%，主要分布于兖州、曲阜、邹城、微山等地。全市煤储量250亿吨，占山东省的50%，储量大，煤质优良，易于开采，为全国重点开发的八大煤炭基地之一。稀土矿，位于微山县塘湖乡郗山，已探明大小矿脉60余条，地质储量1275万吨，在国内仅次于白云鄂博矿。

（4）枣庄市，国家商品粮基地，是全国著名的“芸豆之乡”、“土豆之乡”和无公害蔬菜基地，是发展果汁加工业的理想之地。矿产资源，已探明地下矿藏36种，煤、铁、铜、铝、金、银、锶（天青石）、石膏、萤石、水泥原料灰岩等。其中煤、石膏地质储量为15.4亿吨和4.1亿吨。有陶枣、官桥、滕南、滕北、滕东、韩台六大煤田。

（5）徐州市，位于华北平原的东南部，域内大部皆为平原。丘陵山地分两大群，一群分布于市域中部，另一群分布于市域东部。徐州煤炭资源丰富，与鲁南、皖北、豫东煤田相毗连，是全国重要的煤炭基地之一。电力工业蓬勃发展，为苏北和江南各地提供电力资源。铁矿已查明的储量为2200万吨。徐州是国家历史文化名城，两汉文化的遗存主要有汉墓（包括墓葬建筑及出土的玉器、铜铁器等）、汉兵马俑、汉画像石等。

（6）宿迁市，矿产资源主要有石英砂、蓝晶石、玻瓷砂、陶土、钾矿、金红石等，石英砂、陶土储量均超过5亿吨，蓝晶石储量居全国之首。宿迁市是全国著名的白酒之乡、玻璃之乡、螃蟹之乡、林木之乡。

（7）淮安市，地处黄淮平原和江淮平原，是典型的“平原水乡”。矿产资源较为丰富，分布相对集中。金属矿产有铁、铜、金、铅、锌、钼、锰、含钴铁锰等8种。能源矿产资源有金湖县、洪泽县的石油和天然气，洪泽县老子山的地热。非金属矿产资源，盱眙县凹凸棒石黏土探明储量2.72亿吨，占全国总储量的65%—70%，占全球总储量的近50%；岩盐资源探明储量1350亿吨（不包括洪泽湖底），居世界首位，且品位高、埋藏浅，适宜大规模开发利用；淮安拥有华东最大的无水芒硝矿，已探明芒硝储量达20亿吨。淮安旅游资源丰富，是我国历史文化名城。

（8）扬州市，矿产资源较为丰富，石油、天然气储量居江苏省前列，邵伯湖滨地区和里下河洼地素有“水乡油田”的美誉，是我国华东地区重要的油气区。砖瓦黏土、石英砂、玄武岩、砾（卵）石、矿泉水、地热等矿产资源都较为丰富。扬州是首批历史文化名城之一，名胜古迹众多，古典园林兼具“南秀北雄”艺术风格。

（9）镇江市，具有“城市山林”、“真山真水”的独特风貌，以“天下第一江山”闻名于世，是国家级历史文化名城和中国优秀旅游城市。矿产资源中，金属矿床虽属中小型，但品位高，共生、伴生元素多；石灰石矿石质优良，储量30多亿吨；膨润土矿1.5亿吨，储量居全国第三。宝华山发现江苏省内第一处大型红柱石矿，开发前景广阔。此外，尚有煤、泥炭和地热资源等。

（10）常州市，宽广的平原圩区，土壤肥沃，河网密布，热量丰富，雨水充沛。山地构成的岩石，主要是石英砂岩、页岩、砾岩，其次为大理岩、花岗岩、玄武岩等，都是良好的建筑材料。丘陵山区拥有丰富的自然植被，森林覆盖率达70%，是全国重要的产茶区。境内有小煤矿分布。溧阳境内有少量的铁、铜、锰等矿产。金坛已探明的盐矿储量162.42亿吨，分布于60.5平方千米范围内。

（11）无锡市，是我国著名的鱼米之乡，是一座现代化工业城市，风景秀丽，历史悠久，是一座享誉国内外的旅游城市。以丰富而优越的自然风光和历史文化，跻身于全国十大旅游观光城市之列。无锡市具有开采价值的矿产资源主要是黏土矿、石灰石、大理石等非金属矿。

（12）苏州市，是闻名遐迩的鱼米之乡、丝绸之府，素有“人间天堂”之美誉。苏州矿产资源有高岭土、瓷石、硫、花岗石、石灰石、石英、煤、天然气、铜、铁、铅、铟、镉、银、磁铁等16种。矿产以非金属为主，其中高岭土、花岗石以储量丰富、质量优异名冠全国。

总体来说：（1）京杭运河苏鲁段经济带自然资源具有一些共性。其一，地形多为平原，农业发展具有良好的基础；其二，旅游资源较为丰富，历史文化名城、旅游城市较多。（2）京杭运河苏鲁段经济带自然资源也呈现空间分异。山东段南部、苏北段北部、苏北段南部能源矿产较为丰富。其中，山东段南部、苏北段北部是我国重要的煤炭基地，苏北段南部石油、天然气较为丰富。而苏南段的主要矿产资源为非金属矿产。

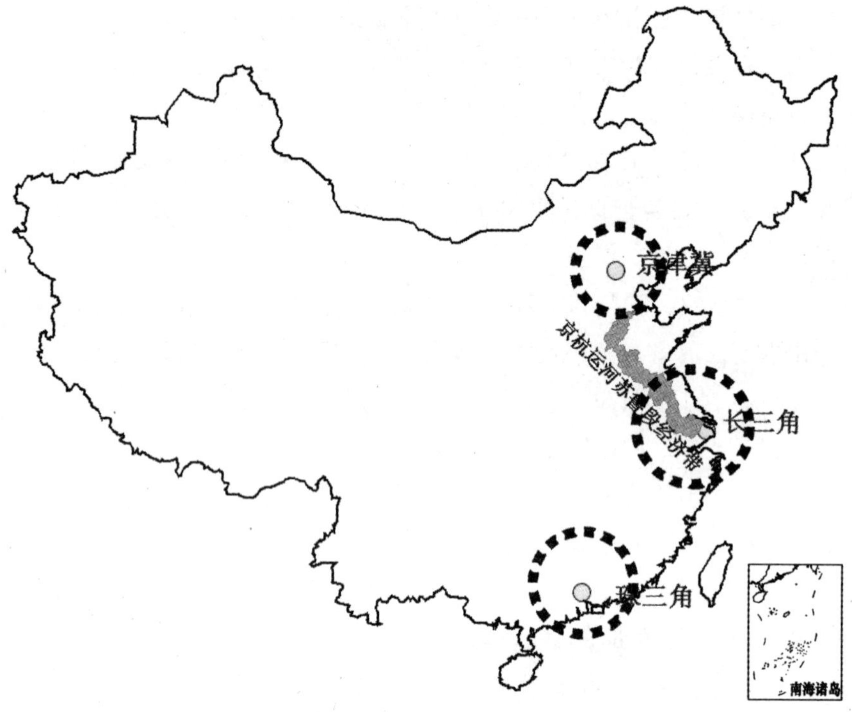

图 9－2　京杭运河苏鲁段经济带宏观区位示意图

二　区位条件分析

区位是某事物占有的场所，含有“位置、布局、分布、位置关系”等方面的含义[①]。京杭运河苏鲁段经济带的区位条件，可从宏观、中观、微观三个尺度分析。

（1）从宏观尺度看，京杭运河苏鲁段经济带（大部分区段）处于京津冀都市圈、长江三角洲经济区之间，东接我国沿海经济带，西靠我国中部地区。其区位有利于转接国际产业、京津冀都市圈与长三角经济区的产业转移，有利于充分利用中部地区的能源、资源。

（2）从中观尺度看，京杭运河苏鲁段经济带北与胶济经济带相连，中与鲁南经济带、东陇海产业带相交，南与长江经济带相接，东与沿海经济带相倚，西与京九经济带相靠，处于六大经济带之间，是经济带之

① 李小建：《经济地理学》，高等教育出版社 1999 年版，第 183 页。

间互动发展的承接地、市场竞争最激烈的区域。

（3）从微观尺度看，基于百度百科等资料，总结各地市的区位条件如表 9－1 所示。

表 9－1　　京杭运河各地市微观区位

名称	区位条件
德州市	位于山东省西北部，自古就有“神京门户”之称，是华东、华北重要的交通枢纽，京沪、石德、邯济和即将修建的京沪高速铁路从本市穿过，京福高速、即将建成的青（岛）银（川）高速，20 条国道、省道纵横东西南北
聊城市	地处山东省西部，京九铁路、济邯铁路、济聊馆高速公路都经过本市，东连京福、京沪线，西接京广大动脉，是冀鲁豫三省交界处的区域性中心城市
济宁市	位于山东省南部，3 条高速公路、3 条铁路、4 条国道纵横境内，京杭运河贯穿南北，是连接华东与华北、内陆与沿海的重要通道
枣庄市	京沪铁路、京福高速、104 国道、206 国道和将建设的京沪高速铁路穿境而过
徐州市	徐州是江苏省三大都市圈商贸都会和特大城市，是徐州都市圈的中心城市，新亚欧大陆桥“T”型生产力布局轴线的重要支点，是全国第二大铁路枢纽和全国首批 13 个全国公路主枢纽之一，具有“承东启西、承南接北”的区位优势
宿迁市	处于徐州、淮安、连云港三市中心地带，是陇海经济带、沿海经济带、沿江经济带的交叉辐射区
淮安市	盐淮、宁淮、宿淮、京沪、宁宿徐五大高速在淮安交会。淮安有望建设成为辐射周边 2000 万人口的中心城市（2005 年江苏省政府提出）
扬州市	以扬州为中心，东有宁通一级公路，南有扬瓜公路，西有宁扬一级公路，北有宁连一级公路，构成了一条条高效快捷的运输网
镇江市	国家级水路主枢纽城市，长江和京杭大运河在此交汇，沪宁高速公路、京杭铁路、沪宁二级公路穿市而过
常州市	与上海、南京两大都市等距相望，与苏州、无锡联袂成片，构成了苏锡常都市圈。沪宁铁路、沪宁高速公路、312 国道、京杭运河穿境而过
无锡市	水陆空交通四通八达，沪宁线与在建的新长线、京沪高速铁路穿过无锡，沪宁、沪宜高速公路通达上海和南京，京沪高速公路直达北京，宁杭高速公路直通杭州。312 国道、104 国道穿过无锡。无锡的海洋客、货运输，主要经由上海港、张家港、江阴港出海
苏州市	苏州区位优势明显，京杭大运河纵贯南北，京沪铁路、沪宁高速公路横穿东西，是 312 国道、204 国道、318 国道的交汇处，境内有张家港、常熟、太仓 3 个国家一类长江口岸

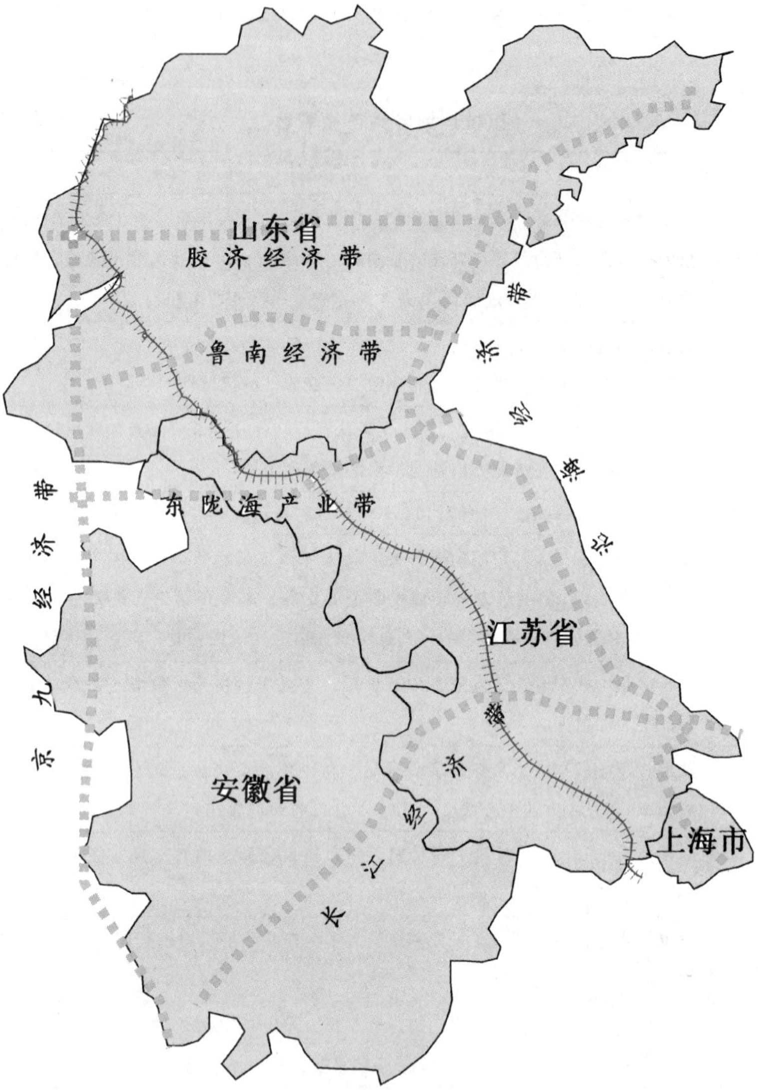

图9－3　京杭运河苏鲁段经济带在沪苏鲁皖的中观区位示意图

第三节 运河经济带产业结构现状

一 数据来源与指标体系

经济周期是产业分析中需考虑的一个重要因素。从1949年到1978年，中国先后经历过1956年、1959年、1967年、1972年、1978年5次经济波动，平均6年一次。1978年改革开放以来，中国经济增长平均以10%以上速度快速发展，但是其间也出现过4次低谷年景，分别为1981年、1986年、1991年、1999年，平均5.5年一次①②。根据我国经济发展的实际情况并结合我国的政治周期，选择了2000年和2005年的数据进行分析。数据主要取自江苏省、山东省、德州市、聊城市、济宁市、枣庄市、徐州市、宿迁市和淮安市统计年鉴（2005）；扬州市、镇江市、常州市、无锡市和苏州市统计年鉴（2001，2006）等。

产业分类是人们为了满足不同需要而根据产业的某些相同或相似特征将企业的不同的经济活动分成不同的集合③。本书涉及12个地级市的两年数据，城市之间数据参差不齐。考虑到数据可获得性，按照产业的相似性、技术的相似性、区域间可比较性等原则，采用适当合并指标项的策略，对京杭运河苏鲁段经济带的产业结构进行评价。从第一产业、第二产业和第三产业选取了17个指标，由于是对整个产业进行分析，因此采用产业增加值进行分析（见表9-2）。

表9-2 京杭运河苏鲁段经济带产业结构评价指标体系

系统层	变量层	指标合并说明
第一产业	1. 第一产业	—

① 杜辉：《产业转型与断层危机》，大连理工大学出版社2002年版。

② 杜辉：《经济转型期的产业断层危机》，《中国青年政治学院学报》2002年第5期，第90—93页。

③ 苏东水：《产业经济学》，高等教育出版社2005年版，第6页。

续表

系统层	变量层	指标合并说明
第二产业	2. 食品工业	由农副产品加工业，食品制造业，饮料制造业3项加和
	3. 纺织工业	由纺织业，纺织服装、鞋、帽制造业，皮革毛皮羽绒及制品业3项加和
	4. 木材及造纸业	由木材加工及竹藤棕草制品业，家具制造业，造纸及纸制品业3项加和
	5. 化学工业	由石油加工及炼焦业，化学原料及制品制造业2项加和
	6. 医药制造业	—
	7. 化学制品业	由化学纤维制造业，橡胶制品业，塑料制品业3项加和
	8. 非金属矿物制品业	—
	9. 金属制品工业	由黑色金属冶炼及压延加工业，有色金属冶炼及压延加工业，金属制品业3项加和
	10. 通用、专用设备制造业	由通用设备制造业，专用设备制造业2项加和
	11. 交通电器	由交通运输设备制造业，电器机械及器材制造业2项加和
	12. 电子工业	由通信设备、计算机设备及其他电子设备制造业，仪器仪表及文化办公用机械制造业2项加和
	13. 电力、蒸汽、热水生产和供应业	—
第三产业	14. 交通运输仓储及邮电通信业	—
	15. 批发零售贸易及餐饮业	—
	16. 金融、保险业	—
	17. 卫生、教育、社会福利业	由卫生、教育和社会福利业，教育、文化艺术和广播电影电视业，科学研究和综合技术服务业3项加和

需要说明的是，扬州市和镇江市在14—17四个指标，即交通运输仓储及邮电通信业，批发零售贸易及餐饮业，金融、保险业，卫生、教育、社会福利业四个指标上，年鉴中找不到增加值的数据，为此，本书用邮电业务总量、社会消费品零售总额、金融机构存贷款余额、财政支出四项代替

14—17 项指标。在运算过程中，标准区域的这四个指标也相应调换。

二 产业结构评价方法

Shift-share（偏离份额分析）方法自 1943 年由 Creamer 提出，后经美国学者 Dunn、Perloff 等人总结完善后，在国内外区域与城市经济结构分析中得到广泛应用。Shift-share 方法把被研究区域的增长与标准区域的增长联系起来比较，认为区域经济增长的差异可以从产业结构因素和竞争力因素两个方面给以说明。根据偏离份额分析原理，一个地区的经济增长（G）可以分为区域增长分量（N）、产业结构偏离分量（P）和竞争力偏离分量（D）3 个部分。区域经济增长分量是假定当研究区域按标准区域增长时所应达到的增长水平；产业结构偏离分量反映研究区域产业结构类型对其经济增长的影响；竞争力偏离分量反映研究区域的区位条件或竞争能力对其经济增长的影响①②。

根据 Shift-share 方法，首先确定京杭运河苏鲁段经济带的参照系。课题研究选择山东省与江苏省两省各项数据之和的平均值为参照系来分析京杭运河苏鲁段经济带的产业结构。

设 b_i 为 i 城市产值，B 为标准区域产值；b_{ij} 为 i 城市 j 部门的产值，B_j 为标准区域 j 部门的产值。0，t 下标分别代表初始期和末期③。

i 城市 j 部门在［0，t］时段的变化率：

$$r_{ij} = (b_{ij,t} - b_{ij,0})/b_{ij,0} \qquad (9-1)$$

标准区域 j 部门在［0，t］时段的变化率：

$$R_j = (B_{j,t} - B_{j,0})/B_{j,0} \qquad (9-2)$$

以标准区域各部门所占份额将城市各部门规模标准化为：

$$b'_{ij} = b_{i,0} \times B_{j,0}/B_0 \qquad (9-3)$$

① Daniel C. Knudsen. Shift-share Analysis: Further Examination of Models for Description of Economic Change. Socio-economic Planning Science, 2000（34）: 177 - 198.

② 史春云、张捷、高薇等：《国外偏离—份额分析及其拓展模型研究述评》，《经济问题探索》2007 年第 3 期，第 133—136 页。

③ 刘兆德、吕宜平：《胶济产业带城市工业经济结构分析》，《经济地理》2001 年第 3 期，第 270—274 页。

这样，在［0，t］时段内 i 城市 j 部门的增长量 G_{ij} 为：

$$G_{ij} = N_{ij} + P_{ij} + D_{ij} \quad (9-4)$$

$$N_{ij} = b'_{ij} \times R_j \quad (9-5)$$

$$S_{ij} = P_{ij} + D_{ij} \quad (9-6)$$

$$P_{ij} = (b_{ij,0} - b'_{ij}) \times R_j \quad (9-7)$$

$$D_{ij} = b_{ij,0} \times (r_{ij} - R_j) \quad (9-8)$$

$$G_{ij} = b_{ij,t} - b_{ij,0} \quad (9-9)$$

根据上述计算公式，对京杭运河苏鲁段经济带12个地市的17个产业部门进行分析，得到分析结果。根据Shift-share方法的分析结果，依次进行产业部门优势分析、产业部门偏离分量分析、各地市产业总体优势和偏离分量分析、产业结构转换能力分析。

三　产业部门优势分析

产业部门优势分析，就是以部门增长优势（部门偏离分量）S_{ij} 为横轴，以份额分量 N_{ij} 为纵轴，建立部门优势分析图（简便起见用产业代码散点图表示）。G 表示一个地区的经济增长总量，N 表示一个地区若按照标准区域的产业结构和增长速度增长时所达到的增长分量，而 $S=G-N$，是结构优势（P）和增长优势（D）的加和，反映地区产业部门的增长优势。因此，具有增长优势的产业部门要么具有结构优势，要么具有速度优势，或者既具有结构优势又具有速度优势。但结构优势与速度优势孰占优势，这里不能看出。

本节采用“分—总”的方法，先对各个城市的产业部门优势进行分析，找出各个城市的优势和劣势，然后对各个城市的情况进行归纳，得出京杭运河苏鲁段经济带产业部门优势的特征。

根据各个城市的产业部门优势分析图（见图9－4至图9－15），得出各地市产业部门优势特征（括号数字为 S 的值）。

（1）德州市绝大多数部门 $S<0$，具有部门增长优势的有：2. 食品工业（25.09），4. 木材及造纸业（8.80），8. 非金属矿物制品业（5.23），13. 电力、蒸汽、热水生产和供应业（1.86）。多属于资源密集型和劳动

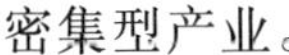

密集型产业。

（2）聊城市具有部门增长优势的部门有：10. 通用、专业设备制造业（25.20），4. 木材及造纸业（16.47），13. 电力、蒸汽、热水生产和供应业（12.47），1. 第一产业（8.57），16. 金融保险业（4.49），11. 交通电器业（3.78），2. 食品工业（1.37），9. 金属制品工业（0.18）。除了劳动密集型产业外，以汽车为核心的产业链也具有一定的优势。

（3）济宁市所有产业 $S<0$，不具有产业部门增长优势的产业。

（4）枣庄市具有部门增长优势的产业是：8. 非金属矿物制品业（12.98），14. 交通运输仓储及邮电通信业（11.39），16. 金融保险业（3.52）。优势集中在资源密集型和机电产业上。

（5）徐州市具有部门增长优势的产业有：14. 交通运输仓储及邮电通信业（9.77）。

（6）宿迁市具有部门增长优势的产业是：1. 第一产业（2.23），16. 金融保险业（2.30），17. 卫生、教育、社会福利业（2.20），4. 木材及造纸业（0.05）。优势部门多属于劳动密集型产业。

（7）淮安市具有部门增长优势的产业有：14. 交通运输仓储及邮电通信业（6.31），16. 金融保险业（5.98），17. 卫生、教育、社会福利业（5.62）。

（8）扬州市所有产业 $S<0$，不具有部门增长优势的产业。

（9）镇江市具有部门增长优势的产业有：4. 木材及造纸业（12.31）。

（10）常州市具有部门增长优势的产业有：10. 通用、专业设备制造业（29.61），16. 金融保险业（11.42），9. 金属制品工业（2.57）。优势产业属于资金、技术密集型产业。

（11）无锡市具有部门增长优势的产业有：9. 金属制品工业（109.05），16. 金融保险业（31.58），7. 化学制品业（30.75），12. 电子工业（25.50）。优势产业属于资金、技术密集型产业。

（12）苏州市具有部门增长优势的产业有：12. 电子工业（585.39），3. 纺织业（69.55），7. 化学制品业（47.37），16. 金融保险业（40.99），17. 卫生、教育、社会福利业（32.20），9. 金属制品工业（26.00），10. 通用、专业设备制造业（2.55）。优势产业多属于资金、技术密集型产业。

总体来看，第一，京杭运河苏鲁段经济带12个地级市具有部门增长优势的产业（$S>0$）数量较少，平均为3—4个，主要集中在3个部门：4. 木材及造纸业，9. 金属制品工业，16. 金融保险业。第二，优势产业存在较为明显的空间分异。优势部门较多的城市是聊城市（8个）、苏州市（7个）、无锡市（4个）、淮安市（4个）、宿迁市（4个）、德州市（4个），徐州市和镇江市只有一个产业$S>0$，而济宁市、扬州市所有产业$S<0$。第三，苏锡常三市主要依托资本、技术优势，而其他地市主要依托资源、资本优势。第四，从优势度看，京杭运河苏鲁段经济带苏南段优势度明显高于其他地段。

结论1：通过上述分析产业部门优势图，京杭运河苏鲁段经济带具有部门增长优势（$S>0$）的产业较少，部分地市不具有增长优势的部门，优势产业呈现明显差异；苏锡常区域多依托资本、技术要素，其他区域多依托劳动力和自然资源；从优势度看，京杭运河苏鲁段经济带苏南段优势度明显高于其他地段。这种现象反映为山东段、苏北段地市的产业基础较弱、发展缓慢，区域比较优势产业没有得以发挥，产业技术层次较低。

表9-3　　京杭运河苏鲁段经济带优势产业依托资源分析

主要依托要素	包括范围
自然资源、劳动力	德州、聊城、济宁、枣庄、徐州、宿迁、淮安、扬州、镇江
资本、技术	苏州、无锡、常州

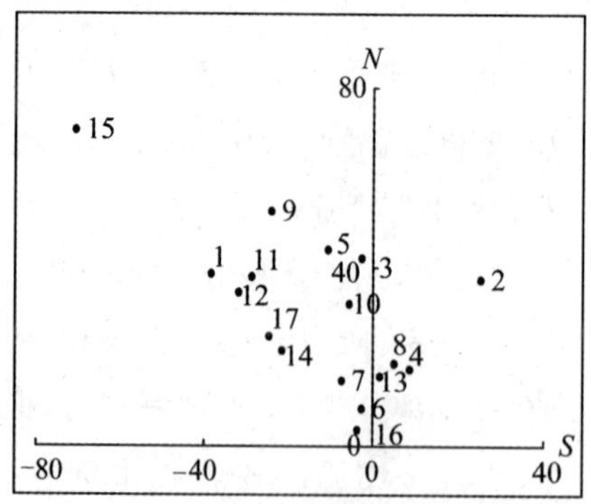

图9-4　德州市产业部门优势分析

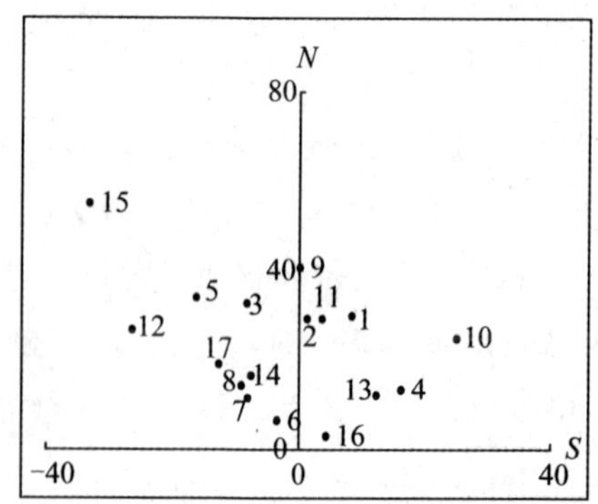

图9-5　聊城市产业部门优势分析

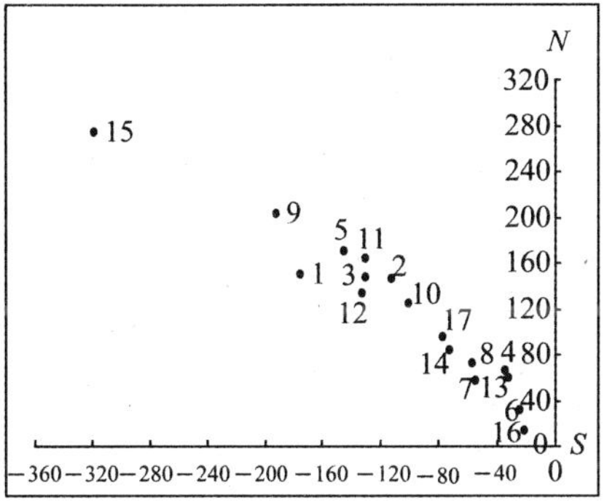

图 9－6　济宁市产业部门优势分析

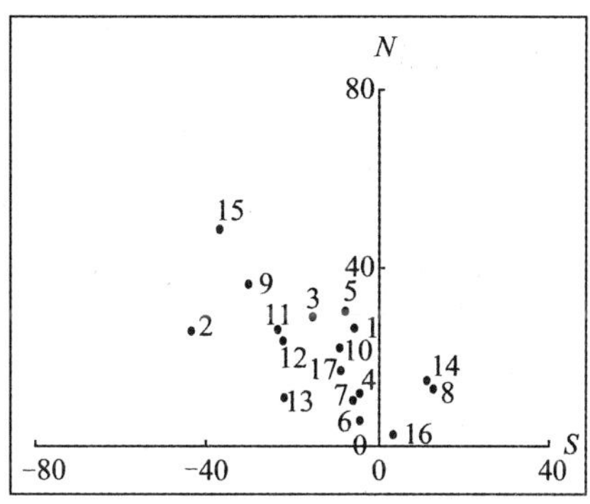

图 9－7　枣庄市产业部门优势分析

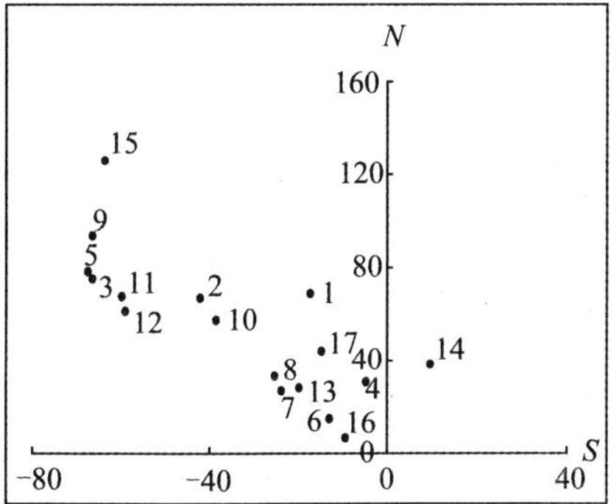

图 9－8　徐州市产业部门优势分析

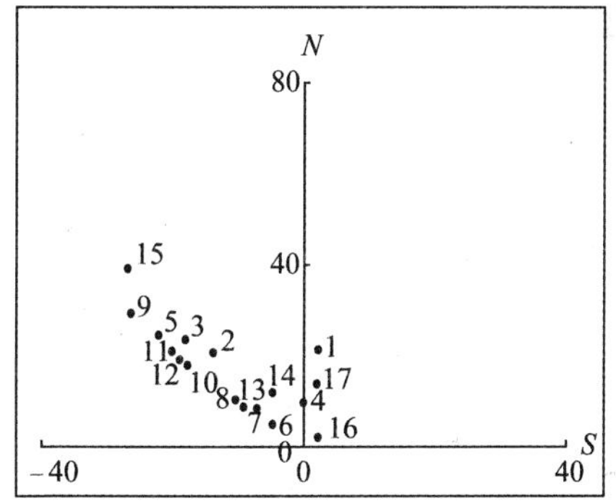

图 9－9　宿迁市产业部门优势分析

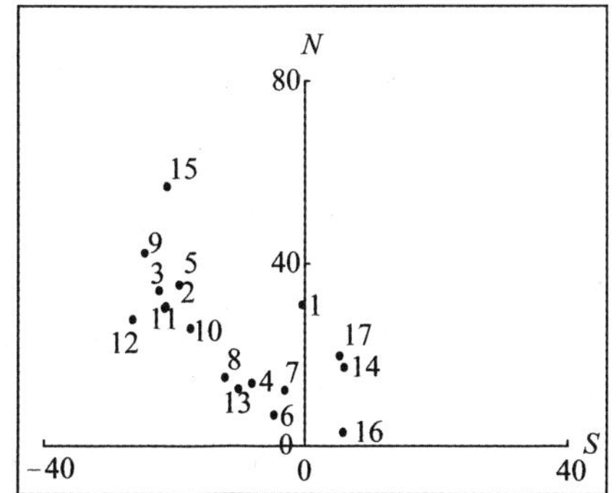

图 9－10　淮安市产业部门优势分析

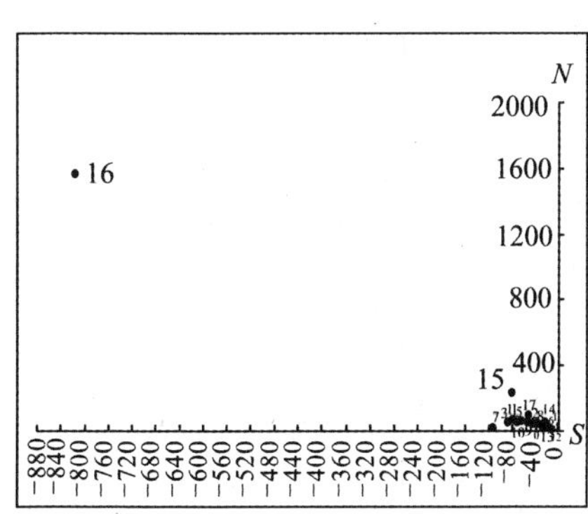

图 9－11　扬州市产业部门优势分析

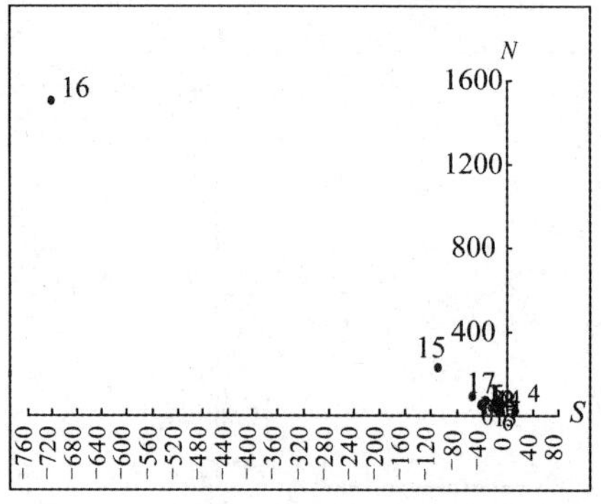

图 9－12　镇江市产业部门优势分析

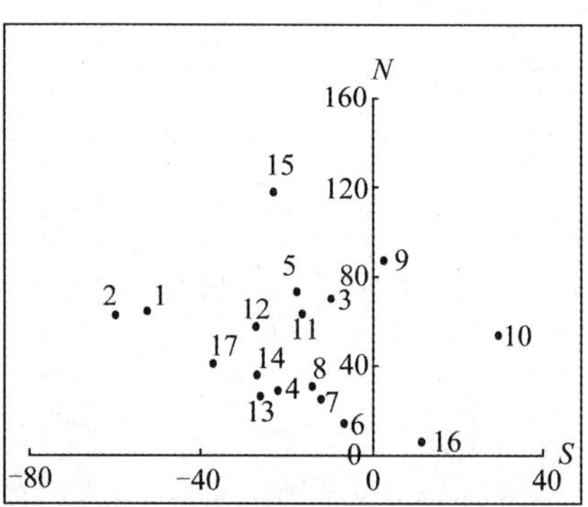

图 9－13　常州市产业部门优势分析

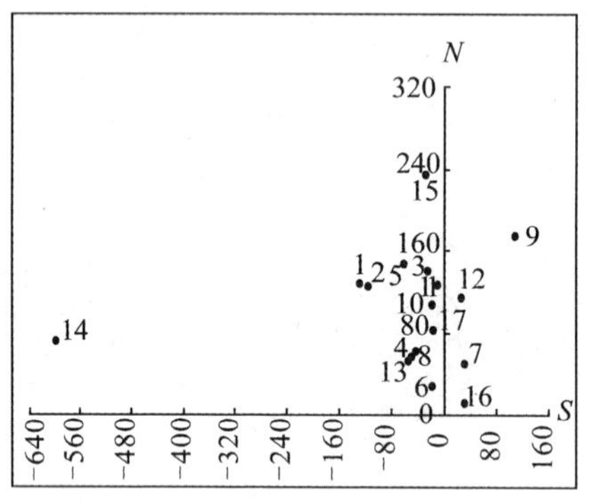

图 9－14　无锡市产业部门优势分析

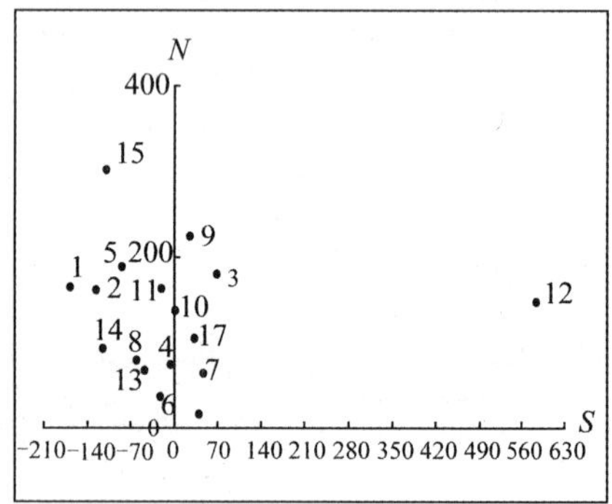

图 9－15　苏州市产业部门优势分析

四　产业部门偏离分量分析

具有增长优势的产业部门要么具有结构优势，要么具有速度优势，或者既具有结构优势又具有速度优势。而本节产业部门偏离分量分析，是用来区分这两种优势大小的。

首先，阐释下产业部门的偏离分量的具体含义。产业部门的偏离分量分析，就是以竞争力偏离分量 D_{ij} 为横轴，以结构偏离分量 P_{ij} 为纵轴建立部门偏离分量图。根据 $P_{ij}=(b_{ij,0}-b'_{ij})\times R_j$，结构偏离分量 P 反映产业的原有基础状况（区位商）如何。根据 $D_{ij}=b_{ij,0}\times(r_{ij}-R_j)$，竞争力分量 D 反映产业的发展速度如何。根据坐标系分析，位于第一象限的产业原有基础较好且增长较快，产业竞争力强；位于第二象限的产业原有基础较好但增长速度放缓，处于下降地位；位于第三象限的产业原有基础较差且增长缓慢，产业竞争力差；位于第四象限的产业原有基础不好但增长较快，产业前景较好（见图9－16）。

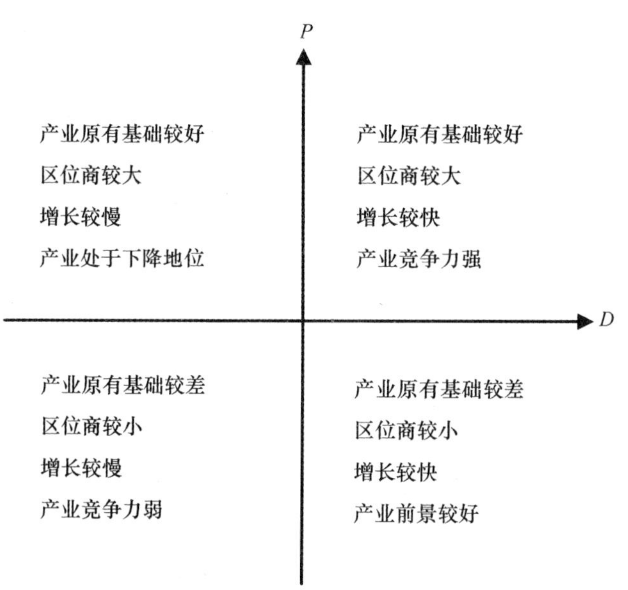

图9－16　产业偏离分量图解

采用“分—总”的方法，先对各个城市的产业部门偏离分量进行分析，找出各个城市各产业的发展特点，然后对各个城市的情况进行归纳，得出基本特征。

根据各个地市的产业偏离分量来看（见图9－17至图9－28），得出各市产业部门偏离分量的特征（产业后面括号中数字依次为*D*、*P*的值）。

（1）德州市多数产业处于第四象限。具体说来，没有产业处于第一象限；13. 电力、蒸汽、热水生产和供应业（－5.64，7.50）处于第二象限；处于第三象限的产业有：1. 第一产业（－0.002，－38.29），12. 电子工业（－2.17，－29.44），15. 批发零售贸易及餐饮业（－001，－70.35），17. 卫生、教育、社会福利业（－0.001，－24.43），这些产业的突出特征是产

业基础较弱；处于第四象限的产业占绝大多数，有：2. 食品加工制造业（25.23，-0.141），3. 纺织业（8.78，-11.26），4. 木材及造纸业（9.00，-0.19），5. 化学工业（10.09，-20.70），6. 医药制造业（4.17，-6.62），7. 化学制品业（3.79，-11.02），8. 非金属矿物制品业（10.34，-5.11），9. 金属制品工业（24.11，-48.07），10. 通用、专业设备制造业（18.39，-23.94），11. 交通电器（3.22，-31.81），14. 交通运输仓储及邮电通信业（0.001，-21.35），16. 金融保险业（0.00，-3.47），第四象限的产业基础薄弱，发展速度又不够快，因此，多数产业 $S<0$。概括起来，德州市的产业表现为基础较弱的特点。

（2）聊城市绝大多数产业处于第四象限。处于第一象限的产业有：4. 木材及造纸业（8.58，7.90），10. 通用、专业设备制造业（21.16，4.04），13. 电力、蒸汽、热水生产和供应业（11.86，0.61）；处于第二象限的产业有：1. 第一产业（-8.18，16.75），6. 医药制造业（-7.30，3.97）；处于第三象限的产业有：12. 电子工业（-0.24，-26.18），17. 卫生、教育、社会福利业（-8.39，-4.16）；处于第四象限的产业有：2. 食品加工制造业（24.03，-22.66），3. 纺织业（4.21，-12.33），5. 化学工业（5.26，-21.30），7. 化学制品业（0.77，-8.75），8. 非金属矿物制品业（2.15，-11.05），9. 金属制品工业（36.18，-36.00），11. 交通电器（22.27，-18.50），14. 交通运输仓储及邮电通信业（3.44，-10.86），15. 批发零售贸易及餐饮业（5.97，-39.21），16. 金融保险业（6.61，-2.12）。通用、专业设备制造业是聊城市的主导产业，但从金属制品工业、交通电器、交通运输仓储及邮电通信业的发展特点看，产业结构亟待合理化。

（3）济宁市的产业集中在第三象限和第四象限，并以第三象限居多。没有产业处于第一象限和第二象限；第三象限的是：1. 第一产业（-129.07，-45.99），2. 食品加工制造业（-16.93，-95.36），6. 医药制造业（-5.25，-18.56），7. 化学制品业（-0.80，-53.79），13. 电力、蒸汽、热水生产和供应业（-6.62，-25.50），14. 交通运输仓储及邮电通信业（-27.39，-44.54），15. 批发零售贸易及餐饮业（-250.37，-68.18），16. 金融保险业（-10.57，-10.14），17. 卫生、教育、社会福利业（-26.33，-50.47）；第四象限的是：3. 纺织业（15.87，-145.84），4. 木材及造纸业（3.06，-37.59），5. 化学工业（10.35，

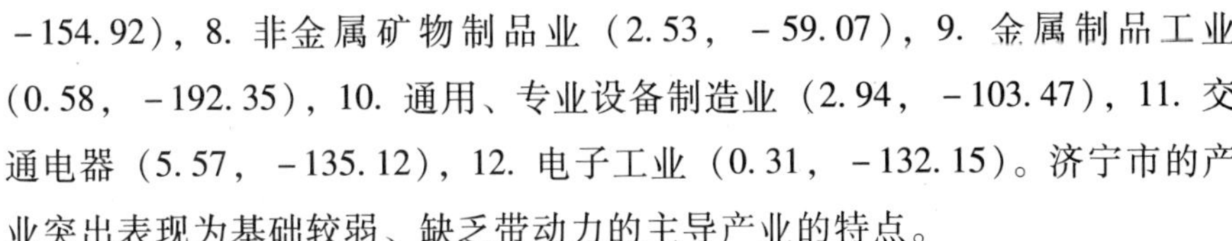

-154.92)，8. 非金属矿物制品业（2.53，-59.07），9. 金属制品工业（0.58，-192.35），10. 通用、专业设备制造业（2.94，-103.47），11. 交通电器（5.57，-135.12），12. 电子工业（0.31，-132.15）。济宁市的产业突出表现为基础较弱、缺乏带动力的主导产业的特点。

（4）枣庄市绝大多数产业处于第三象限和第四象限。处于第一象限的产业是：8. 非金属矿物制品业（2.73，10.26）；处于第二象限的产业是：2. 食品加工制造业（-111.73，68.30），13. 电力、蒸汽、热水生产和供应业（-25.57，3.98）；处于第三象限的产业是：1. 第一产业（-0.45，-5.18），4. 木材及造纸业（-4.15，-0.01），11. 交通电器（-1.47，-21.64），15. 批发零售贸易及餐饮业（-29.92，-6.92），17. 卫生、教育、社会福利业（-0.80，-7.92）；处于第四象限的产业是：3. 纺织业（6.57，-21.47），5. 化学工业（12.56，-20.12），6. 医药制造业（0.25，-4.54），7. 化学制品业（2.34，-8.12），9. 金属制品工业（0.92，-30.95），10. 通用、专业设备制造业（8.72，-17.70），12. 电子工业（0.30，-22.14），14. 交通运输仓储及邮电通信业（13.89，-2.50），16. 金融保险业（6.08，-2.55）。枣庄市的劳动密集型和资源密集型产业具有一定的基础，但亟待产业结构的高度化。

（5）徐州市绝大多数产业处于第三象限，产业基础较弱且发展滞后。没有产业处于第一象限；处于第二象限的产业是：13. 电力、蒸汽、热水生产和供应业（-25.90，6.25），17. 卫生、教育、社会福利业（-23.17，8.77）；处于第三象限的产业是：1. 第一产业（-9.09，-8.02），2. 食品加工制造业（-33.65，-8.60），3. 纺织业（-15.79，-50.77），5. 化学工业（-12.05，-55.77），6. 医药制造业（-1.27，-11.35），7. 化学制品业（-1.60，-22.22），8. 非金属矿物制品业（-5.66，-19.60），9. 金属制品工业（-9.24，-57.08），10. 通用、专业设备制造业（-9.22，-29.39），12. 电子工业（-4.69，-54.35），15. 批发零售贸易及餐饮业（-15.45，-48.06），16. 金融保险业（-4.92，-4.23）；处于第四象限的产业是：4. 木材及造纸业（2.32，-6.80），11. 交通电器（1.78，-61.47），14. 交通运输仓储及邮电通信业（11.38，-1.62）。徐州市劳动密集型产业具有一定的基础，但产业结构需要高度化，资本技术密集型产业需要高度化和合理化。

（6）宿迁市多数产业处于第三象限和第四象限。没有产业处于第一象限；处于第二象限的产业是：1. 第一产业（－15.25，17.49），2. 食品加工制造业（－15.65，1.86），4. 木材及造纸业（－2.69，2.74）；处于第三象限的产业是：3. 纺织业（－4.90，－13.01），5. 化学工业（－0.94，－21.23），6. 医药制造业（－0.49，－4.13），8. 非金属矿物制品业（－5.92，－4.40），10. 通用、专业设备制造业（－1.59，－16.12），11. 交通电器（－0.68，－19.44），13. 电力、蒸汽、热水生产和供应业（－2.54，－6.55），15. 批发零售贸易及餐饮业（－2.49，－24.34）；处于第四象限的产业是：7. 化学制品业（0.38，－7.50），9. 金属制品工业（1.60，－28.01），12. 电子工业（0.13，－18.97），14. 交通运输仓储及邮电通信业（2.45，－7.09），16. 金融保险业（3.81，－1.51），17. 卫生、教育、社会福利业（6.06，－3.86）。宿迁市劳动密集型产业具有一定的基础，但缺乏资金密集型、技术密集型产业，产业结构需要高度化。

（7）淮安市绝大多数产业处于第四象限。其中，没有产业处于第一象限，处于第二象限的产业是：1. 第一产业（－14.34，14.07）；处于第三象限的产业是：2. 食品加工制造业（－2.39，－18.96），13. 电力、蒸汽、热水生产和供应业（－0.60，－9.62）；处于第四象限的产业是：3. 纺织业（6.00，－28.24），4. 木材及造纸业（3.86，－11.96），5. 化学工业（3.67，－22.92），6. 医药制造业（0.01，－4.64），7. 化学制品业（7.37，－10.30），8. 非金属矿物制品业（0.97，－13.21），9. 金属制品工业（4.56，－29.11），10. 通用、专业设备制造业（4.76，－22.24），11. 交通电器（6.74，－27.80），12. 电子工业（1.13，－27.47），14. 交通运输仓储及邮电通信业（20.09，－13.78），15. 批发零售贸易及餐饮业（23.62，－44.77），16. 金融保险业（8.50，－2.53），17. 卫生、教育、社会福利业（20.97，－15.35）。淮安市的产业结构特征与聊城市具有一定的相似性，以交通运输仓储及邮电通信业为中心的产业，前后向联系不够紧密，产业结构需要合理化。

（8）扬州市多数产业处于第二象限和第三象限。没有产业处于第一象限，处于第二象限的产业是：3. 纺织业（－209.96，122.57），4. 木材及造纸业（－46.11，18.24），5. 化学工业（－92.15，27.14），6. 医药制造业（－20.31，8.18），7. 化学制品业（－314.78，201.52），9. 金

属制品工业（-197.53，117.84），10. 通用、专业设备制造业（-119.79,74.27），11. 交通电器（-261.82，189.63），13. 电力、蒸汽、热水生产和供应业（-34.70，9.49）。产业基础较好，但发展速度缓慢，产业亟待升级；处于第三象限的产业是：1. 第一产业（-5.88，-18.03），2. 食品加工制造业（-40.02，-14.38），8. 非金属矿物制品业（-10.40，-10.72），12. 电子工业（-28.38，-9.78），14. 交通运输仓储及邮电通信业（-19.50，-9.99），16. 金融保险业（-232.47，-583.51），17. 卫生、教育、社会福利业（-2.99，-48.83）；处于第四象限的产业是：15. 批发零售贸易及餐饮业（17.64，-97.57）。扬州市产业结构的突出问题在于产业结构的高度化。

（9）镇江市绝大多数产业处于第三象限。处于第一象限的产业有：4. 木材及造纸业（3.53，8.78）；处于第二象限的产业是：9. 金属制品工业（-56.05，22.66），11. 交通电器（-24.42，6.90）；处于第三象限的产业是：1. 第一产业（-9.93，-31.62），2. 食品加工制造业（-15.21，-25.28），3. 纺织业（-22.48，-17.62），5. 化学工业（-2.36，-7.55），6. 医药制造业（-2.96，-6.20），7. 化学制品业（-0.51，-11.84），8. 非金属矿物制品业（-13.63，-1.29），12. 电子工业（-14.97，-22.46），13. 电力、蒸汽、热水生产和供应业（-10.06，-3.71），14. 交通运输仓储及邮电通信业（-6.77，-17.73），16. 金融保险业（-24.85，-695.10），17. 卫生、教育、社会福利业（-5.07，-50.06）；处于第四象限的产业是：10. 通用、专业设备制造业（4.82，-21.57），15. 批发零售贸易及餐饮业（4.61，-112.47）。镇江市产业结构需要做强金属制品工业，实现产业结构升级。

（10）常州市多数产业处于第三象限。没有产业处于第一象限，处于第二象限的产业是：3. 纺织业（-30.19，20.46），9. 金属制品工业（-7.26，9.83），11. 交通电器（-30.01，13.84），12. 电子工业（-30.08,3.09）；处于第三象限的产业是：1. 第一产业（-11.60，-40.82），2. 食品加工制造业（-8.84，-51.03），4. 木材及造纸业（-1.12，-20.82），5. 化学工业（-0.57，-17.13），6. 医药制造业（-5.29，-1.18），7. 化学制品业（-6.29，-5.70），13. 电力、蒸

汽、热水生产和供应业（－13.83，－12.12），14. 交通运输仓储及邮电通信业（－14.80，－12.03），15. 批发零售贸易及餐饮业（－4.85，－18.22），17. 卫生、教育、社会福利业（－21.00，－16.14）；处于第四象限的产业是：8. 非金属矿物制品业（3.65，－17.74），10. 通用、专业设备制造业（54.14，－24.53），16. 金融保险业（14.01，－2.59）。常州市需要在现代制造业方面加强产业升级，实现产业结构高度化。

（11）无锡市多数产业处于第二象限和第三象限。处于第一象限的产业有：7. 化学制品业（27.27，3.49），9. 金属制品工业（9.31，99.74）；处于第二象限的产业是：3. 纺织业（－54.42，29.56），10. 通用、专业设备制造业（－33.20，15.10），12. 电子工业（－6.61，32.11），14. 交通运输仓储及邮电通信业（－901.07，302.85），15. 批发零售贸易及餐饮业（－74.73，46.99）；处于第三象限的产业是：1. 第一产业(－24.42，－103.03),2. 食品加工制造业（－1.35，－112.82），4. 木材及造纸业（－6.83，－41.65），5. 化学工业（－9.98，－51.06），6. 医药制造业（－15.24，－2.33），8. 非金属矿物制品业（－14.07，－27.88），13. 电力、蒸汽、热水生产和供应业（－47.21，－7.17）；处于第四象限的产业是：11. 交通电器（2.13，－11.43），16. 金融保险业（38.24，－6.65）,17. 卫生、教育、社会福利业（19.53，－36.13）。无锡市主导产业与前后向产业间的关联需要进一步加强。

（12）苏州市多数产业处于第二象限和第三象限。处于第一象限的产业有：12. 电子工业（312.37，273.02）；处于第二象限的产业是：3. 纺织业（－8.99，78.54），9. 金属制品工业（－16.69，42.69）；处于第三象限的产业是：1. 第一产业（－48.70，－117.36），2. 食品加工制造业(－22.79，－101.29)，5. 化学工业（－10.62，－72.44），6. 医药制造业（－8.32，－12.14），8. 非金属矿物制品业（－53.97，－5.64），11. 交通电器（－6.22，－13.66），13. 电力、蒸汽、热水生产和供应业（－14.21，－31.81）,14. 交通运输仓储及邮电通信业（－79.37，－34.79）,15. 批发零售贸易及餐饮业（－100.29，－7.50）；处于第四象限的产业是：4. 木材及造纸业（13.86，－18.83），7. 化学制品业（47.70，－0.32），10. 通用、专业设备制造业（93.61，－91.06），16. 金融保险业（45.79，－4.80），17. 卫生、教育、社会福利业（91.81，－59.61）。苏州市产业结构通过加强产业结构高度化，实现产业结构的现代化。

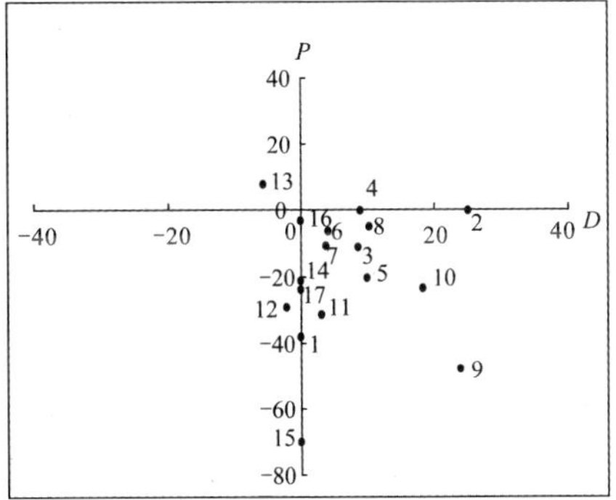

图 9－17　德州市产业部门偏离分量

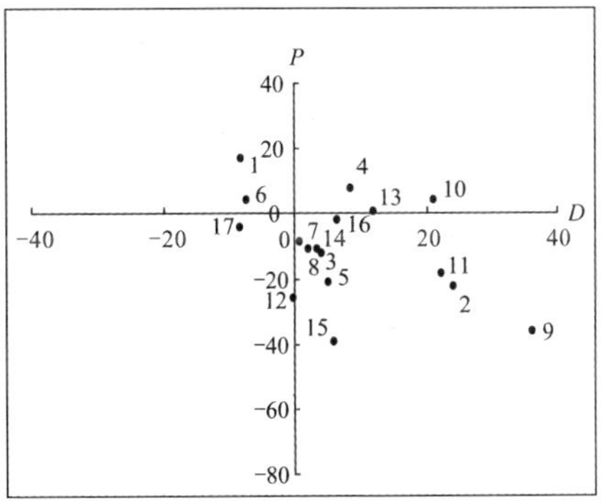

图 9－18　聊城市产业部门偏离分量

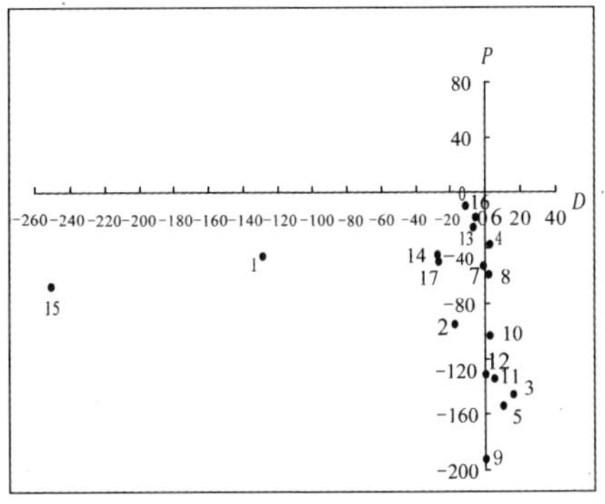

图 9－19　济宁市产业部门偏离分量

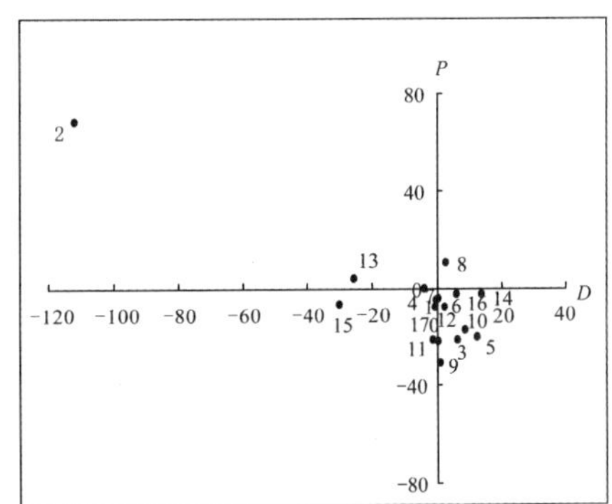

图 9－20　枣庄市产业部门偏离分量

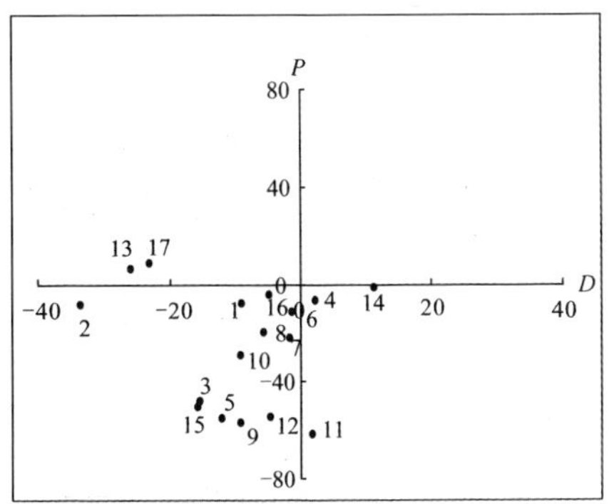

图 9－21　徐州市产业部门偏离分量

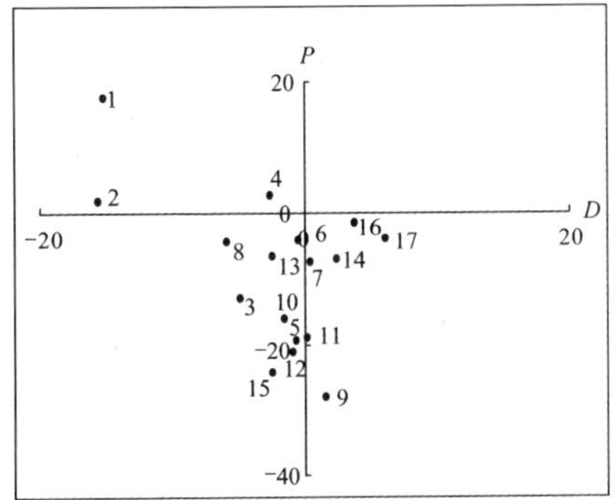

图 9－22　宿迁市产业部门偏离分量

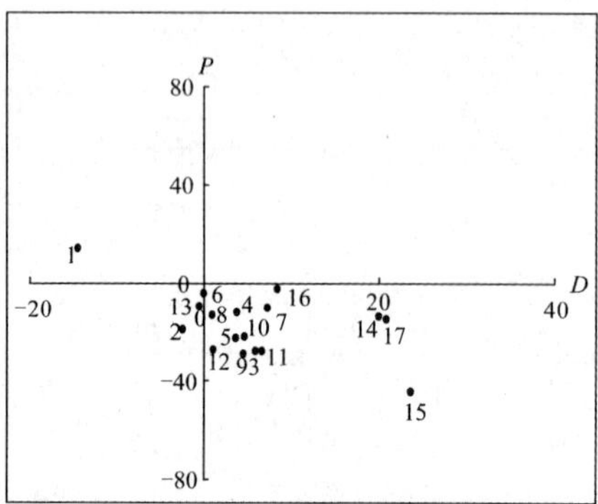

图 9－23　淮安市产业部门偏离分量

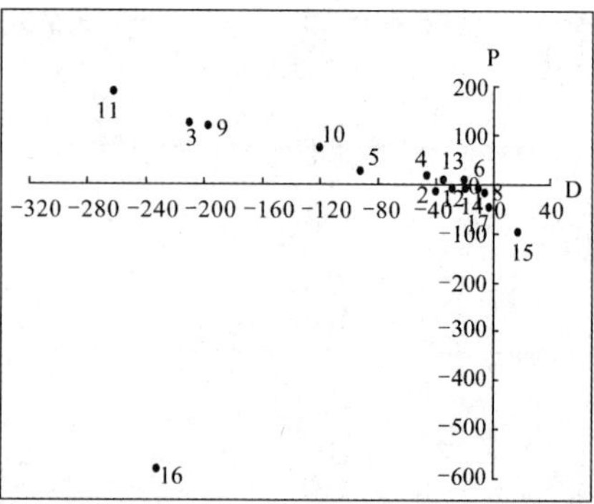

图 9－24　扬州市产业部门偏离分量

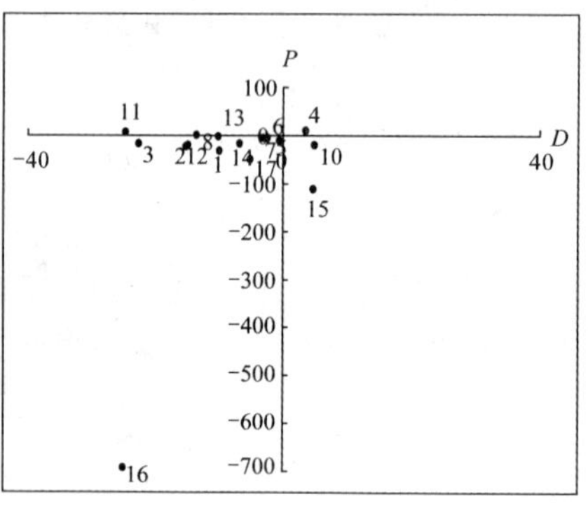

图 9－25　镇江市产业部门偏离分量

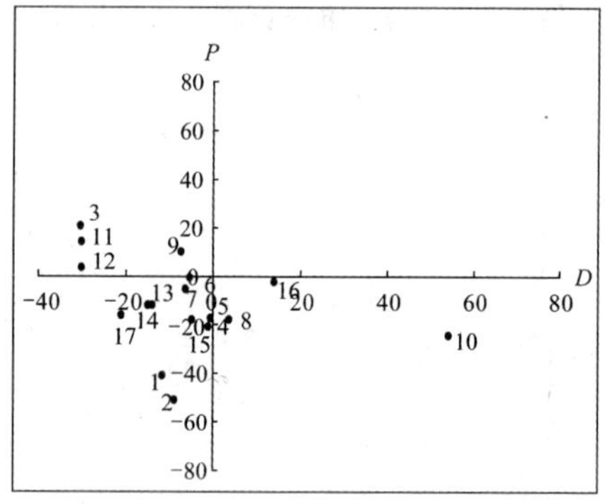

图 9－26　常州市产业部门偏离分量

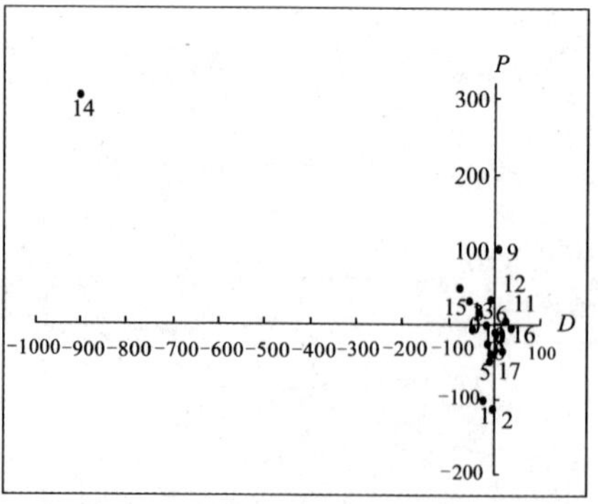

图 9－27　无锡市产业部门偏离分量

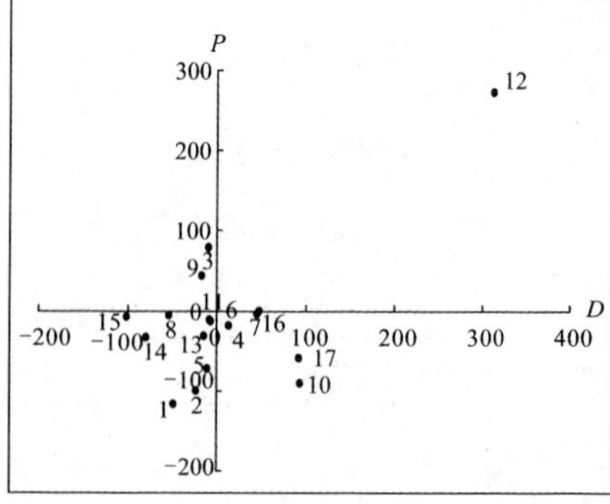

图 9－28　苏州市产业部门偏离分量

整体来看，第一，京杭运河苏鲁段经济带12个地市的多数产业处于第三象限和第四象限。处于第二象限和第四象限的产业多数 $S<0$，这回答了本节开始的问题。即：多数产业或者具有基础优势，或者近年来发展较快，具有综合优势的较少。这是第一象限产业分布较少的原因。第二，分地域看，产业在第一象限分布较多的市很少，产业在第二象限分布较多的是扬州市、无锡市、苏州市；产业在第三象限分布较多的有济宁市、枣庄市、徐州市、宿迁市、镇江市、常州市、无锡市、苏州市；产业在第四象限分布较多的有德州市、聊城市、济宁市、枣庄市、宿迁市、淮安市、扬州市（见图9－29）。第三，从产业的角度看，处于第三象限的产业多为劳动密集型产业和社会服务业，处于第四象限的产业多为资本密集型和技术密集型的产业（见图9－30）。第四，产业部门偏离分量特征也呈现区域分异。苏锡常段具有实力强大的主导产业，其面临的主要问题是产业结构的合理化；而其他区段主导产业实力有待提高，其面临的主要问题是产业结构的高度化。

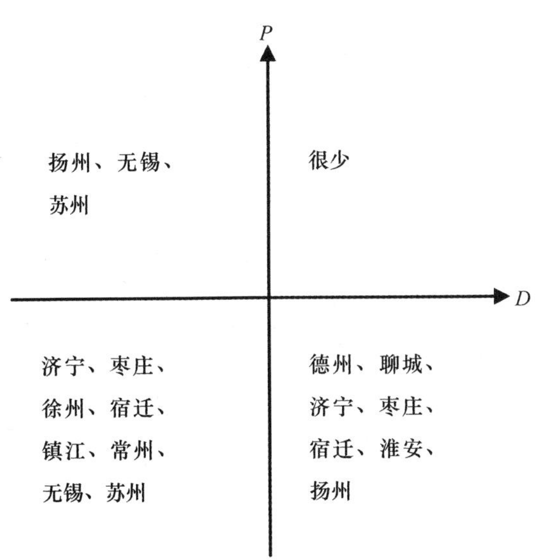

图9－29　产业偏离分量类型分布图

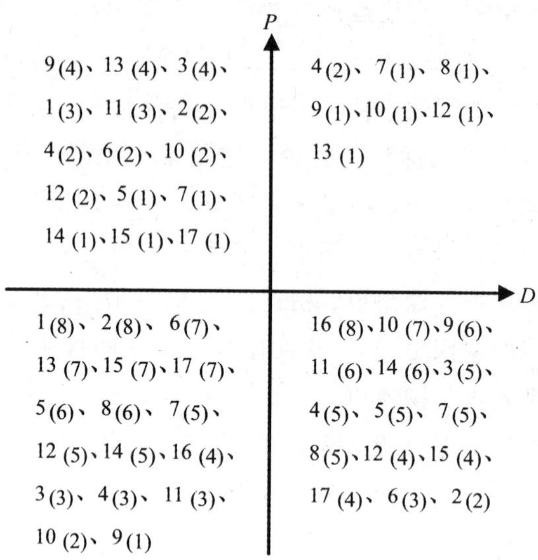

图 9－30　产业偏离分量产业分布图

说明：图中数字代表产业代码，下标数字表示在 12 个地级市中出现的次数。

结论 2：第一，从产业部门偏离分量图上看，总体上说各地市的产业主要集中在第三象限和第四象限，或者属于产业基础较弱且发展缓慢型，或者属于产业基础较弱但发展较快型，但其发展速度份额也小于产业结构份额。因此，产业结构升级是本经济带面临的主要问题。第二，产业部门偏离分量特征呈现区域分异。苏锡常段具有实力强大的主导产业，其面临的主要问题是产业结构的合理化；而其他区段主导产业实力有待提高，其面临的主要问题是产业结构的高度化。

五　产业总体优势和偏离分量分析

除了产业部门优势分析、产业部门偏离分量分析外，我们还需对各个城市产业部门的总体优势进行分析。根据各城市分部门计算结果，各城市总的增量与分量之间的计算公式为：

$$G_i = N_i + P_i + D_i \qquad (9-10)$$

$$N_i = \sum_{j=1}^{n} N_{ij} \quad (9-11)$$

$$P_i = \sum_{j=1}^{n} P_{ij} \quad (9-12)$$

$$D_i = \sum_{j=1}^{n} D_{ij} \quad (9-13)$$

$$S_i = P_i + D_i \quad (9-14)$$

通过上式计算得到各地级市的产业总体优势和偏离分量。

在城市总体分析的基础上，对各城市的结构进行分析。首先，以部门增长优势 S_i 为横轴，以份额分量 N_i 为纵轴，建立整体优势分析图。然后，以竞争力偏离分量 D_i 为横轴，以结构偏离分量 P_i 为纵轴建立总体偏离分量图，对城市总体的偏离分量进行分析。简便起见，用城市代码散点图表示（城市代码见表 9－4 第一列）。

表 9－4　京杭运河苏鲁段经济带十二地市 Shift-share 计算结果

地市	N_i	P_i	D_i	S_i	G_i	G_i排名
a. 德州市	510.67	-338.68	109.30	-229.38	281.29	8
b. 聊城市	398.03	-179.83	128.37	-51.46	346.57	6
c. 济宁市	1991.36	-1373.04	-432.12	-1805.15	186.21	10
d. 枣庄市	352.65	-89.24	-119.74	-208.99	143.66	11
e. 徐州市	913.48	-423.93	-156.22	-580.15	333.33	7
f. 宿迁市	284.39	-154.08	-38.71	-192.80	91.60	12
g. 淮安市	412.52	-289.01	94.89	-194.12	218.40	9
h. 扬州市	2435.53	-23.94	-1619.14	-1643.08	792.46	3
i. 镇江市	2331.90	-986.16	-196.33	-1182.49	1149.41	2
j. 常州市	851.34	-192.82	-113.92	-306.74	544.60	5
k. 无锡市	1701.27	129.69	-1092.65	-962.96	738.31	4
l. 苏州市	2183.68	-177.00	234.96	57.97	2241.64	1

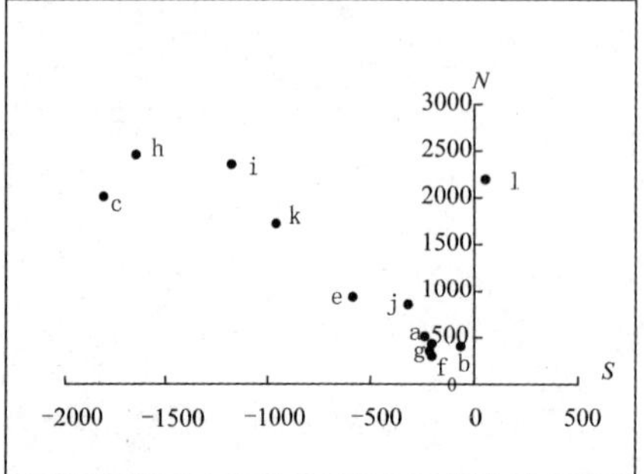

图 9-31　京杭运河苏鲁段各市产业总体优势

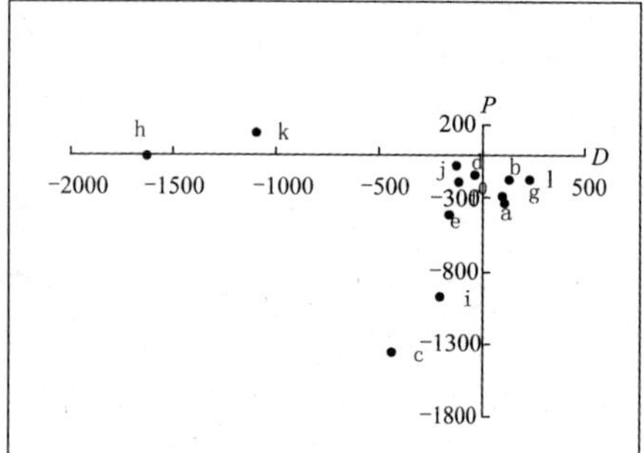

图 9-32　京杭运河苏鲁段各市总体偏离分量

从城市产业总体优势图上可以看出，除苏州市具有部门增长优势外，其他城市处于第二象限。通过比较 P_i 与 D_i，出现这种现象的原因在于城市产业规模较小和发展速度较慢所致。产业规模较小可以得到数据的印证（京杭运河苏鲁段经济带多数城市 2005 年 GDP 低于两省平均水平）（见图 9-33）。需要特别说明的是：这种印证只能用于整体分析，绝不可倒推到各个产业上，这种倒推是不成立的。

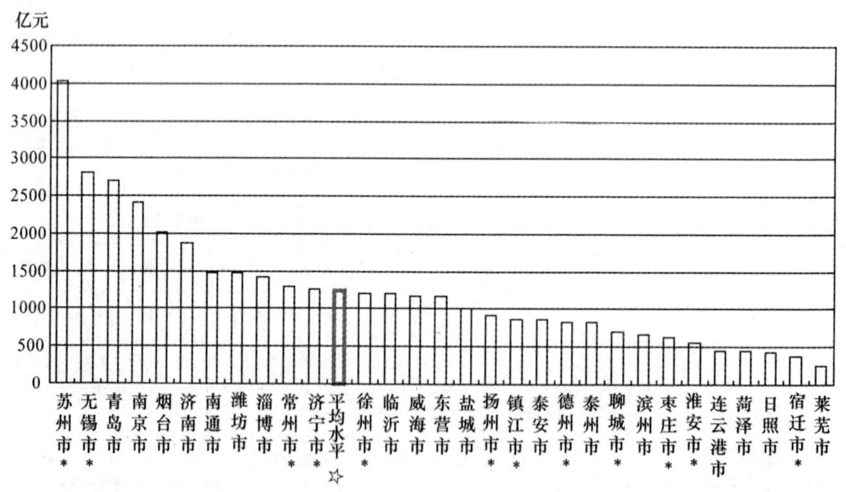

图 9-33　京杭运河苏鲁段各城市 GDP 及在苏鲁两省地位（2005）

资料来源：山东省、江苏省统计年鉴（2006）。带 * 的城市为京杭运河苏鲁段经济带范围内的城市。

从城市产业总体偏离分量图上看，无锡市处于第二象限，产业基础较好。济宁市、枣庄市、徐州市、宿迁市和镇江市则处于第三象限。德州市、聊城市、淮安市、苏州市处于第四象限，增长较快。

结论3：京杭运河苏鲁段经济带各城市产业总体优势较弱，绝大多数城市 $S<0$。从城市产业总体偏离分量来看，多数城市处于第三象限和第四象限。出现这种现象的原因在于城市产业 GDP 规模较小、发展速度较慢所致。

六　产业结构转换能力分析

产业结构的转换能力是评价区域产业结构合理性的重要因素。合理的产业结构具有较强的转换能力和应变能力，能够充分利用区内外的资源和要素，并有效地将其转换为输出，形成强大的扩张和输出能力；能够在外部环境发生大的变化时，通过内部组织机制的调节，减少和消除外部因素的不利影响；能够在内部结构保持相对稳定有序的情况下，不断实现产业结构的高级化①。

设 K_j 为城市工业部门 j 占同期标准区域相应部门的比重，L 为地区部门弹性系数，W 为结构效果系数，U 为区域竞争效果系数，则有②：

$$k_{j,0} = b_{ij,0}/B_{j,0} \tag{9-15}$$

$$k_{j,t} = b_{ij,t}/B_{j,t} \tag{9-16}$$

$$L = b_{i,t}/b_{i,0} : B_t/B_0 = \frac{\sum_{j=1}^{n} k_{j,t} \times B_{j,t}}{\sum_{j=1}^{n} k_{j,0} \times B_{j,0}} : \frac{\sum_{j=1}^{n} B_{j,t}}{\sum_{j=1}^{n} B_{j,0}}$$

$$= \left(\frac{\sum_{j=1}^{n} k_{j,0} \times B_{j,t}}{\sum_{j=1}^{n} k_{j,0} \times B_{j,0}} : \frac{\sum_{j=1}^{n} B_{j,t}}{\sum_{j=1}^{n} B_{j,0}}\right) \times \left(\frac{\sum_{j=1}^{n} k_{j,t} \times B_{j,t}}{\sum_{j=1}^{n} k_{j,0} \times B_{j,t}}\right)$$

① 李小建：《经济地理学》，高等教育出版社 1999 年版，第 183 页。

② 刘兆德、吕宜平：《胶济产业带城市工业经济结构分析》，《经济地理》2001 年第 3 期，第 270—274 页。

$$= W \times U \qquad (9-17)$$

$$其中，W = \frac{\sum_{j=1}^{n} k_{j,0} \times B_{j,t}}{\sum_{j=1}^{n} k_{j,0} \times B_{j,0}} : \frac{\sum_{j=1}^{n} B_{j,t}}{\sum_{j=1}^{n} B_{j,0}} \qquad (9-18)$$

$$U = \frac{\sum_{j=1}^{n} k_{j,t} \times B_{j,t}}{\sum_{j=1}^{n} k_{j,0} \times B_{j,t}} \qquad (9-19)$$

若G_i愈大，$L>1$，则区域增长快于标准区域；若P_i愈大，$W>1$，说明区域经济中朝阳的、增长快的产业部门比重大，区域总体经济结构比较好；倘若D_i较大，$U>1$，则说明区域各产业部门总的增长势头大，具有很强的竞争力①。根据上述公式计算得到地区部门弹性系数L，结构效果系数W，竞争效果系数U的值（见表9－5）。

表9－5　部门弹性系数、结构效果系数与区域竞争效果系数分析

地市	G_i	L	工业所处地位	P_i	W	工业结构优劣	D_i	U	竞争力
德州市	281.29	1.89	上升	－338.68	1.31	较好	109.30	1.44	较强
聊城市	346.57	1.15	上升	－179.83	0.88	较差	128.37	1.32	较强
济宁市	186.21	0.53	下降	－1373.04	0.84	较差	－432.12	0.64	弱
枣庄市	143.66	0.73	下降	－89.24	1.01	较好	－119.74	0.73	弱
徐州市	333.33	0.73	下降	－423.93	0.89	较差	－156.22	0.83	较弱
宿迁市	91.60	0.69	下降	－154.08	0.80	较差	－38.71	0.85	弱
淮安市	218.40	1.08	上升	－289.01	0.79	较差	94.89	1.37	较强
扬州市	792.46	0.65	下降	－23.94	1.11	较好	－1619.14	0.58	较弱
镇江市	1149.41	0.95	下降	－986.16	1.04	较好	－196.33	0.91	较弱
常州市	544.60	0.98	下降	－192.82	1.10	较好	－113.92	0.89	较弱
无锡市	738.31	0.63	下降	129.69	0.96	较差	－1092.65	0.66	较弱
苏州市	2241.64	1.26	上升	－177.00	1.17	较好	234.96	1.08	较强

① 刘兆德、吕宜平：《胶济产业带城市工业经济结构分析》，《经济地理》2001年第3期，第270—274页。

从表 9－5 可以得出：(1) 地区部门弹性系数 $L>1$ 的城市只有 4 个：德州市、聊城市、淮安市、苏州市。(2) 结构效果系数 $W>1$ 的城市有 6 个：德州市、枣庄市、扬州市、镇江市、常州市、苏州市。(3) 区域竞争效果系数 $U>1$ 的城市有 4 个：德州市、聊城市、淮安市、苏州市。苏州市的 D_i 最大，其各产业部门总的增长势头大，具有很强的竞争力。3 个变量都大于 1 的只有德州市和苏州市。

结论 4：京杭运河苏鲁段经济带城市部门弹性系数、结构效果系数、区域竞争效果系数，整体较弱且区域差异较大。较强产业部门弹性 ($L>1$) 和竞争力 ($U>1$) 的城市集中在德州市、聊城市、淮安市和苏州市四市。朝阳产业比重较高 ($W>1$) 的城市有德州市、枣庄市、扬州市、镇江市、常州市、苏州市六市，集中分布于江苏南部。

第四节　运河经济带的空间结构现状

点、线、面等不同形态的自然和人文要素在地理空间中的位置、分布形式和相互关系构成了空间结构。依据数据的可获得性原则，本节主要研究 12 个中心城市（市辖区）的中心性与城市间的相互作用①，基础设施在第五节研究。

一　城市中心性特征

1. 指标体系和数据来源

城市中心性是指一个城市为其他地区服务的相对重要性，表现为其他地区提供中心商品与服务的能力，是衡量中心城市在城市体系中的功能定位高低的重要指标。自 1933 年克利斯塔勒提出中心地理论以来，许多学者先后利用零售业、服务业销售额、城市中心职能指数、城市个体交互作用量等指标量度中心性②。课题研究选取批发零售贸易餐饮业、金

① 吴传钧、刘建一、甘国辉：《现代经济地理学》，江苏教育出版社 1997 年版。

② 张莉：《开放条件下中国城市经济区研究》，北京大学博士学位论文，2003 年。

融保险业、社会服务业、机关团体、房地产、科研综合技术服务、交通仓储邮电通信业、制造业、教育文化体育和娱乐业 8 项从业人员数据（见表 9－6），建立劳动就业中心性评价指标体系，对京杭运河苏鲁段经济带 12 个地级市市辖区的城市中心性进行评价。

表 9－6　京杭运河苏鲁段经济带各城市市辖区从业人员数　单位：万人

市辖区	非农人口	非农业从业人员	批发零售、住宿和餐饮业	租赁和商务服务业	金融业	公共管理和社会组织	房地产业	科学研究、技术服务和地质勘查业	交通运输、仓储和邮政业	制造业	教育、文化、体育和娱乐业
德州市	40.91	40.91	1.22	0.04	0.68	1.18	0.15	0.07	0.35	5.35	0.80
聊城市	58.90	58.88	0.83	0.09	0.48	1.51	0.15	0.07	0.94	2.30	1.43
济宁市	54.24	54.18	1.09	0.24	0.88	2.12	0.25	0.18	0.70	4.94	1.69
枣庄市	76.29	75.95	0.99	1.26	0.56	3.35	0.11	0.15	0.41	4.45	2.41
徐州市	149.63	149.50	1.07	0.06	1.20	2.35	0.27	0.69	4.73	5.31	2.65
宿迁市	109.17	109.09	0.18	0.03	0.14	0.92	0.04	0.03	0.18	1.73	1.52
淮安市	111.37	110.59	1.33	0.36	1.10	2.16	0.15	0.17	0.89	6.15	3.19
扬州市	76.14	76.12	1.04	0.19	0.34	1.25	0.20	0.34	0.66	5.94	1.68
镇江市	68.13	67.98	1.58	0.45	0.81	1.40	0.24	0.31	1.35	6.41	1.79
常州市	109.17	109.10	1.90	0.31	0.95	1.75	0.22	0.49	1.43	12.69	2.94
无锡市	209.53	209.40	2.30	0.84	1.39	2.67	0.48	0.85	1.63	21.55	3.50
苏州市	141.62	141.60	2.75	0.42	1.61	2.88	0.34	0.33	1.18	31.68	2.75

资料来源：《中国城市统计年鉴 2006》。

2. 城市中心性评价方法

因子分析（Factor Analysis）是一种多元统计分析方法，主要用来浓缩数据。具体来说，它从研究相关矩阵内部的依赖关系出发，把一些具有错综复杂关系的变量归纳为少数几个公因子。当这几个公因子特征值都大于 1 或累计贡献率达到某一百分比时，就说明它们能够集中反映研究问题的大部分信息，而因子之间的相关性小，信息重叠率低①。因子分析主要用于寻求数据的基本结构和数据化简。

课题研究采用因子分析法，对市辖区的中心性进行研究。主要步骤为②：①将城市数据和指标变量建立 12 行 9 列的评价矩阵，分析其变量之间的相关性，从而验证因子分析的显著性；②将数据输入 SPSS 软件中，进行因子分析；③将公因子的贡献率除以累计贡献率得到公因子的权重，并用公因子乘以各自权重计算每个城市的中心性。

表 9－7　　京杭运河苏鲁段经济带城市中心性标准化数据矩阵

市辖区	批发零售、住宿和餐饮业	金融业	租赁和商务服务业	公共管理和社会组织	房地产业	科学研究、技术服务和地质勘查业	交通运输、仓储和邮政业	制造业	教育、文化、体育和娱乐业
德州市	0.40	0.37	0.01	0.11	0.25	0.05	0.04	0.12	0.00
聊城市	0.25	0.23	0.05	0.24	0.25	0.05	0.17	0.02	0.23
济宁市	0.35	0.50	0.17	0.49	0.48	0.18	0.11	0.11	0.33
枣庄市	0.32	0.29	1.00	1.00	0.16	0.15	0.05	0.09	0.60
徐州市	0.35	0.72	0.02	0.59	0.52	0.80	1.00	0.12	0.69
宿迁市	0.00	0.00	0.00	0.00	0.00	0.00	0.00	0.00	0.27
淮安市	0.45	0.65	0.27	0.51	0.25	0.17	0.16	0.15	0.89
扬州市	0.33	0.14	0.13	0.14	0.36	0.38	0.11	0.14	0.33
镇江市	0.54	0.46	0.34	0.20	0.45	0.34	0.26	0.16	0.37
常州市	0.67	0.55	0.23	0.34	0.41	0.56	0.27	0.37	0.79
无锡市	0.82	0.85	0.66	0.72	1.00	1.00	0.32	0.66	1.00
苏州市	1.00	1.00	0.32	0.81	0.68	0.37	0.22	1.00	0.72

资料来源：根据《中国城市统计年鉴 2006》相关数据计算而得。

① 郭志刚：《社会统计分析方法——SPSS 统计应用》，中国人民大学出版社 1999 年版，第 87—114 页。

② 沈正平、马晓冬、戴先杰等：《中国新亚欧大陆桥经济带城市竞争力比较研究》，《经济地理》2002 年第 1 期，第 32—36 页。

3. 城市中心性分析结果

(1) 建立相关矩阵，并确定是否适合因子分析

将原始数据（见表9－7）标准化。由于选取的数据都是正指标，即越大越好型指标，因此，采用下面的公式进行标准化。

$$z_{ij} = \frac{x_{ij} - x_{j\min}}{x_{j\max} - x_{j\min}} \quad (9-20)$$

x_{ij} 为指标的统计值，$x_{j\max}$、$x_{j\min}$ 分别为同一指标的最大值和最小值。i 为样本数，j 为指标数。

对由样本数据建立的评价矩阵作相关分析，进行公里O测度，观察发现相关矩阵的大部分相关系数大于0.3，公里O值为0.65，适宜作因子分析。

表9－8　因子正交旋转后的负荷矩阵

指标变量	公因子1	公因子2	公因子3
批发零售、住宿、餐饮业	0.94	0.24	0.12
金融业	0.79	0.27	0.43
租赁和商务服务业	0.12	0.94	－0.12
公共管理和社会组织	0.31	0.86	0.21
房地产业	0.79	0.16	0.45
科学研究、技术服务和地质勘查业	0.47	0.20	0.78
交通运输、仓储及邮政业	0.60	－0.04	0.96
制造业	0.94	0.22	0.04
教育、文化、体育和娱乐业	0.43	0.60	0.48

表9－9　京杭运河苏鲁段经济带城市中心性指数

市辖区	公因子1	公因子2	公因子3	公因子1权重	公因子2权重	公因子3权重	城市中心性指数	名次
聊城市	－0.62	－0.40	－0.63	0.68	0.19	0.13	－0.58	10
济宁市	－0.10	－0.33	－0.14	0.68	0.19	0.13	－0.15	7
枣庄市	－1.20	－0.75	2.59	0.68	0.19	0.13	－0.62	11

续表

市辖区	公因子 1	公因子 2	公因子 3	公因子 1 权重	公因子 2 权重	公因子 3 权重	城市中心性指数	名次
德州市	0.07	-0.96	-1.18	0.68	0.19	0.13	-0.29	8
徐州市	-0.66	2.69	-0.30	0.68	0.19	0.13	0.03	4
宿迁市	-1.12	-0.69	-0.80	0.68	0.19	0.13	-0.99	12
淮安市	-0.17	-0.04	0.52	0.68	0.19	0.13	-0.05	6
扬州市	-0.35	-0.13	-0.67	0.68	0.19	0.13	-0.35	9
镇江市	0.05	-0.05	-0.35	0.68	0.19	0.13	-0.02	5
常州市	0.47	0.39	-0.15	0.68	0.19	0.13	0.37	3
无锡市	1.30	0.96	0.92	0.68	0.19	0.13	1.19	2
苏州市	2.33	-0.69	0.18	0.68	0.19	0.13	1.47	1

（2）提取主成分因子

鉴于因子变量在未经旋转的载荷矩阵中在许多变量上都有较高的载荷而含义会比较模糊，所以通过方差极大法（Varimax）对因子载荷矩阵旋转，用旋转后的结果提取累计方差贡献率大于80%的主成分因子，即提取原始指标的大部分信息。由此，城市中心性提取了3个主成分因子，其贡献率分别为59.90%、16.94%、11.53%，累计贡献率为88.37%。

根据表9-9中的城市中心性指数，得到以下结论：

结论5：第一，中心城市呈现明显的等级性。如果把12个城市分为两个等级，则一级中心城市为苏州市区、无锡市区、常州市区和徐州市区，二级中心城市为镇江市区、淮安市区、济宁市区、德州市区、扬州市区、聊城市区、枣庄市区、宿迁市区。第二，城市中心性呈现明显的地域差异，京杭运河苏鲁段经济带苏南段城市中心性明显高于苏北段和山东段城市的中心性。第三，苏北段缺少承接产业转移的中心城市，山东段缺少带动力强的中心城市。

二　城市间相互作用

顾朝林等运用重力模型对中国城市（仅包含地级市和县级市及等级以上的市区）空间联系强度进行定量计算，将我国城市体系分为北方体

系和南方体系两个一级城市体系[①]。京杭运河苏鲁段经济带山东段包含济南体系和济宁体系两个三级城市体系；江苏段包含上海体系、无锡体系、南京体系、徐州体系四个三级城市体系。德州市、聊城市与济南市联系密切，枣庄市、宿迁市与徐州市联系密切。淮安市、扬州市、镇江市与南京市联系密切，而常州市与无锡市联系较为密切，常州市、无锡市、苏州市与上海市联系密切。

结论 6：京杭运河苏鲁段经济带城市间联系呈现济南组团、济宁组团、徐州组团、南京组团、无锡组团、上海组团六大组团。经济带内城市间经济联系较弱。

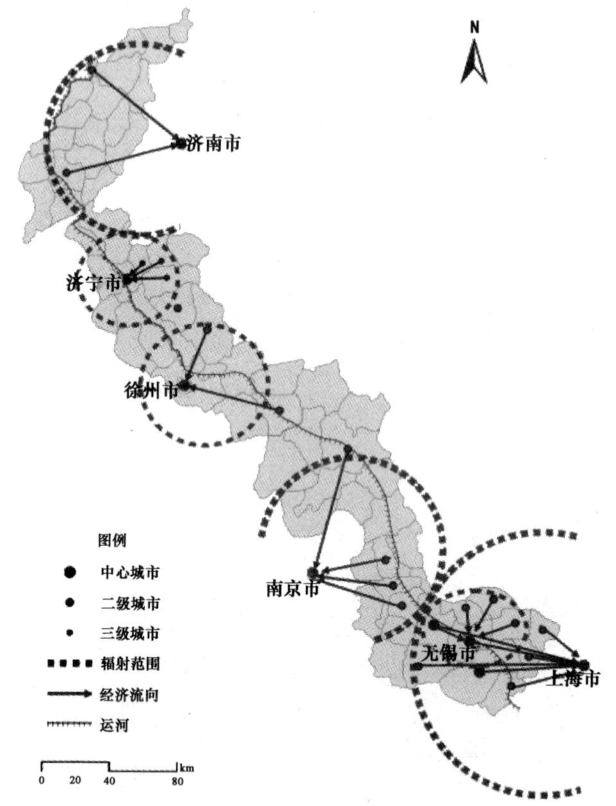

图 9－34　京杭运河苏鲁段经济带城市间经济联系示意图

---

① 顾朝林、于涛方、李王鸣等：《中国城市化格局·过程·机理》，科学出版社 2008 年版，第 30—47 页。

表 9－10　　京杭运河苏鲁段经济带城市经济联系状况

组团名称	中心城市	京杭运河苏鲁段经济带上主要构成城市
济南组团	济南市	德州市、聊城市、禹城市、临清市等
济宁组团	济宁市	曲阜市、兖州市、邹城市
徐州组团	徐州市	枣庄市、宿迁市、滕州市、邳州市、新沂市等
南京组团	南京市	淮安市、扬州市、镇江市、高邮市、江都市、仪征市、扬中市、丹阳市、句容市等
无锡组团	无锡市	常州市、张家港市、宜兴市、金坛市、江阴市等
上海组团	上海市	苏州市、无锡市、常州市、常熟市、张家港市、江阴市、宜兴市、昆山市、吴江市、金坛市、太仓市等

三　城镇体系特征

由于数据的可获得性，课题研究采用城市建成区面积作为城镇发展状况指标进行对比分析。同时，山东段也只有部分县（市）的城市建成区数据，数据采自《山东城市统计年鉴2006》和《江苏城镇建设年报2006》。

表 9－11　　京杭运河苏鲁段经济带城市建成区面积比较　　单位：平方公里

城市	面积	城市	面积	城市	面积	城市	面积
德州市	42.0	新沂市	29.3	洪泽县	10.2	**常州市**	107.6
乐陵市	17.2	邳州市	27.2	盱眙县	19.2	溧阳市	19.6
禹城市	22.2	丰县	19.6	金湖县	13.5	金坛市	15.6
聊城市	53.5	沛县	28.0	**扬州市**	70.0	**无锡市**	197.5
临清市	20.2	铜山县	18.6	宝应县	26.8	江阴市	50.8
济宁市	52.4	睢宁县	21.5	仪征市	32.4	宜兴市	46.0
曲阜市	19.3	**宿迁市**	47.6	高邮市	19.8	**苏州市**	214.5
兖州市	42.0	沭阳县	41.0	江都市	27.6	常熟市	97.3
邹城市	30.7	泗阳县	32.0	**镇江市**	90.1	张家港市	57.5
枣庄市	114.1	泗洪县	28.0	丹阳市	28.3	昆山市	41.3
滕州市	40.5	**淮安市**	89.0	扬中市	8.9	吴江市	68.8
徐州市	144.1	涟水县	17.7	句容市	14.9	太仓市	17.8

资料来源：《山东城市统计年鉴2006》，《江苏城镇建设年报2006》。黑体字为地级市建成区。

通过分析各城市建成区数据，尽管枣庄市区、徐州市区、淮安市区、镇江市区在其所在的市具有较大的首位度，但仔细分析其行政区划可知，其首位度并没有数据反映的那么高。

结论7：京杭运河苏鲁段经济带的城镇体系特征表现为：第一，苏锡常段城市发展水平较高，中心城市首位度较高，城镇体系较为成熟。第二，德州—镇江段中心城市较小，带动力较弱，其他城市规模较小，缺乏承接性城市。第三，多数城市行政单元较多，中心城区规模较大，行政单元间经济联系较弱，亟待整合。

表9-12　京杭运河苏鲁段经济带地级市建成区行政区划（2008）

城市	数目	行政区划
德州市	1	德城区
聊城市	1	东昌府区
济宁市	2	市中区、任城区
枣庄市	5	市中区、薛城区、峄城区、台儿庄区、山亭区
徐州市	5	云龙区、鼓楼区、泉山区、九里区、贾汪区
宿迁市	2	宿城区、宿豫区
淮安市	5	清江区、淮阴区、清浦区、楚州区、开发区
扬州市	3	广陵区、邗江区、维扬区
镇江市	4	丹徒区、京口区、润州区、镇江新区
常州市	5	武进区、新北区、天宁区、钟楼区、戚墅堰区
无锡市	7	崇安区、南长区、北塘区、锡山区、惠山区、滨湖区、新区
苏州市	8	沧浪区、平江区、金阊区、吴中区、相城区、高新区、虎丘区、工业园区

第五节　运河经济带的基础设施现状

基础设施是经济带内产业活动和布局的先行条件。现代经济活动，尤其是工业活动对运输及其他基础设施的依赖越来越大。基础设施是经济带形成与发展的“触发器”。

一 运河航道发展现状

京杭运河东平湖—济宁段由于航道淤积、水量过少等原因，无法通航。济宁至扬州段航道，多数为二级航道，但淮阴船闸至淮安船闸段22公里、大王庙至窑湾段38公里、窑湾至皂河段10公里、高邮至邵伯船闸段32公里、槐河河口至施桥船闸段13公里为三级航道①。苏南运河全线达到国家四级航道标准，年通过能力达到1亿多吨，相当于沪宁铁路年货运量的3倍多。但是长江泥沙流入苏南运河后，在镇江、常州段沉积，需要加大投入予以定期疏浚，以确保航道等级标准。

随着货运量的增加，京杭运河堵航现象非常严重。2003年以来，平均每年发生8小时以上的堵航事件达46次，受堵船舶逾10万艘次，航道整治成为重要任务。

二 运河船闸发展现状

京杭运河山东段主航道上主要船闸有微山船闸、韩庄船闸、万年闸、刘庄船闸、台儿庄船闸、蔺家坝船闸、解台船闸、刘山船闸、皂河船闸、宿迁船闸、刘老涧船闸、泗阳船闸、淮阴船闸、淮安船闸、邵伯船闸、施桥船闸等。由于建设时间较早、使用年限过长，或因需要解决过闸拥挤等问题而修建的二线船闸有微山二线船闸、韩庄二线船闸、台儿庄二线船闸②。苏北运河目前建有23座大型船闸。由于苏北运河运量的激增，相继兴建了淮阴、淮安、宿迁三线船闸，相继开工建设了皂河三线船闸、刘老涧、泗阳三线船闸，运量明显增加③。

---

① 苏北运河航道管理发展战略研究课题组：《苏北运河航务管理发展战略研究》，2007年。

② 谈建平：《京杭运河（山东段）航运与“沿运”经济的关联性研究》，大连海事大学硕士学位论文，2007年。

③ 苏北运河航道管理发展战略研究课题组：《苏北运河航务管理发展战略研究》，2007年。

三　运河港口发展现状

京杭运河济宁段港口已发展成为包括济宁港、泗河口港、太平港、微山港等九大港区，共70多个作业区组成的机械化港口群，年吞吐量达2000万吨。京杭运河枣庄段形成了以枣庄港为龙头，以台儿庄港、滕州港、峄城港为支撑的港口群，共有作业区20多个、泊位300多个，吞吐量达到1600多万吨[①]。苏北运河上现有港口码头220座，年吞吐总量约为5000多万吨。长度在100米以上的港口码头有90多座，长度不足50米的码头有100余座，达不到规定的等级航道通航标准的码头有60多座，这些码头大多是建于20世纪七八十年代，为历史遗留的老碍航码头[②]。苏南运河存在的突出问题则是锚地少，全线仅锚地37处，既无生活供给设施，又无锚泊系缆桩，更无船舶修理等服务，而且规模太小，比较分散，造成市区、镇区等航运比较繁忙的较窄河段比较拥挤，降低了通航能力。港口建设是提高航运能力的重要途径。

四　运河船型现状结构

目前运河船舶船型、机型杂乱，技术水平低，安全性能差，不利于环境的保护[③]。

①船舶的技术水平。据不完全统计，船舶大约有300多种，机型大约有140多种。在一些地区，能耗高、水资源和噪声污染严重的拖带船型和挂桨机船队仍是主要的运输方式；船舶材质结构存在极少量的水泥船；船舶航速慢，一些运输船队的平均航速只有5公里/小时，运输效率低。②航运结构。目前运河航运业结构极不合理，干散货船舶运力多。特殊用途船舶少，内河集装箱、散装水泥船、冷藏船、化学品船等专用船舶

① 谈建平：《京杭运河（山东段）航运与“沿运”经济的关联性研究》，大连海事大学硕士学位论文，2007年。

② 苏北运河航道管理发展战略研究课题组：《苏北运河航务管理发展战略研究》，2007年。

③ 史宝伟：《全面推进船型标准化，提高京杭运河竞争力》，《中国水运》（学术版）2006年第2期，第65—66页。

还有待大力发展。③船舶的船龄结构。目前运河运输船舶平均船龄为10.8年。④运力规模。世界发达国家内河的航运条件，除水系支流渠化比我国好之外，其干流与我国的航运条件的差异并不太明显，而航运船舶的平均吨位却大大高于我国。这与内河船舶船型结构有直接关系。⑤环境污染问题。目前绝大多数的运营船舶尚未安装生活污水处理装置，生活污水直接排放，苏南运河苏锡常段水质大多属于Ⅴ类及劣Ⅴ类水，仅部分河段属Ⅳ类水，水体以有机污染为主①。部分油船和化学品船为单层底壳，一旦发生破损泄漏将造成对水资源的严重污染，后果不堪设想。

① 孙红卫、张雷：《苏南运河苏、锡、常段水质沿程变化及污染控制》，江苏环保网：http：//www.jshb.gov.cn/jshb/。

第十章

运河经济带建设：产业结构优化

第一节 京杭运河苏鲁段经济带的发展定位

一 “三位一体”定位法

区域发展定位，根植于对一个区域相当长的时期内整体开发中带有全局性、长远性、方向性和根本性的重大项目所作的总体部署。发展定位须从空间与时间两个维度考虑。从空间维度看，区域在空间上表现为一个整体，需全面考虑整体与局部、局部与局部之间的关系。同时，区域发展战略又有其独立性，必须结合本地资源与社会经济条件，充分发挥区域资源优势，体现出区域特色。从时间维度看，区域发展要求从历史、现状到未来的整个过程来考虑带有方向性、根本性和长远性的问题，要求全过程最优。因此，在不同的发展历史阶段，区域发展应有不同的定位，必须正确处理好当前与长远之间的关系，使近、中、远期目标前后相互衔接[①]。另外，我国是一个资源紧缺的国家，因此经济的发展必须处理好与资源环境的关系。

区域发展定位就是从空间、时间和生态三维角度进行分析，笔者把它定义为区域发展的“三位一体”定位法。“三位一体”定位法是研究区域发展定位的一般方法，具体区域的发展定位还需在“三位一体”定位法基础上，考虑各区域的自身特色。

二 京杭运河苏鲁段经济带的发展定位

第一，运用区域发展的“三位一体”定位法，对京杭运河苏鲁段经济带进行定位。

首先，空间维度分析。从高层次区域看，京杭运河苏鲁段经济带担

① 费洪平：《区域宏观总体发展战略研究——胶济沿线产业带分析》，《地理学与国土研究》1992年第4期，第1—8页。

负着落后区域经济崛起的重任，担负着苏南、苏中、苏北，鲁东、鲁中、鲁西区域协调发展的重任。从区域自身发展看，依据产业结构的分析结果，京杭运河山东段和苏北段各城市应积极发挥在资源方面的相对优势，重点发展资源密集型和劳动密集型产业，通过产业结构的调整，提高产业份额，增强聚集力。苏南段应抓住良好的区位与资本优势，重点发展资本密集型与技术密集型产业，实现产业结构的高级化、现代化和服务化，实现区域优化开发、结构优化发展。

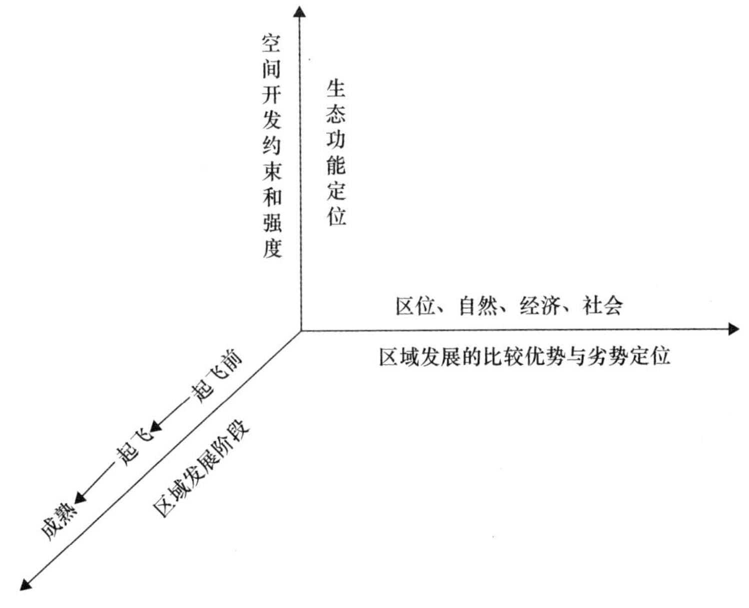

图 10－1 区域发展的“三位一体”定位法

其次，时间维度分析。工业化过程可以分为前工业化时期、工业化初期、工业化中期、工业化后期、后工业化五个阶段。一方面，根据人均 GDP、产业结构等特征对工业化阶段进行划分的标准（见表 10－1），京杭运河苏鲁段经济带德州市、聊城市、济宁市、枣庄市、徐州市、宿迁市、淮安市、扬州市、镇江市处于工业化中期；而常州市、无锡市和苏州市处于工业化后期阶段（见表 10—2）。工业化、现代化是各城市的重任。另一方面，与京杭运河苏鲁段经济带相邻的六大经济带胶济经济带、鲁南经济带、东陇海产业带、长江经济带、京九经济带、沿海经济

带也多处于工业化中期阶段（见表10－3），发展阶段的相似性、崛起的紧迫性决定了处于中间区位的京杭运河苏鲁段经济带成为区域竞争与区域争夺最激烈的区域。

最后，生态维度分析。京杭运河苏鲁段经济带是我国南水北调东线工程的源头，其建设对于沿线生态环境建设具有举足轻重的意义。因此，区域开发中生态环境问题应摆在十分重要的位置。

表10－1　　工业化不同阶段的标志值　　美元/2004年

	前工业化时期	工业化初期	工业化中期	工业化后期	后工业化
人均GDP	720—1440	1440—2880	2880—5760	5760—10810	10810以上
产业结构	Ⅰ>Ⅱ	Ⅰ>20%，Ⅰ<Ⅱ	Ⅰ<20%，Ⅱ>Ⅲ	Ⅰ<10%，Ⅱ>Ⅲ	Ⅰ<10%，Ⅱ<Ⅲ

资料来源：陈佳贵、黄群慧、钟宏武：《中国地区工业化进程的综合评价和特征分析》，《经济研究》2006年第6期，第4—15页。

表10－2　　京杭运河苏鲁段经济带发展阶段判定

地市	人均GDP（元）	三次产业结构（%）	工业化阶段
德州市	15098	Ⅱ>Ⅲ>Ⅰ（15.3：55.2：29.5）	工业化中期
聊城市	12630	Ⅱ>Ⅲ>Ⅰ（18.6：57.4：24）	工业化中期
济宁市	16213	Ⅱ>Ⅲ>Ⅰ（13.7：55：31.3）	工业化中期
枣庄市	17614	Ⅱ>Ⅲ>Ⅰ（9.6：63.9：26.5）	工业化中期
徐州市	13160	Ⅱ>Ⅲ>Ⅰ（14：50.6：35.3）	工业化中期
宿迁市	7188	Ⅱ>Ⅲ>Ⅰ（26.5：43.4：30.1）	工业化中期
淮安市	10683	Ⅱ>Ⅲ>Ⅰ（21.3：45.5：33.1）	工业化中期
扬州市	20251	Ⅱ>Ⅲ>Ⅰ（9.7：56.3：34）	工业化中期
镇江市	32597	Ⅱ>Ⅲ>Ⅰ（4.4：60.6：35）	工业化中期
常州市	37207	Ⅱ>Ⅲ>Ⅰ（4.3：61.1：34.6）	工业化后期
无锡市	62323	Ⅱ>Ⅲ>Ⅰ（1.7：60.5：37.8）	工业化后期
苏州市	66766	Ⅱ>Ⅲ>Ⅰ（2.2：66.6：31.2）	工业化后期

资料来源：山东、江苏统计年鉴（2006）。Ⅰ表示第一产业、Ⅱ表示第二产业、Ⅲ表示第三产业。

表 10-3　　相邻经济带发展阶段判定

地市	人均 GDP（元）	三次产业结构（%）	工业化阶段
胶济产业带	28436	Ⅱ > Ⅲ > Ⅰ（8.3 : 56.1 : 35.7）	工业化中期
鲁南经济带	12486	Ⅱ > Ⅲ > Ⅰ（15.8 : 53.4 : 30.8）	工业化中期
东陇海产业带	17163	Ⅱ > Ⅲ > Ⅰ（10.4 : 52.2 : 37.5）	工业化中期
长江经济带（江苏段）	36535	Ⅱ > Ⅲ > Ⅰ（4.1 : 58.5 : 37.4）	工业化中期
沿海经济带（江苏段）	15167	Ⅱ > Ⅲ > Ⅰ（15.9 : 50.7 : 33.4）	工业化中期
沿海经济带（山东段）	31086	Ⅱ > Ⅲ > Ⅰ（8.5 : 60.0 : 31.4）	工业化中期
京九经济带（阜阳—菏泽段）	5148	Ⅱ > Ⅲ > Ⅰ（33.7 : 36.4 : 30.0）	工业化初期

资料来源：根据山东、江苏、安徽、河南统计年鉴（2006）等整理。

第二，京杭运河苏鲁段经济带的发展定位，还需从其所处的经济带的发展阶段进行分析。目前，德州—扬州段经济带处于从据点开发向轴线开发的过渡时期。增长极的壮大与交通设施的完善是其发展的重任。镇江—苏州段开始进入网络扩散期，产业结构升级与产业扩散是其发展的重要任务。

第二节　产业结构优化重组

一　主导产业选择

产业结构优化的主要表现是主导产业的更替①。主导产业是在地区经济发展中起主宰作用，能带动整个地区发展的产业。主导产业一般具有四个特征：①专业化水平高，主要为区外服务；②主导产业在地区生产中占有较大比重，能在一定程度上主宰地区经济发展；③主导产业与区内其他产业关联度高；④能代表区域产业发展的方向，富有生命力的产业。同时，一个地区的主导产业要得到良好的发展，至少应

---

① 臧旭恒、徐向艺、杨蕙馨：《产业经济学》，经济科学出版社 2002 年版，第 263 页。

该解决以下问题：第一，选择先进的技术武装主导产业。第二，培育大型企业集团作为地区主导产业发展的载体。第三，选择具有发展潜力的幼小产业进行扶持，为未来时期主导产业的升级和更替做准备①。

根据以上四个特征，选择偏离份额分析法中的 G、P、D 作为参考指标进行主导产业选择。G 较大的产业往往表明其规模较大，$P>0$ 的产业表明其具有较大的区位商，$D>0$ 的产业表明产业发展较快。主导产业选择的难点在于上述几个指标和上述四个特征往往不能同时满足，这就需要在实地调研定性分析的基础上，参考 G、P、D 三个指标值进行确定（见表 10－4）。

表 10－4　　京杭运河苏鲁段经济带主导产业确定

地市	主导产业	重点产业
德州市	2. 食品加工制造业	4. 木材及造纸业，8. 非金属矿物制品业
聊城市	10. 通用、专业设备制造业	4. 木材及造纸业，1. 第一产业
济宁市	5. 化学工业	4. 木材及造纸业，3. 纺织业
枣庄市	8. 非金属矿物制品业	14. 交通运输仓储及邮电通信业，2. 食品加工制造业，5. 化学工业
徐州市	10. 通用、专业设备制造业	14. 交通运输仓储及邮电通信业，4. 木材及造纸业
宿迁市	4. 木材及造纸业	2. 食品加工制造业，1. 第一产业
淮安市	14. 交通运输仓储及邮电通信业	7. 化学制品业，1. 第一产业
扬州市	7. 化学制品业	11. 交通电器，3. 纺织业
镇江市	9. 金属制品工业	4. 木材及造纸业，11. 交通电器，5. 化学工业
常州市	10. 通用、专业设备制造业	9. 金属制品工业，3. 纺织业，11. 交通电器
无锡市	9. 金属制品工业	14. 交通运输仓储及邮电通信业，11. 交通电器，12. 电子工业，7. 化学制品业，3. 纺织业
苏州市	12. 电子工业	9. 金属制品工业，3. 纺织业，7. 化学制品业，16. 金融保险业

① 孙久文、叶裕民：《区域经济学教程》，中国人民大学出版社 2003 年版，第 93—99 页。

二　产业优化与产业升级

根据 Shift-share 分析结果，①从产业部门优势分析看，京杭运河苏鲁段经济带具有部门增长优势的产业（$S>0$）较少。②从产业部门偏离分量看，多数产业处于第三象限（产业基础较差又增长缓慢）和第四象限（产业基础较差但增长快速）。③从总体优势看，多数产业处于第三象限和第四象限。④从产业结构转换能力看，工业地位上升的城市只有4个，工业结构较好的城市有6个，竞争力较强的城市有4个。京杭运河苏鲁段经济带苏锡常段建设的关键在于产业结构的合理化，而其他区段建设的关键在于比较优势基础上的产业结构的高度化。依据上节确定的主导产业和重点产业，提出以下优化方案（见表10－5）。产业结构的优化升级方案，并不是要政府代替企业经营，而是政府通过了解企业的发展状况，了解企业存在的问题与难点，从而为企业发展更好地提供制度、基础设施等公共条件。

表10－5　　京杭运河苏鲁段经济带产业优化方案

地市	优化产业	优化策略
德州市	食品工业	（1）围绕扒鸡集团、中澳、双汇、金锣、光明等企业，提高品牌效应；（2）以谷神、禹王、福源、发达、乐悟、鼎力等企业为依托，提高大豆、玉米、小麦、棉籽、小枣深加工水平；（3）推进酿造企业生产由传统发酵向新型发酵转变，产品由单一酒类向精细化工、生物制药、食品添加剂等高附加值产品转变
	林产品加工、造纸业	（1）造纸生产重点改造齐河晨鸣、夏津泉林、照东方等骨干企业，逐步淘汰草浆生产；（2）立足速生林发展优势，加快推进林浆纸一体化进程；（3）以贺友集团为龙头，加快人造板生产规模扩张；（4）以开发绿色环保型家具为重点，家具加工向集约化、集聚化发展
	建材业	（1）以晶华集团为龙头，重点发展新型干法旋窑水泥，加快高档浮法玻璃改造，提高玻璃深加工能力，扩大节能玻璃、安全玻璃、玻璃空心砖等高附加值产品的生产规模；（2）加快发展塑料管道、新型防水密封材料等化学建材

续表

地市	优化产业	优化策略
聊城市	机械制造业	(1) 汽车制造业。围绕客车、改装车、轻卡三大类主导产品，加强与国内外大集团、大公司的合资合作，形成主导产品总装和主要零部件配套能力；(2) 农用装备制造业。围绕农业结构调整和农业新技术推广的需要，在保持成本价格优势的基础上，积极开发先进适用、经济实惠的农用机械，加强市场开拓和售后服务。以时风集团等为核心企业，建成国家级的农用装备制造业基地
	木材及造纸工业	(1) 木材加工业，整合板材加工企业，重点发展高中密度纤维板、复合木地板，延伸制造家具等终端产品；(2) 走林纸一体化发展道路，形成上游原料开发、中游纸浆和造纸生产、下游纸制品及包装印刷相配套的产业链
	纺织业	提升产品技术含量和档次，扩大高档产品的生产能力和出口规模，重点发展棉纺、毛纺、针织、服装及寝饰用、产业用纺织品。以冠县冠星集团、临清三和色织、临清华润公司、聊城华润公司为核心企业，建成京杭运河苏鲁段经济带重要的纺织工业基地
	食品工业	围绕农业产业化，以龙头企业为依托，加快开发新品、精品和特色产品，打造绿色、健康品牌，扩展国内市场营销网络，积极扩大出口。以阳谷凤祥集团、高唐蓝山集团、齐鲁味精集团为核心，建成肉类产品加工基地和味精生产基地
济宁市	煤化工产业	拉长三大产业链条。(1) 煤气化，扩大甲醇、醋酸、合成氨、尿素等生产规模，发展醋酐、醋酸纤维、甲醛、聚甲醛等产品；(2) 煤焦化，重点发展焦油加工及苯、萘、蒽、酚等系列产品，开发改质沥青、针状焦、UHP 高功率电极等产品；(3) 煤液化，积极采用间接液化生产油品技术，加大新产品开发力度，重点发展汽柴油、航空煤油等油品，形成 200 万吨生产能力
	造纸	开发高档高强纸、高档文化纸以及工业用纸、生活用纸，建设涂布加工纸、液体包装纸、薄页纸、无碳复写纸等项目，支持发展进口替代产品。加快技术装备改造和行业战略重组，支持太阳纸业、华金集团扩规模、上水平，搞好林纸一体化项目建设

续表

地市	优化产业	优化策略
济宁市	纺织服装产业	(1) 重点发展棉毛高档面料及其服装，成衣类重点发展男女时装、职业装，实现从低附加值产品向技术型高附加值产品的转变；(2) 毛纺，以如意集团为龙头，形成10万锭毛纺锭和2000万米精纺呢绒生产能力；棉纺，依托樱花、嘉达、德源纱厂、翔宇化纤等骨干企业，采用紧密纺、精梳纺、喷气纺、全自动气流纺等技术工艺，开发差别化纤维、天然绿色纤维及氨纶化纤等产品，形成520万锭纺纱能力；(3) 大力发展高档西服和休闲服装，增强成衣化、品牌化能力
枣庄市	建材产业	大力发展新型干法旋窑水泥、浮法玻璃、高档装饰材料、新型墙体材料和石膏深加工产品，提升建材行业的整体竞争力。按照集团化、基地化的要求，扩大重点企业规模，以产权收益分配为纽带，对中联、泉兴、榴园、顺兴、申丰、沃丰、安厦等骨干水泥企业实施重组、兼并、联合，组建2—3家大型水泥企业集团或联合体
	机电产业	重点发展数控机床、加工中心、数控专用机床及汽车维修检测系列设备。以鲁南机床为龙头，以机床工具为主要终端产品，大力发展集铸造、镦锻、机械加工、铂金、模具、电机、配套件等为一体的机电产业链，打造全国知名的数控机床加工出口、电子信息产品基础材料及元器件生产、大型齿轮生产的加工制造业基地。依托资源优势，发展煤炭、水泥等专用设备。突出滕州机电企业集群的龙头带动和辐射作用，建设滕州机械制造创业园
	煤化工产业	(1) 重点发展以木石为中心的综合性煤化工园区、以市南工业园为中心的精细化工园区。以海化煤化工、盛隆焦化等企业为骨干，推动煤焦化产业集中发展；(2) 在鲁南高科技化工园区周围20平方千米的范围内，依托兖矿鲁南化肥厂、国泰化工有限公司、滕州凤凰化肥发展有限公司三大支柱企业，发展以煤化工为核心的新型高附加值煤化工产品，形成合成氨产业链、清洁能源产业链、煤基烯烃与新型合成材料产业链。把枣庄建成华东地区乃至全国重要的煤化工基地
	能源产业	建成金庄、东大、锦丘、滕东、枣矿滨湖等高产高效矿井，全市煤炭年生产能力达到3500万吨左右。积极发展煤电热联合企业，开发高耗电产品，提高煤能源的转化率和利用率，拉长产业链，使电能、热能的利用逐步向符合国家产业政策的电化工、电冶炼等高附加值的下游产品延伸，实现二次增值
	食品加工业	加快培育“小麦—面粉—等级面粉—专用面粉—高档食品”、“玉米—淀粉—变性淀粉—酒精—医药用品”、“大豆—油脂—豆粕—饲料”等三大产业链。以肉食加工、酿酒为主导，重点发展无公害食品、绿色食品、有机食品，发展特色的石榴深加工食品，优化食品产业结构

续表

地市	优化产业	优化策略
徐州市	装备制造业	发挥徐工等重点骨干企业的支撑带动作用，加快发展发动机等核心部件，提高一般零部件配套能力，拓展延伸工程机械产业链条；以重型卡车、专用车和摩托车等机动车辆为重点，带动零部件关联产业发展，培育机械工业新的增长点；以大型化、数字化为方向，大力扶持建材、煤矿、锻压、环保和农业等专用机械发展；全力打造全国重要的工程机械生产研发基地、区域性大型建材机械和锻压机械生产制造基地及交通装备制造基地
	现代物流业	依托区位、交通、产业优势，着力构建信息交换、仓储配送、生产性物流支持和集疏运支撑四大体系，重点建设运河港口煤炭物资、九里生产资料、金山桥生产配送等区域性综合物流基地和香山家电、大黄山粮食、邳州板材、新沂农资等特色专业物流中心，力争建成与全国重要物流节点相链接的区域性物流枢纽城市
	木材加工业	发挥速生林资源优势，以板材加工为重点，优化产品结构，提高加工水平，注重上下游产业延伸，大力发展家具等板材终端产品。加强规划引导，支持邳州、丰县、新沂加速产业集聚，扶持骨干龙头企业实施品牌战略，迅速扩张规模，提升水平，努力建成全国最大的原木板材加工和出口基地
宿迁市	木材加工业	沭阳县扎下镇、桑墟镇、贤官镇为重点区域的木材加工；泗阳县临河镇、众兴镇为重点区域的木材加工；宿城区陈集镇、洋河镇为重点区域的木材加工
	食品加工业	宿城区洋河镇、泗洪县双沟镇、沭阳县沂涛镇为重点区域的白酒酿造；宿豫区井头乡为重点区域的现代包装；泗洪县孙园镇、城头镇为重点区域的粮食加工
淮安市	机械产业	以壮大现有骨干企业为重点，提高电机、齿轮泵、轴承等基础件产品档次，稳步发展专用运输机械、石油机械、建筑机械、园艺机械、船用机械等整机产品
	冶金产业	以淮钢集团为重点，加大技术改造和技术创新力度，加快特殊钢生产线项目建设进度，形成具有自主知识产权的特钢生产技术
	化工产业	壮大盐化工、石油化工、精细化工和橡胶制品业经济规模，使淮安市发展成为与沿江化工产业带相协作的、苏北重要的化工基地

续表

地市	优化产业	优化策略
扬州市	石油化工产业	加快扬州化学工业园建设，积极拓展以乙烯为龙头，基础石化原料、合成材料、精细化工、石化物流相互衔接的化工产业链，与南京化工产业相呼应，建设国家级石化产业密集区
	化纤纺织产业	依托仪征化纤，开发生产聚酯专用料及聚酯下游产品。以纺织工业园为载体，发展新型纺纱、高档高仿真面料，提高印染后整理水平，做强产业用布
	汽车及零部件产业	整车按照轿车、客车与特种车同步推进，零部件按照立足省内、面向国内外发展的思路，重点推进上汽仪征基地、亚星集团、中集通华、扬柴等企业的发展，大力发展汽车发动机、汽车油箱、车桥、车用空调、汽车电子、启动电机、汽车转向泵等汽车关键零部件生产，提高零部件技术水平，做大整车规模
	金属板材加工设备及制品业	以国家级金属板材数控加工设备产业基地为依托，以扬力、金方圆、亚威等机床企业和牧羊、诚德、中油钢管、中集通运集装箱等金属制品企业为重点，发展板材加工设备制造、金属制品、集装箱、钢管生产等产业，加强关键技术研究开发，尽快形成折、剪、冲、锻、旋等多品种、多规格、大规模生产能力
	现代旅游业	充分整合和发挥文化、园林、生态、休闲等特色优势资源，以“两古一湖”建设为重点，加快形成“一城三带”、八大景区（蜀冈—瘦西湖风景名胜区、扬州古城历史文化旅游区、瓜洲—润扬大桥观光休闲区、环邵伯湖生态旅游度假区、高邮文化旅游区、宝应生态观光旅游区、仪征山林水石休闲度假区、南水北调源头观光旅游区）的旅游发展格局。发挥“淮扬菜之乡”和“扬州三把刀”的优势，做强品牌餐饮业和休闲沐浴业，大力发展文化娱乐、宾馆服务、旅游商品等配套产业，提升旅游业整体竞争力
镇江市	机械制造	重点发展电气机械及器材、金属制品、专用设备和通用设备等四大类产品，电气机械及器材重点发展工程电器；金属制品重点发展五金工具、金属容器等；专用设备重点发展工程机械、农林及园艺机械等；通用设备重点发展液压驱动、精密轴承等产品
	造纸	围绕铜版纸、包装纸及纸制品，抓好产品的延伸开发，形成浆—造纸—纸品加工—纸品市场的产业链，加强专业协作配套，带动相关产业的发展，形成亚洲重要的造纸基地。限制化学制浆，利用江滩、坡地等适当发展造纸用林

续表

地市	优化产业	优化策略
镇江市	化工	重点发展精细化工和煤化工，扩大工程塑料、醋酸及衍生产品、固体草甘膦、钛白粉、ADC发泡剂和有机硅等产品规模，提高深度加工水平，延伸产业链，打造亚洲重要的工程塑料生产基地和醋酸生产基地。积极开发盐化工、建材化工、医药化工等产品，并向多品种、系列化方向发展
常州市	轨道交通车辆及部件制造业	整合戚墅堰及周边地区产业资源，建设轨道交通车辆及部件制造产业基地，依托重点骨干企业，引进吸收先进技术与提升自主研发设计制造水平并重，积极开发重载高速内燃机车、轨道车辆及关键零部件，发展车辆配套项目，形成轨道交通产业链
	专用机械制造业	做强农用机械、工程机械、精密机械等产业，提升纺织机械、电机产品档次，有效推进对外合作，注重提高自主研发设计水平，注重产品结构调整，继续推进韩国工业园、戚墅堰电机特色产品群的建设
	金属冶炼及加工业	加强对现有钢铁企业的产业政策指导，不再建设新的钢铁联合企业及独立的炼铁厂、炼钢厂，新建轧钢项目应相对集中
	纺织服装业	围绕原料、面料、终端产品三个环节，提高原料、高档面料技术水平，突破印染后整理加工瓶颈，引导纺织服装企业向天宁开发区、金坛开发区集聚，注重纺织服装品牌建设，提升现代纺织基地发展水平
无锡市	汽车及零部件产业	加强与著名汽车制造大企业的合资合作，加快轿车生产规模化、客车生产系列化、专用车生产特色化、关键汽车零部件国际化，建设成为江苏汽车工业和全国重要的客车及汽车零部件制造基地和配套中心
	机械装备业	以增强自主创新、发展总成和成套产品为重点，促进机械加工制造业向先进装备制造业、大型成套装备业调整，向机光电一体化方向提升。培育一批具有自主研发能力和国际竞争力的大型企业集团，形成一批具有系统设计、系统集成和工程总承包能力的大型专业工程公司，形成若干个国际知名的机械装备产业群，形成一批高新技术产品群
	电子信息产业	以打造“太湖硅谷”为重点，构建集芯片设计、制造、封装测试的完整微电子产业链，以超大规模集成电路项目为龙头，建成国际一流、国内先进的集成电路产业集群，建成国内微电子重要基地。以建设“太湖液晶谷”为重点，主攻液晶屏和液晶模块，大力发展移动液晶，将无锡建设成为国内重要的液晶产业基地

续表

地市	优化产业	优化策略
无锡市	高档纺织产业	以无锡纺织出口工业园、江阴精纺呢绒产业园为载体，加快发展高档精纺呢绒，重点发展绿色纺织品、化纤仿真面料、高档色织布、精纺呢绒等产品，把无锡建成中国纺织产业基地
	现代旅游业	加快构建“三区一带一中心”（国家太湖旅游度假区、山水城旅游度假区、无锡太湖第一名胜景区、环太湖度假休闲带、无锡蠡湖新城休闲服务中心），开发建设“三泰一址”（泰伯墓、泰伯庙、泰伯渎和鸿山遗址公园），建设蠡湖新城、古运河、梁溪河、惠山古街、荣巷、鹅湖镇等旅游集聚区，搬迁建设城市动植物园
苏州市	电子信息产业	加强对微电子技术、光电子技术和计算机技术的研究开发，重点发展微型计算机、新型计算机外部设备、大规模集成电路、现代通信设备、数字视听产品、新型电子元器件等产品
	精密机械产业	引进开发数控技术、激光技术，重点发展激光加工设备、数控机床、智能仪器仪表、高速智能电梯、自动化办公设备、数码照相机等产品
	冶金产业	研究开发先进节能环保技术、冶金过程自动化控制技术，推动复合材料、镁（铝、钛）合金材料等新型材料的产业化，继续发展冷轧薄板、涂镀层板、不锈钢板等高附加值产品
	新型纺织产业	研究推广纺织新材料及先进加工技术，提高棉、毛、丝绸、麻纺等生产工艺水平，重点发展品牌服装、装饰和产业用纺织品等产品
	精细化工产业	进一步改进生产工艺，提高加工深度，重点发展新型环保染料、高档专用涂料、新型表面活性剂、食品添加剂等产品
	金融业	加快金融机构扩容步伐，吸引国内外金融保险机构，支持地方金融机构发展，突破发展非银行金融机构，培育多元化金融要素市场，增强金融服务功能。加强金融领域征信体系建设，继续建设金融安全区
	现代物流业	加大苏州港开发建设力度，以太仓港区集装箱码头建设为重点，促进港口物流发展。打造区域性现代物流基地，完善苏州工业园区、苏州高新区等保税物流园区功能，加快建设白洋湾综合物流园，规划建设常熟招商城和东方丝绸市场物流储运中心
	旅游会展业	加快建设都市综合旅游区、环太湖生态旅游区、水乡古镇及湖荡游览区和沿江旅游风光带。扩大苏州园林品牌优势，积极开发山水生态旅游，做强休闲度假旅游，逐步形成以观光旅游为基础，文化、商务、休闲旅游为重点，社会旅游为补充的旅游新格局。以中国苏州电子信息博览会和苏州国际旅游节为重点，培育知名品牌会展

资料来源：优化策略参考各地市的国民经济和社会发展第十一个五年规划纲要。

主导产业既然是代表区域发展方向的产业，那么区域经济的发展必然要求主导产业逐步升级，扶持发展新的较高技术层次的主导产业。当新兴主导产业还不成熟，还缺乏市场竞争力时，需要政府予以扶持，以免下一轮产业结构升级受阻[①]。为此，针对那些 *D* 值（发展较快）较大、*G* 值（生产规模）较小的产业，选择 1—2 两个能代表未来发展方向，并具有一定发展基础的产业作为未来主导产业来抓。政府通过积极提供财政、税收、科技支持，使未来主导产业突破发展瓶颈，跨越“起飞”阶段（见表 10－6）。

表 10－6　　京杭运河苏鲁段经济带未来主导产业选择

<table>
<tr><th>地市</th><th>产业</th><th>政府职责</th></tr>
<tr><td>德州市</td><td>新能源</td><td rowspan="12">1. 通过建设完善市场机制，推动企业公平竞争，激发企业发展活力。
2. 通过建设交通、信息、网络等硬件基础设施和提高政府办事效率等软件基础设施，搭建产业发展的平台，改善产业发展的外部条件。
3. 未来主导产业的发展，先期投入具有极大的风险性，政府应通过完善创业板市场、提供必要的财政支持，完善信息平台，降低企业风险。
4. 通过税收和科技支持，加速产业研发，缩小外部性，并通过建立完善的合作机制，推进产学研的合作步伐，加快实现产业化生产</td></tr>
<tr><td>聊城市</td><td>现代流通业</td></tr>
<tr><td>济宁市</td><td>旅游业</td></tr>
<tr><td>枣庄市</td><td>煤化工</td></tr>
<tr><td>徐州市</td><td>电子产业</td></tr>
<tr><td>宿迁市</td><td>包装印刷</td></tr>
<tr><td>淮安市</td><td>机械产业</td></tr>
<tr><td>扬州市</td><td>电子信息产业</td></tr>
<tr><td>镇江市</td><td>新材料</td></tr>
<tr><td>常州市</td><td>电子信息产业</td></tr>
<tr><td>无锡市</td><td>创意产业</td></tr>
<tr><td>苏州市</td><td>文化产业</td></tr>
</table>

三　产业集群识别与培育

（一）产业集群定义与特征

产业集群是大量相关企业按照一定的经济联系集中在特定地域范围，形成一个类似生物有机体的产业群落。产业集群具有四个方面的含义：一是在产业集群中聚集着大量的相关企业以及中间组织和支撑机构；二

① 孙久文、叶裕民：《区域经济学教程》，中国人民大学出版社 2003 年版，第 93—99 页。

是在集群内各企业和机构之间形成紧密的有机经济联系；三是这些企业和机构集中在特定的地域范围内，一般多为市域内某个区、县，甚至镇；四是通过有机联系、合作互动和社会化网络，形成一个类似生物有机体的产业群落。这既是产业集群的基本特征，也是界定产业集群的重要依据[①]。

目前，关于产业集群存在四大认识误区：①对产业集群理解的“泛化”问题。无论是在学术界还是在一些地方发展规划中，都存在把产业等同于产业集群的倾向。事实上，并非所有产业都能形成产业集群，集群内企业也并非只局限在某一产业部门，它可以涉及一、二、三种产业。产业集群是不同产业和多个产业链相互融合的结果。②把产业集群理解为地理“扎堆”。单纯的地理“扎堆”只是产业集聚或地理集中，而并非一定就是产业集群。③把“集群化”等同于“园区化”。产业集群化是通过市场机制和政府政策的双重作用，引导产业集聚不断向集群方向发展的过程；而产业“园区化”则是一种单纯的产业集聚过程，主要通过政府引导形成产业地理集中的过程。④把产业集群等同于主导产业。缺乏产业集聚，没有空间意义的绝不是产业集群[②]。

产业集群区域化和区域经济的集群化是区域经济发展的重要趋势。区域经济的集群化，一方面加快了区域内的产业内部信息流通的速度和扩散速度；另一方面也形成了特殊的面对面的交流模式，无形中减缓了产业内部信息外流的速度。企业之间较近的距离，有利于了解竞争对手的动向，有利于快速作出反应，并通过一系列的创新活动提高自身的竞争力。“区内的市场竞争”和“产业在区域内的集中”是激发区域内创新与学习活动的源头。企业在区域内市场的竞争将推动区域内生产要素、供应商、企业、相关支撑产业的创新与进步，从而带动区域的整体升级[③]。因此，一个国家或地区在国际上具有竞争优势的关键是产业的竞争优势，而产业的竞争优势来源于彼此相关的企业集群。

---

① 魏后凯：《对产业集群与竞争力关系的考察》，《经济管理》2003 年第 6 期，第 4—11 页。

② 魏后凯：《走出产业集群的认识误区》，《决策》2007 年第 7 期，第 28—29 页。

③ 孙久文：《区域经济学》，首都经济贸易大学出版社 2006 年版。

（二）产业集群识别方法

完整意义上的产业集群识别包括产业集群的辨认、集群的产业分类和产业集群边界的确定①。产业集群识别方法分定性与定量两种，主要有Porter 的产业集群辨别方法②、Anderson 的区位商法③，Rcpke et al、Tinsley、Feser and Bergman④ 等的投入产出分析等。课题研究采用“区位商法 + 专家意见法 + 企业调查”相结合的方法。

（1）研究方法：区位商法⑤ + 专家意见法 + 企业调查法⑥⑦

第一步，确定对区域外提供货物和服务、为区域创造财富的产业。将区位商公式变形，得到下面公式：

$$LQ_{ij} = Y_{ij} - Y_j \times (T_i/T) \qquad (10-1)$$

LQ_{ij} 为 j 区域 i 产业的区位商，Y_{ij} 为 j 区域 i 产业的经济活动水平，Y_j 为 j 区域所有产业的总水平，T_i 为基准经济 i 产业总水平，T 为基准经济总水平。$LQ_{ij} > 0$，则认为 i 部门是为区外服务的产业。按照区位商的大小，就能排定出研究区域内各产业作为财富创造者重要程度的次序。

第二步，将区位商大于 0 的产业部门按照可能的关联进行分类，组合成产业集群的初始框架。这种归类，主要是基于研究人员的产业常识和对于区域经济实情的掌握，尤其是对部门间在生产链上的关联程度的

① Edward, W., Hill. A Methodology for Identifying the Drivers of Industrial Clusters. The Foundation of Regional Competitive Advantage. Economic Development Quarterly, 2000, 14 (1): 65 - 96.

② Porter, M. E. Clusters and New Economics Competition. Harvard Business Review, 1998 (11).

③ Anderson, G. Industry Clustering for Economic Development. Economic Development Review, 1994, (12): 26 - 32.

④ Fester, E., Bergman, E. National Industry Cluster Templates: A Framework for Applied Regional Cluster Analysis. Regional Studies, 2000, 34 (1): 1 - 19.

⑤ Anderson, G. Industry Clustering for Economic Development. Economic Development Review, 1994, (12): 26 - 32.

⑥ 楚波、金凤君：《产业集群辨识方法综述》，《经济地理》2007 年第 5 期，第 708—713 页。

⑦ 刘彬：《关于产业集群界定识别的研究方法综述》，《科学进步与对策》2006 年第 9 期，第 190—192 页。

了解。

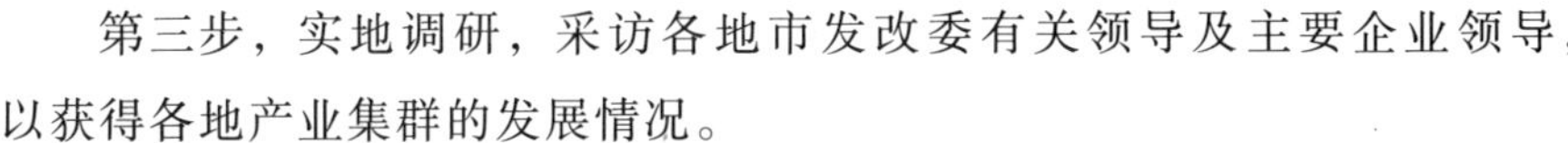

第三步，实地调研，采访各地市发改委有关领导及主要企业领导，以获得各地产业集群的发展情况。

第四步，校正和优化集群辨识结果。第二步的分析基于现有数据，具有时滞性和不完全性，需要根据第三步获得有用信息，对第二步中的归纳结果作出必要修正。

（2）确定对区域外提供货物和服务、为区域创造财富的产业

仍然采用第十章产业结构一节中表10－4的有关产业作为对区域外提供货物和服务、为区域创造财富的备选产业。选择 $LQ>0$ 的产业，就是选择结构偏离分量 $P>0$ 的产业。因此，根据第九章Shift-share分析结果，可以得到产业集群的初始框架（见表10－7）。

表10－7　　京杭运河苏鲁段经济带各地市对外服务的产业

地市	对外服务的产业
德州市	电力、蒸汽、热水生产和供应业
聊城市	第一产业，木材及造纸业，通用、专用设备制造业，医药制造业，电力、蒸汽、热水生产和供应业
济宁市	—
枣庄市	食品加工制造业，木材及造纸业
徐州市	通用、专用设备制造业，木材及造纸业
宿迁市	第一产业，木材及造纸业，食品加工制造业
淮安市	第一产业
扬州市	化学制品业，交通电器，通用、专用设备制造业，金属制品工业，化学工业
镇江市	金属制品工业，交通电器，木材及造纸业
常州市	纺织业，交通电器，金属制品工业，电子工业
无锡市	交通运输仓储和邮电通信业，金属制品工业，纺织业，电子工业，通用、专用设备制造业，化学制品业
苏州市	电子工业，纺织业，金属制品工业

（3）产业集群框架

产业集群并非可以随意打造，它需要具备相应的条件。产业集群强调产业之间的紧密联系，是依靠内力发展的①。为准确客观地找出可能的产业集群，我们研究团队分别于 2007 年 7 月和 2008 年 12 月两次对京杭运河苏鲁段经济带进行调研，不仅采访了各地市发改委的有关领导，也实地调研和采访了部分企业。根据实地调查的资料对 Shift-share 分析结果进行修正（见表 10－8）。

（三）产业集群培育方案

迈克·E. 波特从竞争战略的研究角度，研究了产业集群发展的问题，提出了“钻石体系”，这一体系成为分析产业集群成长的有力工具。根据各产业集群发展条件与特点，提出以下培养方案（见表 10－9）。

表 10－8　　京杭运河苏鲁段经济带各地市着力培育的产业集群

地市	产业集群
德州市	太阳能产业集群
聊城市	机械制造产业集群
济宁市	煤化工产业集群
枣庄市	机电产业集群
徐州市	徐州工程机械产业集群，邳州板材加工产业集群
宿迁市	木材、食品加工产业集群
淮安市	化工产业集群
扬州市	石油化工产业集群，汽车及零部件产业集群
镇江市	机械制造产业集群，木业造纸集群
常州市	机械制造业集群，输变电设备制造业集群、纺织服装业集群
无锡市	电子信息产业集群，机械装备产业集群，纺织产业集群
苏州市	电子信息产业集群，机械产业集群，冶金产业集群，纺织产业集群

① 魏后凯：《走出产业集群的认识误区》，《决策》2007 年第 7 期，第 28—29 页。

表 10－9　　京杭运河苏鲁段经济带产业集群培育方案

地市	集群	产业集群培育方案
德州市	太阳能产业集群	依托皇明集团，充分发挥名牌带动效应，集聚太阳能产业国内外知名科研机构和主要生产企业，在扩大太阳能热水器生产规模的同时，积极开发光电产品、温屏玻璃、太阳能建筑一体化等新产品。重点抓好皇明太阳谷建设，构建集科研、孵化、生产、示范于一体的产业发展格局
聊城市	机械制造产业集群	依托优势主体企业，围绕优质基础件—关键零部件—整机组装—相关配套产品的产业链，强化产业配套和行业合作，打造规模化整机和专业化零部件一体化发展的机械制造产业群。（1）汽车制造业，围绕客车、改装车、轻卡三大类主导产品，形成主导产品总装和主要零部件配套能力。（2）农用装备制造业，围绕农业结构调整和农业新技术推广的需要，积极开发先进适用、经济实惠的农用机械。（3）零部件制造业，重点发展环保型发动机、汽车底盘、喷油泵、刹车片、汽车电子产品、中高档客车坐椅、汽车空调等产品，形成一套相对完整的零部件生产体系
济宁市	煤化工产业集群	以兖矿集团为龙头，整合全市煤化工资源，逐步实行存量集中布局，规划建设以煤气化及多联产、煤焦化及下游产品加工和坑口高硫煤洁净利用为主线的煤化工园区
枣庄市	机电产业集群	加强机械与电子技术融合，以鲁南机床为龙头，以机床工具为主要终端产品，大力发展集铸造、镦锻、机械加工、铂金、模具、电机、配套件等于一体的机电产业链
徐州市	徐州工程机械产业集群	徐州工程机械产业集群属于轮轴式产业集群。（1）其基本的产业链为基础零部件制造——主机制造、销售——主机的售后服务（如维修、配件供应等）。（2）建立核心企业与配套企业、外商、中介服务机构、研发机构间的自愿合作机制，促使集群向高端道路发展
	板材产业集群	在板材加工业的带动下，形成化工、运输、制胶、加工机械、木材交易、餐饮、房地产等行业组成的联系密切的产业链
宿迁市	木材、食品加工产业集群	在沿京沪高速产业带、沿宁宿徐高速产业带、沿宿淮盐高速产业走廊地带，发展木材加工、食品等资源深加工型产业，并积极进行纺织、食品等传统产业的改组改造，培育产业集群
淮安市	化工产业集群	进一步壮大盐化工、石油化工、精细化工和橡胶制品业经济规模，形成紧密联系的集群

续表

地市	集群	产业集群培育方案
扬州市	石化产业集群	积极拓展以乙烯为龙头，基础石化原料、合成材料、精细化工、石化物流相互衔接的化工产业链。同时优化发展沿江东部的农用化工、生物化工、化工新材料等产业，形成联系密切的石油化工产业集群
	汽车及零部件集群	整车按照轿车、客车与特种车同步推进，重点推进上汽仪征基地、亚星集团、中集通华、扬柴等企业的发展，发展汽车发动机、汽车油箱、车桥、车用空调、汽车电子、启动电机、汽车转向泵等汽车关键零部件生产，形成汽车及零部件产业集群
镇江市	机械制造集群	发展电气机械及器材、金属制品、专用设备和通用设备等四大类产品，形成紧密联系的机械制造产业集群
	木业造纸集群	围绕铜版纸、包装纸及纸制品等，抓好产品延伸开发，形成从浆—造纸—纸品加工—纸品市场的产业链，加强专业协作配套，通过塑造木业造纸集群，形成亚洲重要的造纸基地
常州市	机械制造业集群	做强农用机械、工程机械、精密机械等产业，提升纺织机械、电机产品档次，注重提高自主研发设计水平。整合戚墅堰及周边地区产业资源，依托重点骨干企业，积极开发重载高速内燃机车、轨道车辆及关键零部件，形成机械制造集群
	输变电设备制造业集群	消化吸收国外先进技术和管理经验，依托重点企业加快开发超高压大容量变压器等先进产品，加快发展高性能电力、电气、电缆等产品，建设成为国际知名、全国一流的输变电产业基地，形成较为完整的产业链和系列产品
	纺织服装集群	围绕原料、面料、终端产品三个环节，提高原料、高档面料技术水平，注重纺织服装品牌建设，形成具有较强竞争力的纺织服装集群
无锡市	电子信息产业集群	以打造“太湖硅谷”为重点，构建集芯片设计、制造、封装测试的完整微电子产业链，以超大规模集成电路项目为龙头，建成国际一流、国内先进的集成电路产业集群
	机械装备业集群	培育一批具有自主研发能力、国际竞争力的大型企业集团，形成一批具有系统设计、系统集成和工程总承包能力的大型专业工程公司，形成若干个国际知名、各具特色的机械装备产业群和一批高新技术产品群
	纺织产业集群	加快发展高档精纺呢绒，重点发展绿色纺织品、化纤仿真面料、高档色织布、精纺呢绒等产品，形成由研发—设计—生产于一体的纺织产业集群

续表

地市	集群	产业集群培育方案
苏州市	电子信息产业集群	加强对微电子技术、光电子技术和计算机技术的研究开发，形成微型计算机、新型计算机外部设备、大规模集成电路、现代通信设备、数字视听产品、新型电子元器件等产品组成的电子信息产业集群
	机械产业集群	引进开发数控技术、激光技术，形成由激光加工设备、数控机床、智能仪器仪表、高速智能电梯、自动化办公设备、数码照相机等产品为支撑的机械产业集群
	冶金产业集群	研究开发先进节能环保技术、冶金过程自动化控制技术，推动复合材料、镁（铝、钛）合金材料等新型材料的产业化，继续发展冷轧薄板、涂镀层板、不锈钢板等高附加值产品，形成冶金产业集群
	纺织产业集群	研究推广纺织新材料及先进加工技术，提高棉、毛、丝绸、麻纺等生产工艺水平，重点发展品牌服装、装饰和产业用纺织品等产品，做强纺织产业集群

四　加强农业的基础地位

根据 Shift-share 分析结果，第一，聊城市、宿迁市和淮安市的第一产业在其所有产业中最具有竞争力。徐州市、枣庄市的第一产业也在各自市场中占有重要地位。从发挥比较优势的角度，努力加强农业的基础，将更有利于地区经济的发展。第二，京杭运河苏鲁段经济带农村人口比重较高，发展农业不仅利于提高农民收入，而且利于促进区域发展、城乡发展。第三，作为我国重要的粮食产区，加强农业基础地位对于保卫国家粮食安全意义重大。

首先，稳固农业的基础条件，其中最重要的是生态环境建设。结合农业结构调整，把不宜耕种的土地适时退耕还林、还草。

其次，强化农村农业结构的调整。措施之一，从实际出发，发挥地区优势，发展特色农业；措施之二，农业的产业化经营，大力发展农产品加工业，延长农产品产业链；措施之三，提高农业的科技含量；措施之四，新技术、新品种的研发和推广。

再次，规范地方政府管理，减轻农民负担。

最后，解决农村地区融资难题。许多发展中国家都意识到了银行对农村地区和小城镇发展以及农村地区小型企业发展的制约作用，纷纷建立了投资银行或发展银行，如非洲尼日利亚的农村银行系统、巴西农村信用社、印度地区银行、孟加拉的格雷敏银行等①。

① 安虎森：《有关区域经济政策的一些思考》，《南开学报》（哲学社会科学版）2003 年第 4 期，第 34—40 页。

第十一章

运河经济带建设：空间组织优化

社会经济的空间结构如同地区（国家）的产业结构，是区域发展状态本质反映的一个重要方面[①]。“点轴系统”作为区域发展的最佳结构[②]，其形成是市场机制与合理规划共同作用的结果。城镇作为经济带建设的重要内容，需要合理选择“点”与“轴”，从而提高经济带建设的效率。

第一节　中心城市的确立

一　中心城市确立原则

在区域经济发展中，由于不平衡增长模式的存在，集中投资可以产生高的投资效率，促进各类产业迅速发展，带动所在地区的发展。选择一个城市作为经济中心，要求这个城市必须具备以下条件[③]：

第一，具有一定的人口规模和经济规模。中心城市必须有一定的人口和经济规模，城市大，吸引力大，吸引的范围就广，带动区域发展的能力也大。

第二，具有先进的城市经济和服务、管理体系。经济中心城市不但要自己发展，还要带动区域经济发展，必须有先进的经济体系，为整个区域而不仅仅是单个城市本身的人民和经济发展服务。由于城市的第二产业和第三产业发展很快，通过前向和后向联系，区域内的相关产业也会随之发展起来。因此，城市经济中心的建立是抓重点带全局的发展战略。

第三，具有完善的城市基础设施。基础设施是城市经济增长的必要条件，工业和第三产业的发展对基础设施有很大的依赖性。完善的基础设施对整个区域的发展有相当大的影响，包括区域的工业部门选择、产业的区位选择等。

第四，在周边城市中的地位。中心城市的中心性是相对于其周边区域而言的，在周边城市中的地位，是确定城市等级的重要因素。

---

① 陆大道等：《中国区域发展的理论与实践》，科学出版社 2003 年版，第 135 页。

② 陆大道：《论区域的最佳结构与最佳发展》，《地理学报》2001 年第 2 期，第 127—135 页。

③ 孙久文：《区域经济规划》，商务印书馆 2004 年版，第 161—166 页。

第五，地域合理规模。产业份额是国民收入分配的决定因素，中心城市的确立，考虑地域合理规模，主要是从区域协调发展、社会效益最大化的角度提出的。

二　确立三大中心城市

经济发展水平很低时，整个经济系统未进入聚集的极化阶段，处于低水平的平衡状态，表现为城市数量少、规模小，而且相互独立的散布在区域空间等方面；当经济发展水平较高时，整个经济系统处于聚集的极化阶段，进入非平衡极化状态，表现为城市数量多、城市规模差异大的单中心城市；当经济发展水平很高时，整个经济系统已经历集聚的极化过程，进入高水平的平衡状态，表现为城市数量多、城市规模差异相对小的多中心城市结构[①]。

根据第九章的城市中心性分析结果、城市间相互作用与城镇体系现状特征，综合考虑上述五条原则以及城市发展阶段的特征，确立济宁市区、徐州市区、苏锡常都市圈作为中心城市。三大中心城市空间组织的关键在于市区内各行政区的整合。

（一）济宁“三市两区”城市组团

加快市中区、任城区、兖州市、邹城市、曲阜市“三市两区”经济一体化进程，建立统一、开放、有序的市场体系，形成分工明确、联系密切、优势互补，融政治、经济、文化于一体，且开放程度高、发展活力足、竞争能力强、辐射带动作用大的核心区域，形成国内重要的能源原材料工业基地、高新技术产业和现代制造业基地，文化旅游名市建设的重要载体，人流、物流、资金流、信息流的会集中心，促其成为京杭运河苏鲁段经济带北部重要的增长极核。

（二）徐州市区——“三核”型空间结构

构筑老城区、新城区、徐州经济开发区互动发展的“三核”型空间

① 安虎森：《新区域经济学》，东北财经大学出版社 2008 年版，第 13 页。

结构，逐步形成功能合理、布局优化、协调有序的特大城市建设格局。建设成为京杭运河苏鲁段经济带中部重要的中心城市和产业转移的承接城市。

第一，老城区建设。以优化城市功能、完善基础设施、营造宜居环境、彰显人文特色为目标，加快实施“中优化、东扩张、南融合、西改造、北提升”战略[①]，强化城市服务功能，建成商贸繁荣、环境优美、特色突出的新型城区。

第二，新城区建设。坚持功能和生态建设并重，以行政中心区、中央活力区、高教集聚区和高新技术产业园为主体，全面完成10平方千米起步区建设，基本形成现代化新城区框架。配套建设学校、医院、娱乐、文化、体育、商贸等服务设施，支撑起步区快速发展。依托自然山水资源，重点建设大龙湖公园等工程，高标准构建城市生态体系，精心打造城市与自然空间相互渗透的绿色生态城。

第三，徐州经济开发区建设。优化提升开发区金山桥片区，滚动发展大庙、大黄山片区，把徐州经济开发区建成全市先进制造业集聚区、高新技术产业化核心区和吸纳外资密集区。

（三）苏锡常都市圈

充分发挥市场机制的作用，推进制度创新，强化经济联系，实现各利益主体在规划、建设和管理上的相互协调，保障都市圈发展的整体利益和长远利益。加强对都市圈内沿沪宁线地区、环太湖地区、长江沿岸

① “中优化、东扩张、南融合、西改造、北提升”战略：（1）中优化。突出发展商贸、旅游业，体现古城文化风情，打造沿淮海路和环彭城、淮海、人民三大广场“一轴三圈”商贸空间发展格局，重点建设彭城中央商圈。（2）东扩张。积极呼应新城区和徐州经济开发区建设，以大型专业性市场和人居环境建设为重点，高标准建设城市东部拓展区。（3）南融合。适应特大城市建设和管理需要，按照城市功能分区和生产力布局要求，强化铜山新区与主城区的融合互动，加快基础设施、生态环境一体化建设，将铜山新区建设成为主城区南部重要的科教、居住功能组团。（4）西改造。继续加大主城区西部环境综合整治力度，重点实施韩山、卧牛村、大山头村等“城中村”改造工程，加快铜沛路、大彭路、三环西路等城市西部干道沿线和重点出入口环境建设，组织实施拆违建绿色工程，积极推进霸王山等山体生态绿化修复工程和故黄河西段生态风光带建设，着力改善人居生活环境。（5）北提升。高度重视主城区南北生态环境不均衡问题，综合开发利用城北采煤塌陷地、九里山、故黄河等自然与历史文化资源，积极建设鼓楼生态园、九里生态园，规划建设沿故黄河城市景观带和九里山古战场遗址公园。

地区、沿沪地区和宜溧金丘陵山区五个重点区域空间开发利用的管治和协调，优化不同区域的功能特色，加强空间整合。合理布局区域性基础设施，实现跨市域的共建共管和共用共享，避免重复建设造成资源浪费，为都市圈集约发展创造条件。把苏锡常都市圈建设成为辐射京杭运河苏鲁段经济带苏北段乃至山东段的具有较强竞争力的经济中心。

第二节　发展轴线的确立

轴线的选择应考虑发展目标、经济发展阶段、国家财力状况、线状基础设施的等级、沿线的经济地理位置、资源、经济基础、经济联系、发展潜力等因素。考虑到京杭运河作为我国南水北调东线工程的输水干道，因此，轴线开发过程中还要注意生态廊道的修建与维护。

一　京杭运河河流廊道

生态廊道是指具有保护生物多样性、过滤污染物、防止水土流失、防风固沙、调控洪水等生态服务功能的廊道类型。生态廊道主要由植被、水体等生态性结构要素构成①。考虑到京杭运河作为南水北调东线工程的输水干道的特殊性，需要对京杭运河河流廊道的宽度进行确定。

（一）河流廊道的功能

河流廊道作为一类重要的生态廊道，具有多种生态功能。①污染物过滤功能。磷和氮是构成河流水体污染的主要元素。河流缓冲带能够通过吸附、滞留、分解等方式有效地过滤地表营养元素，减少对河流的污染。而河岸缓冲带过滤污染物的能力主要由植被结构、土壤状况、地形等因素决定。一般来说，底层土壤疏松、有大量凋落物及草本地被、微地形复杂的缓冲带具有较强的污染物过滤功能。②水土保持功能。

① 朱强、俞孔坚、李迪华：《景观规划中的生态廊道宽度》，《生态学报》2005 年第 9 期，第 2406—2411 页。

Lowrance等在对马里兰一个海岸平原流域的研究中发现，从周围耕地侵蚀的大多数沉积物最后都被滞留在森林缓冲带中，但很大部分向林内沉积的范围达到80米。只有少量的沉积物滞留在了河流的附近①。对河流廊道功能的要求是决定缓冲带宽度的重要因素。

（二）确定河流廊道宽度的步骤

影响河岸缓冲区宽度的因素有坡度、植被、土壤、水文特征、湿地和洪泛区。实际中，确定一个河流廊道宽度应遵循三个步骤：

第一，弄清所研究河流廊道的关键生态过程及功能。

第二，基于廊道的空间结构，将河流从源头到出口划分为不同的类型。

第三，将最敏感的生态结构与空间结构相联系，确定每种类型所需的廊道宽度②。

（三）京杭运河河流廊道宽度的确立

河流的不同位置对应着不同的环境状况，从而对应不同的廊道宽度。尽管目前还没有得到一个较为统一的河岸防护林带的有效宽度，但根据Cooper③、Correllt、Large④ 等人的研究，为保持水土、防止污染等原因，一般把河流廊道宽度设定为30米。考虑到运河两岸的城市布局状况以及对水质的特殊要求，京杭运河河流廊道的宽度宜设定为30米。不过，笔者在调研时发现，运河两岸有许多污水口和许多工厂，生活污水、工业污水直接排入运河，这种情况下，即使河流廊道设置得再宽也无济于事。这种状况是需要尽快整治的，否则势必影响南水北调水的质量和人

---

① Lowrance R., Mclntyre S., Lance C. Erosion and Deposition in a Field/Forest System Estimated Using Cesium－137 Activity. Journal of Soil and Water Conservation, 1988, 43: 195－199.

② 朱强、俞孔坚、李迪华：《景观规划中的生态廊道宽度》，《生态学报》2005年第9期，第2406—2411页。

③ Cooper J. R., Gilliam J. W., Jacobs T. C. Riparian Areas as a Control of Nonpoint Pollution. In: Correll D. L. ed. Watershed Research Perspectives. Washington D. C.: Smithsonian Institution Press, 1986, pp. 166－192.

④ Large A. R., G. Petts G. E. Rehabilitation of River Margins. River Restoration, 1996, 71: 106－123.

民的生活。

二 一级城镇聚合轴

京杭运河作为我国南水北调东线工程的输水通道，在把运河两岸30米范围作为河流廊道的前提下，确定京杭运河苏鲁段经济带的一级发展轴线。

（1）京杭运河沿线一级开发轴线

京杭运河沿线一级开发轴线，是以运河及其沿线的铁路（包括即将建设的高速铁路）、公路、高速公路为通道，以苏锡常都市圈、徐州市区、济宁市区为一级核心城市，德州市区、聊城市区、枣庄市区、宿迁市区、淮安市区、扬州市区、镇江市区等城市为二级核心城市，以及其他沿线城市为三级核心城市为依托的城镇密集带。

（2）德济城镇密集带

依托高速公路、铁路、国省道等交通优势，促进沿线城镇的发展，加快与济南的产业对接，形成京杭运河苏鲁段经济带北段的重要轴带。

（3）聊城东昌府区—东阿县城镇聚合轴

发挥邯济铁路和济聊高速公路等交通干线的作用，通过接轨济南和衔接半岛城市群，重点发展东昌府区、市经济开发区、东阿三县（区），形成济青产业带的西部延伸带。

（4）新石铁路沿线城镇聚合轴

在327国道（新石铁路）沿线，重点发展济宁市区、曲阜、兖州、邹城四个城市，形成西至嘉祥、东到泗水，以大项目、大企业集团为骨干的产业隆起带。

（5）徐连城镇聚合轴

徐连城镇聚合轴（徐州段）依托东陇海铁路及徐连高速公路等构成的交通走廊，以徐州市区、邳州市、新沂市为主要节点组成的城镇聚合轴。在进一步提高徐州中心城市的综合实力的前提下，大力培育支撑聚合轴发展的新沂市和邳州市两个二级中心城市。

（6）沿长江城镇聚合轴

北岸积极发展扬州市区、仪征市区、江都市区，南岸逐步发展成为

以镇江市区、扬州市区、江阴市区、张家港市区等城市为节点，以沿岸的若干开发区为支撑的联系紧密、分工明确的发展轴线。

三 二级城镇聚合轴

京杭运河苏鲁段经济带二级城镇聚合轴有下列六条：

①德商、德滨高速公路沿线经济带。通过培育德商、德滨高速公路沿线经济带，带动“两翼”城镇的发展，促进德州出海通道的形成。②徐沛城镇轴。③徐丰城镇轴。④徐睢城镇轴，三条二级城镇聚合轴，积极发展沛县、丰县和睢宁三个县城，增强城市聚集力。⑤沿宁宿徐高速城镇聚合轴（宿迁—淮安段）。重点发展泗洪县城、盱眙县城，增强城市聚集力，初步形成沿宁宿徐高速城镇聚合轴。⑥沿宁连公路、徐宁—金马公路、洪泽湖沿岸城镇聚合轴（淮安段）。重点发展洪泽县城、金湖县城、盱眙县城、涟水县城，初步构筑沿宁连公路、徐宁—金马公路、洪泽湖沿岸的“两轴一带”城镇聚合带，促进小城镇均衡、有序、协调发展。

第三节 城镇组织体系的构建

各种资源要素从核心区向边缘区的扩散是通过城镇体系完成的。完整的城镇体系是区域经济发展的重要条件，也是反映区域经济发展水平的一个标志[①]。京杭运河苏鲁段经济带具有大面积的农村，在农村各种各样的农产品都通过小城镇得以出售，这些中小城镇承担了连接城市与农村的任务，成为城乡联系的节点，在城乡联系中扮演着极为重要的角色。

城镇组织体系中各级中心城市的确立，都是依据第一节中阐述的确立原则进行的。第一等级为三大中心城市，在前文中已经阐述。14 个第二等级的城市，除了 7 个地级市市区外，其他 7 个城市的选择参考了最新的百强县（市）的资料。

---

① 安虎森：《有关区域经济政策的一些思考》，《南开学报》（哲学社会科学版）2003 年第 4 期，第 34—40 页。

表 11－1 京杭运河苏鲁段经济带城镇体系构建

等级	名称	城市职能定位
第一等级	济宁市区	加快“三市两区”经济一体化进程，成为京杭运河苏鲁段经济带北段经济发展的重要增长极
	徐州市区	通过构筑老城区、新城区、徐州经济开发区互动发展的“三核”型空间结构，增强在京杭运河苏鲁段经济带鲁南和苏北地区的带动作用
	苏锡常都市圈	提升苏锡常整体竞争力，带动京杭运河苏鲁段经济带其他地区的发展
第二等级	德州市区	建成鲁西北、冀东南最大的经济文化区域中心城市
	聊城市区	通过建设组团式城市群，增强其中聊城市域的带动能力
	枣薛中心城	坚持新城区、薛城区、高新区“三区合一”的发展思路，走由分散发展走向相对集中的紧凑型组团式发展模式
	宿迁市区	提高中心市区对市域经济的辐射能力、带动能力和集散能力
	淮安市区	走紧凑型组团式发展模式，增强其对市域经济的带动能力
	扬州市区	加强扬州中心城市与江都、仪征的规划对接、基础设施对接和产业对接，初步建成“一体两翼、组团发展”的城市群格局
	镇江市区	实施“双核”开发战略，做大中心市区，建设成为具有较强区域聚集力的二级中心城市
	江阴市区	重点建设临港新城，合理布局临港产业区、现代物流区、港城配套区，建设成为现代化工业港口城市、交通枢纽城市
	昆山市区	进一步增强对上海辐射力的吸纳与传递，建设长三角地区开放型经济发达、以高新技术产业为主导的现代化工商城市
	张家港市区	以杨舍和金港为依托，以张家港保税区为龙头，做强以国际物流为主的现代服务业和高端加工制造业，建设沿江现代花园式绿色城市和港口工业城市
	常熟市区	发挥滨江新区的港口优势，培育壮大临港工业，促进主城区与港区整体联动、分工合作，建设现代化商贸城市和风景旅游城市
	吴江市区	加强与中心城市对接，加快高新技术产业发展和传统产业提升，保护水乡生态环境，建设国家级 IT 制造业基地和商贸旅游中心
	宜兴市区	加强宜城、丁蜀中心城区建设，加快环科新城、东氿新城建设，建成生态型旅游城市、地域特色鲜明的先进制造业基地、苏浙皖交界地区的商贸流通中心、长三角地区重要的农林特产基地、辐射浙北和皖南的区域性新兴中心城市
	太仓市区	充分发挥紧靠上海、长江岸线的优势，全面接轨上海，加快港口开发和国际性先进装备制造业基地建设，努力构建现代化港口工业城市和离上海最近的滨江卫星城市
第三等级	其他各县（市）县城	

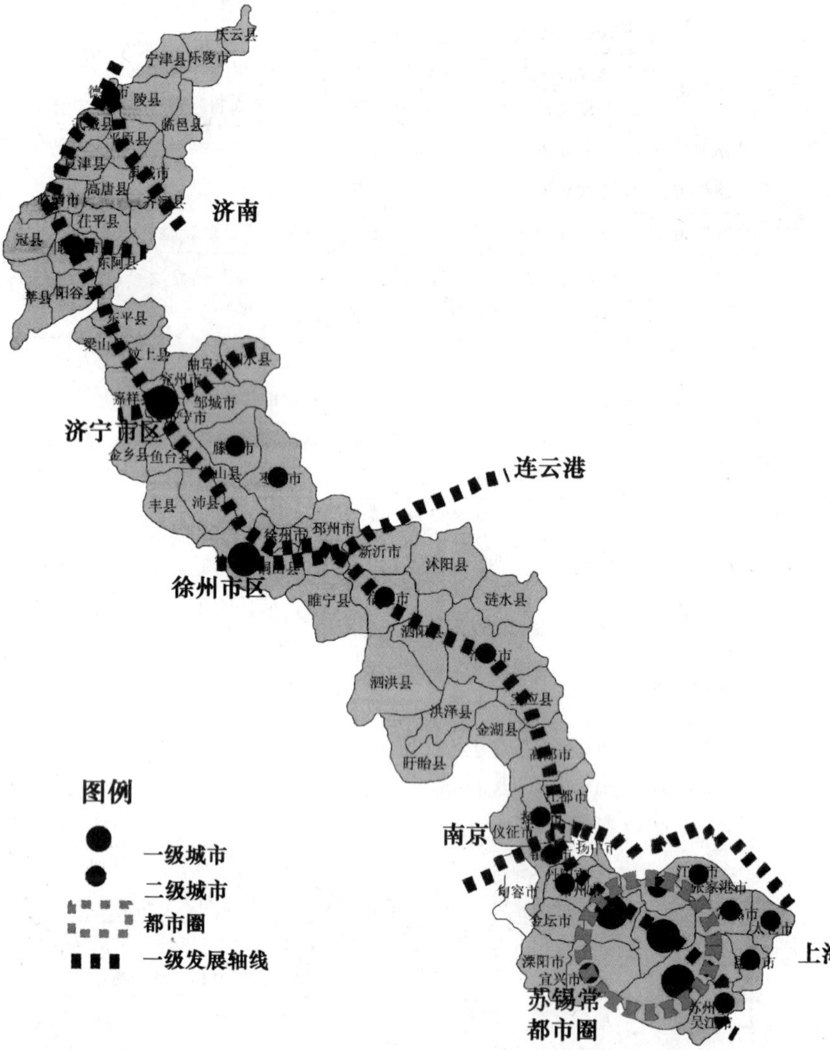

图 11－1　京杭运河苏鲁段经济带空间组织示意图

第十二章

运河经济带建设：基础设施建设

京杭运河苏鲁段经济带，德州—扬州段处于经济带雏形期阶段，苏州—无锡—常州—镇江段处于经济带成熟扩散阶段。优势产业较少，苏北段与山东段缺少具有带动作用的中心城市，区域之间的联系较弱等是经济带建设中面临的主要问题。经济带的建设除了加强产业结构优化、空间合理组织外，离不开完善的基础设施的建设。交通基础设施是区域增长差异的一个主要影响因素，是“带状经济”发展的“激发器”和“助推器”①。它是产业结构的优化提升、空间结构的整合、经济带的发育的重要保证。

第一节　航道改造与港口建设

一　航道改造

2002 年 2 月 28 日，交通部办公厅发文《关于对南水北调工程总体规划意见的函》提出京杭运河航运发展规划目标：结合东线调水工程逐步恢复和实现京杭运河全线通航，其中黄河至天津段为三级航道，济宁至黄河段为二级航道，济宁至扬州段为二级航道。这是国家对京杭运河发展目标的最新诠释。

表 12－1　京杭运河各区段航道改造规划

地市	航道改造
德州聊城段	尽快开工南水北调东线鲁北段工程，扩建聊城、临清等城区供水工程，建设聊城曹庄、在平信源、高唐双海湖等平原水库，协调做好跨区域调水工作
济宁段	全面提升航道等级，建设京杭大运河济宁至东平湖三级航道，改造扩建微山船闸，做好济宁至韩庄二级航道前期工作
枣庄段	完成南水北调东线一期工程在境内取水工程建设，优化配置水资源

① 陆大道等：《中国区域发展的理论与实践》，科学出版社 2003 年版。

续表

地市	航道改造
徐州段	实施京杭运河湖西航道、邳州至窑湾段“三改二”、徐州城区段标准化改造工程，实施徐洪河航道、丰沛运河航道工程
淮安段	实施京杭大运河两淮段航道改造，启动盐河“五改三”改造工程，完成张福河、淮沭河等内河航道改造，争取实现故黄河、入海水道通航
扬州段	完成京杭运河“三改二”工程，实施高东线“五改三”工程
镇江段	全面实施大运河“四改三”工程，整治丹金溧漕河等内河航道
常州段	完成京杭运河市区段改线工程，建成运河东、西港一期工程；开工建设芜太运河溧阳段和丹金溧漕河金坛段改线工程
无锡段	提高干线航道的技术等级，基本完成京杭运河、芜申运河、申张运河、锡溧漕运河三级改造和锡十一圩航道四级改造，启动锡澄运河三级改造
苏州段	建设三级、四级骨干航道，提高航道等级，实现市域航道网络化

二 港口建设

结合南水北调东线工程和梁济运河段建设的逐步实施，在京杭运河济宁以北段设置济宁港虎庄港区、梁宝寺港、梁山港和东平港。随着运河经济带的发展，把济宁西港建设成为山东省内河吞吐能力最大的大件杂货和集装箱专用港口①。京杭运河江苏段，重点扩建徐州港、邳州港、宿迁运河国际港、淮安南港、淮安东港、高邮港、宝应港、镇江港（建设成为亿吨大港）、常州港、无锡港（建成年货物吞吐量超亿吨的上海国际航运中心的组合港）、苏州港（建设成为国家级重要港口和长三角地区江海联运重要枢纽），配套建设泗阳港、皂河港、洋北港等地方性港口，完善港口功能，形成专业化分工合理的沿运河港口群。

① 谈建平：《京杭运河（山东段）航运与“沿运”经济的关联性研究》，大连海事大学硕士学位论文，2007年，第5—10页。

港口建设，一方面提高其吞吐能力与技术效率，另一方面加强港口之间的分工与合作，形成良好的合作竞争关系，最终促进京杭运河苏鲁段经济带的建设。

第二节 船型标准化建设

运河航道、船闸实行标准化建设。要充分发挥内河航运的经济效益，船型也必须标准化。推进运河船舶的标准化有利于提高船舶的技术水平，改变不合理的航运结构，提高企业的运力规模，有利于改变船舶船龄结构和保护环境。

一 船型标准化原则

船型标准化是一项复杂的系统工程，涉及面广。船型标准化过程中，要注意遵循以下原则。

第一，安全、环保、经济相统一原则。全面推进船型标准化工作，要以广大船民的根本利益为出发点，以促进船舶技术进步和航运结构调整为主线，以推广使用标准船型为主要环节，以法律、经济和行政措施为基本手段，坚持安全、环保、经济、美观相统一，先进性与经济性相结合的基本原则。

第二，坚持适应性原则和近期目标与中长期目标结合原则。所谓适应性原则，一是与航道建设相适应，根据航道现状与发展规划确定标准化的次序；二是与运输需求相适应，选择运输量和船舶通过量较大的航区首先推进船型标准化；三是适应保障安全和可持续发展的需要，对水上交通安全问题突出、水环境保护压力大的航区，优先安排船舶标准化推进工作。同时，要遵循近期目标与中长期目标相结合原则。在客观分析的基础上，结合船型标准化工作的基础和有利条件，提出实现船型标准化的分阶段具体目标。

二　船型标准化途径

为了确保船型标准化发展目标的实现，应在以下几方面加大工作力度①：

（1）建立一套全面的组织保障体系

首先，统一政策，全线联动，确保船型标准化工作的各项措施和规定的贯彻落实，并做好船民思想政治工作，维护社会稳定；其次，有关交通主管部门要加强对船型标准化工作的组织领导和协调；最后，对明令禁止的非标准船舶，船检部门应不予审图和检验，航运管理部门应不予审批、登记和发证，海事部门应不予登记和签证，船闸管理部门应不予安排过闸。

（2）采取一系列相关的配套措施

①技术措施：在推广使用标准船型的同时，对目前航行的运输船舶要区别不同情况，实行差别政策。②经济措施：一方面对使用标准船型和非标准船型的航运者实行不同的规费征收政策。使用标准船型的减免或维持原定的规费；使用非标准船型的在原规费的费率上上浮一定的比例，船龄越长，增加的比例越多。③行政措施：各地交通航运主管部门应严格按照交通部有关的规定，严把市场准入和市场退出关，优先审批鼓励发展标准船型，限制发展和淘汰非标准船。

（3）加强宣传与推广工作

充分利用各种媒体，或采取座谈会、宣讲会等形式，做好船型标准化工程的宣传工作，让人民群众特别是船民了解船型标准化的意义，以便得到广大船民的配合和支持。

第三节　配套基础设施建设

京杭运河苏鲁段经济带建设，绝不能仅仅停留在航道改造和港口建

① 史宝伟：《全面推进船型标准化，提高京杭运河竞争力》，《中国水运》（学术版）2006年第2期，第65—66页。

设上，必须加强综合配套基础设施的完善。完善的基础设施，是区域要素流动、区际间合作、经济带形成的保障。从加强区域间经济联系的角度，提出以下方案。

表 12－2　　京杭运河苏鲁段经济带配套基础设施建设方案

	方向	基础设施规划
铁路	纵向	京沪铁路电气化改造工程；京沪高速铁路建设；徐沛铁路向北延伸工程；建设宿淮铁路、淮连铁路，规划建设宁淮铁路及一批地方铁路专用线；争取淮扬镇铁路建设；完善新长铁路
	横向	邯济铁路复线及德石铁路电气化改造工程（德州段）建设，建设聊城至肥城铁路，扩能改造菏兖日铁路，建设枣临铁路，尽快组织实施宿州—宿迁—淮安铁路，建设沪宁城际轨道，启动宁镇扬城际轨道交通规划
公路	纵向	建设济徐高速公路；修建东起日照、经徐州、至武汉的高速公路；修建从长治、经徐州、到上海的高速公路；宿迁—新沂两条高速公路；建成镇溧、宁杭高速公路
	横向	建设德商高速公路、德滨高速公路、青银高速公路二期工程和济南至乐陵高速公路；建设青兰高速、德商高速及邢临连接线和南乐连接线；建设济菏高速公路济宁段；建设宿州—泗洪高速公路，沭阳—泗阳—泗洪一级公路、徐淮路宿迁段改造一级公路和宿迁—邳州一级公路宿迁段；实施宁通高速公路扬州段改造工程、江海高速扬泰段新建工程
信息基础设施		建设较为先进的主干通信网和网络数字处理中心；基本建成电子政务公共网络平台和示范应用系统；积极推动电子商务的开发应用；建成农业网络服务系统、网上专家服务系统、农副产品销售网络体系；基本建成以法人单位、人口、宏观经济为主体的信息资源基础数据库

第十三章

运河经济带建设：保障措施健全

第一节 改善投资环境，是运河经济带建设的支撑条件

罗斯托认为，在人类经济增长的六个阶段中，“起飞阶段”是一个具有决定性意义的转变时期，是传统社会进入现代社会的分水岭，是社会发展的质的飞跃。经济“起飞”需要三个基本条件：一是高积累率，确保生产性净投资率达到国民收入的10%以上；二是培植区域主导产业；三是变革制度，根据具体的国情和经济背景来建立一个有利于现代产业扩张的政治结构、社会结构和制度结构①。改善企业的经营环境，培育一系列有利于企业发展的环境是促进经济“起飞”的重要条件。

一 改善企业的经营环境

长期以来，人类在企业规模的问题上，具有“崇大”的历史传统。以扩大生产批量来降低生产成本，创造规模效益，提高竞争能力。20世纪初以来技术和经济的发展使人们对企业规模的认识开始有所转变。小企业具有较大的灵活性，使企业的整体绩效与职工个人利益联系得更为紧密和直接，能够激发职工干劲。为此，战后许多国家采取了更主动的手段来打破垄断，采取了一系列措施来促进中小企业的发展，形成扶持中小企业的整套做法②。京杭运河苏鲁段经济带建设中，要着力改善企业，尤其是中小企业的经营环境。

（1）建立公平竞争的市场环境

目前，一些非天然垄断行业继续保持国有大企业的垄断地位，对局外企业设置障碍。这使局外企业同国有垄断企业处于不公平竞争的地位，抑制了中小企业的发展，导致产品价格水平高、服务质量差。政府机构

---

① 孙久文：《区域经济学》，首都经济贸易大学出版社2006年版。

② 吴敬琏：《发展中小企业是中国的大战略》，《宏观经济研究》1999年第7期，第3—7页。

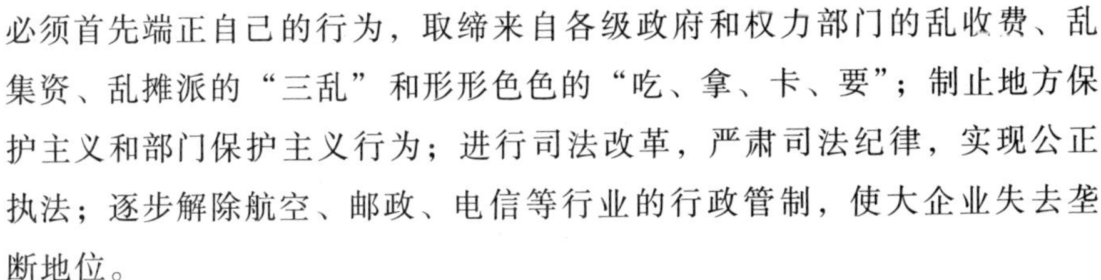

必须首先端正自己的行为，取缔来自各级政府和权力部门的乱收费、乱集资、乱摊派的“三乱”和形形色色的“吃、拿、卡、要”；制止地方保护主义和部门保护主义行为；进行司法改革，严肃司法纪律，实现公正执法；逐步解除航空、邮政、电信等行业的行政管制，使大企业失去垄断地位。

（2）改进对中小企业的服务

中小企业具有某些先天的弱点，如资金少、资信等级低、融资能力差、往往不能建立自己独立的支持性部门，如技术部门、信息收集部门、经济问题的研究部门等，为了社会的繁荣，政府和社会组织必须消除对中小企业的政治歧视，帮助中小企业克服弱点，充分发挥他们的优势。

（3）改善企业的融资环境

影响中小企业发展的最重要的因素，是融资渠道不畅、融资环境很差。为此，第一，在信贷融资方面，要发展适合中小企业的金融组织，保护和发展那些适合中小企业需要的小型金融机构。应当试办政府资助或贴息的、民办公助的和民办的风险投资基金。第二，广开融资渠道，发展股权融资。第三，鼓励创办对风险企业的风险投资。为了给风险投资留出退出的通道和为走向成熟的风险企业提供上市的机会，需要开设第二板块市场①。

二　优化省级以上开发区

工业园区是地方发展的增长极，能够从区外吸引资本并为当地企业营造有利条件。科技园区的主要目的是帮助公司提高创新能力，使其更具有竞争力，提高所在区域的经济水平。当前，京杭运河苏鲁段经济带12个地级市，70个县（市）行政单元，国家级开发区有21个，省级开发区就有109个，每个县域都有分布。而且，各地开发区主导产业相似率高（见表13－1、表13－2）。这两个特征表现为经济分权下的行政均衡与区域竞争，导致的是“囚徒困境”。

① 吴敬琏：《发展中小企业是中国的大战略》，《宏观经济研究》1999年第7期，第3—7页。

必须走出区域经济发展可以通过供给机制来引导的误区。企业对某一地区的投资，主要考虑的是投资收益率，而不单纯取决于当地的基础设施条件[①]。工业园的布局，要求靠近市场，要求有优良的基础设施，具有完备的第三产业支撑，有聚集性，有良好的周边环境和生活质量，有优良的投资软环境[②]。科技园区的布局，要求靠近科研机构和大学，有高级的企业管理人才和高素质的劳动力，要求能靠近投资机构，该地区具有创业精神的城市气氛[③]。当前，需要优化提升现有省级以上经济开发区、工业园区。严格限制开发区的审批，对不能实现经济功能的县级、镇级开发区取缔还田。

表 13－1　　京杭运河苏鲁段经济带现有的国家级开发区

位置	开发区	主导产业	面积（公顷）	批准时间
苏州	昆山经济技术开发区	信息技术、精密机械、生物科技	1000	1992. 8
	苏州高新技术产业开发区	电子与信息、光机电一体化、医药精细化工	680	1992. 11
	张家港保税区	化工物流、纺织加工、粮油加工	410	1992. 12
	江苏苏州工业园区出口加工区及B区	电子、通信、机械、新材料	290	2000. 04 2004. 5
	江苏苏州高新区出口加工区	电子、精密机械、新材料	270	2003. 3
	江苏吴中出口加工区	在建	300	2005. 6
	江苏常熟出口加工区	在建	94	2005. 6
	江苏昆山出口加工区	电子信息、光半导体、办公机械、汽车零配件	286	2000. 4
	江苏吴江出口加工区	在建	100	2005. 6
	张家港保税物流园区	物流、仓储	153	2004. 8

① 安虎森：《有关区域经济政策的一些思考》，《南开学报》（哲学社会科学版）2003 年第 4 期，第 34—40 页。

② 孙久文：《区域经济规划》，商务印书馆 2004 年版，第 161—166 页。

③ 张庭伟：《高科技工业开发区的选址及发展——美国经验介绍》，《城市规划》1997 年第 1 期，第 47—49 页。

续表

位置	开发区	主导产业	面积（公顷）	批准时间
	苏州工业园	电子、通信设备、精密机械、医药	7000	1994.2
	苏州太湖国家旅游度假区	太湖山水、古越文化、内陆亲水运动型度假	1120	1992.10
	苏州工业园综合保税区*		528	2007.8
无锡	无锡高新技术产业开发区	电子与信息、光机电一体化、新能源、高效节能	945	1992.11
无锡	江苏无锡出口加工区	电子信息、光机电一体化及精密机械、新材料	298	2002.6
无锡	无锡太湖国家旅游度假区	青山、绿水、内陆亲水运动型度假	1350	1992.10
常州	常州高新技术产业开发区	光机电一体化、电子与信息、生物、医药	563	1992.11
常州	江苏常州出口加工区	在建	166	2005.6
镇江	江苏镇江出口加工区	电子信息、光电子及通信元配件、光机电一体化、精密机械、汽车零部件	253	2003.3
扬州	江苏扬州出口加工区	在建	300	2005.6
淮安	江苏淮安出口加工区**	精密模具、电脑接插件、PCB等	136	2008.7

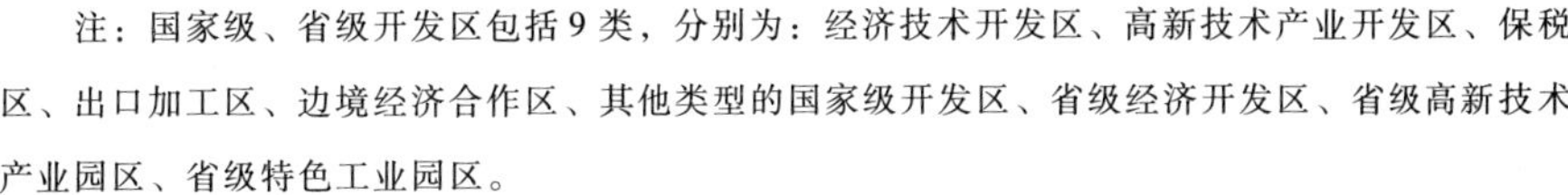

注：国家级、省级开发区包括9类，分别为：经济技术开发区、高新技术产业开发区、保税区、出口加工区、边境经济合作区、其他类型的国家级开发区、省级经济开发区、省级高新技术产业园区、省级特色工业园区。

*苏州工业园综合保税区为全国首个“综合保税区”。其发展定位是：建立具有口岸作业、保税物流、保税加工、国际贸易等多种功能，配套服务完善的综合保税区，成为上海洋山港、浦东空港及太仓港在内陆地区的喂给、疏散港，最终发展成为长三角地区制造集群的生产服务业基地和重要的国际货物集散地。

**江苏淮安出口加工区于2006年开始启动建设，2008年3月22日获得国务院单独行文批准设立，是新一届中央政府组成后，国务院批准设立的第一个国家级出口加工区。目前已吸引了包括富士康科技集团公司在内的3个项目，这些项目注册资本均达到9800万美元以上，实际总

投资额超过6亿美元。3年内，淮安出口加工区年加工贸易额将达到100亿美元，成为紧随上海、昆山、苏州、无锡、杭州之后的全国一流出口加工区。淮安市抓紧完成出口加工区后续建设，切实把淮安出口加工区打造成为高新技术企业密集区、特色产业示范区、区内外产业配套与工业物流互为联动的试验区和淮安对外开放上水平、上台阶、增后劲的带动区。

资料来源：中华人民共和国国家发展和改革委员会，《中国开发区审核公告目录》（2006年版）；淮安市人民政府；苏州市人民政府网站。

表13－2　京杭运河苏鲁段经济带现有的省级工业园区与科技园区

地市	开发区	主导产业	面积（公顷）	批准时间
德州市（12个）	山东德州运河经济开发区	新材料、生物制药、化工	400	2006.4
	山东德州经济开发区	太阳能、玻璃、服装	1097	2006.3
	山东禹城高新技术产业园区	生物制品、纺织、新材料	700	2002.9
	山东乐陵经济开发区	汽车配件、体育器材、纺织	400	2006.3
	山东齐河经济开发区	钢铁、机电、食品加工	760	2002.3
	山东宁津经济开发区	家具、生物技术、机电	400	2006.3
	山东夏津经济开发区	棉纺织、食品、工艺品	400	2006.3
	山东临邑经济开发区	石油化工、电子、纺织服装	400	2006.3
	山东庆云经济开发区	不锈钢制品、农副产品加工、机床附件	400	2006.3
	山东武城经济开发区	玻璃钢、汽车配件、地毯纺织	240	2006.3
	山东陵县经济开发区	农副产品深加工、新材料、机械制造	400	2006.3
	山东平原经济开发区	新型包装材料、化工、机械制造	400	2006.3
聊城市（9个）	山东聊城嘉明经济开发区	生物工程、纺织服装、汽车配件	600	1997.3
	山东聊城经济开发区	生物工程、纺织服装、汽车配件	1200	2006.3
	山东临清工业园区	纺织、机械、有色金属加工	388.13	2006.3
	山东茌平工业园区	铝及其深加工、密度板及其深加工	400	2006.4
	山东高唐工业园区	机械制造、林浆纸生产、纺织服装	383.34	2006.3

续表

地市	开发区	主导产业	面积（公顷）	批准时间
聊城市（9个）	山东阳谷工业园区	金属冶炼、生物工程及食品深加工	400	2006.4
	山东冠县工业园区	纺织服装、金属制品加工、农副产品加工	400	2006.4
	山东东阿工业园区	医药制造、钢球加工、建材	400	2006.3
	山东莘县工业园区	农副产品加工、纺织、机械制造	300	2006.3
济宁市（15个）	山东济宁高新技术产业园区	工程机械、生物制药、纺织服装	960	1992.5
	山东济宁经济开发区	机械制造、五金制造、纺织服装	300	1992.12
	山东任城经济开发区	机电一体化、精细化工、机械制造	500	1992.12
	山东曲阜经济开发区	光纤光缆、新材料、轻工纺织	497.69	1992.12
	山东兖州经济开发区	机械制造、食品、纺织	600	1992.12
	山东兖州工业园区	造纸、橡胶化工	400	2006.8
	山东邹城经济开发区	煤化工、新材料、机械制造	100	1992.12
	山东邹城工业园区	电子、新型材料、食品加工	329	2006.8
	山东梁山经济开发区	生物医药、纺织	400	1992.1
	山东泗水经济开发区	制药、包装、机械制造	300	2006.3
	山东微山经济开发区	水产品加工、矿山机械制造、电子	300	2006.4
	山东鱼台经济开发区	机械制造、农副产品深加工、服装加工	300	2006.3
	山东金乡经济开发区	电器制造、农副产品深加工、纺织	300	2006.4
	山东嘉祥经济开发区	煤化工、棉纺服装、生物科技	300	2006.3
	山东汶上经济开发区	机械制造、纺织服装、新型建材	400	2006.3

续表

地市	开发区	主导产业	面积（公顷）	批准时间
枣庄市（7个）	山东枣庄高新技术产品园区	煤化工、生物医药、新材料	800	1990.11
	山东薛城经济开发区	机械制造、煤化工、轻纺	400	2006.3
	山东枣庄经济开发区	纺织服装、机械电子、橡胶塑料	800	1992.12
	山东峄城经济开发区	建成、陶瓷、纺织	400	2006.3
	山东山亭经济开发区	特种造纸、农副产品加工、新型建材	288.78	2006.3
	山东台儿庄经济开发区	机械制造、纺织、化工	400	2006.3
	山东滕州经济开发区	机械制造、食品、医药	600	1992.11
徐州市（8个）	江苏徐州经济开发区	机械、电子、医药	2412	1993.10
	江苏徐州工业园区	机械、化工、建材	400	2006.4
	江苏邳州经济开发区	纺织、机械、农副产品加工	800	2006.5
	江苏新沂经济开发区	化工、纺织、食品	800	2006.4
	江苏铜山经济开发区	汽车、电子、食品	700	1993.11
	江苏睢宁经济开发区	纺织、化工、食品	600	2006.4
	江苏沛县经济开发区	食品、纺织	450	2006.4
	江苏丰县经济开发区	木材加工、食品、纺织	454	1995.10
宿迁市（6个）	江苏宿迁经济开发区	纺织、机械、玻璃制品	395	1998.11
	江苏宿城经济开发区	纺织、机械、农副产品加工	300	2006.4
	江苏宿豫经济开发区	玻璃制品、纺织、食品	500	2006.5
	江苏沭阳经济开发区	纺织、机械、木材加工	600	2006.4
	江苏泗洪经济开发区	纺织、食品、机械	300	2006.4
	江苏泗阳经济开发区	纺织、木材加工、照明电器	300	2006.5
淮安市（8个）	江苏淮安经济开发区	化工、机械、纺织	680	1993.11
	江苏淮安工业园区	金属制品加工、机械、建成	450	1995.10
	江苏楚州经济开发区	机械、电子、纺织	250	2006.4
	江苏淮阴经济开发区	纺织、木业加工、家用电器	250	2006.4
	江苏金湖经济开发区	机械、仪表、服装	250	2006.4
	江苏盱眙经济开发区	轴承、汽车零部件、家用电器	250	2006.4
	江苏洪泽经济开发区	化工、机械、电子	250	2006.4
	江苏涟水经济开发区	特种化纤、纺织	250	2006.4

续表

地市	开发区	主导产业	面积（公顷）	批准时间
扬州市（8个）	江苏扬州维扬经济开发区	机械、纺织、化工	400	2006.4
	江苏扬州经济开发区	汽车、机械、电子	1110	1993.10
	江苏扬州邗江经济开发区	机械、纺织、医药	450	2006.4
	江苏扬州化工产业园区	石油化工、精细化工	250	2006.5
	江苏仪征经济开发区	纺织、汽车零部件	359.39	1993.11
	江苏江都经济开发区	汽车、机械、精细化工	475	1993.11
	江苏高邮经济开发区	电器、机械、食品	494	1993.11
	江苏宝应经济开发区	机械、食品、医药	494.2	1993.11
镇江市（7个）	江苏镇江京口工业园区	有色金属加工、电子、电器	400	2006.4
	江苏镇江润州工业园区	电子、机械、汽车零部件	400	2006.4
	江苏丹徒经济开发区	石油化工下游产品、新型建材	500	1993.12
	江苏丹阳经济开发区	新材料、仪器仪表、金属制品	580	1993.11
	江苏镇江经济开发区	造纸、化工、电子	873	1993.11
	江苏扬中经济开发区	工程电器、新材料、机械	408.7	1993.12
	江苏句容经济开发区	光电子、自行车及零部件、纺织	480	1993.12
常州市（8个）	江苏常州钟楼经济开发区	精密机械、新材料、电子信息	800	2006.8
	江苏常州天宁经济开发区	纺织、机械、电子	1029	2006.8
	江苏常州戚墅堰经济开发区	机械、电子、轨道交通设备	500	1993.12
	江苏常州新北工业园区	化工	300	2006.4
	江苏武进高新技术产业园区	机械、纺织、电子	340	1996.3
	江苏武进经济开发区	精密机械、电子	288.18	1997.7
	江苏金坛经济开发区	服装、精细加工、机械电子	480	1993.11
	江苏溧阳经济开发区	输变电设备、机械	434.4	1993.11
无锡市（9个）	江苏无锡蠡园高新技术产业园区	精密机械、电子	250	1993.12
	江苏无锡经济开发区	通用设备、电气机械及器材	284	2006.5

续表

地市	开发区	主导产业	面积（公顷）	批准时间
无锡市（9个）	江苏无锡惠山经济开发区	汽车零部件、生物医药、纺织	533.72	2002.2
	江苏锡山经济开发区	电子、精密机械、纺织	920	1993.11
	江苏无锡硕放工业园区	汽车零部件、电子、医药	453	2006.4
	江苏江阴经济开发区	纺织、化工	660	1993.11
	江苏江阴临港经济开发区	机械、新材料、金属制品加工	390	2006.8
	江苏宜兴经济开发区	纺织、电子、机械	210	2006.4
	江苏宜兴陶瓷产业园区	陶瓷	380	1993.12
苏州市（11个）	江苏苏州浒墅关经济开发区	新型建材、精密机械	813	1993.12
	江苏吴中经济开发区	电子、精密机械、生物医药	381	1993.11
	江苏相城经济开发区	电子设备、机械、金属制品	213	2002.1
	江苏吴江经济开发区	通信设备、计算机及其他电子设备	392	1993.11
	江苏吴江汾湖经济开发区	机械、通讯设备、计算机及其他电子设备	530	1994.7
	江苏昆山高新技术产业园区	机械、电子、金属制品	786	2006.4
	江苏昆山花桥经济开发区	电子、信息服务、精密机械	415	2006.8
	江苏太仓港经济开发区	机械、化工	1543	1993.11
	江苏常熟经济开发区	新型建材、高档造纸	780	1993.11
	江苏常熟东南经济开发区	电子信息、汽车零部件、纺织	352	2003.5
	江苏张家港经济开发区	化工、机械	1190	1993.11

资料来源：中华人民共和国国家发展和改革委员会，《中国开发区审核公告目录》（2006年版）。

第二节　提高产业份额，是运河经济带起飞的关键内容

工业化过程中，欠发达地区需要跨越加快工业化所需的最低的产业份额，这是经济增长的关键。一个区域产业份额的大小取决于市场规模、比较优势和区内外贸易的自由度。市场规模大，比较优势明显，外区域实行高度开放的政策，本区域实行循序渐进的开放政策，有利于落后区域的经济发展①②。

一　提高区内贸易自由度，提高产业份额

落后区域区内市场规模的扩大和区内贸易自由度的提高，有利于本地企业的自生和吸引外地企业落户，这可提高落后区域的产业份额。落后区域产业份额的提高，也就是产业集中度的提高，可以提高其经济增长率，而这将缩小区际收入差距。通过京杭运河苏鲁段经济带建设，加强区域内部合作、促进要素流动，提高区内尤其是欠发达地区区内贸易自由度，有利于提高产业份额。

二　实施差别化策略，提高产业份额

京杭运河苏鲁段经济带绝大部分区段属于经济落后区段，其相对于长三角地区、京津冀地区以及山东半岛地区，无论市场规模还是贸易自由度皆处于较弱地位。实施一体化战略，扩大区际贸易自由度，不仅不利于长三角地区、京津冀地区和山东半岛缓解拥挤效应（太湖蓝藻就是明证），而且将加剧区际差距。因此，京杭运河苏鲁段经济带建设，应实

---

① 安虎森、蒋涛：《一体化还是差别化——有关区域协调发展的理论解析》，《当代经济科学》2006 年第 4 期，第 53—63 页。

② 安虎森：《欠发达地区工业化所需最小市场规模——二论区域经济协调发展》，《广东社会科学》2006 年第 6 期，第 5—11 页。

行差别化政策，而不应实行一体化政策。通过对落后区域实施转移支付、基础设施建设，对发达区域实施许可证制度等宏观政策手段，实施促进劳动力和资本向落后区域迁移到微观政策手段[①]，提高落后区域产业份额，提高整体经济效率，实现社会效益最大化。

第三节　协调区际关系，是运河经济带建设的促进条件

一　与胶济经济带的依托关系构建

胶济经济带是山东经济发展的中心地带，聊城市和德州市作为胶济经济带的辐射区域，通过改善投资环境，积极承接胶济经济带的产业转移，积极融入胶济经济带。同时，胶济经济带也应加快向聊城和德州的产业转移，加速自身产业的腾笼换鸟，提高整体竞争力。

二　与鲁南、东陇海经济带的共生关系构建

作为鲁南、东陇海产业带上的重要中心城市济宁市和徐州市，分别与日照市、连云港市构成区域发展的“双核”结构。京杭运河苏鲁段经济带、鲁南经济带、东陇海产业带的发展，取决于双核的互动效果，也依托于济宁市与徐州市二者功能关系的协调。因此，三条经济带构成了共生关系，共同繁荣、共同进步。京杭运河苏鲁段经济带、鲁南经济带、东陇海经济带在发展过程中，积极加强共生关系构建。

三　与沿海经济带的互补关系构建

沿海经济带（山东段）是山东省重要的发展轴线，是改革开放的前沿阵地，是增长速度很快的发展轴线。沿海经济带（江苏段）目前经济

---

① 蔡昉、白南生:《中国转轨时期劳动力流动》，社会科学文献出版社2006年版。

发展比较落后，但其发展潜力很大。京杭运河苏鲁段经济带作为沿海经济带的战略后方，二者在产业结构、资源禀赋等方面皆具有互补关系，共赢的关键在于合理的互补关系构建。

四 与长江、京九经济带的协作关系构建

京九经济带与京杭运河苏鲁段经济带、德州—聊城段二者重合，京杭运河苏鲁段经济带的发展就是京九经济带的发展。同时，两条经济带发展阶段的相似性，又决定了京九经济带上聊城—菏泽段与京杭运河苏鲁段经济带上济宁—枣庄段之间区域竞争的激烈性。长江经济带与京杭运河苏鲁段经济带扬州—镇江段，区域资源禀赋一致性高，在经济分权、政绩考核的激励机制下，重复建设、过度竞争比较严重。

协作关系是摆脱“囚徒困境”，促进资源优化配置，进而实现双赢、多赢的关键。

第四节 保护生态环境，是运河经济带建设的价值导向

一 建立生态补偿机制，协调改善生态环境

南水北调东线工程是长江水东引北调，主要解决沿途地区居民及工业、农业生产的用水，因此，对京杭运河生态环境的要求也提高到前所未有的高度。京杭经济带各个城市共同保护生态环境成为必然要求，而资金的短缺是导致生态保护工作难以展开的重要原因。为此，通过建立生态补偿机制，实施城市支持农村、发达地区支持落后地区、国家转移支付多维的生态补偿办法，改善京杭运河生态环境。

二 完善法律法规制度，保障运河生态环境

为保障运河生态环境，推进南水北调工程建设，运河生态环境的保

护还必须采取以下控制措施：第一，明文禁止在运河廊道内从事特定活动。第二，对在运河两岸一定范围内的某些经济活动可以重税，如对企业的土地和劳动力等生产要素征收高额税收，或者对产品规定高于一般水平的税率。第三，排污许可证制度，是国外治理环境污染问题的常用措施。2008 年 9 月 28 日，我国第一家综合性排放权交易所在天津挂牌，标志着排污许可证在我国将得以广泛应用。运用各种许可证限制在运河特定区域或地区的经济活动，如工业许可证、办公楼许可证等①。第四，通过生活污水、工业污水的集中处理，解决直接注入运河航道的问题。

① 张可云：《区域经济政策》，商务印书馆 2005 年版。

第十四章

结　语

运河文化景观与经济带建设研究是在更高层次上统筹区域发展，探索在经济全球化与一体化、社会生活日益现代化的时代背景下经济与文化协调发展的重要路径，也是推动国家有效保护与开发运河物质文化遗产的核心举措。

一 研究基本内容

本书主要由三大部分组成：运河文化景观系统研究、运河文化景观资源价值评估研究、运河经济带建设研究。

在运河文化景观系统研究部分：选择了典型区域扬州、淮安、济宁和徐州的运河文化景观进行研究。全书结合大量史实，考察了运河的变迁，认为运河的发展历经以下阶段：肇始、成型、盛况、衰况、复兴过程。如近代以前，扬州的繁盛依赖于江运交汇的特殊地理环境，经济发展依赖转口贸易、淮盐的外销以及官宦商贾的奢侈消费，各种景观建造更加积极。近代以来扬州丧失城市发展的优势，从繁盛的巅峰中跌落下来，“扬气”被“洋气”取代，城市的没落不可避免地造成运河文化景观的功能价值的移位。运河文化景观特色的形成离不开运河区域文化和地域文化的合力，同质文化与异质文化的碰撞融合，归纳出运河文化景观具备的古悠性、精致性、休闲性等特性。分析了运河文化景观的价值，认为具备历史文化价值、经济价值、艺术价值等；同时探讨了文化景观的传承，并结合个案对运河文化景观的保护提出保护的原则与措施。

在运河文化景观资源价值评估研究中，提出：文化景观资源是文化产业赖以发展的基础，文化景观资源的分类和评估问题是文化产业规划研究的基础性课题，其目的是为了识别资源类型特征，分析资源组织结构，确定资源价值，评估资源影响，其真正意义是为了科学地开发利用文化景观资源。首先，在对文化景观资源定义、内涵、分类等基础研究概括与总结的基础上，查阅有关资料，结合实地调查，统计、归类运河文化资源，建立运河文化景观资源分类体系。然后，再借鉴国内外资源价值理论成果与评估方法，提出运河文化资源的价值体系。最后，以淮安市漕运总督部院遗址为典型，对其内在价值进行实证评估。在明确分

类目的和原则的基础上，借鉴已有的资源分类标准（包括《世界遗产公约》、《中国人文旅游资源分类表》、《保护非物质文化遗产公约》），依据运河文化资源的成因和性状对运河文化资源进行系统性分类，将分类系统分为三个层次：主类、亚类和基本类，对各类别分别进行阐述，并分析了系统内部的结构关系。对已有资源价值理论和价值构成体系进行归纳与总结，通过分析运河资源的性质与特点建立了运河文化资源的价值体系。对国内外文化资源的评估方法进行总结、归纳，进一步提出运河文化资源评估方法的选择依据。选取案例实证分析。选取淮安市漕运总督府部院遗址为案例，分析其价值构成及体现方式，并利用条件估值法对其内在价值进行评估，通过问卷调查与 SPSS 软件统计分析得出其内在价值为 6.75 亿元，最后分析了案例评估的不足之处。

在运河经济带建设研究中，以经济带的三要素（产业、城镇和基础设施）作为研究主线，采用“总—分—总”的写作手法，对如何建设京杭运河段经济带进行了研究。现状分析是研究的起点，也是深入研究的依据。课题研究从产业结构、空间结构、基础设施三个方面对京杭运河经济带进行现状分析，得到了 7 个结论。首先，采用 SSM 分析方法对京杭运河经济带的产业结构进行分析。第一，从产业部门优势看，京杭运河段经济带具有部门增长优势（$S>0$）的产业较少，部分地市不具有增长优势的部门；优势产业呈现区域差异：苏锡常区域多依托资本、技术要素，其他区域多依托劳动力和自然资源；从优势度看，苏南段优势度明显高于苏北及其他地段。第二，从产业部门偏离分量看，一是从总体上说各地市的产业主要集中在第三象限和第四象限，或者属于产业基础较弱且发展缓慢型，或者属于产业基础较弱但发展较快型，但其发展速度份额也小于产业结构份额。产业结构升级是本经济带面临的主要问题。二是产业部门偏离分量特征呈现区域分异。苏锡常段具有实力强大的主导产业，其面临的主要问题是产业结构的合理化；而苏北和山东段区段主导产业实力有待提高，其面临的主要问题是产业结构的高度化。第三，从城市产业总体优势和偏离分量看，京杭运河经济带各城市产业总体优势较弱，绝大多数城市 $S<0$。从城市产业总体偏离分量来看，多数城市处于第三象限和第四象限。出现这种现象是城市产业 GDP 规模较小、发展速度较慢所致。第四，从产业结构转换能力看，京杭运河江苏段经济

带城市部门弹性系数、结构效果系数、区域竞争效果系数，整体较弱且区域差异较大。较强产业部门弹性（$L>1$）和竞争力（$U>1$）的城市集中在淮安市和苏州市。朝阳产业比重较高（$W>1$）的城市有扬州市、镇江市、常州市、苏州市，集中分布于江苏南部。其次，对京杭运河苏鲁段经济带的空间结构进行分析。其一，采用因子分析法对城市中心性进行分析。第一，中心城市呈现明显的等级性；第二，城市中心性呈现明显的地域差异；第三，苏北和山东段缺少承接产业转移的中心城市。其二，京杭运河经济带城市间联系呈现多个团。经济带内城市间经济联系较弱。其后，京杭运河段经济带的城镇体系特征表现为：第一，苏锡常段城市发展水平较高，中心城市首位度较高，城镇体系较为成熟；第二，济宁—徐州—镇江段中心城市较小，带动力较弱，其他城市规模较小，缺乏承接性城市；第三，多数城市行政单元较多、中心城区规模较大、行政单元间经济联系较弱，亟待整合。最后，对京杭运河苏鲁段经济带的基础设施进行分析。等级较低的航道、吞吐能力较低的港口、杂乱的船型、不完善的配套基础实施，制约着京杭运河苏鲁段经济带的建设。

针对上述问题，分别就产业结构、空间组织和基础设施提出了优化策略。第一，在 Shift-share 定量分析的基础上，通过实地调研与专家座谈等方式，提出了各个地级市的主导产业与重点产业。经济带产业的发展，依托于比较优势的发挥、产业的优化升级。第二，空间组织也是经济带建设的重要方面。根据经济发展实力、生产力布局现状等五大原则，建设徐州市和苏锡常都市圈两大都市圈中心城市和三条一级开发轴线：京杭运河沿线、徐连城镇聚合轴、沿长江城镇聚合轴，提高生产力聚合能力。通过发展两大都市圈、8 个二级城市、若干县城组成的三级城市，形成较为合理的城市组织体系。第三，基础设施是经济带建设的“触发器”。课题研究就航道改造、港口建设、综合配套基础设施建设等方面，提出基础设施改造、建设的途径。为保障京杭运河经济带更好地建设，课题在改善投资环境、提高产业份额、协调区际关系、保护生态环境四个方面提出了一些针对性措施。

二 研究基本特色

本书选择了典型区域扬州、淮安、济宁和徐州的运河文化景观进行系统研究。运用文化遗产的分类方法对运河文化景观类型进行归类，分为核心区、重心区、辐射区，理清文化景观的发展脉络。探究运河文化景观变迁的趋势和盛衰因素，希望从中分析文化景观与城市兴衰的关联。归纳运河文化景观特性。分析运河文化景观的价值，认为具备历史文化价值、经济价值、艺术价值等；同时探讨了文化景观的传承，结合个案对运河文化景观的保护提出了原则与措施。

对运河文化景观资源分类系统研究和货币化评估研究。在以往关于文化资源的研究文献中，大部分分类方案都是从单一的视角出发，对文化景观资源进行单维度的分类研究。本书则从“历时性”、“客体属性”两个维度出发，对运河文化景观资源进行分类，同时分析了运河文化景观资源分类系统中同一维度的不同类别资源之间的区别与内在关系。在以往资源价值评估的相关研究中，文化景观资源价值的评估方法大多是定性的描述和定量的分等定级。在新古典经济学与环境经济学领域，市场价格成为衡量物品价值的常用工具。但是，文化景观资源中包含着大量较难以货币化的、更深层次的“东西”，如文化景观遗产资源所具有的休闲、游憩、教育、科学，历史、文化，宗教、艺术等价值。但这并不意味着文化景观资源价值的评估就一定将“货币化”评估技术排除在外，事实上，价值量化技术可以作为一种补充工具来使用。本书引入市场价格这一工具，尝试对文化资源的货币化评估。

对运河经济带系统研究。本书采用定量分析与定性分析相结合的方法对如何建设京杭运河经济带进行了多要素、系统化的研究，改变了过去集中单个要素、单个城市研究或者局部研究的格局。推动了运河经济带的系统化研究。采用 SSM 分析方法，对京杭运河苏鲁段经济带的所有产业，而不仅仅是第二产业进行分析，结论非常明确。在城市中心性评价的基础上，指出京杭运河经济带城市建设的关键在于地域区内各行政区的整合。

三　尚需深入的探讨

（一）运河文化资源价值评估

1. 运河文化景观资源分类系统中分类视角的局限性

从历时性角度将运河文化景观资源分为历史文化资源和现实文化资源，历史和现实都是相对而言的概念，从时间上没有严格的分界线，从而使得一些文化资源所属类别模棱两可，比如在新中国成立初期所建运河沿岸的建筑、景观或设施，到底是历史文化资源还是现实文化资源，本书中尚很难确定。此外，一些仿古建筑景观资源，在属性和功能上与历史遗产中的建筑景观完全相同，只是修建于现代，如果按照历时性角度应当属于现实文化资源，而参考以往《标准》等分类方案，显然是不合理的，所以笔者将其归为历史文化资源，这也是本书分类的另一个不足之处。

2. 尚未构建运河文化景观资源系统的价值评估方法矩阵

从现在的成果来看，已经完成了对运河的文化景观资源的初级分类，以及运河文化景观资源价值的初步探索，但是“资源分类”与“资源价值评估”之间似乎没有什么关系。按照原来的设想，接下来进一步研究应该是运河文化资源分类系统中各亚类文化资源所对应的价值评估方法的矩阵，而由于课题相关数据的局限，没能完成这一部分的内容，这也将成为今后研究的重点。

（二）运河经济研究

1. 产业结构优化策略有待进一步论述

京杭运河经济带涉及多个地级市，苏鲁段则跨省设计到 12 个地级市，内容庞杂、类型多样，还需要加强深入调研，提出更具有可操作性的方案。

2. 产业集群培育方案有待进一步深化

各地产业发展各具特色，盲目建设产业集群是有风险的。产业集群培育需要建立在对企业微观分析的基础上，清晰适合当地特色的产业集群发展机制，是提出具有可操作性方案的基础。

附　录

淮安市漕运总督部院遗址的价值评估研究问卷调查表

1）您此行的基本情况是：

您来自______________省（自治区）______________市（县）

2）您的基本情况：

性别	□ 男　　□ 女
年龄（岁）	□ 30以下　□ 31—50　□ 50以上
文化程度	□ 本科及以上　□ 大专 □ 高中或中专　□ 初中及小学
职业	□ 政府工作人员　□ 企事业管理人员 □ 专业技术人员　□ 服务人员/售货员 □ 工人　□ 军人 □ 教师　□ 学生 □ 农民及退休人员　□ 其他
月收入（元）	□ ≤499　□ 500—999 □ 1000—1999　□ 2000—4999 □ ≥5000

3）您是否愿意支付一定费用保护漕运总督部院遗址的文化资源？

□　愿意　　　　　　□　不愿意

（1）如果愿意，您的支付动机是（可以多选）：

□　为了将来能够选择利用

□　把这份资源及其含有的文化价值留给子孙后代

□　让有价值的文化遗产和优美的自然风光等永续存在

（2）请问您愿意支付多少保护费用（元）：

□ 5.00 □ 10.00 □ 20.00 □ 30.00 □ 40.00 □ 50.00 □ 60.00 □ 70.00 □ 80.00 □ 90.00 □ 100.00 □ 125.00 □ 150.00 □ 200及以上

（3）如果不愿意，您主要出于下列何种原因：

□ 收入有限，无能力支付

□ 所支付费用很可能用不到保护上

□ 保护费用应该由政府或旅游企业支付

□ 门票费太高，应该包括保护费用

□ 本人远离此地，对其保护不感兴趣

□ 其他原因

参考文献

[1] Arjo Klamer. Accounting for Social and Cultural Values. De Economist, 2002, 150 (4) .

[2] Arjo Klamer. The Value of Culture: On the Relationship between Economics and Arts. Amsterdam: Amsterdam University Press, 1997.

[3] Randall Mason. Assessing Values in Conservation Planning: Methodological Issues and Choices. Assessing the Values of Cultural Heritage, The Getty Conservation Institute, Los Angeles, 2000.

[4] Randall Mason, Marta de la Torre. Heritage Conservation and Values in Globalizing Societies. 见联合国教科文组织主编《世界文化报告》，北京大学出版社 2002 年版。

[5] Massimiliano Mazzanti. Cultural Heritage as Multi-dimensional, Multi-value and Multi-attribute Economic Good: Toward a New Framework for Economic Analysis and Valuation. Journal of Socio-Economics, 2002, 31 (5) .

[6] T. J. Green. Cultural Resource Management (CRM): Conservation of Cultural Heritage. International Encyclopedia of the Social & Behavioral Sciences, 2004.

[7] Dr. Gerrit Fenenga. Cultural Resources Compliance & Community Assistance Projects. Assessing the Values of Cultural Heritage, The Getty Conservation Institute, Los Angeles, 2000.

[8] Mc-Neely J. A. , et al. Conserving the World's Biologieal Diversity, Prepared and Published by the International Union for Conservation of Nature and Natural Resources. World Resources Institute, Conservational International, World Wild Life Fund-US and the World Bank, 1990.

[9] UNEP. Guidelines for Country Studies on Biological Diversity. Oxford: Oxford University Press, 1993.

[10] Tyron James Venn, Quiggin, John. Accommodating Indigenous Cultural Herit-

age Values in Resource Assessment: Cape York Peninsula and the murray-Darling Basin, Australia. Ecological Economics, 2007, 61 (2-3).

[11] Freeman A. Myrick. The Measurement of Environmental and Resource Value: Theory and Methods. Washington D. C.: Resouces for the Future, 1993.

[12] Douglas Noonan. Contingent Valuation and Cultural Resources: A Meta-Analytic Review of the Literature. Journal of Cultural Economics, 2003, 27 (3).

[13] http: //en. wikipedia. org/wiki/Choice_ modelling#methodologies_ used_ in_ Choice_ modelling.

[14] E. C. M. Ruijgrok. The Three Economic Values of Cultural Heritage: A Case Study in the Netherlands. Journal of Cultural Heritage, 2006, 7 (3).

[15] Ana Bedate, Luis César Herrero, Joséángel Sanz. Economic Valuation of the Cultural Heritage: Application to Four Case Studies in Spain. Journal of Cultural Heritage, 2004 (5).

[16] P. Joan Poor, Jamie M. Smith. Travel Cost Analysis of a Cultural Heritage Site: The Case of Historic St. Mary's City of Maryland. Journal of Cultural Economics, 2004, 28 (3).

[17] Choong-Ki Lee, Sang-Yoel Han. Estimating the Use and Preservation Values of National Parks' Tourism Resources Using a Contingent Valuation Method. Tourism Management, 2002, 23 (5).

[18] Samuel Seongseop Kima, Kevin K. F. Wongb and Min Choa. Assessing the Economic Value of a World Heritage Site and Willingness-to-pay Determinants: A Case of Changdeok Palace. Tourism Management, 2007, 28 (1).

[19] John C. Whitehead, Suzanne S. Finney. Willingness to Pay for Submerged Maritime Cultural Resources. Journal of Cultural Economics, 2003, 27 (3).

[20] Alexandros Apostolakis, Shabbar Jaffry. A Choice Modeling Application for Greek Heritage Attractions. Journal of Travel Research, 2005, 43 (3).

[21] Susana Mourato and Massimiliano Mazzanti. Economic Valuation of Cultural Heritage: Evidence and Prospects. Assessing the Values of Cultural Heritage, The Getty Conservation Institute, Los Angeles, 2000.

[22] Allen J. Scott. Global City-region: Trends, Theory, Policy. Oxford University Press, 2001.

[23] Fujita, M. and J. F Thisse. Economics of Agglomeration. Journal of the Japanese and International Economics, 1996, (10).

[24] Guild, R. L. Infrastructure Investment and Regional Development: Theory and

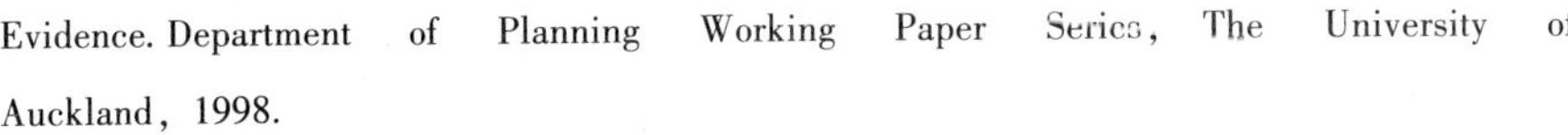

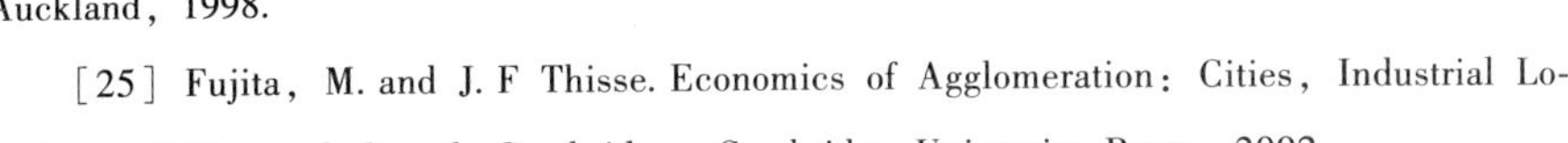

Evidence. Department of Planning Working Paper Series, The University of Auckland, 1998.

[25] Fujita, M. and J. F Thisse. Economics of Agglomeration: Cities, Industrial Location and Regional Growth. Cambridge: Cambridge University Press, 2002.

[26] Edgar M. Hoover & Frank Giarratani. An Introduction to Regional Economics.

[27] Daniel C. Knudsen. Shift-share Analysis: Further Examination of Models for Description of Economic Change. Socio-economic Planning Science, 2000 (34).

[28] A Methodology for Identifying the Drivers of Industrial Clusters. The Foundation of Regional Competitive Advantage. Economic Development Quarterly, 2000, 14 (1).

[29] Porter, M. E. Clusters and New Economics Competition. Harvard Business Review, 1998 (11).

[30] Anderson, G. Industry Clustering for Economic Development. Economic Development Review, 1994 (12).

[31] Fester, E., Bergman, E. National Industry Cluster Templates: A Framework for Applied Regional Cluster Analysis. Regional Studies, 2000, 34 (1).

[32] Lowrance R., Mclntyre S., Lance C. Erosion and Deposition in a Field/Forest System Estimated Using Cesium - 137 Activity. Journal of Soil and Water Conservation, 1988, 43.

[33] Cooper J. R., Gilliam J. W., Jacobs T. C. Riparian Areas as a Control of Nonpoint Pollution. In: Correll D. L. ed. Watershed Research Perspectives. Washington D. C.: Smithsonian Institution Press, 1986.

[34] Rehabilitation of River Margins. River Restoration, 1996, 71.

[35] Cooke, P. Regional Innovation Systems: Competitive Regulation in the New Europe. Geoforum, 1992 (23).

[36] Maskell, P. and Malmberg, A. Localised Learning and Industrial Competitiveness. Cambridge Journal of Economics, 1999, 23 (2).

[37] Asheim, B. and Isaksen, A. Regional Innovation System: The Integration of Local Sticky and Global Ubiquitous Knowledge. Journal of Technology Transfer, 2002, 27 (1).

[38] Isaksen, A. Building Regional Innovation System: Is Endogenous Industrial Development Possible in the Global Economy? Canadian Journal of Regional Science, 2001, 24 (1).

[39] 李伟、俞孔坚：《世界文化遗产保护的新动向——文化线路》，《城市问题》2005年第4期。

[40] 李东红、杨利美：《文化资源的价值评估、成本核算与经济补偿》，《思想战线》2004 年第 3 期。

[41] 胡兆量：《文化资源价值的三个特性》，《北京联合大学学报》（人文社会科学版）2004 年第 1 期。

[42] 米子川：《文化资源的时间价值评价》，《开发研究》2004 年第 5 期。

[43] 吴美萍：《文化遗产的价值评估研究》，东南大学硕士学位论文，2006 年。

[44] David Throsby，Arjo Klamer：《为过去付费：文化遗产经济学》，见联合国教科文组织主编《世界文化报告》，北京大学出版社 2002 年版。

[45] 覃明兴：《大资源观的历史考察》，《社会科学》2002 年第 2 期。

[46] 程恩富：《文化生产力与文化资源的开发》，《生产力研究》1994 年第 5 期。

[47] 申维辰：《评价文化：文化资源评估与文化产业评价研究》，山西教育出版社 2004 年版。

[48] 郑孝燮：《世界遗产的“不可再生”价值》，《现代城市研究》2004 年第 6 期。

[49] 郑易生：《自然文化遗产的价值与利益》，《经济社会体制比较》2002 年第 2 期。

[50] 刘庆余、李娟、张立明等：《遗产资源价值评估的社会文化视角》，《人文地理》2007 年第 2 期。

[51] 陈桥驿：《南北大运河——兼论运河文化的研究和保护》，《杭州师范学院学报》（社会科学版）2005 年第 3 期。

[52] 束有春：《江苏省运河文化遗产保护与展望》，《东南文化》2006 年第 6 期。

[53] 吕卓民：《运河文化遗产的保护与开发》，《西北大学学报》2005 年第 3 期。

[54] 黄震方、李芸、王勋：《京杭大运河旅游产品体系的构建及其旅游开发——以京杭大运河江苏段为例》，《地域研究与开发》2000 年第 1 期。

[55] 金平斌、沈红心：《京杭运河（杭州段）旅游资源及其旅游功能开发研究》，《浙江大学学报》（理学版）2002 年第 1 期。

[56] 李泉：《中国运河文化的形成及其演进》，《东岳论丛》2008 年第 3 期。

[57] 王健：《大运河文化遗产的分层保护与发展》，《淮阴工学院学报》2008 年第 2 期。

[58] 梁白泉：《初论运河文化》，《东南文化》1990 年第 5 期。

[59] 吕龙、黄震方：《遗产廊道旅游价值评价体系构建及其应用研究——以古

运河江苏段为例》,《中国人口·资源与坏境》2007 年第 6 期。

[60] 沈山、安宇:《和谐社会的城市文化战略》,中国社会科学出版社 2009 年版。

[61] 穆贤清、黄祖辉、张小蒂:《国外环境经济理论研究综述》,《国外社会科学》2004 年第 2 期。

[62] 王建民:《遗传资源经济价值评价研究》,《农村生态环境》2004 年第 1 期。

[63] 庄大昌:《洞庭湖湿地生态系统服务功能价值评估》,《经济地理》2004 年第 3 期。

[64] 郭剑英、王乃昂:《敦煌旅游资源非使用价值评估》,《资源科学》2005 年第 5 期。

[65] 李书恒、郭伟:《京杭大运河的功能与苏北运河段的发展利用》,《第四纪研究》2007 年第 5 期。

[66] 谢贤政、马中:《应用旅行费用法评估环境资源价值的研究进展》,《合肥工业大学学报》(自然科学版)2005 年第 7 期。

[67] 刘敏、陈田、刘爱利:《旅游地游憩价值评估研究进展》,《人文地理》2008 年第 1 期。

[68] 费洪平:《产业带边界划分的理论与方法——胶济沿线产业带实例分析》,《地理学报》1994 年第 3 期。

[69] 夏飞、陈修谦:《高速公路经济带边界模型的构建及实证分析》,《系统工程》2004 年第 12 期。

[70] 王守恒、章锡俏、孟祥海:《高速公路经济产业带计算模型研究》,《公路》2006 年第 7 期。

[71] 周淼、徐建刚:《基于 GIS 的交通经济带空间边界界定方法研究——以沪宁杭高速公路经济带为例》,《世界地理研究》2003 年第 2 期。

[72] 国务院发展研究中心课题组:《四条横贯东西经济带形成的战略思考——“十一五”规划思路研究》,《经济学动态》2003 年第 7 期。

[73] 胡序威、毛汉英、陆大道等:《中国沿海地区持续发展问题与对策》,《地理学报》1995 年第 1 期。

[74] 余丹林、毛汉英:《中国沿海地区经济发展态势及发展对策》,《经济地理》1999 年第 4 期。

[75] 钟功甫:《我国东部沿海开放带形成条件、地域分异和发展方向》,《地理学报》1988 年第 2 期。

[76] 沈山:《文化产业的内涵及其政策发展趋势》,《社会科学家》2005 年第

2 期。

［77］俞孔坚、李迪华、李伟：《京杭大运河的完全价值观》，《地理科学进展》2008 年第 2 期。

［78］李伟、俞孔坚、李迪华：《遗产廊道与大运河整体保护的理论框架》，《城市问题》2004 年第 1 期。

［79］王永波：《运河文化的运动规律及其启示》，《东南文化》2002 年第 3 期。

［80］安宇、沈山：《江苏省区域文化与文化发展的空间组织》，《经济地理》2006 年第 5 期。

［81］沈山、沈正平、孙旭芳等：《主题性旅游协作联盟及其构建——以运河文化主题协作联盟为例》，《地理研究》2008 年第 6 期。

［82］许云飞：《京杭运河山东段经济带、文化带、旅游带、风景带建设研究——可行性研究》，《山东交通科技》2006 年第 4 期。

［83］黄震方、李芸、王勋：《京杭大运河旅游产品体系的构建及其旅游开发——以京杭大运河江苏段为例》，《地理研究与开发》2000 年第 1 期。

［84］孙旭芳、沈山、安宇：《京杭大运河苏鲁区段旅游协作联盟构建研究》，《边疆经济与文化》2009 年第 2 期。

［85］沈山、安宇、孙旭芳等：《苏北沿运河旅游轴合作发展策略》，《徐州工程学院学报》（社会科学版）2009 年第 1 期。

［86］张京祥、刘雨平：《沿京杭大运河地区的空间发展——以京杭大运河扬州段为例》，《经济地理》2008 年第 1 期。

［87］李东晨：《运河东南行，经济随河飞——苏南运河镇阶段整治建设 5 周年综述》，《水运工程》2003 年第 3 期。

［88］陈璧显：《中国大运河史》，中华书局 2001 年版。

［89］史春云、张捷、高薇等：《国外偏离—份额分析及其拓展模型研究述评》，《经济问题探索》2007 年第 3 期。

［90］郭志刚：《社会统计分析方法——SPSS 统计应用》，中国人民大学出版社 1999 年版。

［91］沈正平、马晓冬、戴先杰等：《中国新亚欧大陆桥经济带城市竞争力比较研究》，《经济地理》2002 年第 1 期。

［92］顾朝林、于涛方、李王鸣等：《中国城市化格局·过程·机理》，科学出版社 2008 年版。

［93］朱强、俞孔坚、李迪华：《景观规划中的生态廊道宽度》，《生态学报》2005 年第 9 期。

［94］张金池、毛锋等：《京杭大运河沿线生态环境变迁》，科学出版社 2012

年版。

［95］俞孔坚等：《京杭大运河国家遗产与生态廊道》，北京大学出版社 2012 年版。

［96］陈桥驿：《中国运河开发史》，中华书局 2008 年版。

后　记

本书是江苏师范大学淮海发展研究院与淮安信息职业技术学院学术研究系列成果之一，也是作者“文化战略”系列研究中继《和谐社会的区域文化战略》、《和谐社会的城市文化战略》之后的第三部著作。

淮海发展研究院是由江苏省省委宣传部、江苏省哲学社会科学规划办公室、江苏省教育厅、徐州市政府与江苏师范大学共建的江苏省哲学社会科学重点研究基地，江苏省哲学社会科学界联合会与江苏师范大学共建的江苏省决策咨询研究基地，设置了“城市与区域研究中心”、“产业经济研究中心”、“区域文化研究中心”、“区域旅游研究中心”、“信息服务中心”和“区域经济与管理综合实验中心”等科研机构，广泛地开展区域经济、区域文化、战略规划等领域的科学研究。

本书由安宇、沈山共同讨论拟定了提纲，全书由沈山统稿、修改，安宇定稿。各章节撰著分工如下：

绪论：沈山、安宇；第一章：安宇、沈山；第二章：陈进才、安宇、沈山；第三章：沈山、孙旭芳、蒋庆丰；第四章：安宇、胡巍威、滕岩；第五章：安宇、胡巍威、侯林；第六章：安宇、侯林、滕岩；第七章：安宇、胡巍威、侯林；第八章：孙旭芳、沈山；第九章：胡安俊、沈山；第十章：胡安俊、沈山；第十一章：沈山、胡安俊；第十二章：胡安俊、沈山；第十三章：沈山、胡安俊；第十四章：沈山、安宇。研究生陆宁、江国逊、邹晶、胡庭浩、胡万青、栾阿诗等参与了课题调研、资料整理、文字校对等相关工作。

在本书出版之际，我们衷心感谢在“文化运河”调研与研究过程中给予帮助的诸位专家、学者和江苏师范大学、淮安信息职业技术学院的朋友们。感谢江苏省委宣传部、徐州市委、淮安市委、扬州市委给予的

关心和帮助。最后，对中国社会科学出版社给予的积极支持和责任编辑李炳青老师付出的辛苦劳动深致谢忱。

由于我们的学术水平所限，再加上京杭大运河这个“文化长廊”、“科技库”、“博物馆”、“民俗画廊”的博大精深，我们只能“管中窥豹”，犹如“盲人摸象”，无法感知“文化全景”，有不少问题尚待认知和进一步研究，不妥之处在所难免，敬请各位同行学人和读者批评指正。文中对引用诸多学者的研究成果基本上能够做清晰的标注，然而遗漏甚至错误在所难免，敬请指正，在此先致谢忱。

本书得到了教育部人文社会科学研究规划基金项目《运河经济带建设与文化景观的整合研究》（项目编号：07JA790110）、江苏省社会科学基金项目《江苏治运河经济与文化景观研究》（07EYC080）、《江苏省沿运河经济带建设研究》（06JSBYJ005）的联合资助。

安宇

2012 年 10 月 12 日

于淮安信息职业技术学院